创业金融

企业成长的艺术和科学

[西] 路易莎・阿莱曼尼　[荷] 约布・安德烈奥利 / 著
谭敏　赵丽珠 / 译

中国出版集团
東方出版中心
CAMBRIDGE

图书在版编目（CIP）数据

创业金融：企业成长的艺术和科学 / (西) 路易莎·阿莱曼尼著；谭敏，赵丽珠译. 一上海：东方出版中心，2022.7
ISBN 978-7-5473-1983-3

Ⅰ. ①创… Ⅱ. ①路… ②谭… ③赵… Ⅲ. ①企业融资－研究 Ⅳ. ①F275.1

中国版本图书馆CIP数据核字（2022）第100533号

This is a simplified Chinese edition of the following title published by Cambridge University Press:
Entrepreneurial Finance: The Art and Science of Growing Ventures by Luisa Alemany and Job J. Andreoli, first published 2018, reprinted 2020. ISBN978-1-108-42135-5 Hardback ISBN978-1-108-43185-9 Paperback

上海市版权局著作权合同登记：图字09-2022-0432号

创业金融：企业成长的艺术和科学

著　　者　[西班牙] 路易莎·阿莱曼尼　[荷兰] 约布·安德烈奥利
译　　者　谭　敏　赵丽珠
责任编辑　韦晨晔　江彦懿
封面设计　钟　颖

出版发行　东方出版中心有限公司
地　　址　上海市仙霞路345号
邮政编码　200336
电　　话　021-62417400
印 刷 者　上海盛通时代印刷有限公司

开　　本　890mm × 1240mm　1/32
印　　张　18.375
字　　数　371千字
版　　次　2022年9月第1版
印　　次　2022年9月第1次印刷
定　　价　78.00元

目 录　　CONTENTS

第二部分 融资程序

第三部分 公司的发展和收获

图目录

表 目 录

作者简介

路易莎·阿莱曼尼（Luisa Alemany）

ESADE Business School

艾赛德商学院创业金融学副教授、斯坦福大学工商管理学硕士、马德里康普顿斯大学博士。她主要研究天使投资、风险投资、影响力投资以及儿童创业教育。2009—2017年，阿莱曼尼博士曾任艾赛德商学院创业学院院长。现在是艾赛德商学院天使投资网的学术赞助，也担任欧洲天使投资网的董事。阿莱曼尼博士在风险投资和影响力投资等投资委员会担任委员，是首个欧洲女性天使投资网“涨潮Ⅰ和Ⅱ”（Rising Tide I and II）的成员。她曾在宝洁、麦肯锡、高盛集团担任职务，也曾在欧洲基金@web（funds Europ@Web）和凯雷集团（The Carlyle Group）任职，在风险投资和私募股权方面具有丰富经验。

约布·安德烈奥利（Job J. Andreoli）

荷兰奈耶诺德大学金融中心的高级讲师，奈耶诺德新商学院博士研究生。他在阿姆斯特丹的奈耶诺德孵化器担任领导职务，是某风险投资公司的顾问委员会成

NYENRODE BUSINESS UNIVERSITEIT

员。在加入奈耶诺德之前，安德烈奥利先生曾任凯捷安永（Ernst & Young and Capgemini）的策略咨询师，负责源讯（Atos Consulting）的策略制定和创新。他也曾参与新公司的创立，与中小型公司创业者们一同解决融资难题。安德烈奥利先生获得了伊拉斯姆斯大学鹿特丹管理学院的策略管理硕士学位，和阿姆斯特丹自由大学的教育学专业硕士学位。

托本·安特雷特

（Torben Antretter）

University of St.Gallen

圣加仑大学创业监管学院的助理研究员和博士生。他的主要研究领域是创业金融，尤其是风险投资。他在圣加仑大学主持了一个跨学科项目，目标是建立一个算法模型以支持数字驱动的投资决策。在进入创业监管学院前，托本曾从事管理顾问工作，工作重点是财务转型。除了在大学从事研究工作，托本积极投入法律科技领域的创业活动。目前，他通过风险投资和私募股权的方式为其合作公司融资2 500万欧元。托本获得了德国明斯特大学的理工硕士学位，并荣获亚纳尔基金国家奖学金。

蒂亚戈·博特略

（Tiago Botelho）

于2015年8月入职东英吉利大学诺里奇商学院，担任商务策略讲师。此前，他曾在格拉斯哥大学、思克莱德大学、里斯本大学、皮亚杰学院担任教职（讲师、助教和导师）。2011—2013年，蒂亚戈加入科林·马森和理查德·哈里森主持的ESRC项目，研究天使投资的退出。他的研究兴趣是创业金融和方法论应用。他的第一研究方向是天使投资的决策制定标准，第二研究方向是探寻和比较解决这一问题的不同方法论。他已在多种学术期刊上发表了论文。

蒂亚戈获得了里斯本自治大学的经济学学士学位，和巴西热图柳瓦加斯大学的金融和商务经济硕士学位，在格拉斯哥大学完成管理博士学位，主攻天使投资标准研究方向。

詹·布林克曼

（Jan Brinckmann）

艾赛德商学院创业策略学副教授，担任艾赛德商学院工商管理硕士课程创业实验室主任、艾赛德创业研究组主任、艾赛德创业活动“Eworks”的学术指导。在入职艾赛德商学院之前，他曾在芝加哥洛约拉大学和康奈尔大学任教，曾是斯坦福大学

和凯斯西储大学的访问学者，在创业学的领先学术期刊上发表多篇论文，担任《企业风险投资和创业：理论和实践》杂志的评审。

詹创立了卡玛公司（Karma Ventures）并担任要职，还在阿克拉米欧（Aklamio）、卡维亚集团（Kviar Groupe）、红点（Red Points）和价值台（ValueDesk）担任董事会成员。他参与不止11家公司的种子轮和后续轮的融资活动，这些公司有：阿克拉米欧公司、健康第一站（First Stop）、居你客（Juniqe）、红点、码金软件（Magin Software）、价值台和省多（Savedo）。他曾投资冰山（Icebergs）并担任公司顾问，该公司后来被拼趣（Pinterest）收购。除此，他在艾赛德商学院支持的KIC新能源孵化器中担任领导职务。他为贝塔斯曼基金（Bertelsmann Foundation）创建了创业者学院，为先锋者俱乐部（the Pioneers Club）创建了合作学院，并在其中担任教职。

詹获得了柏林工业大学的创业学博士学位，以及汉诺威大学的经济和工商管理硕士学位。

斯蒂法诺·卡塞利

（Stefano Caselli）

Università Commerciale
Luigi Bocconi

意大利博科尼大学负责国际事务的副校长、银行和金融学教授、博科尼商学院SDA董事会成员。他和欧洲许多重要金融机构以及公司合作，为其估值、处理公司管理事务，并参与大量科研、培训和咨询项目。他的研究方向是银行和工业系统的关系，研究银行策略与公司管理、投资银行、私募股权和风险投资等问题。

斯蒂法诺在其研究领域著作等身，在《金融中介》《银行和金融》《欧洲金融管理》《金融服务研究》《应用公司财务》等期刊发表多篇论文。他也是博科尼大学“创业日”平台的创立者和主管，致力于支持博科尼大学的学生和校友的创业活动。

斯蒂法诺实践经验丰富，在多个董事会担任独立董事，在忠利房地产（Generalli Real Estate SGR）股份公司、桑坦德消费银行（Santander Consumer Bank）股份公司、SIAS股份公司等多家公司的投资委员会担任顾问。

斯蒂法诺获得了热那亚大学的工商管理专业理工硕士学位，以及锡耶纳大学的金融市场和机构博士学位。

约瑟夫·迪朗
（Josep Duran）

EUROPEAN INVESTMENT FUND

欧洲投资基金的投资经理，欧洲私募股权和风投基金的基金投资者。他于2015年加入欧洲投资基金在卢森堡的创新与技术投资项目，引领了多项投资活动，加入了多项风投基金的董事会，和欧洲天使投资人合作完成了多项联合投资交易。他积极参与投资生态系统建设。

加入欧洲投资基金之前，约瑟夫在储蓄银行风险投资部担任投资助理，该机构是中央储蓄银行的分支。在此工作期间，约瑟夫为处于早期阶段的技术初创公司投资。他曾在巴塞罗那拉萨尔大学担任创业项目经理，引领天使投资网络工作。

约瑟夫获得了拉蒙尤伊大学的电信工程学位和工商管理硕士学位，曾在欧洲风险投资协会和剑桥大学学习高级管理教育课程。

奥斯卡·法雷斯
（Oscar Farres）

欧洲投资基金在卢森堡的创新与技术投资项目组组长。该组织为欧洲范围内的中小型企业提供风险投资。在欧洲投资基金工作期间，奥斯卡参加了多个风投基金的投资项目并担任董事会顾问，项目集中在信息与通信技术领域。

EUROPEAN INVESTMENT FUND

加入欧洲投资基金之前，奥斯卡曾在两支西班牙风投基金——储蓄银行风险投资部和迪佰克风投基金——从事专业工作，参与网络和软件类初创公司的投资，在帕利亚团购网（Groupalia）、购物VIP（BuyVIP）、猿软件（ApeSoft）、艾西耐提克（Icinetic）、助我金（HelpMyCash）等公司的董事会任职。2003年，他参与金耐特（Kineto）项目的创立，这是一家健身领域的技术初创公司。

奥斯卡获得了拉蒙尤伊大学的电子工程学位，和西班牙纳瓦拉大学IESE商学院的工商管理硕士学位，曾是麻省理工学院交换生。

迪特马尔·格里尼克（Dietmar Grichnik）

University of St.Gallen

圣加仑大学技术管理学院院长和创业学讲座教授、创业中心和全球创新创业中心的发起人和联合指导者、管理学院系主任；他也在圣加仑大学的传媒和交流管理学院、商业教育和教育管理学院任董事会成员。

入职圣加仑大学之前，迪特马尔曾在德国WHU奥拓贝森管理学院、德国威滕-赫德克大学任职；曾任墨尔本大学客座教授，哈佛商学院客座教授，瑞士苏黎世联邦理工学院讲师。

迪特马尔的主要研究方向是创业认知和情感、创业金融和创业决策。他已出版7部专著，在《企业风险投资》《政策研究》《创业理论与实践》《经济行为与组织》等期刊上发表多篇论文；曾在期刊《研究与发展管理》任副主编，现担任《小型企业管理》编委会评审。

迪特马尔毕业于德国科隆大学工商管理专业和商业教育专业，获得工商管理博士学位。

索菲·马尼加特（Sophie Manigart）

根特大学会计和公司财务专业教授、弗拉瑞克商学院合作者。其研究特长是创业金融，其研究视角既包括供应方（风险投资、天使投资、众筹、自力更生），也包括需求方（创业者、初创公司）。

索菲是伦敦商学院和西班牙IE商学院的客座教授，宾夕法尼亚大学沃顿商学院研究员，在多种学术期刊发表研究成果，如《企业风险投资》《管理科学》《欧洲财务管理》《创业理论与实践》《小型企业管理》

等，并参与多部学术著作的编写。

索菲参与创立比利时首家天使投资网络并担任主任，创立弗拉瑞克商学院天使投资网；担任比利时弗兰德省天使投资网（BAN）主任。她加入了贝克兰德（Baekeland-fund）投资基金委员会，该组织是从根特大学分离出来的风投基金。她也参加了丘比克二期（Qbic II）风投基金。她是Gimv（上市的私募股权公司）、AXA比利时（保险公司）和欧文托公司（高科技增长公司）的独立董事会成员，为欧洲国家和地区的政策制定者们提供创业金融咨询。

索菲获得了根特大学的土木工程学士学位、工商管理硕士学位和博士学位。

科林·梅森

（Colin Mason）

University of Glasgow

格拉斯哥大学亚当·斯密商学院教授，主要从事创业和地区经济发展的研究和教学，其研究特长是创业金融和创业生态系统。

梅森教授写了大量关于天使投资的论文，与政府、私人合作，致力于英国及其他国家的天使投资。他和理查德·哈里森教授关于天使投资的研究赢得了2015年英国经济和社会研究委员会颁发的杰出影响力经济学奖。他的研究兴趣包括高增长公司、居家企业、创业教育以及“创业校园”理念，其研究成果刊载于媒体专栏，文章见诸报纸和经济学期刊。

梅森教授在欧盟委员会专家组担任职务，参与创办学术期刊《风险投资：创业金融国际期刊》（由泰勒–弗朗西斯出版集团出版）。梅森教授获得了爱丁堡大学的艺术硕士学位和曼彻斯特大学的博士学位。

米格尔·穆尔曼
（Miguel Meuleman）

弗拉瑞克商学院创业学副教授、帝国理工学院商学院客座教授，其研究兴趣包括管理层收购和换购、风险投资和私募股权、新创公司以及创业金融。

穆尔曼教授在《企业风险投资》《管理学研究》《创业理论与实践》《创业策略》《政策研究》等期刊发表多篇论文，还参与撰写了一本创业金融类学术专著，撰写了许多教学案例。在穆尔曼教授倡导下，弗拉瑞克商学院创立了创业收购学院以鼓励收购方式创业。他也积极参与多项倡议，改进创业教育，包括BRIDEE（沟通创业教育与设计）和EFER欧洲创业学术研讨会。2017年他荣获帝国理工学院商学院优秀教学奖。

穆尔曼教授是方舟天使基金投资委员会成员，该天使投资基金为比利时的初创公司提供种子投资。他也在多个行业领域的成熟公司或初创公司参与新公司发展的顾问项目。

穆尔曼教授获得了根特大学的应用经济科学博士学位。

彼得·罗森布姆（Peter Roosenboom）

RSM Erasmus University

伊拉斯姆斯大学鹿特丹管理学院创业金融和私募股权专业教授，在私募股权行业极具影响力的会议和研讨会上，他曾受邀发言，就私募股权和中小型企业的融资问题向荷兰政府建言献策。

罗森布姆教授在《财经研究评论》《财务和定量分析》《财务和当代会计学研究》等财经类杂志上发表多篇论文，在《银行与金融》《多国金融》期刊担任编委会成员，其研究成果广泛见诸报纸和期刊。

罗森布姆教授获得了荷兰蒂尔堡大学的博士学位。

亚历山大·施特克尔（Alexander Stoeckel）

2007年加入btov风险投资公司，是该公司的合作伙伴和董事会成员。他在德国厄

斯特里希–温克尔的欧洲商学院学习国际商务管理，也曾在德国多特蒙德和美国圣迭戈国际管理学院学习。

在入职btov风险投资公司之前，亚历山大曾在德国豪客–奥夫豪泽私人银行（Hauck & Aufhäuser Private Bankers）任组合基金经理，也曾在毕马威（KPMG）任执行经理助理。2015年5月—2017年5月，他在瑞士私募股权投资和企业融资协会（SECA）担任启动资金和风投资金分会董事会成员。

亚历山大获得了牛津大学的工商管理硕士学位。

汉斯·瓦努比克
(Hans Vanoorbeek)

弗拉瑞克商学院的兼职教授，他支持学院以收购的方式创办企业。他与米格尔·穆尔曼教授联合创立了创业并购平台，分享其从业经验。他也是欧洲工商管理学院的兼职教授，讲授杠杆收购选修课。

汉斯教授是BV风险资本合伙人组织的联合创始人之一，也是该组织自2003年成立以来的管理合伙人，该私募股权组织两大合伙人投资支持比利时、荷兰、卢森堡的中小型企业的创立。他还是卢森堡“水源SA”（Aquasourca SA）私募股权组织的主管，该组织曾为德雷福家族（法国家乐福连锁超市的家族企业创始者）私募股权投资，汉斯教授在该组织负责国际投资业务。同时他还是切客资金的高级顾问，该公司是一家服务于比、荷、卢的法国私募股权公司。目前他是数家公司的股东和董事会成员。

1996—2004年，汉斯教授活跃于伦敦私募股权业界，是BC合伙组织的合伙人，在IK投资合伙人机构任副主管，并在多个公司董事会任职。

汉斯教授获得了哈佛大学工商管理硕士学位、伦敦大学大学学院的应用经济学硕士学位，以及天主教鲁汶大学的法学硕士学位和哲学学士学位。

彼得·威特（Peter Witt）

乌帕塔尔大学的技术和创新管理学教授、杰克萨达创新创业研究中心主任，其研究领域是创新管理、创业学和公司管理。在《创业和地区发展》《商业经济学》《国际管理学评论》《研究与发展管理学》等期刊上

发表多篇学术论文。

彼得教授在《商业经济学》担任创业学和中小型企业版块的编辑部主任。2008—2015年，他担任德国创业协会主席。

在入职乌帕塔尔大学之前，彼得教授是多特蒙德大学创新创业管理教授、德国法伦达尔WHU奥拓贝森管理学院创业学教授。

彼得从波恩大学经济学系毕业，获得了WHU的管理学博士学位。

前言｜

写在《创业金融：企业成长的艺术和科学》中文版出版前

2016年6月底，50多位教授齐聚哈佛大学。他们来自世界各地的科技大学或商学院，虽然术业有专攻，但大家都怀着对创业学的热情。这些教授们讲授的课程包括创业学、创业营销、社会创业等；还有专攻创新与设计思考的教授群。但最有趣的无疑是我们这个群体——创业金融的研究者。

路易莎按照她在巴塞罗那艾赛德商学院设计的课程模式主持研讨班。大约25位教授参与了讨论。分享一个崭新领域的知识真是其乐无穷！我们还可向同行们提问，他们向欧洲学生介绍发展中的创业金融时也遇到过这样的问题吧！突然，有人提出一个很基础的问题："你们上课用的是哪本书？""嗯，事实上没有一本以全球为背景的教材。当然，讲到美国创业者的融资过程时，有些很不错的教科书，涉及经营方式、硅谷、各种融资方式、法律问题等等。有些也提供了全球背景，但重点还是硅谷、首次公开募股等，这让一些学生觉得公司不设在美国的话，好像就没法融资。我的做法是从不同书本中选取不同章节”，路易莎回答道。

大家顿时沉默。“那我们为何不写本书呢？我们需要一本教材。目前没有，那我们写一本吧！”约布说。暑假过后，约布联系路易莎，两人决定在那个秋天写一个计划。

这是本关于创业学的书。我们就像创业者一样，首先弄清楚需求，然后再决定做些什么。我们起草了个简短的计划，包括目录、执行总结、理想团队，还拟定了个教授名单，都是某个领域的带头专家，我们计划每人为本书撰写一章。大家都觉得集体创作一本创业学的书是个很不错的点子。

简短的计划书准备好了，接着就是寻找“投资者”。我们的创业目标是教科书，需要最好的出版社帮助我们实现梦想。在认真查找此类书籍的出版社后，我们终于锁定了心仪的对象。约布就像创业者一样，联系上了剑桥出版社负责图书管理的编辑。那天真是我们的幸运日！瓦莱里·阿普尔比编辑给了我们肯定的答复。她也认为市场需要这样的书，还说想听到关于这本书的更多好消息。我们真是太开心了！想想，这不就相当于一个创业者收到了风险投资者的电子邮件吗？他想了解我们的初创公司，并且想和我们见面。本书的英文版终于在2018年9月面世，很快就被许多欧洲大学采用。不到一年的时间，50多所大学采用了我们的《创业金融：企业成长的艺术和科学》。

由于该书的需求量增大，2021年我们荣获由教科书和学术作家协会颁发的“最具潜力的新教科书奖”，有人和我们联系，提议开发该书的中文版，我们当即赞成。中国的创业者和风险融资势头正旺。从许多方面说，中国正在创业金融领域发挥着引领作用。

根据中国教育部数据，超过3 400万大学生学习了或正在学习创业学，这是一个巨大的机会，因为了解如何开创一个新公司是第一步，接下来是寻求融资和发展渠道。我们这本教科书为两者搭建了桥梁。

中国的风投资本和私募股权投资者在逐年增多。至2018年末，支持初创公司的私人资本投资者近35 000人（中国资产管理协会，2019）。了解这些投资者如何为增长中的国民经济增值，了解这些投资者与传统投资者（如：银行）的区别，了解融资的过程——这些都是非常重要的。创业金融抵达中国了，它将驻扎在这片土地上！

真心希望你们喜欢本书，期待你们的反馈！邮箱地址：Alemany Andreoli_EF@outlook.com 或 @EntrFinance。

路易莎（Luisa）和约布（Job）

致谢

近几十年来，创业金融学稳步发展，从广度和深度上为致力于企业融资的创业者和投资者们增加了更多选择。我们从顶尖的欧洲大学中精心挑选出不同领域的专家，旨在发出不同的“声音”，同时确保我们呈现的内容皆为精品。能与如此多的领先专家、教授、投资者和创业者合作，我们深感荣幸。我们的合作过程是愉快的，合作结果是有价值的。感谢各位！

感谢鲍拉·帕里什，感谢她在编辑过程中付出的耐心；感谢瓦莱里·阿普尔比，感谢她以强烈的创业精神一路帮助我们、支持我们“疯狂”的想法……

特别感谢伯特·图瓦赫文，他让欧洲工商企业家研究基金会举办的欧洲企业家座谈会在哈佛大学成功举行。正是借此机会，路易莎和约布有缘相识。

还要感谢我们的工作单位——艾赛德商学院和奈耶诺德大学。感谢工作单位给予我们支持和鼓励，让我们得以追逐梦想。当然，还要感谢我们的家人，假期和周末本该是家人欢聚的日子，我们却仍在电脑前长时间耕耘。现在，我们成功了！

最后，感谢阿姆斯特丹这座城市给我们以灵感，让梦想启航……

本书结构

本书由三部分构成，各部分有其独特主题。

第一部分：资金来源。该部分探讨初创公司可获得的不同资金来源。第2章深入探讨众筹平台、孵化器和加速器。第3章主题是天使投资，介绍何为天使投资，以及天使投资人如何选择投资公司进行投资、如何退出投资等内容。第4章是该部分最后一章，介绍风险投资、私募股权和公司风险投资。

第二部分：融资程序。该部分展示一个崭新的初创公司获得资金的流程。第5章阐述投资者如何寻找和筛选项目。对试图筹集资金的初次创业者来说，这个步骤非常重要。第6章深入探讨如何准备一份好的商业计划，以便创业者了解所需资金数量、需要融资的时间，以及诸如现金消耗率或收支平衡点等相关指标。第7章讨论如何用风险投资法为新创公司估值。第8章是该部分最后一章，探讨如何与投资者就交易的关键条款进行协商。因此，我们讨论的话题不仅关于金融，也涉及法律，这些条款一般都会对财务产生影响。

第三部分：公司的发展和收获。一旦创业者从私募股权投资者那儿筹集到资金，其工作重心就转移到了公司发展和对公司的控制上。第9章讨论风险投资者和天使投资人可通过哪些方式对商业计划的进展情况进行监管。本书将介绍适用于最常见的商业模式的关键监测指标。第10章介绍管理层换购和收购。此种情况下，被换购或被收购的公司成为创业平台。收购公司的过程与白手起家建立一个公司的过程完全不同，本章对此进行分步解析。第11章是该部分最后一章，围绕投资者从事的创业金融投资活动的最后一个阶段——“退出”——展开细致阐述。本章探讨成功的创业者可用的不同退出途径，深入思考并购（商业出售）和首次公开募股（IPOs）等问题。

第一部分

资金来源

第1章

创业金融简介

路易莎·阿莱曼尼（Luisa Alemany）

艾赛德商学院（ESADE Business School）

约布·安德烈奥利（Job J. Andreoli）

奈耶诺德大学（Nyenrode Business University）

本章将引领你开启创业金融学习之旅。阅读本书时，你可以选择从头至尾阅读。如果你只想寻找某个建议，也可以直接跳到相关章节或话题，本章将像地图一样为你提供向导。我们将了解创业金融和传统金融（如公司金融）之间的异同。本章最后将讨论新企业在成长过程中要经历的不同阶段，以及在此过程中创业者和投资者们将面临的金融挑战。

媒体视角

英国《金融时报》

德国空中出租车公司得到投资者的称颂

利廉安公司（Lilium）完成1亿美元融资，该电动飞机公司将于2019年实现首飞

撰稿人：佩吉·霍林格（Peggy Hollinger），行业类编辑 2017年9月5日

两年前，由四名大学生创立的这家德国公司从技术企业家处融资9 000万美元，用来开发空中出租车。由此拉开一场投资比赛，这场比赛有望为交通拥堵时代画上句号。以慕尼黑为基地的利廉安公司从中国媒体巨子腾讯、斯盖普公司（Skype）创始人尼克拉斯·曾斯特罗姆的阿托米可（Atomico）风投[1]公司、推特联合创始人伊夫·威廉姆斯的明显风投公司（Obvious）、LGT集团，以及利希滕斯坦（Lichtenstein）皇家私人银行募得资金。募资从早期的1 000万美元，飙升到后来逾1亿美元。首席执行官丹尼尔·维甘德（Daniel Wiegand）是在慕尼黑大学创建该公司的四位创始人之一。他说，投资让利廉安成为“世界上融资最成功的电动飞机项目之一”。投资还将促进公司加快五架电动飞机的商业研发。4月，利廉安成功完成了两架全尺寸原型机的首飞测试。飞机垂直起降，升

[1] 本书将“风险投资”简称为“风投”。（译者注）

空后向前推进……利廉安有望在2019年实现载人飞行，2025年实现应需服务。戈伯先生（Mr. Gerber）说，这种飞机充一次电能飞行300公里，其每公里耗费相比地面交通更具竞争优势。

www.ft.com/content/e1f443c8-91a2-11e7-bdfa-eda243196c2c

学习目标

阅读完本章，你将能够：

- 理解我们所说的“创业金融”；
- 熟悉“创业”和“金融”的定义，以及创业金融在这两个领域的相应含义；
- 明白创业金融和公司金融之间的异同；
- 了解创业发展的不同阶段及其资金来源。

本章导读

本章一开始用一则创业小故事说明创业金融的含义，然后探讨我们所说的创业、金融的含义，回答“什么是创业金融”，接着阐明公司金融和创业金融之间的异同，进而从金融的角度，分析一个新公司发展将经历的不同阶段，考虑各阶段的资金来源。现在请享受学习之旅吧！

1.1 创业金融故事

经常有人问："到底什么是创业金融?"有时，这确实很难回答。你可简单地说："创业者的金融。"这也对。但接下来的问题是："创业者的金融与其他金融有何不同?"从这个问题开始，解释就有点复杂了，有时可能让人迷惑。

下面的故事发生在路易莎的一个平常的教学日。路易莎给可再生能源科学硕士（MSc RENE）生上金融强化课。RENE是关于可再生能源的一门很有趣的课程[1]，有四所欧洲大学开设该课程：斯德哥尔摩的瑞典皇家理工学院、里斯本的高级理工学院、巴黎综合理工学院和巴塞罗那的加泰罗尼亚理工大学。作为其硕士学位课程的一部分，有的学生需要在巴塞罗那的艾赛德商学院上为期一周的关于创业的强化课。

那是一个功课繁重的周末，RENE的学生刚结束一周紧张的学习。他们上了八小时的财务金融课，课堂上大家为减少污染，寻求清洁能源，创造可持续发展的世界积极建言献策。那周五，课堂上的话题是资产收支平衡表和损益表。这属于财务基础知识，对许多学生（事实上是几乎所有学生）而言，这是他们第一次了解"投资"和"支出"的区别。如果你想开设公司，这是非常重要的概念。课上谈到了如何让资产与负债相平衡。资不抵债对创

[1] 该课程得到欧洲可再生能源研究机构KIC-InnoEnergy的支持，且已获得欧洲创新与技术研究院（EIT）的正式认可。欲了解详情请登录网站www.innoenergy.com和https：//eit.europe.eu。

业者而言是个大麻烦，意味着“完蛋”。看得出来，学生对这些定义和阐释很感兴趣。学习财务金融得和数字打交道，这正是工程专业学生喜欢的地方。这门课程与市场营销策略相比，好多了！

后来，路易莎和学生们回顾了现金流的概念，讲到了售出并不一定会变成现金。这种情况很常见。比如，假设你的顾客是另一家公司，它计划60天后才付款。（事实上，如果60天后按时付款，那是你的幸运。）假设你售出价值1万欧元的服务，但钱还没打入你的银行账户，你得等待60天钱才能入账，这时你的“应收账款”里有余额1万欧元。

那天下午课程快结束时，师生开展小组讨论，为新成立的风力发电公司做一个财务计划。这对学生来说是个挑战，因为他们没接触过财务和金融，但每个小组都表现得很棒，积极应对挑战。这一天不轻松，但大家圆满完成任务！

下课后，路易莎关掉电脑，收拾东西正要离开，一位名叫尼克拉斯的学生走了过来。他很兴奋地告诉路易莎，目前他正在做一个新公司方案，所以今天的课对他非常有用。教授们听到学生对课堂价值的肯定时总是非常高兴。但路易莎更感兴趣的是这位学生让她观看他的创业方案的幻灯演示。

此时已是周五下午6点30分，但路易莎确实对他的内容很感兴趣，尤其是当尼克拉斯提到公司名称[1]时。他一张张地讲解幻灯片。不得不说这计划设计得不错——要知道路易莎在课堂上看学生幻灯

[1] 出于保密，不透露公司真实名称；对于该学生的计划做了细节上的改变。

片讲解看得不少——他的成果得到了充分肯定。尼克拉斯说他的共同创始人伊娃，很有设计经验。他和团队一致认为，在北欧国家种植蔬菜，如：西红柿、花椰菜、洋葱或莴苣，大有前途。他们拟采用在大学攻读硕士时开发的新技术，在实验室里种植“地中海”蔬菜，这种蔬菜需要充足的阳光和温暖的气候，而且他们的实验室离终端客户距离很近。这起码解决了两个关键问题：其一，产品能以稳定的价格向北欧客户出售，因为这样的种植方式不必像在南欧那样依赖气候条件，也不受市场供需影响[1]；其二，极大降低了运输成本，因为种植基地就在本地，在城市周围，靠近消费者群，用电动交通工具甚至骑自行车就可以将蔬菜产品送到客户手里。而且，由于省去了许多中间商环节，价格更具吸引力和竞争力。最后一点竞争优势是，他们认为，客户之所以会购买他们公司的蔬菜，是因为北欧人一直以来苦于没有持续购买新鲜蔬菜的渠道——这极大限制了他们对多样化健康饮食的选择。

倒数第二张幻灯片上有很多数字。路易莎喜欢数字和财务计划，但这一张幻灯片却不那么令人满意。既然尼克拉斯请她审阅，路易莎便快速浏览了一下这个财务计划上的数字。

接下来是他们的对话节选：

路易莎：不错，尼克拉斯，你列出了很多数字。这是一张损益表，对吧？

尼克拉斯：对，我正是在做损益表。增加的是可能从客户订单

---

[1] 2017年1月，由于洪水等灾害性天气，南欧的农作物减产，基础农产品的价格受影响，整个欧洲乃至全世界的基础类蔬菜价格飙升。

中产生的收入，然后减去我们可能要支付的开销，如：员工薪酬、租金、营销等。

路易莎：哦，我明白，这些是你们的设想。

尼克拉斯：是的。我们估计需要46万欧元购置大约5 000平方米土地用于蔬菜种植。一开始，我们打算从6个不同区域购置土地。

路易莎：很好，你们应该已经估测过了，购置的土地面积和你们预测的产量相符吧？

尼克拉斯：是的，我们咨询过农业专家，确认购置的土地面积合适。所以，我们基本上需要46万欧元来启动这个计划。我们想，可以用助学金或众筹的方式募得这笔资金吧！

路易莎：尼克拉斯，我想问，你们需一次付清这笔钱，还是可以分期付款？

尼克拉斯：嗯，这个我还不知道，只知道我们需要这么多钱。

路易莎：哦，那就回到数字这个问题吧！我发现你们第一年的售出额和第二年的一模一样呢。

尼克拉斯：是的，已经是保守估算了，我们的产品价格比超市低15%，每月固定消费满60欧元的预订客户只定下1 500人。

路易莎：哈哈，创业者总觉得他们的数字是保守估计……

尼克拉斯：确实是啊！

路易莎：或许你说得对，回到我们刚才的话题吧。在创业的第一年，你们首先要寻找土地，你刚提到6个不同区域，然后得建实验室。这一切可不是一夜之间能完成的。实验室建好后，你们很可能要对作物质量进行检测，对了，这些蔬菜得几周才能长成吧！我不是专家，但西红柿肯定不会一周就长出来……

尼克拉斯：哦，您说得对。

路易莎：这还不是全部。一旦作物经检测质量达标，你们便开始给公司和产品打广告。还有，虽然你认为1 500位预订客户不算高估，你们也得和他们联系上啊，然后说服他们购买你们的产品。

尼克拉斯：对，但我们主要是指望大学里的朋友和自己家人成为我们的客户。

路易莎：当然，他们会成为你们的第一批客户，但我想说的是，很有可能你们第一年会尽是支出，1月份根本没有收入。或许得到6月，或许10月，才能赚钱。你们得把所有步骤一个个都考虑进来，有些步骤可能得同时进行。既然不能一开业就赚钱，与做大投资相比，你们现在需要的钱更多。

尼克拉斯：明白了。

这时，路易莎发现尼克拉斯神情有点沮丧。他有点失望，因为他之前完全没有考虑到这些。但没有人提前解释，谁会考虑这么多呢！路易莎开始安慰他。

路易莎：抱歉，我没有给你泼冷水的意思。我们今天课上讲过，损益表是一回事，现金流是另一回事，尤其是当公司建成并全速运转起来的时候。你别着急，这也正常，你以前也没了解过这些。相信我，把有些数字往下调吧，这是第一步，也是很重要的一步，接下来你们肯定错不了！

尼克拉斯：谢谢！我们做这个财务计划时真是一无所知，只能查看网络。但上了今天下午的课，做过财务计划的练习后，我明白了，我会修改那些数字的。

路易莎：你会修改好的！改好后你可以给我看看。刚才看过你的那些数字，考虑到我们刚才谈到的那些因素，我粗略估计你们需要的资金在100万到120万欧元之间。你觉得呢？

尼克拉斯：哇，那么多！希望不会这样！我们听说过金融加速器、天使投资、风险投资，如果需要那么大一笔资金的话，我们是不是得通过那样的途径了。我们得放弃原来的助学金或众筹融资计划了。银行不会给我们贷款。这个问题太复杂了！

路易莎：尼克拉斯，别着急，没那么复杂，你可以先去了解这些不同的融资方式。你们关于可再生能源的硕士课程才真是复杂呢，得想方设法创造新能源。至于天使投资或风险投资之类的事情，听起来好像很复杂，那是因为你们只是有所耳闻，却不了解其运作方式。你的方案做得挺不错的，里面一定有不少有趣的东西。今天是周五，既然到了巴塞罗那，就好好享受这个周末吧，下周再修改数字，然后和我联系，到时再看进展吧。

尼克拉斯：多谢了！对，周五了，今天忙成这样我都差点忘了！周末愉快。下周我从北方给您发电子邮件。

尼克拉斯的故事反映了许多创业者在有了创业想法，准备将计划付诸实践时所遇到的第一批问题。在某些时刻，你需要对所需资源进行认真估算，这将决定你的梦想是否能够实现。资源包括很多种，如人才、资产或人脉，但钱却是让这一切生效的东西，尽管你最优先考虑的不一定是钱。

1.2 什么是创业金融?

创业金融是近年出现的、介于创业和金融之间的新领域[1]。在对“创业金融”进行定义之前，让我们先了解“创业”和“金融”的词义吧。

“创业”的定义随着时间的推移发生变化。其演变过程详见表1.1。

表1.1 “创业”的定义

年份	作 者	定 义
1755	R. 坎蒂利翁	创业者是“冒险家”，他们投资购买货物，然后把这些货物变成新的产品，在将来以不确定的价格出售。创业者敢于冒险，而且能够辨识带来利润的商机。
1934	J. 熊彼特	创业者能通过技术和（或）组织革新，通过以下几方面的新变化，开拓市场商机： ● 引介新产品； ● 引进新的生产方式； ● 新市场； ● 新的组织形式； ● 对现有组织形式的重组。
1973	I. 科兹纳	创业者是最先发现盈利机会的人。创业者的新发现将发挥引领作用，这些被最先发现的商机在市场活跃一段时间，直到最后在市场竞争中湮没。
1990	H. 史蒂文森、J.C.哈里略	创业过程指的是个人依靠自己或组织，不受限于目前掌控的资源，不断追求机会。

[1] 关于创业金融的研究始于1990年代后期，1989年戈尔曼（Gorman）和萨尔曼（Sahlman）在该领域率先发表研究论文。

续 表

年份	作 者	定 义
2000	S. 谢恩、S. 维卡塔拉曼	创业就是发现、评估和利用机会，以一种前所未有的方式进行组织，以引入新产品或新服务、新的组织方式、新的市场、新的流程和原材料。创业活动包括对机会来源和机会形式的研究，以及辨识机会，捕获具有盈利机会的资源，招纳能够发现、评估、收集、利用各种盈利机会的贤才。

从以上对“创业”的不同定义[1]可以看出，“创业”就是发现机会，并采取必要措施使之付诸现实。虽然大多数情况下，创业的主要目的是创建公司，但“创业”绝非仅指创建公司。

在致力于创业之前，创业者需要资源。事实上，获取资源就是创业研究的一个主要部分。如上文所述，创业者所需的关键资源就是资金，因此金融作用重大。

“金融”的定义有很多。该词最初来自法语，在18世纪被引入英语，其原初意义与“金钱管理”有关，后来根据使用群体的不同，“金融”被运用于多个不同领域，被赋予多种含义。

总的来说，金融指融资、投资，了解资金的运用及其成本。金融有时发生在政府和国家层面，有时是市场和企业，通常也指个人行为，如“个人理财”。本书感兴趣的是与公司相关的金融，即“公司金融”（corporate finance）。

“公司金融”有两大主题与公司密切相关。其一是投资，即企

[1] 参考文献详见章节末。

业主或公司经理如何决定投资目标，投入预算资金。他们选定的投资对象可能是新机器或新工厂，志在进入新市场、发行新产品或迭代旧产品，也有可能投资于对公司产生重大影响的项目；其二是金融，即“如何赢得投资维系公司运营”“如何资助我们投资的公司”“资助多少”。这实际上回到了财务基础知识，关乎公司的收支平衡表。概而言之，第一个主题（投资）涉及公司资产，第二个主题（金融）涉及债务和股东权益。[1]

现在，让我们回到最初的问题吧！“什么是创业金融?”结合两个领域，我们可以得出以下定义：

“(创业金融是）投资和资助风险企业的艺术和科学。”[2]

“创业金融”一般包括个人资助和公众资助（当我们谈论公司金融时）。我们可以说，股票上市意味着创业成功，这时资产流回投资者，投资者获取收益。这里，我们谈论的是公众资助。

上述定义并不意味着“创业金融”只发生于新兴企业，因为风险企业也可能指的是某企业内的公司，或是家族企业，如：公司风险投资、企业内创业。当一家公司合并另一家公司时也可能发生“创业金融”，我们将在本书的第10章谈到这个问题。谈论了这么久的金融，我们还没提及“利润”呢！这倒不是因为我们不喜欢利润。我们当然很喜欢利润，但是既然创业金融也包括社会化商业，金融的可持续发展就尤为重要。

---

[1] 关于公司金融的更多知识请参见Brealey（2016）。

[2] 作者本人定义。

1.3 公司金融和创业金融的异同

公司金融关注的是现存公司在发展过程中，为了给予投资者健康回报所面临的挑战。可以说，公司金融的首要目标是增加股东持有的股票价值。这也就意味着公司本身已具备一定价值，关键是如何增长价值。

创业金融则不同，这是创业者面临的第一个挑战。创业者获取资金的目的是检测是否可以把创业机会变成现实，是否有潜力实现公司金融的可持续发展。这项挑战发生在价值尚未生成之时，发生在机会阶段，这时创业者刚形成创业理念，他们或因企业已初具规模而愈加认真，或者试图感受新产品进入市场、顾客愿意买单的喜悦。在下文的1.4部分将谈到风险投资的不同阶段。

创业金融和公司金融的一处重要不同在于，公司金融的历史信息可以帮助我们对前景进行预测。当然，这种预测并不保险，但至少可以找到相关金融信息。关于新建公司，我们却找不到任何历史信息，或者只能找到少量信息，前途完全未知。在大多数情况下，创业者为满足人们现有需求想出新的解决理念，但有时创业者要促生新的需求，以使产品进入新的市场。

两种投资还有另一处重要不同。公司金融一般让人感觉投资项目会产生正的净现值（net present value，简称NPV）。如果产生不了正的净现值，高级管理层那儿将无法通过[1]。但在创业金融的游戏里，亏损就是游戏的一部分，因为在公司成立的早期，大量资金都用于投资和支出，以期在将来的某个时间点转化成正的现金流。你

[1] 有时，高级管理层认为投资项目具有战略意义的话，他们也可能接受负的净现值。

们或许会好奇，谁愿意给没有收益的公司投资？谁愿意创建一个一开始就几乎亏损的公司？这样的疑问可以理解。公司金融的大部分收益来自现存公司，但对于创业投资者而言，只有当他们出售股权时才能有所收益。出售股权时，企业可能产生了利润，也可能没有利润，重要的是股票价值的增长。

公司金融理论一般相信“投资者是理性的”[1]，他们能对每个投资机会的风险进行评估，在有相同回报预期时选择低风险项目，或是相同风险等级时选择高回报项目。但投资新公司时，投资者面临两个问题。首先，投资风险等级和收益很难预测。我们不能运用资本资产定价模型（capital asset pricing model，简称CAPM）那样的理论[2]，因为它是在了解投资风险等级的前提下对预期收益进行估算的。其次，做风险投资的投资者没有普通投资者手中持有的数据资料。或许，按公司金融理论的说法，他们都不“理性”。例如，假设摆在投资者面前的是两个选择：选择一，注定到手100欧元；（很不错吧！）选择二，一张彩票或风投股票。这彩票（或股票）有50%的机会收益200欧元，也有50%的可能零回报。两种选择的投资回报期相同。“理性的”投资者会如何选择？你会如何选择？

按照传统金融学理论，或许风投者不“理性”，因为他们选择的是彩票（或股票），而不是低风险的那一项。事实上，如果我们对这

[1] 根据诺贝尔奖得主H. M. 马科维茨教授（1952）和W. F. 夏普教授（1964）发表的首批关于收益风险的模型，投资者被认为是理性的。如今，出现了公司金融学的分支“行为金融学”，研究投资者的非理性。

[2] 关于CAPM的更多知识请参见注释Sharpe（1964）。

两个选择的内容进行调整，投资者可能会给出不同答案。例如，如果选择一的回报不是100欧元，而是1万欧元，而选择二的彩票可能回报2万欧元或零回报，你会选择彩票吗？如果投资必须预付呢？如果把你的预付投资款花在你非常喜欢的东西上，或具有社会公益性的事物上呢？用于你的兴趣爱好呢？其实，创业金融也有理性，但同时融合了热情，再加一点趣味，当然还有许多不确定性。从第2章到第4章，我们将了解不同类型的投资者的投资动力和其他信息。

一家零客户的英国公司募资5 000万美元，三年后以5亿美元的价格售出

迪普曼德公司（DeepMind）是一家人工智能公司，总部在伦敦。该公司于2010年由戴密斯·哈萨比斯（Demis Hassabis）、谢恩·雷格（Shane Legg）和穆斯塔法·苏莱曼（Mustafa Suleyman）联合创立。2016年迪普曼德公司因其产品阿尔法狗战胜人类职业围棋选手而名声大噪。

哈萨比斯与雷格结识于伦敦大学学院的盖茨比计算机神经科学研究组。从2010年到2014年，公司零产品、零顾客却募资5 000万美元，该风投项目的投资方有维港投资（Horizons Ventures）、创始人基金（Founders Fund），还有企业家斯科特·巴尼斯特［IronPort（爱思波特邮件安全网关）和Paypal（贝宝支付）］、埃隆·马斯克（特斯拉公司）。2014年1月，迪普曼德公司在仍无收益的情况下，被谷歌以5亿美元的价格收购。

公司金融和创业金融的主要特点请见表1.2。

如表1.2所示，两种金融类型有共同之处，但其关注点不同，因为已建成的公司与新创建的公司有不同需求。

表1.2　创业金融和公司金融的重要特点

主　题	创　业　金　融	公　司　金　融
资金来源	● 家人、朋友 ● 众筹 ● 孵化器/加速器 ● 天使投资 ● 风投基金 ● 私募股权基金	● 银行 ● 资本市场
募资流程	● 交易搜索、筛查 ● 金融规划 ● 投资估计 ● 投资协议	● 标准化尽职调查 ● 金融规划 ● 抵押还贷
发展	● 绩效指标监控 ● 公司管理 ● 知识产权保护 ● 私募股权	● 资本预算 ● 合并收购 ● 私募股权 ● 首次公开募股
收益	● 退出（出售）首次公开募股	● 股息

1.4　新创公司发展的不同阶段及资金来源

创业金融不只限于公司成立之初，而且贯穿公司成长的每个阶段。一个新公司的成长过程中要经历不同阶段，这本书中，我们把公司的生命周期分成四个主要阶段[1]。图1.1详细描述了这四个阶段及其主要特征。

[1]　从不同的视角出发，对创业阶段有不同的划分方法。本书感兴趣的是金融视角。

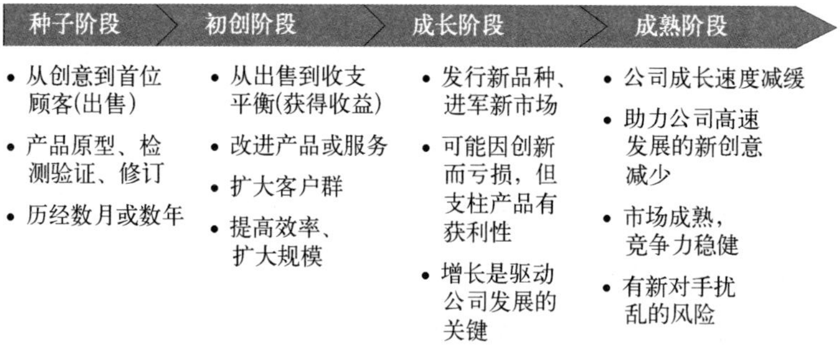

图1.1 创业发展的不同阶段

1.4.1 种子阶段

种子阶段始于开发新产品或新服务的理念。大多数情况下，这时公司还没有成立，但是创始人已认准了机会，愿意为之努力。他们会尝试着去验证新理念，制造产品原型，然后投入市场。产品可能需要很长时间才被市场接受，俘获第一批愿意为之买单的顾客[1]，但也可能很短时间内就被市场接受。例如，如果初创企业提供的是咨询业务，种子阶段可能较短，短至一月甚至一周。但如果是生物科技领域的创业，由于产品测试和认可过程比较费时，产品可能很多年后才能到达第一批顾客手中。因此不能简单判定种子阶段需历时一年，或给它规定某个时长。根据公司从事的生产经营活动不同，其种子阶段经历的时间长短也不同。

直至开始出售产品，创业者根据创业类型需要资金支持。这个

[1] 总的来说，公司开始有收益时，标志着种子阶段的结束。但我们应该注意到许多网络技术公司的特殊情况。一些公司有很多用户或客户，但他们没有付费，例如：沃勒普二手货交易平台（Wallapop）、瓦次普软件（WhatsApp）。

阶段的资金用于支付员工薪水、购买有形或无形的资产、支付其他开销等。创业之初，第一笔资金可能来源于创业者的私人积蓄，即所谓的“布罗波融资”（bootstrapping），也可能从亲戚朋友那儿获得一些资助，这种资金来源被简称为“3F”（朋友、家人、傻瓜三个英文单词的首字母）。来自“3F”的资助相当重要，因为这些人最了解创业团队，是对其他投资者的积极暗示。让亲友在“自己经营的企业里投资”就是对种子阶段的投资者们释放信号：创业者及其周围的人对新创企业有信心（更具体一点就是对创业者有信心）。还有，如果企业符合某种特定标准，或有重要的研究基础或创新成分，可能会申请到研究经费资助或得到公共资金。

如果创业者还需资助，也可以发起众筹，寻找孵化器或加速器。第2章将详细介绍这些资金来源。接下来可以试试联系天使投资人。但天使投资人并不是对所有创业类型都感兴趣，他们只把资金投向那些有快速成长潜力、从长远看有良好投资回报潜力的新创企业。第3章将介绍天使投资人。

虽然风险资本往往投放在公司的初创阶段（详见下节内容），但也有一些风险基金专门投放于公司的种子阶段。这些风投者也在寻找天使投资人中意的那种类型，但投资方式更客观。也就是说，他们会搜集更多信息，深入展开尽职调查并认真分析，然后才决定是否成为公司股东。第4章将对风险资金的投资策略进行详细介绍。

1.4.2　初创阶段

至此，公司已开始出售产品或服务了，或多或少有了一些客户。初创阶段直到公司到达收支平衡点，能够支付所有成本时才结束。至此，公司不再需要外部资金也能持续发展。

对一个初创公司来说，迎来第一批客户具有里程碑式意义，因为这证明市场对其产品或服务有了最初需求。但第一批客户往往是创业者的亲友，因此创业者仍有必要去了解更多潜在客户群。了解获得一个客户的成本（也称CAC，customer acquisition cost，“获客成本”）是一项重要的指标。我们必须明白，客户对公司的价值（也称LTV，lifetime value，“客户终生价值”）比获客成本要高得多。当然，公司还要支付很多其他成本费用，但如果客户终生价值（LTV）高于获客成本，公司在发展过程中将有很大盈利潜力。第9章将深入介绍主要绩效指标，了解投资者如何监督新公司的发展。

公司这个阶段其实还属于资金损耗阶段，因为仍然入不敷出。根据公司的金融需求，最合适的资金来源是天使投资或风险投资。经验法则告诉我们，如果所需资金少于100万欧元，可以寻求天使投资人联合贷款；如果所需资金大于100万欧元，那么寻求风险投资更合适，这时投资者投入资金被称为“A轮投资”。根据公司的发展速度和耗资需求，接下来可能还需多轮投资，即“B轮投资”“C轮投资”，等等。第6章我们将阐释如何估算公司的资金需求及其最佳融资时间。少数情况下，获得风投资助的初创企业中，可能每10家里面有1家，甚至不到1家能进入首次公开募股（IPO）榜单，获得股票交易权。关于IPO，第11章将有详细介绍。

1.4.3 成长阶段

当公司突破收支平衡点，开始盈利，这就意味着公司进入成长阶段，可能此时盈利不多，但重要的是不再亏损了。大部分盈利将投入资金增长。如还需更多资金，可以考虑银行，因为公司很有可能已符合传统金融机构对信用控制的要求。

1.4.4 成熟阶段

当市场或公司以正常速度稳步成长时，这意味着创业进入了成熟阶段。这个阶段，公司不会进行大规模投资，而是实施“一切照旧”的运营模式，保持现有的市场份额。如果你想了解成熟公司的金融问题，可以查阅关于公司金融的书籍。但是如果你对收购成熟公司感兴趣，想通过收购公司来创业，那么请阅读本书第10章，定会有所收获。在收购成熟公司案例中，私募股权是一种理想的资金来源。

总而言之，根据公司金融需求的大小、发生需求的时间点及取得的成果，可以选择不同种类的融资方式。重要的是要了解清楚哪种投资方式最适合你的公司。图1.2总结了种子阶段和初创阶段的不同资金来源。每种资金来源都有其利弊，都需要衡量当下和将来。创业金融不仅对尼克拉斯很重要，对你在这本书里遇到的每一位创业者都很重要。这些创业者中，有的大名鼎鼎，有的默默无闻，但他们都有追逐梦想的动力和勇气。他们依靠的是对他们有信心的投资者。

因此，选择什么样的资金来源取决于公司处于哪个发展阶段。对各种资金来源的详细评价请参见本节的图1.3。

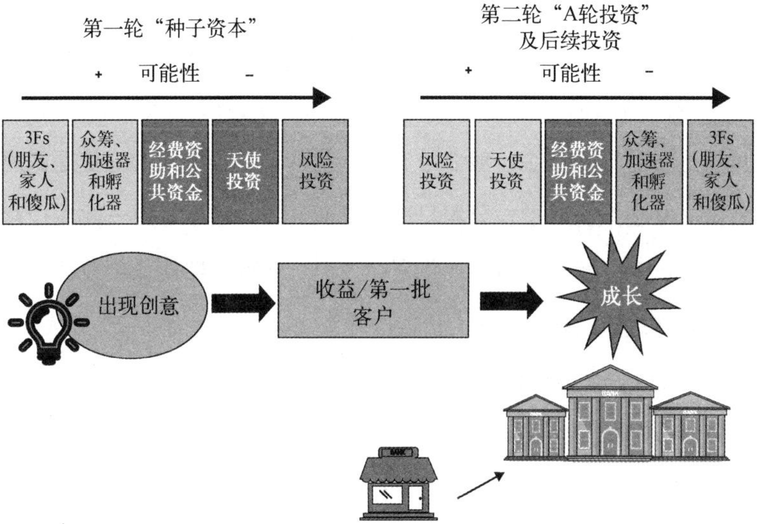

图1.2 新公司成立早期资金来源

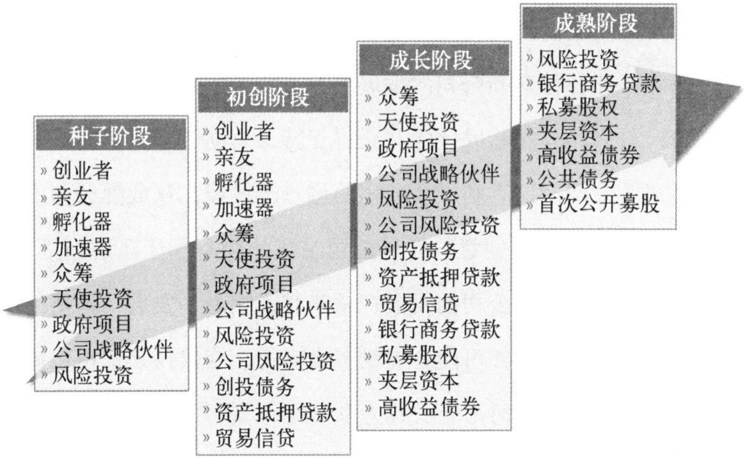

图1.3 新公司发展的不同阶段的资金来源

在公司成立早期，资金来源主要靠的是创业者自己及其身边最亲近的人。第一个投资的一般是创业者本人，因为他们看到了机会并有强烈捕捉机会的欲望，于是用自己的积蓄投资或找亲友资助。虽然这样募得的资金一般非常有限，但这种募资方式的好处是创业者没有必要发行股票。公司早期还可通过孵化器融资——此途径存在一定限制。虽然不直接提供资金，但企业孵化器能让创业者与其他创业者广泛接触，扩大有价值的外部交际圈，从而加速公司发展。

一直到初创阶段，公司都可通过孵化器、众筹、天使投资、政府项目获得资金。如果公司从一开始就有良好的发展势头，这些投资者将资助公司发展直到公司能获取收益。天使投资人一般都曾是成功的创业者，他们有资金、有时间、有经验，乐于资助新创公司。但加速器和天使投资者都希望从公司获得股权。政府项目指的是政府给予拨款资助、税收优惠或贷款的项目，以支持和鼓励企业积极创新，满足社会特定需求。

公司战略伙伴对新公司的发展具有最深远的意义。从创业者的角度看，与成熟公司结成伙伴并获得支持，有助于建立信用，从而进入公司关系网，这有利于新公司的进一步发展。从成熟公司的角度看，与年轻而富有创意的新兴公司结成伙伴有利于了解新潮流，从最前沿视角了解新公司的发展，领略其影响力，发展一种新的供需关系。公司战略伙伴可能会提供资金支持，或仅仅是信用、传播上的支持，协助新公司拓展公共关系（PR），扩大品牌宣传。

风险投资（VC）指的是专业投资者将大笔资金（一般高达1 000万欧元）投入有高风险高回报的、处于创业早期的初创企业。

作为回报，公司给予风投者少量股权。在这种投资组合中，风投者的角色主要与金融相关，实施严格的报告体系，详细分析投资现状，制定下一步的投资计划。

创投债务和资产抵押贷款是创业者在初创阶段的贷款形式。两者不同之处在于企业资产。资产抵押贷款需要资产作为贷款的保障，而创投债务主要是针对风投资金支持的、尚无资产和稳定现金流，因此无法进行传统债务融资的新企业。创投债务是用公司股票进行回报的中长期贷款。处于成长阶段、有能力获得稳定现金流的初创公司可选择传统的银行商务贷款。

当公司发展到成长阶段，融资方式就更多了。贸易信贷允许创业者接收货物后再付款，这是一种即时融资方式。贸易信贷是一种供应商贷款，一般不用支付利息，但是提早付款能够享受价格优惠。这与保付代理的运作方式相反。保付代理的做法是，卖方把应收账款转卖给保理公司，如果能在规定时间内收到付款，则能在票面价格上打些折扣。例如，一个初创公司把应收账款，比方说10万欧元，以8万欧元的价格转卖给保理公司。初创公司这样做的好处是可以直接收款，避免了坏账风险，但代价是打折出售。影响折扣的因素很多，其中包括债务人的信贷可靠性。保付代理公司接下来的工作是从移交至他手中的债务人那里收回全款（10万欧元）。

夹层资本是债务融资和股权融资的混合形式，通常用于那些口碑良好、现金流为正数的新创公司。吸引更多资金往往是为了支持扩张计划。这种为高风险初创公司提供的债务融资方式索要利率较高，投资者可以将他们的贷款转换成公司股权。

处于成熟和收益阶段的初创公司有三种主要融资方式。私募股权可为新创公司提供大量资金（可高达1亿欧元），条件是投资者获得控股权，并参与公司活动，获得公司的组织管理权。公共债务指的是新创公司通过发行债券从公共市场获得债务。首次公开募股指的是股票（原本是私有股）首次向公众出售。首次公开募股时可以大量融资，在首次公开募股后，公司的股权就可以自由交易了。这也是非上市公司变成上市公司的转折点。

要点总结

- 创业金融是创业和金融相交叉产生的新领域；
- 公司金融和创业金融有同也有异。公司金融关注的是成熟公司，而创业金融关注的是新创公司或有意向收购成熟公司进行创业的公司；
- 新创公司要经历四个不同的发展阶段：种子阶段、初创阶段、成长阶段和成熟阶段。根据公司所处的阶段不同，资金需求不同，可采取的融资方式也不同；
- 了解各种融资方式的利弊以免将来碰到出乎意料的问题；
- 通过购置成熟公司创业以及社会企业的融资问题也是创业金

融学的一部分。

本章提问

1. 初次创业者为公司寻求资金来源时可能遇到哪些关键问题?

2. 在尼克拉斯的案例中，你对他下一步行动的建议是什么? 能否给他提出更多其他建议?

3. 什么情况下，我们可以判定公司正处于种子阶段?

4. 什么时候公司从初创阶段进阶到成长阶段?

5. 如何判定一个公司进入了成熟阶段?

6. 本书所涉及的资金来源有哪些?

7. 新创企业融资过程有哪些主要步骤?

延伸阅读

Bartlett, J. W. and Economy, P. (2002). *Raising Capital for Dummies.* Wiley Publishing.

Draper, W. and Schmidt, E. (2011). *The Startup Game: Inside the Partnership between Venture Capitalists and Entrepreneurs.* Palgrave Macmillan.

Gompers, P. and Lerner, J. (2001). *The Money of Invention.* HBS Press.

Lutoff-Carroll, C., Pirnes, A. and Withers LLP (2009). *From Innovation to Cash Flows.* Wiley.

Manigart, S. and Meuleman, M. (2004). *Financing Entrepreneurial*

Companies. Larcier.

Osterwalder, A. and Pigneur, Y. (2010). *Business Model Generation.* Yves Pigneur.

Ries, E. (2011). *The Lean Startup.* Crown Publishing Group.

Sahlman, W., Stevenson, H, Roberts, M. and Bhidé, A. (1999). *The Entrepreneurial Venture.* 2nd edition. Harvard Business School Press.

Timmons, J., Spinelli, S. and Zacharakis, A. (2004). *How to Raise Capital: Techniques and Strategies for Financing and Valuing Your Small Business.* McGraw Hill.

参考文献

Brealey, R., Myers, S. and Allen, F. (2016). *Principles of Corporate Finance.* 12th edition. McGraw-Hill.

Cantillon, R. (1755). *Essai sur la nature du commerce en général.* History of Economic Thought Books.

Gorman, M. and Sahlman, W. A. (1989). *What do venture capitalists do? Journal of Business Venturing*, 4(4), 231–248.

Kirzner, I. (1973). *Competition and Entrepreneurship.* The University of Chicago Press.

Markowitz, H. M. (1952). Portfolio selection. *Journal of Finance*, 7, 77–91.

Schumpeter, J. A. (1934). *The Theory of Economic Development.* Harvard University Press.

Shane, S. and Venkataraman, S. (2000). The promise of entrepreneurship as a field of research. *Academy of Management Review*, 25(1), 217–226.

Sharpe, W. F. (1964). Capital asset prices: A theory of market equilibrium under conditions of risk. *Journal of Finance*, 19, 425–442.

Stevenson, H. and Jarillo, C. (1990). A paradigm of entrepreneurship as a field of research. *Academy of Management Review*, 3, 45–57.

章末案例分析

哇奇西班牙视频点播服务公司（WUAKI.TV）[1]

在从伦敦返回的路上，哈辛托·罗加（Jacinto Roca）一直在思考几小时后该如何做决定。他刚刚结束与日本乐天公司首席执行官兼创始人三木谷浩史（Hiroshi Mikitani）的第三次会见，对方将报价直接摆在了桌上。他真不能确定，把公司卖给日本的“亚马逊”是否是个明智的做法——尤其是从最近的情况来看，不到一年的时间内，他们已从两个风投基金处募得资金200万欧元，目前现金流根本不成问题，丝毫不会对公司发展造成阻碍。

但令人懊恼的是西班牙经济形势目前持续走低，失业率高达20%，风险溢价打破了自2012年初创下的纪录。那年5月底，社会上盛传西班牙可能会突然脱欧的言论。公众关注的中心那时都聚焦

[1] 该案例是由路易莎·阿莱曼尼撰写的，其间得到了WUAKI.TV创始人哈辛托·罗加的帮助。本案例拟用作课堂讨论材料，而非评论经营的有效或无效。该案例数据来自艾赛德商学院创业学院的原始数据库（2013）。

在希腊，然后转向葡萄牙，现在是西班牙。

哇奇视频点播公司

创建哇奇视频点播公司的想法出现在2008年末。哈辛托和他的搭档何塞普（Josep）认为网络电视将成为下一个改革热点。2009年中他们便开始创建新公司。创始人首先投入自己的积蓄，再加上从亲友处募得的资金，筹款25万欧元后便开始了产品工程，联系世界上最领先的制造商，了解关于产品质量的信息。

半年后，新公司让更多潜在投资者看到了希望，从天使投资者处成功募得资金100万欧元，参与投资的包括西班牙艾赛德商学院天使投资网（ESADE BAN）的数名成员。2010年信贷紧缩给西班牙经济造成紧张，贷款之难，堪比寻找圣杯。投资者显然对哈辛托和他的哇奇团队充满信心。

从一开始，哇奇项目就向投资者明示了退出策略。这种做法在初创公司中很常见，尤其当管理团队成员毕业于商学院时，他们明白对于投资者而言，清晰的退出策略有多重要。哈辛托正是从艾赛德商学院毕业的。然而，仅仅设计出退出策略还不行，最重要的是从一开始就实施策略。

他们的市场调查锁定两种潜在客户。一种是致力于地理扩张的国际客户，如亚马逊、谷歌和网飞；另一种是西班牙国内电视产业的客户，他们对哇奇的技术优势感兴趣，如卡纳尔加电视台（Canal+）、雅典娜3电视频道（Antena 3）、泰莱5频道（Tele 5）等。因此哈辛托、其搭档何塞普，以及哇奇的第一批投资者，如马内尔、马克，都和这些公司保持着联系。

2011年中，哇奇从风险投资公司募资200万欧元，并且获得了一大批预订客户。

乐天公司（Rakuten）

日本乐天公司由毕业于哈佛商学院的三木谷浩史于1997年创建，又称日本的“亚马逊”，2004年在加斯达克（JASDAQ）证券交易所股票上市。

虽然乐天一开始是电子商务公司，但很快就进军其他领域，2010年通过收购股权开启全球进攻式策略。乐天最著名的收购是买下美国购物网站Buy.com和法国电商平台“价格部长”（PriceMinister），总投资估计超过10亿美元。2011年，公司员工1万人，推行的是全球化发展计划。

乐天和他们的“哇奇之恋”

2011年最后一个季度，三木谷浩史主动联系哈辛托，提议在巴塞罗那会面。这次会面进展顺利，于是双方又安排了第二次会议以增进了解——这次，会议安排在东京。三木谷浩史的个人品性、价值观及其公司理念与哈辛托一拍即合，两人一见如故。哈辛托认为三木谷浩史的全球创业团队理念让乐天走向世界。

然而，对乐天公司来说，渗入网络电视产业、挺进欧洲市场付出的代价是巨大的。要知道，哇奇公司在建立的头三年与25万预订客户精诚合作，拥有员工30多人。

哇奇与乐天的最近一次会见是在伦敦。报价已被摆上了谈判桌。哇奇董事会了解相关信息，而且有自己的金融分析团队，他们认为这样的报价是很有吸引力的。可是哇奇确实不缺资金，而且其投资大都用于公司发展，增值形势喜人。不用多久，投资者的回报将与日俱增，但风险肯定也是存在的。一方面，哇奇得考虑到西班牙的经济形势；另一方面，要考虑步步逼近的强势竞争对手和该产业的新项目。还是如旧故事旧道理所说：回报越大，风险越高。

决定

时间嘀嗒流逝，漫长的协商过后，哈辛托还是不能确定他是否已理清思路。这不仅关乎金融，还掺杂了个人情感因素。当年他和搭档一起创立哇奇公司，哇奇是他们的“孩子”。乐天公司的购置提议却让他们对一切突然有了新见解。飞机刚抵达巴塞罗那，哈辛托突然记起了每次他被疑虑困扰时采用的老办法：拨通父亲电话。

问题讨论

1. 如果你是哈辛托，你会怎么办？你如何看待把公司出售给乐天？

2. 如果你是哇奇公司的早期天使投资人，是公司董事会的一员，就此问题你会如何投票？

3. 如果你是一年之前投资哇奇公司的风投者，你对乐天的收购提议作何反应？

第2章

公司发展早期的资金来源（1）：孵化器、加速器和众筹

约布·安德烈奥利

奈耶诺德大学

本章讨论新创公司获取资金和支持的三种渠道。虽然直到21世纪初，处于发展早期的新创公司才可以从这些渠道获得资金，但从其采用情况看，反响良好，特别是在欧洲。

创业者常常能发现市场机会，并对市场前景持乐观态度。如果他们决定抓住机会，就需要资金将其转化为计划并推向市场。问题在于如何在早期证明这个机会具有附加值，以获得融资。本章将以此为切入点，讨论资金来源。

21世纪初，适合公司早期融资的三种资金来源出现了。它们是孵化器、加速器和众筹。这些融资机会能帮助创业者制定可信的计划，也为投资者提供可靠信息以估测投资能否成功。每一种资金

来源对验证、概念论证和可能进行的首次测试处理方式不同。本章将在这些方面进行深入讨论，对以传统融资方式和新融资模式产生的附加值进行比较。

这些融资模式使获取资金的“艺术”和“科学”形成互补。它们通过预先确定的、结构化的方法，帮助创业者将信息高效地传达给投资者，同时帮助公司应对成长过程中的挑战。

媒体视角

英国《金融时报》

众筹实验如何从失败者中挑选成功者

在线筹款平台被投资者日渐接受

布里安·布鲁姆（Brian Broom）　2017年4月5日

乔·勒梅（Joe Lemay）曾经是一名软件工程师和销售主管，他发现开会时乱写乱涂的笔记很容易丢失，于是想到了一个富有想象力的点子——可以微波的笔记本。在这样的本子里记录的内容，可以通过一款应用软件传到云端。使用者可以将一杯水和这个本子一起进行微波以清除记录的内容，本子就可以重复使用了。这款“火箭微波笔记本”2015年在银地勾勾（Indiegogo）众筹平台筹集到130万美元，远远超过2万美元的目标。后来的情况是：截至目前，乔·勒梅与他人共同创立的火箭笔记本创意公司在银地勾勾和另一个众筹平台反冲起动机（Kickstarter）上已经为他们的产品筹集到了420万美元。勒梅先生的做法在不断增大的公司老板群体中很有代表性，他们众筹不仅仅为了创业，同时也能试探市场对新产品的反应，并在研发产品过程中寻求客户的帮助。

“我们需要资金制造第一批产品。在新产品上投入时间和金钱之前，如果能确认有人在关注这个产品，那就太棒了。”勒梅先生说。“要让我们的支持者参与整个过程。他们参与设计讨论，对产品的特点提出建议，甚至投票决定下面要做的产品。”……基于奖励的众筹（这是反冲起动机和银地勾勾占主导地位的市场）是验证产品的主要方式。产品验证时，支持者投入小额资金以获取产品，这样的产品可能是手表、唱片或是电影。根据咨询公司百筹网（Massolution）的数据，2015年全球众筹融资340亿美元，基于奖励的众筹平台融资金额占比不到10%。尽管像通用电气、玩具制造商孩之宝、啤酒酿造公司安海斯–布希也同银地勾勾合作，帮助他们进行产品研发，但目前看来这样的平台主要吸引的还是小型创业者……众筹并不是一个简单易行的途径，需要付出时间和努力。超过三分之二的项目并没有达到他们的融资目标。勒梅先生的第一个众筹项目——白板系统——就以失败告终。当然，失败的经历可以帮助创业者更快判断产品是否会再次折戟，以免几年时间和几百万资金付诸东流。

www.ft.com/content/f35f46fo-f92a-11e6-bd4e-68d53499ed71

学习目标

阅读完本章，你将能够：

- 定义孵化器、加速器和众筹；
- 回顾它们起源和发展的关键驱动因素；
- 评估何时采用哪种早期资金来源对成长中的公司是恰当的；
- 在创业者和投资者的视角下理解每种方式的价值和陷阱；
- 为成功公司的早期资金来源作市场证明。

本章导读

本章对孵化器、加速器和众筹进行定义，回顾在公司建立初期，几种融资方式各自的作用，探讨每种资金的附加值及所受限制。对以上因素进行分析的同时，本章兼顾创业者和投资人的视角。两种视角都很重要，新公司很难获得贷款，因此创业者迫切希望获得投资者的信任。尽管本章关注的融资方式出现的时间不长，但依然对公司成长和商业生态系统做出了贡献，最后一节将围绕这些贡献的早期证据展开讨论。

2.1 早期资金来源的定义与起源

本章讨论的三种早期资金来源都起源于21世纪初。因此，它们的定义——特别是孵化器和加速器——尚未明确，在文献中也各有不同。这些术语有时甚至会交替使用，尽管这几种资金来源形式存在显著差异。

本章将对早期融资的三种形式进行深入探讨，本节旨在揭示不同资金来源的特性。显然，三种资金来源的主要定位和它们适用的公司发展阶段存在关键性的差异。明确界定这些差异可以减少创业者寻找资金时浪费的时间。

2.1.1 先期市场融资

在调查资金的早期来源之前，创业者可以利用市场无法提供的一种资金来源。这种“先期市场”的资金来源也称为“布罗波融资”。

布罗波融资是指从个人积蓄、私人贷款和亲友处获得资金的活动。这种资金形式不需要创业者出让公司的所有权。布罗波融资通常只能筹集小额资金。这种融资渠道常被称为“3F”——家庭、朋友和傻瓜！该融资形式的特征是融资活动与商业概念关联不大，甚至毫无关联，资金的获得完全依赖创业者的个人渠道及其与投资人的关系。据此而论，与其他融资方式不同，这种方式不是基于商业概念或市场前景。

除了创业者早期确实需要诉诸这种融资方式，布罗波融资的主要优势在于它使得创业者可以完全保留对公司的控制权。这意味着创业者可以自主决定公司的发展，获取未来全部的经济收益。创业者能够更好地关注客户，而不必花费精力寻找外部的投资人并对其负责。公司在后期仍然可以自主融资，例如：可以通过延长供应商的交易信贷期限。很多有经验的创业者都认同这种方式的融资。优步（Uber）的联合创始人加勒特·坎普（Garrett Camp）曾说“尽量延长自主融资的时间”。

创业者在感知创业机会、发展创业理念的阶段一般会采用布罗波融资方式。本章讨论的早期资金来源是外部（或市场）的来源，而非这种“3F”资金。

2.1.2 早期市场来源的定义

众筹的定义受到广泛认同。然而，众筹在法律上的确切含义在欧洲各国存在差异，而且这些法律含义还在演化。区分孵化器和加速器尤为困难，在文献中这两个术语的定义并不一致，实际操作中每种形式也有多种变体。因此，本节将对孵化器和加速器的定义及两者之间的关键差异进行阐述。

以下对早期资金三种来源的定义，现在普遍适用：[1]

孵化器是为初创公司提供共享运行空间、工作联络机会、顾问资源和共享设备的机构。

加速器是为初创公司提供服务支持和融资机会的机构，其项目密集，持续数月，提供的服务和帮助包括：咨询、办公空间以及以初创公司的股票为回报的投资机会。

众筹是一种新兴的融资形式，将可以提供资金或愿意投资的一

[1] 孵化器和加速器的概念与“创业欧洲”所著的《什么是商业加速器及其与孵化器的区别》（2016.8.11）一致，众筹的概念与欧盟的概念一致（ec.europe.eu，2017.4）。

方与因特定项目有融资需求的一方直接联系起来。

通过查阅文献，可以发现早期资金来源的共同特征。图2.1直观地呈现了三个关键因素：主要定位、公司发展阶段以及可以为公司后续发展提供支持的另一种形式的加速器。基于早期资金来源（单一或联合应用）的特性，创业者可以选择为他们提供所需支持的资金来源。

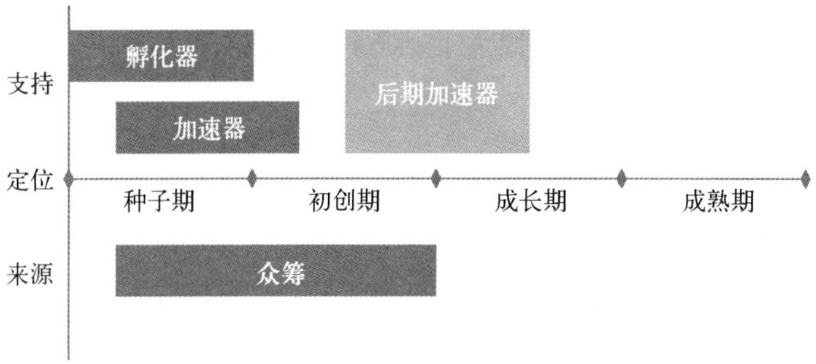

图2.1 以定位和公司发展阶段为坐标的早期资金来源

图2.1的横轴代表第1章中定义的公司发展的四个阶段。对应外部融资目的，这些阶段涵盖了从种子期（横轴左侧）到成熟期（横轴右侧）的过程。纵轴没有具体的刻度，指示了资金来源的定位、支持或来源。矩形标志的位置和长度显示了资金早期来源的主要定位与公司发展阶段的关系。

资金来源的定位可以是“支持性”或者“来源性”的，但实际上，它的含义不止于此。孵化器和加速器（包括后期加速器）是支持性的，关注点主要指向公司内部，主要定位在公司自身的发展，并为发展提供各种工具、模板和网络；通过将内部程序最优化，吸引投资者，获取市场成功。众筹的定位是来源性的，主要指向（外部）使用者/购买者，旨在为公司获得市场证明。所有形式的资金来源最终都要考虑内部和外部的因素，但它们初始阶段的关注点确有不同。

在三种早期资金的来源中，孵化器是唯一一种在种子期就可提供资金支持的融资方式。尽管形式多种多样，起源不尽相同，但在创业者最初开拓机会或形成创业理念时，孵化器就已为其提供支持。加速器和众筹为公司发展提供支持，要求公司具备更为成熟的概念以实现创收。

最后我们来了解另一种加速器。公司发展的后续阶段可能会用到这种加速器。若公司已能创造收益，但因为各种原因没有获得预期增长水平时，这种加速器可以发挥作用。后期加速器对公司表现不佳的主要原因进行评估，为有时间限制的项目解决问题。本章提到的这种形式作为早期资金来源，在新闻报道和文献中通常包含在加速器（包括早期加速器）的类别中，尽管它们的特点各不相同。2.4节将对后期加速器进行详细讨论。

2.1.3　显著差异

混用孵化器和加速器的原因在于两者存在共性。两种形式都为公司早期的成长提供支持，这种支持一直持续到公司的初创阶段。此外，这两种方式有助于公司与其他创业者、专家导师建立工作关系网络，以增加相互学习的机会，加速公司成长。

表2.1列举了孵化器和加速器的一些关键差异：

表2.1 孵化器和加速器的差异

	孵　化　器	加　速　器
专业化	水平领域	垂直领域/主题
目标	个体	团队
入门门槛	限制	开放
支持	自然成长	加速成长
项目	无	一般性
持续时间	几个月到几年—无限制	3—6个月
金融贡献	无—小额	大额（1万欧元以上）
补偿	无—少量收费（例如租金）	股权（5%—10%）

表2.1中所示的差异与孵化器和加速器的核心形式相关。事实上，两种形式可以结合起来使用，融合各自的核心特性。

孵化器主要存在于高校中，以激励学生中的创业者；也可能存在于企业中，以培育企业内部的创新潜力。企业中的孵化器更关注专业化，而非单纯在广度上作文章。2.2节将对孵化器进行更详细的讨论。加速器的专业化体现在一个或多个垂直领域或主题中，通过以“演示日”为目标的密集项目推进公司成长。2.3节中将提供加速器的更多信息。

众筹在过去几年也涌现了不同的形式，为资本提供者（以金融形式回报的，称为“投资人”，以非金融形式回报的，称为“支持者”）描绘了未来回报的愿景。众筹的众多形式中，2.5节选取其中4种关键形式进行了详细阐述，提供了关于每种形式宜何时应用，以及创业者的潜在收益方面的更多信息。

2.1.4 发展的关键驱动因素

在依次深入讨论每种早期资金的来源之前，我们先介绍一下三种来源的起源背景和初期发展。这三种融资形式都是最近才发展起来的，但已迅速在市场中获得认可。[1]

创业者是确保经济增长、创新和创造就业机会的一种决定因素。[2]因此政策制定者鼓励创业并积极对创业提供帮助。[3]随着技术的进步，投资者对其表现出日益浓厚的兴趣，技术初创公司成长迅速。尽管创业率在很多国家依然低于2008—2009年经济危机以前的水平（见图2.2），多数国家2016年创业率已经显示复苏的迹象。这对欧洲而言尤其重要，因为和美国相比，欧洲更为依赖中小企业。[4]

为公司发展提供共享办公区域的理念发端于1959年纽约巴达维亚工业中心。这里成了全世界第一个商业孵化器，为很多公司提供共享办公室和各种支持。孵化器在20世纪80年代获得了更广泛的发展，立足高校，为充满激情的创业者提供犹如“游

[1] 引自Brunet et al.（2017a），百筹网（Massolution）（2016）和Zhang et al.（2016）。
[2] 引自欧盟（ec.europe.eu）。
[3] 欧盟（2012）。
[4] 经济合作与发展组织（OECD）（2016）。

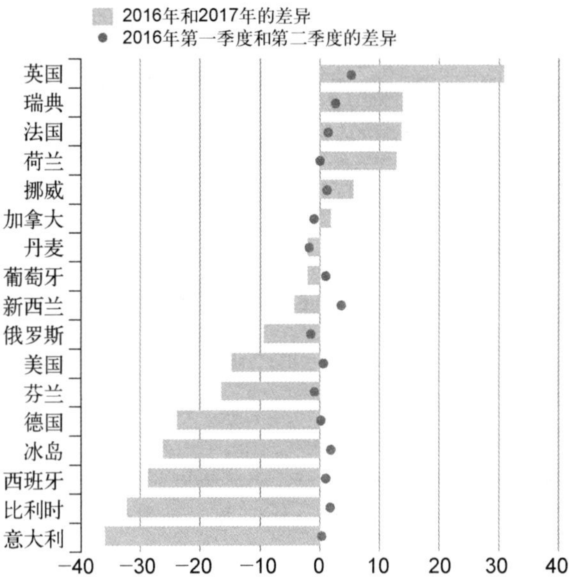

图2.2　公司创建的全球差异

来源：经济合作与发展组织（2016）

乐场”般的基础设施。全球第一个加速器是位于波士顿的Y组合（Y Combinator）（2005），欧洲建立的第一个加速器是位于伦敦的种子营（Seedcamp）。[1]第一家众筹平台是美国的“艺术家分享”（Artistshare）（2003），荷兰的塞拉邦（Sellaband）（2006）紧随其后。

加速器协助技术产业完成改造，成功推进新公司的发展，把概念转化为可行的业务。加速器产业在全球都显示出强劲增长势头。

[1] “Y组合和种子营目前已经拓展其业务，改变了其项目产品，自我界定为种子基金——与加速器完全不同的类别”（欧洲加速器报告2015，S. Brunet，M. Grof & D. Izquierdo，2016）。

2011—2016年，欧洲加速器数量复合年均增长率（CAGR）达到47%，北美加速器数量复合年均增长率达到39%。[1]这种增长也可被解释为投资者投资兴趣的增加。加速器会根据初创公司的资质情况对其进行预选，这样投资者就可以缩小考察范围，选择他们可能投资的初创公司。

在加速器数量方面，欧洲仅在2015年超越了北美。然而，初创公司通过加速器获得的投资水平依然存在巨大差异。如表2.2所示：

表2.2　2016年全球加速器项目[2]

	欧　洲	北　美	其他国家	总　量
加速器	193	178	208	579
初创公司	3 701	3 269	4 335	11 305
投资（百万美元）	50	107	49	206

2.2　孵化器

孵化器是为创业者提供最早期支持的一种正式渠道。其特征在于它们在公司刚形成创业理念的早期（通常仅仅存在理念的时候）就对其提供支持。此时，创业者可能处于发展理念的非常早期阶段，或者已经有了“可以点击观看的演示”（‘clickable demo’）或最小可行性产品（minimal viable product，简称MVP），但尚未盈

[1]　加速器产业增长估值，引自Brunet et al.（2016）和Brunet et al.（2017b）。

[2]　Brunet et al（2017b）。

利。一般情况下，孵化器依托像高校那样的非营利性机构而存在，或者直接附属于企业。

2.2.1 形式

孵化器引导创业者经历最初的发展阶段，其中一些环节包括机会评估、前景研究以及制定商业计划。孵化器的目的是在此过程中为创业者提供支持，从初创公司的创意，到涉及更多分析的规划阶段以及对市场方法的评估。为完成这样的目标，孵化器至少需要一处实体场地，为参与者提供基本设施和网络。这种情况下，孵化器大致等同于（充满激情的）创业者的一个集合点。对创业者而言，孵化器的优势在于使得他们可以互通互联、获得反馈、学习彼此的经验。根据专业化特点、项目类型和持续时间的不同，孵化器的形式各异。一些孵化器与其依托的机构或企业关联，有专业化的限制。

一个引人注目的案例是赛特斯考雷德（SETsqaured）。该孵化器位于英国，依托巴斯大学、布里斯托大学、埃克塞特大学、南安普顿大学和萨里大学而建立，在全球大学孵化器网络发布的全球顶尖的25个大学商业孵化器中拔得头筹。赛特斯考雷德为初创阶段具有巨大潜力的公司提供空间和支持。过去十年间，该孵化器帮助筹得超过15亿美元的投资或资金支持。[1]对高校而言，孵化器能够鼓励在校生进行创业，可以激励学生在研发产品或服务过程中运用他们所学的知识，并在产品商业化转化过程中获取经验。依托于企

[1] 全球大学孵化器网络（2016）。

业的孵化器关注的则是创意，这些创意能催生新产品，扩展企业的业务。这类孵化器使得其所依托的企业可以开拓新业务、以创业激情留住雇员、向市场传递其致力创新的信号，通过引入雇员培训和与当地网络建立联系，项目可能得到拓展。

2.2.2 流程

多数孵化器对会员资格有所限制，要求创业者必须是某个机构或者公司的成员。这种附属关系是进入孵化器的预设条件。因此，多数孵化器对创业者的初选结果是预定的，只有与创建机构有直接联系的个体才能申请。在这些符合条件的申请者中进行筛选时，孵化器主要考量个体的质量，这也是决定他们未来能否成功的关键因素。有时申请者会展示他们的理念。符合条件的申请者中有一些会脱颖而出，与孵化器共同成长。

孵化器是提供基础设施和支持的场所（有些是虚拟的），致力于为创业者搭建工作网络，减少干扰。其重要活动包括一般性的培训，但孵化器常常不提供此类培训，而是给创业者指派一个导师以支持其发展，帮助创业者解决遇到的问题，应对挑战。导师的选择对于创业者和孵化器的成功起关键作用。导师们将会一直与创业者保持联系，在创业者发展公司的过程中提供指导。因此导师的指定不仅要基于他们的知识和经验，还要根据他们个人的特点和作为创业者的经验。

孵化器提供的工作网络，及其邀请的专家是驱动孵化器成功的另一个因素。一般来说，来自孵化器网络（联合赞助人或校友）的知名创业者或企业领袖会被邀请进行演讲，启发并告诫参与者，帮助他们在公司发展的早期避开常见的陷阱。

2.2.3 受益和担忧

孵化器是否能够成功地培育新公司，很大程度上取决于导师的质量。导师会定期与孵化器的参与者联系，为他们前进的方向提供建议和指导。此外，同辈参与者、校友、合伙人和专家构成的强大网络，也是促成孵化器成功的关键因素，决定孵化器在多大程度上与当地业务网络保持积极联系。

导师的主要职责是与创业者建立联系、对其提出挑战，同时还要维护创业者的创业势头。导师不但要分享经验，还需要找到能够提升创业者绩效的方法，同时又能让他们自主决定。指导与训练有相似的地方，但是告诉创业者应该做什么不是导师的目的。导师要为创业者提供指引，并允许他们找到自己的方法。

孵化器的关键优势在于，充满激情的创业者可以在一个封闭的环境中学习创业过程。年轻或有经验的创业者都可以加入孵化器。后者的加入是因为可以获得孵化器的网络资源，前者的加入是因为孵化器提供的过程支持可以帮助年轻创业者掌握他们需要的技能。基于前辈和孵化器（企业）合伙人的经验，参与者能够找到更高效建立自己公司的方法。由孵化器管理和保护的办公空间使创业者更为专注地发展公司，同时感受到孵化器提供的支持。创业者工作网络的功能在于提供反馈和支持，也就是说，商业理念在创业初期受到挑战和认同，会提高成功的概率。

人们对孵化器的关注度与其提供的服务有着很大关联。孵化器不应只是集合的地点。因为孵化器没有固定的项目，人们会质疑其可能取得的进展、对创业者的贡献。[1]第二个关注点与导师相关。导师提供的服务都是免费的。导师之所以愿意不收报酬，是因为他们希望能为创业者提供支持，同时能够参与到有前途的新创公司的发展中去。他们的参与并不是完全抛开个人利益的。第三个关注点与创业者的态度相关。一旦进入孵化器，达到了他们第一个真正的里程碑，创业者急于证明新创公司的压力就有所降低。这个成就对创业者而言来得似乎太早了，以至于他们无法专注于客户和价值主张。

接下来是对于孵化器的两个最终评价。孵化器有望对当地的商业生态系统产生影响。孵化器促进创业，其溢出效应体现在制造工作机会和促进经济发展方面。此外，正如大学排名对大学很重要一样，孵化器的排名也能使孵化器所依托的大学或企业脱颖而出。全球大学孵化器网络每两年对大学孵化器的业绩进行评估，详见图2.3。

这些评估视角广阔，评价维度包括孵化器对生态系统的价值、孵化器助力经济增长或留住人才的能力、孵化器对客户的价值以及孵化器的后期表现等。全球大学孵化器网络2017—2018年度的报告，从21个维度对孵化器项目的相对绩效进行评价，旨在界定其优劣，制定可行标准，为它们如何进一步提升绩效提供建议[2]。

---

[1] Mitra（2013）。

[2] 全球大学孵化器网络，“关键业绩指标目录”（2017）。

全球前十名大学商业孵化器

孵化器	大学	国家
查尔姆斯公司	查尔姆斯理工大学	瑞典
瑞尔森大学隔离区	瑞尔森大学	加拿大
IPN孵化器	科英布拉大学，科英布拉理工学院	葡萄牙
伊斯坦布尔科技大学种子(ITU CEKIRDEK)	伊斯坦布尔科技大学	土耳其
Polihub—创新区域和初创公司加速器	米兰理工大学	意大利
墨西哥山谷大学孵化器网络	罗瑞国际学院	墨西哥
赛特斯考雷德	巴斯大学，布里斯托大学，埃克斯特大学，南安普顿大学，萨里大学	英国
多伦多大学创业	多伦多大学	加拿大
BLC3加速器	乌得勒支大学，乌得勒支大学医学中心，乌得勒支应用科技大学	荷兰
没错！代尔夫特	代尔夫特理工大学，海牙应用科技大学	荷兰

（按首字母排序）

图2.3　大学商业孵化器：全球前十名（2019）

来源：全球大学孵化器网络（http://resources.ubi-global.com/hubfs/Publications/Rankings/UBI%20Global%20-%20Rankings%201920%20v2.pdf）

实操：案例分析

孵化器——“没错！代尔夫特”案例[1]

这是代尔夫特理工大学三个学生创业的真实案例。这个案例描述了三个创业者在将他们的理念付诸实践以及决定进入哪个市场的过程中经历的困难。该项技术在代尔夫特理工大学研发，基于该技术还可能研发更多产品、开拓更大市场，未来收益着实

[1]　案例来自Paul Trott（2016），代尔夫特理工大学和朴茨茅斯大学。

令人兴奋。目前很多市场应用和产品理念正通过“弹簧—解决方案”[1]进一步探索。

简（Jan）双手插兜走过代尔夫特理工大学的市场广场。夏日的暑气逐渐褪去，秋日的空气凉爽宜人，他抬头望向广场东部新教堂高耸的塔尖，记起了他在代尔夫特理工大学本科学习时度过的漫长夏日。那时候生活可真是惬意，在沉思中，他回忆起住在火车站后拉阿斯特拉特（Raasmstraat）六人宿舍的那段无忧无虑的时光，一抹微笑浮现在脸上。

他停下脚步，在荷兰银行提款机上取出50欧元。钱不太够用。简已经毕业，所有毕业生结束学业后都希望挣得大笔薪水，但他还没有挣到。他没有选择就业，而是决定和两个朋友——安德烈（André）与迪尔克（Dirk）——一起创业。他正赶去见合伙人，这次要做个决定，为他们的技术选择市场。决定的结果将成为他们接下来的事业。

简在提款机前排队取钱的时候，想起了一年前他和朋友们决定创业的情景。彼时他们已经获得了机械工程的硕士学位。在代尔夫特理工大学机械、海事、材料工程学院学习时，他们遇到了一个年轻教授赖安·蒂默（Ryan Timmer）。蒂默教授刚刚因为静态平衡机械方面的研究获得博士学位，研究很成功，在代尔夫特理工大学的帮助下获得了几项技术专利。蒂默教授对技术研发充满热情，但是对将技术开发的商业化却提不起兴趣。简和迪尔克听过蒂默教授在

[1] 这里是指应用弹簧平衡系统研发人体工程学机械产品的项目。（译者注）

学校的演讲，对他研发的技术印象深刻。事实上，他们对这项技术念念不忘，希望能借由推广这项技术进行创业。随后，他们约见了蒂默教授和来自“没错！代尔夫特”孵化器的工作人员。

这项技术的关键优势在于，与传统的静态弹簧平衡系统不同，该技术能够使重量发生变化，可以应用该技术为用户研发人体工程学平衡机械产品。例如，可以制造不需要发动机/驱动器便可垂直移动的顶柜。不管顶柜有多重，不管里面装了什么，用户感觉不到任何重量。

简取完钱，向德卡克（De Kurk）走去。与安德烈和迪尔克的会面，他并没抱多大希望。差不多一年了，他们一结束学业就探索产品应用的可能性，想了很多古怪、疯狂的点子，例如：可以升离地面的自行车架、可以升离地面创造更多空间的电子装置，甚至是可以升空收藏以便节省空间的床。尽管现在他们必须专注于一种市场应用的产品，但事实是他们还在探索基于这项技术还能开发出哪些新应用产品。目前有三种选择：移动橱柜、移动监控器/电视屏幕、移动桌子/工作台。六个月前，他们还各持己见。此后，市场分析和个人喜好将选择范围减小到两个：移动橱柜和移动桌子。他们显然已经完成了市场分析，但是将要做出的决定部分基于事实，部分基于之前从其他地方获得的经验和猜测。所以到底应该选择哪个市场呢?

可调节橱柜——收纳空间永远捉襟见肘，特别是在厨房中。一个最常见的解决办法是利用高处的空间。高至天花板的顶柜和高架在家庭住房中很常见。然而将物品举过头顶实在太重了，很多用户，包括年轻人和上了年纪的人，都够不到或者看不到高处的架子。因此，对收纳空间的使用并不充分。解决方案是根据需要将橱柜设计成可上下移动的装置。

可调节桌面/书桌/工作台——随着健康和安全的规定越来越多，这将很有盈利前景。使用电脑工作的人数似乎在逐年增长。这个方案让人们在工作时可以调节工作台以适应座高。

很多问题需要解决。良好的市场前景似乎是吸引产品进入市场的原因，但小市场的成功总好过大市场的失败。如果新产品不成系列，那么还需要一定水平的市场教育。一些新产品花费了很长时间才取得成功，想想个人电脑、CD播放器和MP3播放器吧！传播率和客户接受的水平会对公司的盈利水平产生显著影响。在决定哪种市场应用最有可能使“弹簧—解决方案”获得成功之前，合伙人对需要考虑的因素进行了梳理：

	欧洲市场潜在规模	市场吸引力［波特竞争战略（M Porter）］	新产品分类	接受、传播问题	弹簧—解决方案的盈利前景与成功的可能性
移动橱柜	每年1 600万厨房	进入的障碍?	创新的程度?	技术未知?	盈利前景好，进入门槛高
移动电视屏幕	每年售出1亿台电视	供应商能力?	改进?	供应链中的接洽对象?	竞争激烈，市场空间小
工作场所移动桌面	未知	购买者能力?	对公司的创新点?	购买者不是最终受益的用户	未知因素过多
其他	?	?	?	?	?

问题讨论

1. 分析迪尔克、简和安德烈考虑的三种主要市场应用，并解释你将选择哪种；运用上表所示（或其他你熟悉的）的市场分析模型和架构进行分析。

2. 迪尔克、安德烈和简还考虑了很多其他该技术的应用。发挥创造力，想出一个得益于这项技术的其他市场应用。

3. 对于有志于创业的学生，你认为"没错！代尔夫特"孵化器带来的关键附加值是什么？

"没错！代尔夫特"是代尔夫特理工大学的孵化器，旨在帮助创业者建立先进的技术公司。尽管该孵化器由代尔夫特理工大学创立并完全依托于该校，但代尔夫特市和南荷兰省也向其提供资金，因为该孵化器确实为当地经济和社区带来了益处。过去几年中，"没错！代尔夫特"采纳了加速器的一些常规做法，例如，要求创业之初就制定商业计划、关注团队发展。它对股权没有要求，但会以道德责任约束公司，一旦创业成功就要有所回馈（对成功的定义是公司价值超过100万欧元）。作为公司成功的助手，"没错！代尔夫特"不仅是一个办公地点，也通过导师和项目为公司的成长提供支持。该孵化器已经培育出了一批优秀的公司，包括：安培曼（Ampelmann）、心之（Senz）、埃皮恩（Epyon）、夜平衡（NightBalance）和恒日（Eternal Sun）。在2015—2016年度"全球基准报告"中，"没错！代尔夫特"位列欧洲第四、全球第九[1]。

[1] 全球大学孵化器网络（2016）。

2.3 加速器

孵化器“孵化”公司，促进创新，为其投入市场做好准备。加速器“加速”公司成长，加快创新速度，提升市场潜力。两者同为公司发展的早期资金来源，专注于支持创业，但两者之间也有显著差异，如表2.1所示。本节将关注加速器的具体特征以及对创业者的适用性。

需要注意的是，人们经常使用略有不同的术语来指代这种融资形式。这些术语包括“种子加速器”“初创公司加速器”“前期加速器”或“公司加速器”。

2.3.1 形式

加速器通常有一处实体空间，供创业者创立公司。加速器仅以虚拟的形式存在的情况极少。申请进入加速器的过程是开放的，以团队为目标。这意味着对于什么样的人可以申请没有预设的限制，只要兴趣与加速器的垂直领域或主题吻合就可以申请。以项目团队组队的形式进入加速器，项目时间一般为三至六个月。因此入选团队同时开始工作，工作一直持续到“演示日”——那是精心策划的一天，创业者将向受邀的投资人宣传他们的公司。

加速器形式各异，取决于其专业类型、项目类型、导师指导的力度和质量，以及外部网络的力量。

如图2.1所示，加速器从种子阶段发挥作用，一直持续到初创阶段。公司团队需要很强的竞争力才能被某个加速器选中，例如：美国Y组合 2014年接受率为1.5%（同年斯坦福大学和哈佛大学的录取率分别为5.1%和5.9%）[1]。欧洲初创公司加速器“桑拿”（Sauna，芬兰）的接受率“仅为2%”，初创公司“新兵训练营”（Startupbootcamp）的平均接受率为2%—3%[2]。由于竞争愈发激烈，接受率持续下滑，因此成功申请加速器的团队需与众不同、具备更成熟的理念，例如“可供演示的产品原型”或“最小可行性产品”（MVP）。

2.3.2 流程

加速器是以群组的形式录取团队的，项目开始和结束节点（“演示日”）对所有参与者而言都是相同的。通过分批组织，培训能够更高效，团队的进步也更均衡，可以促进共同学习，形成工作网络。

项目提供的培训是一般性的，帮助公司发展创业理念、建立视野和目标、评估市场规模、审视不同商业模式、对公司进行整体刻画和团队建设、制定初步金融方案、为未来投资者准备有吸引力的提案。

考虑到每家公司在加速器的时间有限，这些活动安排得非常密集，对创业者而言，这将是一段紧张的经历。如上所述，其目的是为初创公司的宣传提供支持，以此促进公司发展，目标在于在“演

[1] Rao（2015）。

[2] Startupsauna，“700组申请者，录取率仅为2%——遇见我们的春天16组”（2016.4.20，www.startupsauna.com）；Startupbootcamp（SBC）表示：300—500组申请者中，50%获得面试机会（可能通过Skype进行面试），20个团队进入最终遴选，其中半数被加速器项目录取［基于2017年5月17日对马克·韦塞林克（SBC总经理）的访问］。

示日”获得投资。

加速器会为每个团队指定一位导师，导师为团队提供支持，让他们保持干劲。这位导师会定期与团队见面，评估进展，帮助解决具体问题。问题可能涉及如何将一般化的培训应用到特定的公司。加速器的所有活动都与确认、调试、加速相关，与精益创业的方法论一致（见图2.4）。

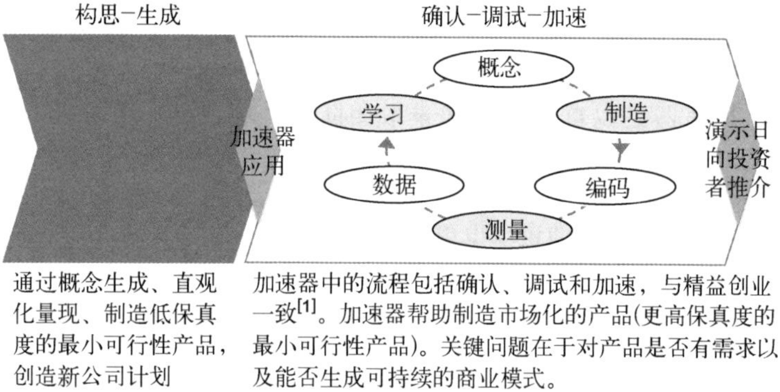

图2.4　加速器流程概览

加速器一般由公司赞助。对赞助者而言，与加速器项目的联系显示了他们参与并且紧跟创新。

2.3.3　受益和担忧

好的加速器擅长筛选申请人，只有那些真正有可能取得市场成功的公司才能够进入。

---

[1]　精益创业，方法论引自《精益创业》，E. Ries著（2011）。

与孵化器一样，加速器的质量很大程度上取决于导师的质量。加速器具有将导师和初创公司联系起来的能力，这一能力是鉴别加速器好坏的关键指标。

与加速器合作对创业者而言益处颇多，有利于优化流程、建立工作网络和扩大项目的外部影响。通过一个工作网络可以培育新的工作网络，特别是参与到加速器的创业者们可以为彼此提供反馈。创业者也可以与企业建立合作关系。企业的外部影响包括信号效应以及被加速器接受带来的公共关系。被加速器选中的公司有望提升获取资本的概率。

除上述益处之外，加速器还能让创业者在短期内掌握大量技能，并为创业者带来海量实用经验。与去商学院学习相比，这常被称为新的学习方法。换句话说，创业者的目标是成为商业案例，而不是阅读商业案例。

加速器具有溢出效应，为当地社区带来显著益处。加速器会对地区的创业心态、活动和融资机会产生积极影响。因此，当地拥有蓬勃发展的加速器会改善该地区的商业情况[1]。

加入孵化器也存在陷阱。特别是创业者需要一开始就积极参与各项活动，而不是浪费时间庆祝被孵化器项目选中。创业者在整个过程中要能够承受压力，安排的各种会议可能会让他们分心。他们遇到的人给出的建议可能彼此冲突，这也会让他们心生疑惑。最后，过于关注在“演示日”获取资金可能会让他们分心，从而无法

[1] Hathaway（2016）。

专注于客户和价值主张。

加速器引发的担心是资金来源参差不齐，投资者真正的投资意图让人雾里看花。“演示日”会有很多投资者到场，但有时他们的真正投资意愿却令人生疑。

人们的另一个担心是很多加速器本身也是商业组织。因为在公司发展过程中他们给予了支持，这些加速器一般要求新创公司给他们股份作为回报。公司股份才是这类加速器的关键盈利模式。微妙之处在于，在公司未来价值达到某个规定的最小值之前，这些股份无论看上去多么少，都是不可稀释的。也就是说，在公司价值超过一定数值之前，加速器拥有的这部分股份并不会因为后续的投资被稀释。创业者经常低估不可稀释股份对其股份的影响。下面的例子将揭示，这种情况需要慎重考虑。

假设初创公司ABC受邀加入加速器XYZ，并获得了2.5万欧元的资助。在正式加入之前，ABC的创建者被要求签署一份合同，包括一些基本的规定、能够获得的支持，还有一个有关金融的段落。这个段落详述了XYZ的投资，还包括了他们在ABC公司的股份。加速器可能对一些服务（例如房屋、基础设施、培训）进行收费，但也只是收取成本。让加速器XYZ真正受益的是它在ABC公司占有的份额虽小，却是不可稀释的股份（一般为5%—10%）。

让我们假设XYZ获得了ABC公司6%的股份，公司价值上限为400万欧元，下面我们来评估这些投资对公司创业者所占股份的影响。

（1）加速器以2.5万欧元的初始投资换取了公司6%的不可稀释股份。

（2）公司进一步发展，需要更多资金。公司成功融资20万欧元，该投资者占有12.5%的股份。

（3）后一轮融资中，投资者投资40万欧元，要求占有16%的股份。

（4）最终，一位投资者投资100万欧元，要求占有20%的股份。

在看下面的计算之前，请计算每一笔投资对公司价值的影响。评估每笔投资对公司价值的影响、计算每名股东持有的股份、评估每笔投资对创建团队ABC所持股份的影响。最后，对加速器所持股权价值进行评估，将其与合同中不牵涉不可稀释股份的情况进行对比。

计算如下（假设公司增长稳定）：

（1）ABC公司现估值41.666 7万欧元（25 000欧元/6%）。ABC占有94%的股份，XYZ占有6%的股份。

（2）ABC公司现估值160万欧元（200 000欧元/12.5%）。新投资者占有12.5%的股份，ABC公司和XYZ共同占有87.5%。没有特殊规定时，结果将是ABC公司占有82.25%的股份（94%×87.5%），XYZ占有5.25%的股份（6%×87.5%）。但是，因为XYZ的股份不可稀释，XYZ保留6%的股份，ABC公司的股份下降到81.5%，计算步骤为：100%－12.5%－6%。

（3）ABC公司现估值250万欧元（400 000欧元/16%）。结果是新投资者占有16%的股份，ABC公司、XYZ和之前的投资者共同占有84%的股份。没有特殊规定时，结果是ABC公司占有69.1%的股份（82.25%×84%），XYZ占有4.45%（5.25%×84%），之前的投资者占有10.5%（84%×12.5%）。但因为XYZ的股份不可稀释（保持6%），ABC公司持有股份进一步降低到67.5%，计算步骤为：100%－6%－10.5%－16%或69.1%－(6%－4.4%)。

（4）ABC公司现估值500万欧元（1 000 000欧元/20%）。最后一名投资者占有20%的股份，所有之前的投资者/创业者一共占有80%的股份。没有特殊规定时，结果是ABC公司占股54%，XYZ占股4.8%，之前的投资者占股8.4%，后一轮投资者占股12.8%。因为公司价值超过了上限，XYZ现在持有ABC公司4.8%的股份，价值24万欧元。

结论：在最后一轮投资后，加速器XYZ持股价值24万欧元（500万欧元的4.8%）。如果没有不可稀释股份的条款，加速器将占股3.5%，价值17.5万欧元。ABC创立者在公司的股份减少1.3%，自行消化了股权的差异。

注意：在公司价值达到上限400万欧元之前，ABC公司减持了更多股份。也即在最后一轮投资之前，ABC公司减持了1.6%的股份（因为XYZ的股份在后一轮投资后本应是4.4%）。

全球这种类型的加速器包括公立加速器中的印度“喀拉拉邦”初创任务和私立加速器中中国的“中国加速”。全球公立加速器和私立加速器前五名详见图2.5（按照字母排序）。

曾参与这些加速器的公司有些已经取得了令人印象深刻的成就，成为持续成长的大型公司，例如从“中国加速”中走出的佘璞（Shopal）和河马木箱（Hippo & Crate）。

全球前五名公立商业加速器

项目	国家
EIT数字加速器	欧盟
代际公司加速器RVC JSC	俄罗斯
ISDI加速器(前“影响加速器”)	西班牙
“喀拉拉邦”初创任务	印度
NDRC	爱尔兰

(按首字母排序)

全球前五名私立商业加速器

项目	国家
365x	以色列
加速中心	加拿大
中国加速	中国
GVA加速项目	俄罗斯
SEED SPOT	美国
青年创壳	巴西

(按首字母排序)

图2.5 全球公立加速器和私立加速器前五名（2019）

来源：全球大学孵化器网络

http://resources.ubi-global.com/hubfs/publications/Rankings/UBI%20Global%20-%20Rankings%201920%20v2.pdf

2.4 后期加速器

后期加速器为成熟公司取得市场成功提速。加速器的目的在于扩大这些公司的规模。按照第1章讨论的公司发展阶段，这些加速器从初创阶段到成长阶段为公司提供支持。

如果公司是已开始盈利的公司，但感觉其增长受到限制、潜力没有得到充分发展，则可申请后期加速器支持。因此，孵化器或一般加速器有助于公司发展创业理念，但后期加速器旨在帮助公司找出限制成长的原因，并以量身定造的方式帮助公司解决这些问题。

如图2.1所示，后期加速器不参与早期阶段的融资，只在初创阶段的后期提供支持。但考虑到它们与加速器的特别关系，我们将这个话题加入本章。表2.3显示后期加速器的核心特征。

表2.3 三种资金来源对比

	孵 化 器	加 速 器	后期加速器
专业化	水平领域	垂直领域/主题	
目的	建立初创公司		建立成规模公司
目标	个体	团队	
入门门槛	限制	开放	
开发阶段—进入	种子期		初创期
录取	组/群		不间断地
支持	自然发展	加速成长	
项目	无	一般性	定制
时长	差异较大	3—6个月	
金融贡献	无—小额	大额（1万欧元以上）	
报偿	无—小额	股份（5%—10%）	
开发阶段—毕业	初创期		成长期

该表还将后期加速器与孵化器和加速器的特征进行对比。如表所示，三者共同拥有一些特征，有些特征为后期加速器独有。

2.4.1 形式

被后期加速器选中的公司必须是盈利的公司。加入后期加速器的原因是公司的管理团队感觉公司成长受限，却解释不了为何受限，也不知如何解决受限问题。公司希望将这些问题明确化，并寻求进一步的解释。为了给予公司更多有效支持，后期加速器愈发关注一些垂直领域（产业）或主题。

对后期加速器的申请是开放的，竞争十分激烈，后期加速器会持续录取公司。与孵化器和加速器类似，后期加速器也有一处实体空间，供管理团队在项目期间会面。

一般来说，后期加速器会针对公司的需要为其量身定制项目，但时间长度依然会被压缩到3—6个月。项目一般在这个时段中的若干天进行，这与孵化器和加速器预期的全职参与不同。

项目目的包括两方面。第一，评估限制公司成长的因素；第二，解决问题，使公司能够按照预期成长。在项目过程中除了有导师提供支持外，后期加速器还拥有大规模的公司合伙人网络，尽可能提升公司产品的牵引力。

2.4.2 流程

后期加速器的首个挑战是对限制公司成长的具体因素进行评估。因此，与加速器提供一般性的、概念性的支持不同，后期加速器专注于帮助公司解决具体的挑战。

后期加速器中的导师在整个过程中对公司给予支持，帮助公司找到没有达到预期成长的核心因素，指导核心团队解决问题。因此，导师都是技巧高超，经验丰富的专家。此外，后期加速器也拥有大规模的合伙人和投资人网络，他们可以在适当的时候加入公司。

进入后期加速器的公司一般面临以下挑战：

- 对下个阶段缺少成长规划——相比创业，使公司进一步发展需要一套不同的技巧和架构；
- 缺少品牌识别——经验非常丰富的销售创造了全部收益，但是公司还未培育其品牌形象，公司因此组织松散、缺乏连贯性；
- 缺少资金——创业者已经对资金进行分配，但公司发展需要更多资金。然而，银行不予贷款，创业者也缺乏吸引资金的其他渠道。

2.4.3　受益和担忧

后期加速器面临的关键挑战是对公司的有效评估，识别制约公司成长和未来发展的因素，并解决这些问题。因为要在加速器项目期间为公司量身定制方案以解决关键问题，因此对限制因素的关注尤为重要。

后期加速器给公司带来的好处主要是在项目结束时清除制约公司发展的障碍。此外，加速器能为公司提供由许多创业者和公司合伙人组成的工作网络，以加快公司成长。后期加速器的另一个益处在于为公司管理团队提供一个可以进行深刻反思的环境，经验丰富的导师全程提供支持。这促使管理团队聚焦对公司成功最重要的事情，关注可以使公司在市场脱颖而出的因素。导师的积极指导将帮助公司确定关注点、制定指标，以达成可量化的进展。

加速器可能在吸引合适的人才方面遇到困难。具备一定技能、可以为公司提供指导的导师储备不足，这制约了加速器的成长。

后期加速器的指导由兼职导师和公司提供。例如：由维恩·哈尼什（Verne Harnish）创立的“全球瞪羚国际网络”（Gazelles International），以及荷兰的“向前冲”（GoFastForward）和英国的“序幕集团”（Prelude Group）之类的公司。

“向前冲”——斯奈普汽车（Snappcar）的成长加速[1]

斯奈普汽车（2011）是最早开发个人对个人共享汽车的公司之一。公司运行了一年半之后，斯纳普汽车的创立者维克多·凡·托儿（Victor van Tol）遇到了公司成长低于预期的问题。通过咨询，向前冲评估其问题在于“分摊太薄”，要求斯纳普汽车作出战略决策：继续提供企业对企业（B2B[2]）和个人对个人P2P

[1] 后期加速器的申请案例，基于对鲁特格尔·普伦的访问（Rutger Prent，向前冲首席执行官），维克多·凡·托儿（Victor van Tol，斯奈普汽车首席执行官）评论（2017年4月28日）。

[2] B2B是Business-to-Business的缩写，是指企业与企业之间通过网络进行数据信息的交换、传递，开展交易活动的商业模式。（译者注）

（Peer 2 Peer，个人对个人）的共享汽车产品，接受目前的增长率，或者专注部分领域，优化产品、发展特定市场作为国际业务拓展的晋身之阶。维克多选择专注部分领域，将公司资源投入荷兰的个人对个人（P2P）市场，进一步发展这个特定市场的斯纳普汽车产品。受到众筹活动的支持，公司获得了200万欧元资金。专注部分领域的决策使公司在荷兰增长率提速，在瑞典和丹麦也积累了汽车共享的个人客户。

2.5　众筹

本章涉及的最后一种早期资金来源是众筹。这种早期资金来源迅速引起各方兴趣，投资者经常想通过众筹试探市场的反应。众筹方式应用广泛，适用于公司发展的不同阶段，且支持丰富多样的创新类型，再加上其看似低成本的使用门槛，人们对众筹越来越感兴趣。

图2.1揭示了本章涉及的资金来源的主要定位，及其适用于新创公司发展的特定阶段。如图所示，众筹的特点是外部定位，在公司发展的许多阶段中都可使用众筹进行融资。此外，如下文所述，这类资金来源以不同的形式存在。多种来源形式使不同类型的营利性质和非营利性质的初创公司都可以使用众筹进行融资。请见下文中两个极为成功的应用：精酿狗（Brewdog）作为营利性质的案例，海洋清理（The Ocean Cleanup）作为非营利性质的案例。

精酿狗：精酿啤酒的投资者收获2 800%的回报[1]

精酿狗由詹姆斯·瓦特（James Watt）和马丁·迪基（Martin Dickie）在2007年创立，公司在迪基母亲的车库里开始运营。在2009年由粉丝直接出资支持公司进行拓展。后来的八年中经过四轮众筹，公司现有5.5万名投资者。最初的1 300名投资者投下这个看似成功概率很小的赌注，却获取了高额的回报。这家苏格兰的精酿啤酒公司2017年4月10日宣称：2010年通过众筹最早投资公司的那些投资人已获得高达2 800%的回报。TSG客户合伙人（TSG Consumer Partners）以2.13亿英镑的价格收购其23%的股份，其中1亿英镑将注入精酿狗公司用于全球业务拓展，其余的资金将用于收购早期股东的股份。公司现值10亿英镑，2010年完成的第一轮股权众筹融资中购买的股票价值达到了原来的2 765%。即便是在2016年完成的第四轮股权众筹融资中投资的粉丝也在仅仅一年时间中见证了他们的股份增值了177%。

2.5.1 形式

众筹，顾名思义就是依靠公众筹得资金。众筹一般通过互联网，每笔资金数额不大，但投资的个人和公司数量庞大，由此完成

[1] 基于新闻稿“精酿狗宣布TSG客户合伙人（TSG Consumer Partners）投资1亿英镑”（www.brewdog.com）CNN（money.cnn.com）2017年4月10日，莎拉·沃曼评论（市场营销的全球领头羊——精酿狗，2017.10.10）。

融资。本质上来说，众筹将一家初创公司推向大众，明确提出需要多少资金以支持项目或者公司运营。众筹也可通过传统媒体进行，但这需要互联网大力协助。

这种形式的融资还在发轫期。该术语最早可以追溯到2006年。[1]自那之后，众筹在全球范围内显示了强劲的增长势头。尽管使用和体量存在国别差异，[2]据估计，2012—2015年全球资金筹集量同比增长134%。[3]

因为是新生事物，众筹还缺少清晰的分类系统，透明度也有限。[4]各国对不同形式的众筹定义不同，国家之间进行对照较为困难。从法律角度看，很多政府还在致力于制定法规和法律框架。[5]确实有必要这样做，因为众筹的影响日益增加，但它却不在传统的金融体系控制之下。众筹被看作所谓的“创新金融”产业（“alternative finance” industry）的一部分。创新金融是指传统金融体系之外的金融渠道和工具，包括受监管的银行和资本市场等。[6]

众筹有不同的形式，创业者可以根据初创公司的目标选择最为合适的形式。众筹主要有四种形式：基于捐赠的众筹、基于奖励的众筹、基于贷款的众筹和基于股权的众筹。图2.6依据两个变量对

[1] 根据“文字间谍”[Word Spy（www.wordspy.com）]。

[2] 国家水平详见“欧洲众筹现状”（2016）众筹枢纽[（CrowdfundingHub）www.crowdfundinghub.eu]发布。

[3] 基于百筹网发布的众筹资金筹集量（2016）。

[4] Zhang et al.（2016）。

[5] CrowdfundingHub（2016a）。

[6] 剑桥大学贾奇商学院：创新金融剑桥中心（www.jbs.cam.ac.uk）。

图2.6　众筹的主要形式

众筹进行分类：责任的形式和回报的力度。

责任的形式是指创业者对资金提供者所负的责任，可以得到金融的或者非金融的回报。回报的力度是指对投资者的回报是事先规定的（低），还是取决于公司的业绩的（高）。结合两个变量考虑可能的结果构成了众筹的四种主要形式。

如上所述，众筹形式的应用取决于初创公司和创业者的意愿。下文对每种形式进行简要描述：[1]

- **基于捐赠的众筹：**对初创公司的投资无法产生有形的回报；对投资者而言，投资的回报仅仅是“感觉很好”。
- **基于奖励的众筹：**以初创公司的产品或服务作为投资回报；回报的形式为实物支付。
- **基于贷款的众筹：**[2]以贷款给创业者的形式进行投资，公司发展一段时间后，创业者以本金和利息作为投资回报。
- **基于股权的众筹：**投资者通过投资获得初创公司的股份，可

[1]　引自众筹枢纽发布的四种模式。

[2]　也称为“基于债务的”“个人对个人”（P2P）或“市场贷款”。

以分享未来的盈利，一般对关键事项拥有投票权。

公众参与初创公司的融资会给创业者带来很多益处，不仅限于金融方面，也包括对公司受欢迎程度以及生存能力的评估。因此，众筹绝不仅仅是另一种形式的资金来源，它也是有价值的市场工具，让初创公司获知市场的初步反应。

2.5.2 流程

众筹活动涉及三方：发起人、公众和中介组织。发起人为创业寻找资金，公众是作为目标的个人或公司，中介组织是推出初创公司并将发起人和公众联系起来的平台。

将初创公司推向整个市场，众筹实际上逆转了市场选择的正常流程。传统寻找资金的过程是创业者确定最合适的投资者，向其推介他们的初创公司。这种方式要求创业者对潜在的投资者进行预选，以选择的投资人为目标制定投资提案。这种方式要获得成功，需要对潜在的投资者进行审慎的选择，制定的投资提案要适合他们各自的公司。尽管进行了精心的准备，因为各种原因，目标投资者依然可能表现得意兴阑珊，那么就必须寻找新的投资者。众筹逆转了这种选择过程。创业者通过众筹完全展现自我，由投资人进行选择。所有潜在的投资人都可看到提案，投资人对初创公司和创业者所做的选择有所让步，但可能以不同的形式获得回报。

众筹的主动权掌握在创业者手中。创业者不用去寻找满足其投资需要的具体投资人，而只需专注于评估需要向哪些受众传递哪些信息，确定受众能够帮助他们确定合适的众筹平台。因为众筹融资的方式愈发受到欢迎，数百个众筹平台涌现出来，这些平台帮助创业者提高其初创公司的知名度。

随着众筹的快速崛起，很多平台以中介组织的方式建立。为了使自己与众不同，这些平台专注于某些特定领域。但是，很多平台也因为竞争激烈而退出。剩下的平台现在提供更多样化的服务。

杰出的绩效可以让平台脱颖而出。为实现融资目标而发起的众筹融资活动次数，及其推广水平都可以用来测评绩效。因此，众筹组织会对申请使用众筹平台的初创公司进行选择。另一个原因是公司会从获得的收入中按一定比例为平台支付报酬。为了提升实现融资目标的概率，众筹组织也会提供额外的服务帮助创业者建构他们要传达的信息。

专家之声：皮姆·贝蒂斯特（Pim Betist，荷兰）[1]

皮姆本身是个创业者，也是众筹的先行者，于2006年在阿姆斯特丹创立了塞拉邦（Sellaband）。塞拉邦是全球第一个基于奖励的众筹平台。打着“你就是唱片公司”的标语，该平台在不到一年半的时间内，从超过5万名粉丝中筹集了超过300万美元的资金，使来自27个国家的未签约的艺术家能够录制自己的专辑。皮姆现在领导“弄波者”（Ripplestarters），这个组织既助力富有创意的初创公司的成长，也帮助成规模的公司继续成长。最近皮姆又和合伙人共同创立了“进

[1] 皮姆·贝蒂斯特访谈（阿姆斯特丹，2017年5月10日）。

步”（Voordegroei），这是一个为已具规模的公司进行众筹融资的平台。

你是如何想到众筹这种方式的?

我的一些朋友是艺术家，他们在为自己的音乐项目寻找资金。在“我的空间”（MySpace）上，我发现他们拥有大量粉丝，于是我就提议：为何不让每个粉丝付10美元？这样你们就能筹集足够的资金在工作室为粉丝们录制一张专辑了。这个理念成功了。几年后，反冲起动机（Kickstarter）和银地勾勾（Indiegogo）这样的平台成立也是受这个理念的启发。

对（雄心勃勃的）创业者，你在众筹方面有什么建议?

众筹之前一定要咨询专家意见。众筹不是什么高深的科学，但确实有很多陷阱。你需要选择正确的形式和正确的平台，你需要理解从很多人那里获得资金意味着什么，尤其要知道从很多人那里筹集资金会其乐无穷。但这也意味着在众筹前后及众筹过程中你会相当辛苦。

2.5.3 受益和担忧

人们从法律方面对众筹的关注，以及欧洲各国对待众筹的不同方式，是创业者很关心的问题。这也可能会影响众筹这种融资方式的发展。如前文所述，技术的发展使众筹在全球范围内得以快速传播，[1]也促成欧洲范围内关于众筹渐趋一致的讨论。目前，欧洲各

[1] Cusmano（2015）。

国制定了各自的法律法规，也就是说欧洲市场不是水平一致的竞技场。[1]欧洲银行管理局意识到各国众筹借贷操作存在分歧，但在欧盟范围内统一这些操作是可取的。[2]欧洲证券与市场管理局也表示应加强对众筹平台的监管以保护股份投资人，使众筹进一步发展。[3]缺乏明晰的分类也制约了各国间众筹透明度的对比。

众筹为创业者带来很多好处。首先，降低了寻找投资者的成本，也使创业者可以接触更多的投资者，进而增加了潜在投资者的规模。这提升了融资的速度和成功概率。

对创业者而言还有其他好处。在众筹活动中初创公司得到宣传，因此众筹可被视为一种市场工具，能迅速提供市场反应，让投资者建立信心。创业者可以通过这种方式“感知并回应”，让受众参与其中，对公司进行调整，以便更好地满足市场需要。

对投资者而言，关键的好处是减少了寻找时间，降低了成本。众筹使他们接触到意想不到的新提案，同时提供目标市场的反馈。这也是越来越多的机构投资者迅速接受和采纳众筹方式的原因。[4]

对创业者和投资者而言，众筹也有短板。对创业者而言，采用该方式存在声誉风险，即，如果不能实现众筹目标，暴露于众目睽睽之下可能会给公司带来危害。此外，早早将创意分享出来，可能

---

[1] Cusmano（2015）和CrowdfundingHub（2016a）；更多信息请登录网站www.crowdfundinghub.eu或www.eurocrowd.org。

[2] 观点引自欧洲银行业管理局（2015年2月26日）；更多信息请登录网站eba.europe.eu。

[3] 建议引自欧洲证券与市场管理局（2014年12月18日）；更多信息请登录网站esma.europa.eu。

[4] “专业投资者加入众筹”《金融时报》（2017年3月16日）。

会有被对手公司或创业者抄袭的风险。特别需要关注基于贷款的众筹。不论创业成功与否，以及公司属于何种法律模式，创业者个人需要负责偿还贷款。对投资者而言，虽然他们对于众筹平台的信任与日俱增，[1]但是对这种融资方式也有担心，因为与推介演示及商业计划审核的传统方式相比，众筹进行全面尽职调查的机会在不断减少。

欧洲知名金融众筹平台包括众方（Crowdcube，英国，股权型），慧天使（SmartAngels，法国，贷款型），我资助（FundedByMe，瑞典，股权债权型）和非金融形式的平台，例如：维卡米（Verkami，西班牙，奖励型），佳地（Betterplace.org，德国，捐赠型），低音产品（Produzioni dal Basso，意大利，捐赠回报综合型）。有时一个平台会同时提供金融性和非金融性回报，例如我天使（Angel.me，比利时，股权奖励综合型）。[2]

实操：案例分析

众筹：海洋清理案例[3]

事情要从16岁的博洋·斯拉（Boyan Slat）在希腊玩水肺潜水时的发现讲起。他发现海洋中的塑料比鱼还要多。在深入研究塑料

[1] CrowdfundingHub（2016c）。

[2] 更全面的概述详见“欧洲众筹目前的状况”CrowdfundingHub（2016）。

[3] 基于约斯特·内爱波特（Joost Niepoth）访谈（2017年5月23日），约斯特·迪布瓦（Joost Dubois）和博扬·斯拉增加部分内容。

污染的问题以后他更吃惊了，因为根本没人严肃对待海洋的塑料污染。“为何不把塑料垃圾清理掉呢?”这个问题萦绕在他脑中，挥之不去。他高中的科学项目就致力于研究这个问题，他希望弄清楚为何人们觉得海洋清理是不可能完成的任务。很快博洋·斯拉发现如果使用船舶、渔网清理海洋污染需要几千年的时间，投入数百亿美元，还会危及海洋生物，并产生大量的碳排放。

全球洋流汇聚处有5个塑料垃圾聚集地，又称“垃圾带”。大多数海洋塑料不会自行消解，而是逐渐分解成小块塑料。经过一年的实验和测试，博洋提议研发一个被动集中系统，利用洋流驱动，完成塑料垃圾的捕捉和集中。有了这个系统，人们不再需要追着塑料跑，塑料会自动向人类靠拢。

这个理念一开始并没有引起关注。博洋刚刚开始在代尔夫特理工大学航空航天工程专业学习，但他一直没有放弃这个想法。六个月后，他决定退学，用300欧元的积蓄作为启动资金，成立“海洋清理”（The Ocean Cleanup）。2013年3月的一个晚上，事情发生了转机。博洋在TEDx发表演讲的视频被几家新闻网站转载，数十万人观看了这段视频。这个点子一夜爆红。仅仅过了几天，“海洋清理”项目招募成员，成立了初始团队，通过众筹筹集首笔资金9万美元。就这样，“海洋清理”项目启动了。

虽然利用被动系统清理全球海洋塑料污染的想法在2012年就浮出水面，它依然还只是一个理念。这也是博洋婉拒全球很多媒体采访（超过450个）的原因。为调查清理技术是否能够真正有效地修复太平洋垃圾带，“海洋清理”项目开始着手一项大范围的可行性研究，涉及工程、海洋学、再循环多个领域。一个由近100名科学家和工程师组成的志愿团队花费了一年的时间，完成了528页的研究报告，该报告于2014年6月3日出版。虽然很多工作今天看来已经过时，这个可行性研究使人们对处于早期阶段的“海洋清理”项目有了一定程度的了解，其中的一些指示性结论时至今日依然很有意义。

下一步是为项目进入下一个阶段筹集资金。在发布科学研究报告的同时，一项大规模众筹活动启动了。来自160个国家的超38 000名赞助者在100天的时间里为项目筹集了200万美元。融资成功使“海洋清理”项目朝着清除海洋塑料污染的目标又近了一步。筹集资金后，“海洋清理”启动了工程程序以及一系列的考察。工程师利用收集的海洋数据设计清理系统。荷兰银行种子平台（ABN Amro’s SEEDS）是帮助该项目进行众筹融资的平台，据其统计，“海洋清理”筹资共计2 154 282美元，成为当时史无前例的最成功的非营利性众筹项目。

问题讨论

1. 你认为对博洋而言，在当时有其他融资的途径吗?

2. 选择众筹是个开始，但并不能保证融资到200万美元（特别是非捐赠型众筹）。你在众筹申请里会强调项目的什么特征?

3. 众筹筹集了200万美元资金。你认为这种融资方式还有什么益处（相比于找慈善家捐赠）?

众筹的成功让“海洋清理”项目强势启动，推动其向着清除海洋塑料的目标前进。“我们制造了这些垃圾，不要说我们没办法清除！”（博洋，2012）。博洋一直坚持壮大组织，让人们更好地理解这个项目。[1]“海洋清理”以项目的形式组织，为达到清理海洋的终极目标确定了里程碑事件。项目完成了一个又一个里程碑事件，借此一步步发展，汇集资源和资金，以进入下一个发展阶段。下一步是构建大规模的可操作性试点，并开始检测。项目后续还收获一些投资。最近（2016年11月至2017年5月），项目获得2 170万美元的捐赠，取得阶段性成功。最近一轮的融资使“海洋清理”项目自2013年以来获得的融资额达到3 150万美元。新获捐赠后，项目在2017年晚些时候在太平洋海域对其清理技术开启大规模检测。本轮融资的资金来自旧金山的马克（Marc）、琳妮·贝尼奥夫（Lynne Benioff）和一位匿名慈善家。其他支持者包括瑞士宝盛基金（Julius Baer Foundation）、皇家帝斯曼（Royal DSM）以及硅谷的创业者兼投资人彼得·蒂埃尔（Peter Thiel）。

2.6 公司成功得益于早期资金来源的市场证明

随着现代技术和联通性的发展，创立公司的成本和难度日渐降低。本章讨论的三种资金来源为早期发展的公司提示了获得资金支持的路径。现在的问题是这些资金来源是否真的对公司的成功做出了贡献。

[1] 因为在海洋清理方面取得的成就颇具启发性，博洋·斯拉2014年11月17日获得了联合国地球卫士奖，成为该奖项最年轻的获得者。

2.6.1 评估贡献时遇到的问题

评估早期资金来源贡献的方法之一就是将从这些渠道融资的公司的成功率与未从这些渠道融资的公司的成功率进行比较。文献显示，九成初创公司在成立3年之内以失败告终。[1]现在的问题是从孵化器、加速器中走出的公司或是受到众筹支持的公司的失败率是否比那些没有从这些渠道融资的公司要低。而对一家孵化器而言，是否简单地计算失败率就能证明这些早期资金来源的价值呢?

评估成功的标准多种多样，但人们没有就最精确的标准达成一致。建议标准包括：后续融资总额、融资后公司运行的年数、公司估值和实现退出的数量。[2]

但直至现在，结果还是不完整。加速器2010年才出现，它们支持的公司依然处于早期阶段，还需要未来若干年才能证明早期资金来源的价值。众筹也是同样的情况。从股权众筹退出一般需要5到10年的时间，而这种融资形式2006年才出现。

孵化器和加速器的遴选流程进一步加剧了评估的挑战。想加入这些项目的创业者必须先申请，然后参加遴选。因此，将他们的成功与所有壮志满满的创业者进行比较使得对某个项目附加值的评估失之偏颇。

此外，使用孵化器、加速器或众筹并不能确保在市场上取得成功。初创公司若要蓬勃发展，其所处的生态系统也需对其发展有所

[1] Riggins（2016）。

[2] Shieber（2014）。

助益。

2.6.2 支持早期资金来源的证据

尽管有以上种种质疑，依然有很多证据表明早期资金来源对公司发展有积极贡献。这些证据包括：创业者在短时间内知识技能的大幅提升、投资者交易成本的降低、所涉行业的发展以及对地区经济的溢出效应。

当然，对加入孵化器、加速器的创业者而言，获得资金、取得市场成功的概率提高了。创业者在孵化器和加速器度过的几个月时间里，通过分享经验、构建工作网络以及参加项目，在短时间内掌握了大量的知识和技能。

对投资者而言，选择投资对象的效率提升了。按理说，孵化器、加速器项目对创业公司遴选和支持的过程让申请投资的初创公司水平得以提升。众筹也是相似的情况，市场可以选出真正有吸引力的初创公司。投资者可以将此作为初始市场评估证据，做出投资决定。

过去十年，孵化器和加速器的数量快速增加，这也能说明它们在一定程度上对公司成功做出了贡献。众筹也是一样，从诞生之日起就显示了强劲的成长态势。

对早期资金来源持赞同观点的人还认为孵化器和加速器带来了创业的能量。这类项目的存在带动了地区经济，对更大范围的地区生态系统也有溢出效应。

最后，剑桥大学贾奇商学院（Judge Business School）的研究发现，从加速器项目退出后的第五年，“公司存活率”提高了10%—15%。[1]霍克伯格（Hochberg）的研究（麻省理工学院斯隆商学院）也发现参加加速器项目两年之后，创业公司的估值相比公司整体平均估值有显著提高。[2]尽管这个结论可能存在一定的倾向性，如前文所述，这些发现还是可以支持早期资金来源对公司发展确有积极贡献的论点。

“初创欧洲”的加速器集合（Startup Europe’s Accelerator Assembly）成为欧洲初创公司加速器项目的工作网络。[3]

欧盟领导层为表示对技术创业者的支持，建立了加速器集合，这是被称为“初创欧洲”的欧盟倡议的关键组成部分。

加速器集合是行业主导的工作网络，由比斯特（Bisite）加速器运行，内斯塔（Nesta）、咋上网（How to Web）、技术之星伦敦（Techstars London）、阿普全球（UpGlobal）、贝塔豪斯（Betahaus）以及瓦伊拉英国（Wayra UK）提供支持。

欧盟的初创欧洲倡议旨在将欧洲的创业者联系起来，为他们提供工作网络、资源和信息，帮助他们创建和发展公司，创造新的就业机会，进而对经济和社会产生积极影响。

[1] Birdsall et al.（2013）。

[2] Shieber（2014）。

[3] 更多信息详见www.acceleratorassembly.eu/。

要点总结

- 孵化器、加速器和众筹是近些年发展起来的早期资金来源，数量在欧洲的市场影响与日俱增；
- 这些早期资金来源适用于公司发展的不同阶段；
- 这些早期资金来源降低了交易成本，提高了公司曝光率，从而使创业者和投资者都有所受益；
- 孵化器和加速器出现的时间不长，一直处于发展中，因此还没有定义标准；
- 不同国家有不同的众筹相关法规，这可能会限制众筹的发展。

本章提问

1. 创业者可以从哪些售前市场的渠道融资？这些渠道有哪些共同点，有哪些吸引创业者的地方？

2. 创业者在市场中寻找资金的时候，有哪些需要考虑的关键因素？

3. 孵化器如何支持公司发展？孵化器提供这些支持的动机是什么？

4. 从加速器中通常可以获得什么样的过程支持？加速器提供的支持与孵化器提供的支持有何关键差异？

5. 加入加速器是富有挑战的事情，这种挑战并没有随着公司加入孵化器而结束。创业者如何充分利用他们在加速器中的时间进行提升？

6. 后期加速器与加速器的差异是什么？从后期加速器提供的支持来看，这种差异如何变得明显？

7. 加速器给公司投资2万欧元，作为投资回报，公司价值上限不超过500万欧元时，加速器得到公司8%不可稀释的股权。在“演示日”，创业者和一位投资者就新增资本进行谈判。如果创业者不想给加速器超过1%的不可稀释股份，他们最多可以得到多少资金？

8. 除了作为一种融资方式，创业者发动众筹有哪些其他好处？

9. 为什么潜在的投资者常常要求初创公司发动众筹？投资者从众筹活动中可得到哪些好处？

10. 评估孵化器、加速器和众筹的附加值是比较困难的。若想说明这些早期资金来源的贡献，我们会遇到哪些困难？你想如何解决这些问题？你认为哪些方式是合适的？

延伸阅读

Cambridge Centre for Alternative Finance (jbs.cam.ac.uk).

CrowdfundingHub (www.crowdfundinghub.eu).

European Accelerator reports (www.gust.com).

Global Accelerator Network (www.gan.co).

Global Entrepreneurship Monitors (www.gemconsortium.org).

Moe, M. (2017). *The Global Silicon Valley Handbook*. 1st edition. Grand Central Publishing.

Ries, E. (2011). *The Lean Startup*. Crown Publishing Group.

Schwienbacher, A. and Larralde, B. (2012). Crowdfunding of

entrepreneurial ventures, in *The Oxford Handbook of Entrepreneurial Finance*. Oxford University Press.

Startup Europe (www.startupeuropeclub.eu).

UBI Global bi-yearly incubator rankings (www.ubi-global.com).

参考文献

Birdsall, M., Jones, C., Lee, C., Somerset, C. and Takaki, S. (2013). *Business Accelerators: The Evolution of a Rapidly Growing Industry*. Judge Business School, University of Cambridge.

Brunet, S., Grof, M. and Izquierdo, D. (2016). *Global Accelerator Report 2015*. Gust and Fundacity.

Brunet, S., Grof, M. and Izquierdo, D. (2017a). *European Accelerator Report 2016*. Gust and Fundacity.

Brunet, S., Grof M. and Izquierdo, D. (2017b). *Global Accelerator Report 2016*. Gust and Fundacity.

CrowdfundingHub (2016a). *Crowdfunding Crossing Borders*. CrowdfundingHub.

CrowdfundingHub (2016b). *Current State of Crowdfunding in Europe*. CrowdfundingHub.

CrowdfundingHub (2016c). *Equity Crowdfunding*. CrowdfundingHub.

Cusmano, L. (2015). *New Approaches to SME and Entrepreneurship Financing: Broadening the Range of Instruments*. OECD Centre for Entrepreneurship.

European Commission (2012). *The Entrepreneurship 2020 Action Plan.*

Hathaway, I. (2016). What startup accelerators really do. *Harvard Business Review*, 1 March 2016.

Massolution (2016). *Crowdfunding Industry 2015 Report* on crowdexpert.com.

Mitra, S. (2013). The problems with incubators, and how to solve them. *Harvard Business Review*, 26 August 2013.

OECD (2016). *Entrepreneurship at a Glance 2016*. OECD Publishing.

Rao, L. (2015). Meet Y Combinator's new COO. *Forbes*, 26 August 2015.

Ries, E. (2011). *The Lean Startup*. Crown Publishing Group.

Riggins, N. (2016). What is a business accelerator and how does it differ from an incubator. startupeuropeclub.eu, 11 August 2016.

Shieber, J. (2014). [Updated] These are the 15 best accelerators in the U.S., 10 March, 2014.

UBI Global (2016). *Global Benchmark 15/16 report — Top University Business Incubators*. UBI Global.

UBI Global (2017). *KPI Directory*, April 2017. UBI Global.

Williams, A. (2017). Professional investors join the crowdfunding party. *Financial Times*, 16 March 2017.

Zhang, B., Wardrop, R., Ziegler, T., Lui, A., Burton, J., James, A. and Garvey, K. (2016). *Sustaining Momentum*. Cambridge Centre for Alternative Finance.

实操：案例分析

加速器：初创公司新兵训练营（Startupbootcamp，简称SBC）案例[1]

2013年8月，马克·韦塞林克（Marc Wesselink，SBC比荷卢总经理）收到一个新公司提交的近场通信和感应支付项目（NFC & Contactless Accelerator programme）的申请。47岁的美国人杰克逊·邦德是瑞雷尔公司（Relayr）的联合创始人，他说他们想利用云端做一点事情，在云端做一个物联网（internet of things, IOT）的管理平台。尽管当时他们传达的信息并不清楚，申请的目的也不明确，马克还是搞清楚了杰克逊是团队中的一员，这个团队还有两个前思科（Cisco）的管理人员，于是马克决定对他们进行一次线上面试。这次面试给马克留下了不错的印象，于是邀请这个团队和其他19家公司一起参加9月份在阿姆斯特丹初创公司集中训练营中心举行的为期四天的协作活动。在这四天中，杰克逊和他的团队（还包括42岁的英国人保罗·霍普顿和56岁的德国人哈罗德·察普）向70多位导师介绍他们的公司。根据导师们的反馈，团队的吸引力开始显现，初创公司集中训练营决定邀请他们加入为期三个月的加速器项目。

项目期间，瑞雷尔团队在向客户论证他们的计划时遇到了困

[1] 基于对马克·韦塞林克的访谈（2017年5月17日）。

难，他们也由此意识到有必要（重新）定义计划。他们得到的评价是“这样的平台想法很不错，但我们想看到更切实际的东西”。也正是这时他们开始构思“神奇棒”。这是一根装有多个传感器的小棒，可以当作网关。这些传感器通过Z波（Z-Wave，一种无线协议和网际互联协议通信）与网关相连，可以安装在建筑内部或建筑周边，对关键变量（例如温度、二氧化碳浓度等）进行测量。当传感器测量到不正常的变量值时，会通过网关与线上平台联系。例如，当冰箱温度超过5摄氏度时，传感器会通过平台向某个设备传递信号，而这个设备会通知用户不要将食物放在冰箱太长的时间。该团队在“演示日”展示的最小化可行性产品吸引了康拉德电子（Conrad Electronics）——欧洲最大的电子产品分销商和零售商之一——的注意。康拉德预订了5 000个神奇棒并支付了货款。获得这个订单后，瑞雷尔终于能够完成研发，并开始制造神奇棒。康拉德成为他们的第一个客户，这也引起了其他大公司的兴趣（例如博世、西门子、三星）。这些公司已经在他们的电器产品中安装了传感器，使用瑞雷尔的云端平台将数据传递给客户。一位天使投资人投资后还将瑞雷尔的商业计划带到了美国，吸引两位新客户凯鹏华盈（Kleiner Perkins Caufield & Byers，总部在硅谷的风险投资公司）和蒙克雷（Munch Re，总部在德国的世界顶尖再保险公司）带来了一笔更大的投资。

问题讨论

1. 如果你是创业者，你会将你的产品投放到哪个市场？你会选择B2B的模式还是商对客B2C[1]（企业对消费者）的模式？

2. 你认为瑞雷尔加入加速器获得的真正附加值是什么？

3. 从加速器的角度看，每年可以收到那么多的申请，从这个案例中他们能有哪些收获？

初创公司集中训练营成立于2010年。第一个项目在2010年由亚历克斯·法斯特（Alex Farcet）在哥本哈根正式启动。2012年，共同创始人卡斯滕·科尔贝克（Carsten Kolbeck）、帕特里克·德·泽乌（Patrick de Zeeuw）和吕德·亨德里克斯（Ruud Hendriks）将初创公司集中训练营开到了阿姆斯特丹、柏林、马德里和都柏林。到2017年，初创公司集中训练营已经发展成为世界范围内行业聚焦的加速器，在五大洲的14个城市（其中6个在欧洲）启动了19个项目。该加速器为早期阶段的技术创业者提供支持，帮助他们与全球范围内的本行业导师、合作伙伴、投资者接洽，以迅速扩大公司规模。初创公司集中训练营附属于全球加速器网络（Global Accelerator Network, GAN），2016年时投资金额为120万欧元，位居欧洲第七（占整个欧洲投资额的2.5%），受其助力的初创公司数量位居欧洲第八（占整个欧洲加速公司数量的2.2%）。[2]

瑞雷尔2017年年中的雇员人数超过200名，来自20个国家，

---

[1] B2C是Business-to-Consumer的缩写，是“商对客”电子商务的一种模式，即商家直接面向消费者销售产品和服务的商业零售模式。（译者注）

[2] 根据Brunet et al.（2017）。

在欧洲和美国有7个办事处。[1]公司将瑞雷尔定义为“快速成长的物联网公司，为工业的数字化转型提供公司中间件和物联网解决方案。作为物联网企业的思想先行者，瑞雷尔通过工业级平台实现互联互通。软件实现了全面的数据分析和管理，利用通过设备收集的数据，利用联通性，公司能够在任何信息技术生态系统中创造新的解决方案，获得新的收入流。”为实现这个目标，瑞雷尔在2016年10月20日筹集资金2 300万美元，自2013年第一次融资到彼时，他们总共筹资3 700万美元[2]。

[1] 检索自relayr.io（2017年5月24日）。

[2] 检索自pitchbook.com（2017年5月24日）。

第3章

公司发展早期的资金来源（2）：天使投资

科林·梅森（Colin Mason）

格拉斯哥大学，亚当·斯密商学院（Adam Smith Business School, University of Glasgow）

蒂亚戈·博特略（Tiago Botelho）

东英吉利大学，诺里奇商学院（Norwich Business School, University of East Anglia）

天使投资人是个体，他们一般有过成功创业的经历。天使投资人向新公司和早期发展阶段的公司投入个人资金，利用个人的商业经验，以不同方式向这些公司提供支持，因此常被称为非正式投资人或非正式风投者。虽然学者和媒体更多地关注机构风险投资，实际上天使投资向更多公司提供了资金，不过他们的投资数额要小得多，因此整体投资规模相比机构风险投资要小。

本章讨论天使投资在初创公司融资过程中发挥的作用。本章以定义问题开始——谁是天使投资人？然后讨论天使投资从被忽视的个人活动演变为有组织的团队投资后发生的性质变化。随后对天使投资的投资类型进行回顾。最后探讨天使投资人如何做出投资决定，影响决定的关键标准是什么。这部分围绕投资决定过程中的不同阶段展开——交易发起、投资机会初步筛选、详细评价、谈判和签约、投资后与创业者的关系以及退出。

媒体视角

英国《金融时报》

来自家人、朋友的一点帮助……

安德鲁·邦兹 （Andrew Bounds） 2016年10月4日

你有个好点子，如果要把它变成生意，要如何筹集资金呢？

雷德正宗烤肉（Red's True Barbecue）于2012年创立，筹集资金450万英镑，资金来自创业者和天使投资人。

詹姆斯·道格拉斯（James Douglas）真是幸运，他和斯科特·芒罗（Scott Munro）一起在利兹开了一家烤肉店。他出售了之前经营的房产中介，拿到了15万英镑。店里的招牌烤肉很受苏格兰银行地区经理的喜爱，于是他们又拿到了30万英镑的银行贷款，再加上26.5万英镑的个人积蓄，这家美式风格的烤肉店有望很快扩大经营。道格拉斯先生和芒罗先生被引荐给伊恩·尼尔（Ian Neill）——“拉面道”（Wagamama）的前任主席。尼尔先生将八位投资人邀请到餐厅。这八位投资人号称“超级八人组”，通过可以减税的“英国企业投资计划”投资200万英镑。道格拉斯先生边在牛腩上撒上招牌酱汁（现在已经可以在超市买到），边告诉我他们拒绝了几家风险投资基金抛来的橄榄枝：“我们不想要愚蠢的钱，也不想要带给我们压力的钱，他们一加入项目就每周都来探问。我们需要的是能帮我们扩大经营的人。”

在三轮融资之后，从伦敦到曼彻斯特，这家餐厅已经开了八家连锁店，还有一家纽卡斯尔的分店也会很快开业。

www.ft.com/content/685fco5a-63db-11e6-8310-ecfobddad227

学习目标

阅读完本章，你将可以：

- 理解天使投资在哪些方面适用于创业公司金融体系；
- 了解天使投资的简要情况；
- 了解天使市场运行变化的方式以及对创业者的影响；
- 理解投资流程，特别是天使投资人的投资标准，以及他们如何投资；
- 评估投资收益的证据。

本章导读

本章开篇讨论天使投资在哪些方面适用于创业公司金融体系。然后我们会简要介绍天使投资。接下来讨论天使投资的演变，即，从鲜为人知的个人非正式操作到如今的天使投资人自发组织成为有管理的投资团队。这种演变对创业者的影响是我们将讨论的问题。然后我们会探讨整个投资流程，从项目寻找、投资决定、交易结构，到投后关系以及最后的退出。这节也将真实世界中天使投资人的操作与一些电视节目进行区分，例如著名的《龙穴》[1]（*Dragon's Den*）中投资人的操作。

3.1 天使投资及其市场定位

初创公司可能需要筹集外部资金来实现公司成长。一般来说，他们会进行股权融资。这是因为在创业初期，为了研发产品、提高销量，初创公司需要对人员、系统和基础设施进行投资，将导致成本高于收入。这个阶段被称为“死亡之谷”。而对技术密集型公司和快速成长的公司而言，这个阶段可能持续数年。处于这个阶段的公司因为没有交易历史，缺乏正向现金流和资产，不满足银行对贷款的抵押要求，故无法进行债务融资。

如第1章所述，种子资金（可分为前种子和种子）是初创公司筹集到的第一笔资金，为公司的初始发展提供了支持。这笔钱一般

---

[1] 《龙穴》是英国一档创业真人秀节目。详见本章第126页。（译者注）

用来研制产品原型、雇用管理团队核心成员、租用办公空间、找寻初始客户、向市场推广。公司开始获得一定的市场牵引力（由种子期向初创期过渡），则标志着其商业理念获得认可。公司需要资金进一步发展，一般通过早期融资或者A轮融资来满足其接下来12到24个月的资金需求。后续融资称为B轮融资和C轮融资。若想扩大规模，公司则会发起多轮融资，多轮融资的金额一般比较大。

天使投资主要针对种子轮和A轮融资。前种子融资主要依靠“3F”——创业者的个人金融资源（包括信用卡）、来自家人和朋友的投资——以及布罗波融资，也可能获得政府经费的资助。这些来源的资金一旦用光，创业公司可能转向外部投资者，尤其是天使投资人。第2章中提到的众筹平台和加速器提供了另一种融资方式。已经具备一定规模的公司，需要更多资金，一般寻求风险投资——专业经理人将从第三方筹到的资金（养老金、银行、家族信托等）投入高成长潜力的公司（详见第4章）。快速成长的公司可能发起几轮风险投资融资，后期的多轮融资可能由多个基金共同完成。

由于大多数天使投资人不会公开姓名，他们投资的统计数据只是估算。但是，普遍认为天使投资的项目比风险投资要多得多，换句话说，公司从天使投资筹集到的资金比从风险投资处筹到的要多得多。据欧洲天使投资网络（European Business Angel Network，简称EBAN）[1]估计，2015年欧洲范围内，天使投资的次数超过风险投资的十倍，但天使投资人单笔投资的数额要小于风险投资，因此两

[1] 查询更多信息，详见www.eban.org。

者之间的总投资金额差距没有这么大。据欧洲天使投资网络估计，2015年天使投资金额达61亿欧元，对处于发展早期的公司进行的风险投资金额为21亿欧元。天使投资在新公司融资活动中发挥重大作用，这也使政府愿意对天使投资予以支持，其支持方式包括减税、成立共同投资基金、为网络团队提供支持、开展天使投资培训、成立投资准备项目等。[1]

作为股权投资者，天使投资和风险投资会要求通过收益事件来实现其投资目标（收益将在第11章讲解）。收益事件可能是首次公开募股（IPO），即公司的股份可以上市交易。实际上，天使投资人和风投者通常在投资公司发展的早期，将公司出售给大公司（常常是国际大公司），即所谓的“交易售出”，以此实现收益事件。战略性售出带来的附加值在于卖方公司可以获得买方公司的非金融资源，包括分销渠道和专业管理，为公司的未来扩展做准备。

3.2 天使投资：概念和简况

一般对天使投资的定义如下：高净值个人将资金、时间和专业知识直接投资到与其没有亲属关系的、未挂牌上市的公司里，以期获得金融回报。天使投资涉及管理层并购、管理层换购、重振资本等多种情况，但一般是向新创公司投资。天使投资人希望成为所投公司的积极投资者，帮助公司获取资金，为其提供建议和网络资源，以使公司获得成长。天使投资最初只关注发达国家和地区，现

[1] OECD（2011）。

在已经放眼全球，不过地区间的操作还存在差异。

拥有可以承担风险的能力，以及可自行支配的资金是成为天使投资人的先决条件。天使投资人每笔投资交易超过1万欧元（有时会超过10万欧元），一般会做两至五笔投资（有时会更多）。但现有证据显示，多数天使投资人只是富裕人士，还称不上超级富豪。大多数曾是创业人士，成功后积累了一定的可支配资金，还有些具有大企业高层管理经验（董事会成员、合伙人）或者专业商业技能（如会计师）。换句话说，他们都是富一代（与“家底丰厚的富二代”相对）。

天使投资人还有两个重要特征：第一，他们自行做出投资决定，与联合基金由投资经理做出投资决定不同；第二，天使投资人投的是自己的钱，这与风险投资不同。后者投的是别人的钱——风险投资的资金来自养老保险、银行和基金等，因此，他们需要对投资负法律责任（详见第4章）。天使投资人的这些特征说明：如果他们没有找到合适的投资机会，可以不进行投资，而风险投资基金有固定的年限，一般是八到十年，希望充分利用前三年的时间，此后他们将参与投资组合公司的经营，进行后续投资，最终寻求退出。天使投资人可以迅速做出投资决定，因为他们不需要向任何人解释他们的决定。此外，天使投资人在专业金融和法律方面的尽职调查不需要花费太多的时间和精力（因为他们投资的多为早期发展的公司，没有太多需要调查的地方），因此天使投资人的投资成本相对较低。最后，天使投资人可以遵循不同的投资标准，而风险投资基金投的都是某些特定类型的公司，必须遵守一定投资标准。

在投资方法上，天使投资的关键特征在于他们亲自为所投公司提供支持。他们扮演了四个重要角色：[1]（1）值得信赖的董事会或决策者角色；（2）监管者角色；（3）收购者角色；（4）顾问角色。在此过程中，天使投资人提升了他们在之前创业、经商过程中积累的知识、技能、社会资本和直觉。对天使投资人而言，参与初创公司创业是其投资的重要动机。这种参与也降低了信息不对称和道德风险，是一种降低风险的手段。[2]当然，必须承认，天使投资人在管理水平、为初创企业带来附加值的能力上存在个体差异。即便他们曾是成功的创业者，或曾在大公司中任要职，这些并不一定意味着天使投资人具有成功所需的所有技能。事实上，在投资初期，他们常常需要在短时间内掌握大量的知识技能。

天使投资人的投资动机非常复杂，可能完全出于无私，也可能出于经济考虑，或者享受投资带来的愉悦。对一些天使投资人而言，投资完全为了经济回报。通过收益事件，通常是其所投公司被收购，天使投资人获得资金回报。但很多天使投资人也会有非经济方面的考虑，其投资动机是为了获得心灵愉悦。学术界一直试图研究界定天使投资中能获得何种乐趣和享受，特别是通过亲自参与带来的满足，这也是他们成为天使投资人的重要原因。也有一些天使投资人表示他们没有任何诉求。事实上，有证据表明，多数天使投资人愿意放弃一些经济回报，而选择看起来会给社会带来更多效益的公司作为投资对象。[3]

---

[1] Politis（2008）。

[2] 信息不对称和道德风险将在第5章中讨论。

[3] 相关研究详见Sullivan（1994）。

发达国家天使投资人的特征高度一致。超过80%的天使投资人是男性，但女性的比例在逐年上升。据近期调查，英国天使投资人中女性比例已达12%，[1]但这依然低于美国最新公布的26%的比例。[2]多数天使投资人年龄在45—65岁之间——一般比他们投资的创业者年长20岁。这是因为成为高净值个人需要较长时间，这个年龄段的投资人的子女已经独立，不再依靠他们。这些曾经叱咤风云的商业经营者可能是自我选择，或是被迫离开原来的位置。成为天使投资人可以使这些人在经济方面保持活跃、受到激励。这些曾经的创业者资金充裕，但实在厌倦了安逸的生活，所以经常在四五十岁时决定成为天使投资人。正如一位天使投资人所说"一周打七天高尔夫球的生活很快也变得无趣了"。但现在天使投资人有日益年轻化的趋势。这可能与技术创业者在很年轻的时候就开始创业，然后变得富有相关。

大多数天使投资人都有在初创公司和成长中的公司任职的经历。很多天使投资人都创业过不止一次。这意味着很多天使投资人都有一整套从启动、管理到助力公司获得成功的经验。凭借这些经验和技能，他们展开尽职调查，对投资项目的优势和风险进行评估，尽其所能地帮助公司增值。还有天使投资人曾在大公司高层任职，或有专门的商业技能，曾参与创业公司的工作（如会计师、咨询师、律师），或是因为高收入而积累了财富。相反，非商业专业人士（如医生、牙医）和公共部门的雇员很少出现在天使投资人之

[1] Mason and Botelho（2014）。

[2] Sohl（2017）。

列。相关研究表明,成为天使投资人代表个人事业进入第三阶段。[1]研究认为，个人事业的第一阶段为在公司的事业期——投资人发展管理技能、积累人脉、建立声誉。第二阶段为创业学习期，投资人通常作为顾问，通过学习创业过程的逻辑掌握新技能。第三阶段是完整的投资职业期，他们将所学的管理、创业技能在所投公司中付诸实践。第二、三阶段经常有所重合。

这种描述或许掩饰了天使投资人的异质性，并不是在人群特征方面，而是在投资活动、投资动机和投资方法方面。下面是天使投资人的几种基本差异：活跃天使——投资经验丰富、一直进行投资的个体；潜伏天使——曾经投资、目前不活跃的投资者；以及新手天使投资人——想要投资、欲尝试初次投资的天使投资人。活跃天使投资人可分为四类：（1）按照投资经验（即投资数量）;（2）按照能力（教育、商业和创业背景）;（3）按照对所投公司的贡献；（4）按照在投资过程中花费的时间。这些分类方法强调了天使投资的来源具有不同的性质。当然，能带来资金的投资者有很多，问题是除了钱他们还能给公司带来什么帮助。创业者想确定的是，天使投资人不但是出于自愿投资，而且能为公司带来价值。

有很多研究关注特定类型的天使投资人。一种类型是最活跃的天使投资人，他们在投资活动中的投资金额与其人数不成比例。这些天使投资人多受经济因素驱动，已经有了一套自己的投资方法——这体现了他们解决意料之外问题和障碍的经验。另一种类

[1] Politis and Landström（2002）。

型是“接管、改造大师”，这种天使投资人专门投资陷入困境的公司，通过改造公司推动公司继续成长。[1]这些投资者与……其他类型的天使投资人……“作用相同——为公司带来新生。但是，是在商业图景的另一端点——公司即将消亡之时”（Visser and Williams, 2001: 2）。还有一种类型是“创业天使”（founder angels）。[2]他们的特征是，相比于传统天使投资人和风投者，他们一般给处于更早期阶段的公司投资。他们投入资源（金融资源、人力资源和社会资本）、指定新公司创始人、将技术商业化以换取股份（和咨询费不同），这使得他们与公司创立者几乎无异。最后一种类型是“超级天使”。这些天使投资人是非常成功的创业者，拥有巨额财富，可以投入大量资金，每年投资的金额超过几十万欧元，且逐年增长，个人投资的金额常常超过100万欧元。因为享有很高的声誉，他们可以吸引高质量的交易项目流。一些超级天使将个人、朋友和亲近的公司同事的资金集中起来，建立了小型风险投资基金。[3]

专家之声：坎达丝·约翰逊（Candace Johnson，法国）

坎达丝·约翰逊是卓越的卫星运营公司欧洲卫星公司（SES）

[1] Visser and Williams（2001）强调，接管改造大师与“公司医生”不同，公司医生也会对公司进行改造，但不会进行投资；接管改造大师也与“公司侵入者”不同，后者可能投入或不投入个人资金，但目标在于将公司有价值的部分尽快售出。

[2] Festel and De Cleyn（2013）。

[3] Sudek *et al.*（2011）。

的联合创始人、设计师。她创立了欧洲首个独立私人跨境卫星通信网络公司——劳拉网络之星（Loral Cyberstar Teleport Europe），还创立了全球首家在线服务平台——欧洲在线（Europe Online）。坎达丝作为欧洲天使投资网络（European Business Angels Network, EBAN）的主席，是非常活跃的天使投资人。她同时还是三家投资基金的主席以及全球电信女性网络（GTWN）、全球女性董事会网络（GBRW）和德国私人电信运营商协会的创始人。

天使投资人有什么特别?

天使投资人会带来经验、技能、网络以及“聪明钱”。[1]这就是天使投资人特殊的地方。他们也投自己的钱，所以能自己决定何时退出。

在欧洲创业生态系统中天使投资扮演什么样的角色?

在我看来，天使投资在欧洲创业生态系统中扮演最重要的角色。当创业公司制造了一个产品、有了第一批销量和第一批客户的时候，天使投资人就加入了。他们帮助创业者把公司做大，一路陪伴创业者。

3.3 天使投资市场的结构变化

天使投资正在经历转变，其投资对象以前是不为人知的原子型市场，由低调的个人和投资小团体主导，依靠口口相传找到投

[1] Smart money，所谓的“聪明钱”，是指在充分了解该投资领域的前提下作出的明智的投资。（译者注）

资机会。现在，投资对象正在转向更有组织、更具影响力的市场，有管理的天使投资团队作用日益显现。[1]这些团队由各领域的专家组成，对获取项目、筛选项目、尽职调查、谈判、投资制定了一整套流程。这样的流程在美国发展最为完善，也成为全球共同追求的目标。团队的专业化可以按照行业部门（例如医疗保健天使投资团队）、投资人类型（例如女性投资团队）和从属关系（例如附属于大学的团队）进行分类。但是由于部分天使投资市场依然不为人知，其体量很难测算，天使团队进行的天使投资所占比例尚不清楚。

天使投资团队将高净值个人（HNWIs）的投资资金集中起来进行管理。一些团队是成员管理制，一些是经理管理制（该经理常被称为“看门人”）。[2]团队会限制成员的数量，并对成员进行筛选（一般20—75名成员，但也有些团队超过100人），这些成员在投资过程中会扮演积极的角色。晚餐俱乐部模式是最常见的模式，成员会定期会面，聆听创业者对其公司的推介。还有一种模式，核心圈是领投者，与“看门人”一起做出重要投资决定，带领团队投资。外圈层的半被动投资者有机会和领投者一起投资。

天使投资团队的出现反映了两个情况。首先，作为个体的天使投资人很少参与后续投资。如果公司花光了天使投资筹集的资金，一般会向风险投资寻求资金支持。但是，天使投资人和风投者

[1] Mason *et al.*（2016）。

[2] Paul and Whittam（2010）。

搭档可不是那么默契。风投基金使用不同的投资工具而使股份发生稀释，天使投资人对此十分敏感。因此，天使投资人尽量避免与风投者一起投资。同时，由于风投者的注意力逐渐转向更大规模的投资，天使投资人将其所投公司转手给投资基金进行进一步投资的能力有所下降。这意味着天使投资人需要联合起来，聚拢更多的资金以进行后续投资。天使团队出现的另一个原因是天使投资人发现了联合工作的优势——掌握更好的交易项目流，对投资机会进行更为完善的评估和尽职调查，投资的规模数量有所提升，节约筛选流程的时间，以及提高社会吸引力。

天使团队提升了天使投资市场的效率。首先，他们在一定程度上解决了天使投资市场低效的问题。因为天使投资人单兵作战、影响力低，无法持续获得稳定的投资机会。天使投资人找到投资项目纯属偶然，创业者找到天使资金也是全凭运气。投资者和创业者都要付出很高的成本找到彼此，因此很多资金提供者或是融资者退出了天使投资市场。另一个市场低效的根源在于投资者的每次投资都是一次性过程，要经历筛选、评估和谈判各个步骤。但天使团队能够制定高效流程以处理融资要求、筛选投资机会、制定标准化投资文件。

天使团队也刺激了市场的供给侧。高净值个人希望向崭露头角的公司投资，但苦于没有时间，又没有引荐的资源、投资的技巧或为公司增值的能力，天使团队因此对高净值个人很有吸引力。天使团队能够降低投资风险，所做投资范围更广、类型更多，拥有更高的投资技巧和更丰富的投资知识来评估投资机会、提供更有效的投后支持，因此也对有关网络和相关技能、可以自主投资的天使投资人具有很强的吸引力。以团队形式进行投资的优势还包括：天使投资人获得了一些以个人身份无法进行投资的机会，可以向更有经验的投资人学习，并且可以结交一些有相似意向的投资者。

天使团队为其所投公司带来附加值的能力也大大提高。天使团队成员掌握的商业技能和知识甚广，使其能在大多数情况下都比个体天使贡献更多的附加值，有时其贡献甚至超过早期风险投资基金对公司的贡献。美国知名天使团队从业者梅（May）和西蒙斯（Simmons）评论道："当天使投资人联合起来……他们五花八门的建议和战略服务常常决定了初创公司的存亡。"[1]

虽然天使投资团队的出现带来了很多益处，但也降低了投资的多样性。团队成员间的合作可能会影响个体行为。这可能会引发"从众行为"，也即"个体忽略了个人接收的信息、模仿其他看似更见多识广的个体"。[2]团队投资还可能导致"实践共同体"的出现，共同体世界观一致、思维方式趋同。以上两种后果都可能降低投资结果多样性。

总之，天使投资人是非正式投资市场的一部分，是初创公司和处于早期发展阶段公司的主要资金来源。非正式市场包括亲友（此类最常见，而且投资规模最小）和作为陌生人的天使投资人（包括自行投资的个体天使、以团队形式投资的天使和超级天使）（见图3.1）。

---

[1] May and Simmons（2001）。

[2] Gale（1996：681）。

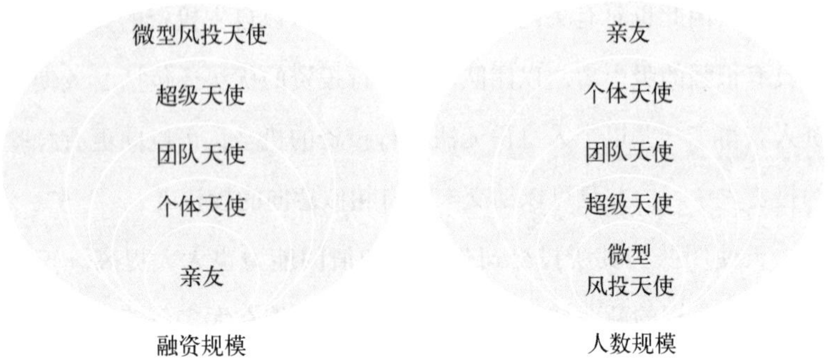

图3.1 非正式风险投资的来源

来源：苏德克等（Sudek et al., 2011）

3.4 投资流程

从理论视角看，代理理论是研究投资流程时最广泛使用的研究框架。[1]当某个体（委托人）雇用另一个体（代理）代替他们开展某项工作时，即建立了代理关系。代理涉及在一定程度上将决策权从委托人向代理人让渡的情况。委托人和代理人都假定为经济利益最大化个体。代理理论引发的最大担忧是机会主义。所有权和控制权分离可能导致代理人所做决定并非为了委托人的最大利益。委托人（即投资者）面临的风险可分为两类。第一类是信息不对称导致的不利的选择。相比于委托人，代理人更了解自身真正的能力水平。但代理人可能故意歪曲其能力水平；第二类风险是道德风险。当委托人无法对代理人的行为进行监控时，代理人可能逃避工作，从事并非为了委托人利益的投机行为，追求将个人而非委托人经济

[1] 代理理论在第5章中详述。

利益最大化。每个投资决定也会有市场风险——竞争环境（例如：竞争、需求、技术的变化）可能导致公司运行绩效低于预期。

但与天使投资相关的代理理论也受到了质疑。对代理风险的应对策略一般是通过订立合同来提供保障。这也是风险投资基金采用的方法。天使投资对代理风险的应对更倾向于积极参与到所投公司的运营中，与创业者寻求共同利益。事实上，兰斯特伦（Landström，1992）曾指出，由于代理理论的假设有问题，在天使投资的语境中该理论并不适用。首先，代理理论假设经济利益最大化行为，但如上所述，多数天使投资人都有多重投资动机。其次，代理理论的核心假设是代理人可能发生投机行为。但天使投资人和创业者的关系更多是基于支持和彼此信任的。再次，天使投资人与创业者的私人关系，而且由于天使投资人参与公司经营，信息不对等的情况减少了。菲特（Fiet，1995）建议天使投资人多关注代理风险，因为他们依靠创业者应对市场风险。

天使投资过程中的几个阶段（见图3.2）：

- 项目生成；
- 项目评估；可进一步细分为：
  - 筛选前
  - 初步筛选
  - 详细调查（通常称为尽职调查）；
- 谈判、签约；
- 投后参与；
- 收获阶段；

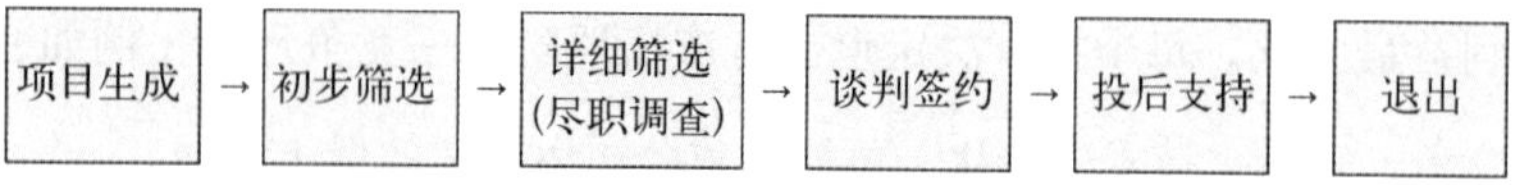

图3.2　天使投资的投资阶段

3.4.1　项目生成

在所谓“隐藏的”市场，天使投资人通过点对点的、非科学的方法发现投资机会。与商业伙伴、朋友的非正式私人接触是交易项目流最重要的来源，专业接触反而没有那么重要。一般来说会计师是最常见的项目来源，也有天使投资人从律师、银行家和股票经纪人那里拿到项目。在团体中知名的天使投资人也有机会和创业者接洽。有些天使投资人会自己寻找投资机会。有时候，特别是点对点投资关系中，创业者不是陌生人，而是天使投资人认识的商业伙伴（如客户、供应商）。相比于这些点对点投资者，最活跃的投资者较少依赖“公共”资源（如会计师、律师等）来获得交易项目流，而是更依靠其长期积累的广泛的“私人”关系。但不同来源的信息带来的项目质量也参差不齐。相比于其他渠道推荐的项目，由商业伙伴推荐的项目在初始筛选阶段就被筛掉的概率要低。当然，由可信赖的商业伙伴或朋友推荐天使投资人投资的公司，显然有利于将逆向选择问题最小化。正如赖丁等（Riding et al., 1993）所说 :“即便投资者不认识公司的负责人，如果投资人认识并信任推荐人，风险就会降低。”项目推荐人会对投资机会的优点有所判断，押上自己的信用和声望向投资者推荐。克罗塞等（Croce et al., 2017）对意大利某天使团队进行案例研究时发现，由风险投资基金推荐的项目更有可能通过初始筛选。相反地，非私人关系（如会计师、律师和银行家）推荐的项目获得投资的概率较低。天使团队走向幕前，意味着创业者可以直接接洽天使投资，主动找上门的创业者越来越多。

3.4.2 项目评估

对投资机会的评估过程可分为三个阶段——筛选前、初步筛选、详细调查（或尽职调查）。天使投资人会首先评估投资机会是否符合他们个人的投资标准。对投资机会的评估会从地理位置（与天使投资人所在地的距离）、投资性质、投资数额，以及个人投资标准等方面进行评估。[1]天使投资人会进一步追问自己两个关键性问题："我对这个产业、市场或技术了解吗？"以及"我能给这个公司带来附加值吗？"当然，为公司带来附加值的能力大小取决于天使投资人对产业的熟悉程度。如果对以上两个问题的任何一个答案都是否定的，在此阶段天使就会淘汰这个投资项目。在天使投资团队中，"看门人"负责进行初步筛选，其最看重的是投资机会是否符合团队的投资关注点（如行业、发展阶段、投资规模、现有投资组合公司）。

天使投资人和"看门人"会对那些符合他们投资标准的投资机会进行快速审核，形成初步印象。尽管大多数天使投资人都希望看到商业计划，但在这个阶段，他们其实是不太可能详细阅读的。在决策过程中，此时商业计划的功能仅仅是供天使投资人决定是否值得投入时间进行详细评估。这个阶段主要考虑的是市场、资金、产

[1] Mason and Rogers（1997）。

品或服务以及创业者等因素。[1]天使投资人对初创公司商业计划中金融信息的价值持怀疑态度，正如梅森·罗格斯（Mason and Rogers, 1997: 45）研究案例中的一名投资者所说："我一向（对财务预估）将信将疑，特别是会计师做的预估，因为他们会对预估进行调整，得出任何一个数字。所以财务预估是我最不看重的东西。"尽管如此，投资者依然希望收获丰厚的投资回报，他们希望公司负责人致力于资金升值，他们也想了解投入的资金是如何使用的。一些天使投资人比较灵活，可以牺牲一些标准（例如，一个强大的团队也可以接受所投公司离他们距离较远），但有些天使投资人绝不妥协。[2]这些阶段（适合性评估和初步筛选）一般进展非常迅速，大多数不到十分钟就能完成。当项目不适合投资标准时，一分钟不到就结束了。[3]如果项目有几个缺点或缺陷，就会被马上淘汰，此乃"三振出局"。[4]下面的案例展示了天使投资人如何对投资机会进行筛选。

实操：案例分析

天使投资的初步筛选流程

背景

我们请几位天使投资人和天使团队经理审核一个真实的投资机

[1] Mason and Rogers（1997）。

[2] Maxwell et al.（2011）。

[3] Mason and Rogers（1997）and Harrison et al.（2015）。

[4] Mason and Rogers（1997）。

会，审核的时候可以大胆表达想法。下面就是一个经验丰富、对技术型公司投资超过四十次的天使投资人的记录和描述。

公司向投资者提供了其相关信息。该公司已获10万英镑的股权投资，拟继续向一位或多位投资者股权募资50万英镑。

投资计划

概述

公司研发了一项对婴幼儿进行视力筛查的特别技术。该测试迅速、准确、成本低廉，也不需要什么技巧。公司拥有专属知识产权（intellectual property，简称IP）。目标是全球眼科、儿科市场。公司目前属于研发阶段，即收益前阶段。

背景

约2%—4%的儿童有斜视的问题——这是弱视的主要原因。弱视导致的儿童和青年的视力丧失概率比其他所有原因合起来的十倍还要多。除了医学影响，斜视还有社会心理方面的影响，会影响患者的早期发展、后期人际关系和就业。随年龄的增长，治疗效果有所下降——七八岁以后，可能导致永久性失明。因此，早期的发现治疗对最终治疗能否成功至关重要。但五岁以下的婴幼儿一般不进行视力测试，因为该年龄阶段的孩子很难诊断。对于缺乏经验的人而言，很难发现儿童斜视的情况。因此，大量斜视、弱视的儿童没有被发现，但时间带来的损害无法逆转。

目前，全科医生、儿科医生和眼科医生只能通过人工测试来发现和诊断斜视。这些测试需要较高的技巧，对五岁以下儿童很难实施。后果就是转诊不足和转诊过量的情况同时存在。一方面，因为诊断困难，轻微的斜视未被发现；另一方面，医生因为过于谨慎进行了很多不必要的转诊。

产品

团队研发了全球首个商用红眼消除技术，取代了医疗从业者使用了120年的人工测试。产品是一项操作非常简单的低成本筛查测试，使用常规的智能手机拍张照片就能进行筛查。该技术对照片进行实时分析，立刻对结果自动进行解读、显示和储存。实时结果显示“转诊”或“不转诊”，且附有可能的医疗情况分析。

核心产品是专有软件，目前可以在安卓系统上运行，也可在任何有处理器和内存的平台上运行。

筛查的过程不需要专门的技术——可由护士或卫生随访员实施筛查，也可由全科医生实施。

该技术已经完成了理念验证，目前需要进一步的研发以实现可靠的敏感度。新产品的专有知识产权问题也是研发工作的一部分，目前正在推进中；专利申请也在进行中，即将提交。我们相信该产品的知识产权专利申请能够成功。这种视力筛查方法的创新性毋庸置疑，据我们所知，目前全球仅此一家。

市场机会

这项医疗检测技术使用简单、成本低廉、随时随地可以进行。全球范围内的全科医生、儿科医生、眼科医生、验光师以及护士和卫生随访员都可使用该技术开展视力筛查。该技术的使用不限定于任何特定的医疗保健市场，无论是公立还是私立、发达经济体还是发展中经济体都可推广。产品同时解决了过度转诊和转诊不足的问题。这两个问题导致医疗保健系统效率低下、成本过高，对患者、医生以及医疗保健的出资者——保险公司和公共医疗服务的利益都造成了损害。该技术价格不高（每个产品约1 000美元），公司产品分销能力也值得肯定。产品成本低廉、使用简单，可以在手持设备上操作，可随时随地使用。

美国私立医疗保健市场依然是最重要的市场之一，但也不能忽视巴西、印度和中国等市场，这些国家正在完善医疗保健设施。产品必须获得美国食品药品监督管理局（FDA）许可和欧洲统一标志（CE）。

可涉足三个不同的市场：

- 全科医生和儿科医生（美国19万人）
- 验光师和眼科医生（美国5万人）
- 筛查项目

竞争

这项新的筛查技术取代了人工检查。传统的人工检查需由各级别的医疗从业者进行操作。特别是对五岁以下的儿童，视力筛查需要医疗从业者有丰富的经验和较高的技巧，这导致了过度转诊和转诊不足。该技术的竞争对象是有120年历史的赫斯伯格检查法（Hirschberg test），该技术也被视作21世纪的赫斯伯格检查法。因为智能手机具有相当高水平的处理能力和内存储备，随着智能手机拍照的广泛应用，这项人工视力测试通过手持设备（如智能手机）就能自动完成。可以预计的是，这项自动化技术的精准度是裸眼人工测试无法实现的。

商业模型和战略

公司目前正考虑在全球视力设备的市场巨头中选择一家，将技术和知识产权授权给它。我们与一些市场巨头已经建立了联系，可以接洽。这些巨头有完善的市场和分销网络，更重要的是它们在正崛起的全球视力设备市场上已经占有一席之地。我们的产品可以作为独立的设备或者附加在原有产品上，非常适合他们的产品策略。公司会持续为获得授权者提供客户定制、维修升级或增强服务。

管理团队

管理团队由经验丰富的专业人士组成，他们拥有技术行业的专业技能，也有从建立到退出技术初创公司的经验，还有优秀可靠的研发能力以及验光领域的专业权威。团队在授权知识产权方面也很有经验。两名成员曾参与某创新技术从概念、发明到全面商业化的全过程，成功地将技术授权给日本的尼康、佳能、奥林巴斯和柯尼卡公司。

未来退出

目标是将股份出售给视力设备的市场巨头公司。这些公司有很强的竞争力，收购意向强烈，非常热衷于能赋予他们具有竞争优势的新技术。

未来资金需求

完成这轮融资后，公司将进入第二阶段。还需要大约75万英镑才能在授权许可模式下盈利。但到了那时，公司的估值预计比现在高得多，计划书中的大部分内容已经没有风险了。如果公司在此之前就被收购，那么需要的资金会比上面估计的少。

天使投资人的反应

这是种新技术，可以对婴幼儿进行视力筛查，十分有趣。这是专有知识产权，所以应该是受到保护吧！但我想说的第一点是，与健康相关的技术在英国很难销售。英国的国民健康服务体系（National Health Service，简称NHS）在购买健康技术方面很保守。所以向施行国民健康服务体系的英国推销新技术可不容易。世界上很多市场都比这里开放，但显然你的基地在这里。如果你想进入美国市场，你得在那边建立办事处，我估计50万英镑都不够。项目还在研发、收益前的阶段，是很好的机会，但目前看这是个有风险的计划。

所以现在你们要解决的是斜视之类的问题。目前的检查方法不是很理想，你们应有更好的解决办法。问题是取代现行的检查手段是很困难的。人们能接受现行检查有缺陷的说法，但他们还会继续使用现在的方法检查，因为这个方法已经用了很多年。让人们改变观念，投资新的设备会很困难，除非你能使新设备从商业角度看很有吸引力，而且使用便捷。

我之前投资过一家技术公司，他们按照实施测试的数量而不是售出机器的数量计算市场需求，所以客户购买机器的时候并没有真正买到技术。客户只是租借了机器，按照操作的次数付费。那家公司在整个过程中赚得盆满钵满。我也建议你们考虑这么干。当然，这种做法也给那家公司带来了问题，那家公司看上去更像是一家金融公司，因为他们只是租借产品。

这项技术应该不贵。如果可以在安卓手机上运行，那它也应该能在安卓平板电脑之类的设备上运行。这太棒了！我觉得这很有意义。因为这是一个专利产品，你们可以购买一个标准的安卓电脑，刻上自己的标志，然后把设备和技术一起出售。工作正在推进中，我觉得有必要认真地审查一下专利的问题，确认这个领域没有相似的产品。也有可能有相似的产品，那你们就没办法申请专利了。

向巴西、印度和中国销售？你怎么进入这些市场？这些市场竞争已经非常激烈。进入美国市场比进入上面那些国家和欧洲的市场可能还要容易一点。

技术不算贵，每台产品不到1 000英镑。你得卖出去才能算数。所以你讨论的是单价1 000英镑的产品，还有品牌、广告和市场形象等附加在商品上的一切东西。要想建立品牌形象，你得在诊所、眼镜店、杂志大幅打广告，赞助他们的会议，做一系列的推广，因为你谈的是大宗销售，用50万英镑可做不成上面这些事。

工作的重点是获得技术知识产权授权，以赢得市场巨头公司的青睐，这样才有意义。麻烦的是你们可能要陷入被动了。我的意思是，如果你把技术授权给大公司，他们就是你的市场渠道，但同时也拥有你的公司，你想独立做任何事情都会变得困难。实际上，你很被动，几乎成了大公司的附属机构。

团队是技术型团队，不是市场型团队。首席执行官曾有家软件公司，已经退出。很好，他已经历了初创公司、高增长市场（AIM）上市和退出的整个过程。我觉得这很重要。在早期阶段的技术公司做了三年数据处理，还担任过金融经理，他已经很有经验。另一个人是个医生，担任首席技术官（Chief Technology Officer，简称CTO），了解所有软件的细节。

你们已经做了一些实验，得到了美国食品药品监督管理局的许可，处在收益前的第一阶段。好的，那么向第二阶段前进吧，这个阶段你们可能花费上百万美元。

你们要接洽几个世界巨头？这可能会很棘手。世界巨头对这种技术都想要独家经销权。如果他们获得你们的授权，投入大量资金推出一个产品，他们可不想和竞争者出售同样的产品。这种情况会非常棘手。把独家经销权给某个巨头也是件极其危险的事情，你会因此陷入被动。如果你们的产品只是他们系列产品中的一部分，情况会好得多，这对巨头公司来说可能也会容易得多。但如果他们想要把你们的产品作为独立产品销售，他们就会要求获得独家经销权。

产品的技术方案事关重大。但实际上，一旦产品做出来，其他人都可以看到你们在做的东西，然后照猫画虎地做一个。所以对于保护这件事一定要谨慎。产品是有专利权的吧？应该是的。好的，那就需要更多的资金，没错。

我不会向这个项目投资，太复杂了。对进入市场没有清晰的路径。你们认为用1 000英镑就能推出一款设备。这绝非易事，这个产品不一定能适应英国市场，因为英国的医疗保健市场一向保守。所以你得寻找国际市场，或者授权给一个大型国际视力设备公司。你们肯定得出让独家经销权，但你们一旦把独家经销权授予了某个公司，那你们就陷入了被动。你们只是他们的开发车间，为他们供货。他们会把授权费用谈得很低很低。然后你们要如何退出呢?

除非你们后面会研发其他技术，这个项目与我的公司模型不匹配，想做成不容易。与其努力拿到许可证，不如追求更高的价值，寻找更多会购买这款产品的专家和买家。为什么不去找全球眼镜连锁店——眼镜储户（Specsavers）之类的店——然后和这样的公司做交易呢?生产产品然后授权给这样的公司，可以吗?比如美国国内类似眼镜储户的连锁店，这种连锁店在每个城市都会有几个分店。去找他们，然后告诉他们“我们会把独家经销权转让给你们，但是只有一年的时间，你们要负责产品的推广”。这种公司可能会对你们的产品更感兴趣，他们可能会说“好的，我们可以这么做，这会给我们带来竞争优势。我们会把产品放到儿童产品橱窗里”。这样，我觉得你们才有可能在市场占据一席之地。

如果你们的产品定价1 000美元一台，挨家挨店去推销不是好的策略。让销售员们这样去推销的话，产品至少要定价5万美元。不过你们可以去找全国连锁店，告诉他们这是你们的产品，他们可以在一年或一年半的时间里拥有独家经销权，你们会给他们的500家店供货，由他们负责产品的推广。如果公司这样操作，和德国、法国、美国、英国等国家的连锁店合作，那些巨头们一定会对你们的产品感兴趣。我觉得这才是推进这个项目的好方法。

问题讨论

1. 天使投资人为什么拒绝这个投资机会?有没有具体的原因导致交易失败?

2. 天使投资人对这个投资机会进行评估的时候，是否能在一些标准上进行妥协？

3. 根据天使投资人的评论，你会给创业者提什么建议来修改他们的计划书？

当创业者向潜在投资者推介他们的公司时，推介演示的质量会对天使投资人产生影响。天使投资人对创业公司的兴趣度与创业者演示的质量和内容密切相关。创业者做演示表现出的激情（积极程度和兴奋程度）与天使投资人对演示的评价成正比。[1]而如果推介质量不高，天使投资人会质疑创业者的整体能力。一位天使投资人评论："如果他没办法打动投资者，那如何把产品卖给客户呢？"[2]

天使投资团队的工作流程是完全不同的，"看门人"一般会代替个体天使进行初步筛选。首先，"看门人"不会轻易否决某个项目。相比于个体天使，他们会花更多时间对项目进行筛选。其次，他们的筛选带有较少的个人色彩。而个体天使在对项目进行筛选时表现出强烈的个人色彩。"看门人"会更注重团队的投资标准——这些标准一般数量不多，根据行业划分有所不同，要求创业者提供投资的数额以及未来多轮融资的可能性。在这些标准下，他们愿意考虑更多的投资机会，不会受到团队掌握的知识能力限制。再次，

[1] Mittteness et al.（2012）。

[2] Mason and Harrison（2003）。

"看门人"会重点关注计划书的金融部分，不仅对这部分评价的频率较高，针对这部分也会提出较多的问题，包括估值问题、未来多轮融资的必要性和回报问题。"看门人"审查通过的项目会受邀向天使投资团队作推介。

初步筛选的目的是筛掉没有希望的项目，以更好地关注有潜力的项目。实际上，天使投资人会拒绝大多数投资机会。赖丁等（Riding et al., 1993）的研究发现，初选阶段72.6%的项目已经出局了。卡尔庞捷和叙雷（Carpentier and Suret, 2015）的研究显示，提交给加拿大某天使团队的投资计划中70%的项目在筛选前阶段已被筛掉。这个结果与意大利某天使团队72%的拒收率接近（Croce et al., 2017）。

通过初步筛选的少数投资计划会接受更详细的评估。天使投资人会详细研读商业计划书，审查金融信息，开展个人调查以收集关于市场潜力、竞争等其他信息，然后与公司负责人会面。实际上，通过一系列正式、非正式的会面，与公司负责人建立私人关系是整个过程中最重要的部分。尽管经验丰富的天使投资人和天使团队采用了复杂的评估方法，但大多数天使投资人都强调他们的直觉而不是正式的分析。

从初步筛选到详细调查的过程中，天使投资人对投资标准的侧重性有所变化。[1]一旦发现了某个缺陷，天使投资人就可能做出拒收的决定。基于有形目标标准展开详细评估不再是天使投资人

[1] Riding et al.（2007）；Maxwell et al.（2011）；Mitteness et al.（2012）。

做出决策的关键因素，他们开始考虑不容易量化的无形因素。与创业者建立联系成为关键因素。初步筛查阶段更关注创业者可以审核的特质，例如技能、经验和业绩记录。而尽职调查阶段更多关注创业者的领导力、可信度、创业激情等无形的特质。信任是非常重要的。天使投资人特别关注能够显示创业者可信度的信号。创业者若能展现大量的值得信任的行为，而极少有损坏个人信誉的行为，就更有可能获得融资。[1]早期的研究发现，天使投资人最看重的是公司负责人的领导力，然后是公司市场的前景和产品。[2]其他研究也发现，投资者重点关注公司负责人的管理能力、对成功因素的理解、职业操守、诚实正直、开放性和人际关系。[3]他们也看重回报和公司潜力，在意设想能否实现，而“投资人匹配程度”变得没有那么重要。

导致项目出局的最主要原因是管理水平太低。弗里尼（Freeney et al., 1999）询问天使投资人“在你们最近评估的投资项目中，最常见的缺点是什么?”显著的缺点存在于管理层面（缺乏管理知识、缺乏切实可行的预期、个人能力低下）和商业层面（低水平管理团队、相对于风险水平盈利潜力较低、适配度较低、投资不足或资产流动性低、提供的信息不足）。在梅森等（Mason et al., 2017）的研究中，人是导致项目被拒的最重要因素。人的因素包括四个方面的问题：第一，目前为止天使投资人最常提到的担心是创

[1] Maxwell and Lévesque（2014）。

[2] Landström（1998）。

[3] Haines et al.（2003）；Mason and Stark（2004）。

业者不够开放、坦率、可信、诚实；第二，天使投资人希望给有知识、有能力的创业者投资；第三，创业者必须展现其现实的一面，特别是在估值、股份的数量方面；最后，得让天使投资人感觉到他们与创业者建立了密切的私人关系。天使投资人和创业者的关系是长期的、私人的关系。这种对创业者个人特质的强调反映了天使投资人对风险的认知，他们觉得代理的风险要高于市场的风险："相比于风投者，天使投资人更看重筛选创业者而不是屏蔽市场风险。"（Fiet, 1995: 567）当然，决定是否对一个项目进行投资还会考虑管理能力以及公司的成长和未来盈利的能力。也就是说，天使投资人希望投资的公司是那些展现出成长潜力的公司，并且创业团队具备实现公司成长的能力。[1]

3.4.3 谈判和签约

大体上决定投资以后，天使投资人会与创业者进行谈判以达成双方都能接受的条款和投资的先决条件。在代理理论中，交易架构（给投资者和创业者分配收益的机制）使创业者的行为与投资者一致，而条款、先决条件旨在控制创业者的行为。谈判主要涉及三个方面的问题——估值、交易架构（股份价格、股份类型、持股规模、时间安排）和条款及投资的先决条件，包括投资者的角色。到了这个阶段又出现问题，导致无法投资的也不少见。创业者对公司估值不切实际，或对天使投资人能给公司所做贡献的预期（在投资

[1] Feeny et al.（1999）。

者看来）不切实际，常导致投资无法实现。[1]

因为对收益有影响，估值非常重要。但是对小公司的估值并没有通行的方法。基于市场的估值不适用于小公司，因为市场不会一直给小公司估价，而合适的、可作为参照的股票也不存在。根据资产进行估值是通常被采用的估值法，但金融理论更倾向于根据收入或现金流估值，因为这种估值法参照股东对公司将来收入流的预期。但是，这些方法都太过复杂。对新公司或处于早期发展阶段的公司进行估值则难上加难，因为这些公司可能只拥有一些无形资产（如知识产权）。多数天使投资的对象都是初创公司和早期阶段的公司，定价和持股规模的计算是非常不准确和主观的，仅仅根据经验和直觉。作为投资者，梅和西蒙斯（May and Simmons, 2001: 129）发现“对初创公司的估值常常只是个猜想”。因此，很多天使投资人愿意持有可转换优先股，这样做可以将估值延迟到下一轮投资。实践中，天使投资人使用了包括纯债务、准股权等一系列的投资工具。[2]关于新创公司的估值内容详见第7章。

天使投资人起草的合同复杂程度各有不同，但其目的都是为了保障他们的投资不因逆向选择和道德风险遭受损失。合同就双方的权利义务、需完成的工作、由谁完成、在什么时间完成达成一致意见。签订合同的目标是通过制定绩效激励和管控措施使创业者和投资者的动机保持一致。此外，合同不可避免地存在不完整的问题。

---

[1] Haines et al.（2003）。

[2] 例如，在英国，企业投资计划和种子企业投资计划下的减税政策只适用于普通股份，因此多数英国天使投资人使用这种工具进行投资。

原因有三：起草完整的合同成本太高；很多事情不可预见；双方存在信息不对称。条款清单上的关键项目包括：估值、清算优先权、反稀释条款、董事会代表权、信息权、回购权、控制权、附带登记权、等级权和投资工具。一些事项是不可协商的，如：对收购或撤资的否决权、对战略规划和预算的预先核准、发布认股权的管理能力限制、按创业者要求在其退出时签订的竞业禁止协议、追加借款限制和权益融资限制。[1]这些条款使投资者在公司性质、持股水平等公司重大决策中拥有发言权。也有一些条款不是很受天使投资人看重，因此可以协商。这些条款包括：强制退出条款、高级别员工的雇用或解聘投资者批准权、是否须由投资者签署银行支票、棘轮条款以及纠纷解决条款的详细说明。经验不够丰富的投资者强调合同要包括一系列的条款以保障他们的利益，经验丰富的投资者会更侧重影响他们股份（认股权、棘轮）和退出时机（强制退出条款）的具体条款。也就是说，随着经验的增加，天使投资人会愈发注重能影响他们金融回报的因素。我们将在第8章深入讨论条款清单。

投资者意识到投资协议必须对双方一视同仁。若只对投资方有利，则会破坏创业者的积极性。在梅森和莫里松（Mason and Marrison, 1996）的研究中，三分之二的投资者和创业者认为投资协议对双方都有利，半数的投资者称这正是他们的目标。实际上，有一小部分投资者甚至觉得投资协议对创业者更有利。现有证据表明，在大多数情况下，在创业者融资的过程中并没有受到投资者的剥削。

---

[1] Kelly and Hay（2003）。

合同包括保障条款并非意味着投资者一定会调用这些条款来保护他们的利益。现实中，投资者很依赖他们与创业者建立的关系来解决问题。[1]实际上，在一开始就制定合同的框架，目的是为双方关系的发展提供一个基础。也就是说，合同本身并不是作为保护的机制，而是通过这种方式对交易中各方预期行为达成共识。[2]

多数天使投资中都有专业顾问投入的资金。例如，律师一般会起草、审核投资协议，但是不会参加谈判。会计师可能提供建议，但一般不会扮演更重要的角色。因此，交易的成本很低。[3]一项研究表明，创业者的平均成本约占筹集资金的5.1%（29%的创业者声称没有成本），而投资者的平均成本约占所投资金的2.8%（57%的投资者声称没有成本）。[4]

天使投资人进行投资所花费的时间比风险投资人花费的时间要少得多。一项研究表明，天使投资的整个投资流程一般不会超过三个月的时间，通常不到一个月就完成了。谈判一般不到一周就能完成，而评估可能要花三个月甚至更长的时间。因此，接近一半的投资，从投资者和创业者首次会面到决定投资需要的时间不到一个月；85%的情况下，花费的时间不到三个月。[5]

这个过程与电视节目《龙穴》描述的情形大相径庭（详见下面插入的部分）。

---

[1] Kelly and Hay（2003）。

[2] Landström et al.（1998）。

[3] Mason and Harrison（1996）。

[4] Lengyel and Gulliford（1997）。

[5] Mason and Harrison（1996）。

大众娱乐视野中的天使投资：《龙穴》关于天使投资的内容真实吗？

将天使投资转变成大众娱乐的《龙穴》在好几个国家热播。“龙”，即成功的创业者，成了名人。节目在日本播出时名为《金钱猛虎》，于2005年首次在英国播出。该节目现在还在另外几个国家播出，美国也有一档类似节目《鲨鱼坦克》。

但事实上，节目对天使投资过程的展示并不真实。

- 节目对公司的选择是基于娱乐价值而非投资价值的，不能真实反映技术公司现状。

- 投资人基于推介而不是对公司和创业者的详细调查做出投资决定。此外，投资决定太仓促。创业者的推介可能只有30—60分钟——这部分在节目中被剪辑到大概只有5—10分钟。但事实上，没有天使会在和创业者会面那么短的时间内就达成交易。因此，节目中达成的投资有近半数在现实中没有融资成功，因为后续的尽职调查发现了各种问题（详见下面的分析）。

- 投资者提出的交易条件在股份方面是非常苛刻的（相对较少的投资金额换得30%—40%的股份）。这对创业者而言会冲减每股的收益，如果未来需要进一步融资，他们会发现只拥有不到一半的公司所有权。

- 最后，投资者咄咄逼人、极尽挖苦而又粗鲁。

投资者拒绝对某公司投资时给出的原因，体现了该节目最真实的一面。

投资人撤销投资

一家技术初创公司在英国广播公司（BBC）《龙穴》节目中获得10万英镑投资，但这笔投资后来又被撤销了。节目播出后不久，彼得·琼斯（Peter Jones）在推特上宣布他没有对这家公司进行投资。这家总部位于格拉斯哥的公司本来希望用这笔钱来进一步发展他们的产品——蓝牙追踪器“徐坡”（Xupo），这是一款硬币大小的追踪感应器，帮助人们找到丢失的个人物品。这笔投资可以帮助他们巩固在英国的地位并将业务扩展到德国、法国，后续还可能在意大利和西班牙发展。思克莱德大学毕业生拉伊·萨尔克（Raj Sark）和文森特·克勒姆特（Vincent Klemt）于2014年在反冲起动机通过众筹融资2.75万英镑，然后将这个产品投放市场。“徐坡”次年预计收入100万英镑。

节目中，彼得·琼斯提出投资可以换得公司30%的股份。但在节目播出以后，彼得·琼斯在推特上发布：“我对‘我的卢坡科技’（My Lupo sic）的投资没有实现，因为尽职调查阶段出现了一些问题。祝愿拉伊未来一切都好。”

www.bbc.co.uk/news/uk-scotland-scotland-business-38536108

投资漏斗

投资过程中的损耗率很高，只有少数项目通过重重关卡最终获得投资。图3.3显示的是和加拿大天使团队接洽的公司的融资成功

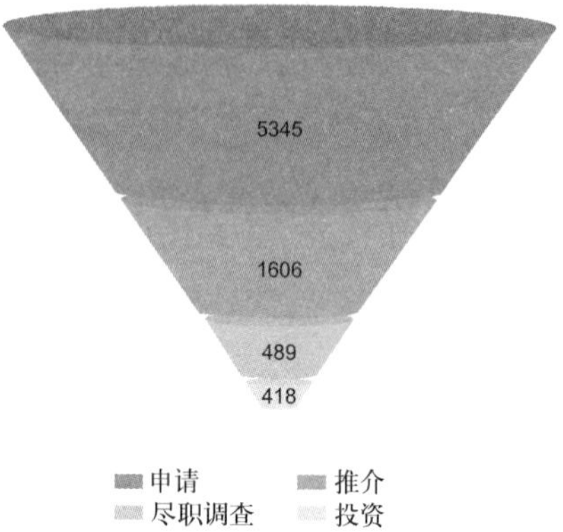

图3.3　加拿大天使团队投资漏斗

资料来源：www.nacocanada.com/naco-academy/research/angel-activity-reports/

率。2016年，35个天使团队收到超过5 000份融资申请，比2015年多了900份（19%），2015年的申请份数比2014年多50%。5 000份申请中只有30%受邀向投资者作推介。这其中只有30%引起了天使投资人的兴趣，进展到尽职调查的阶段（申请数量的9%）。接受尽职调查的公司中的大多数（85%）都能融资成功。最终成功融资的公司数量是418个，仅占申请的7.8%。[1]对天使团队的案例研究报道的成功率更低——加拿大组中只有超过2%[2]的公司融资成功，而意大利组中的成功率为1%。[3]

3.4.4　投后参与

若不进行监控，代理就可能发生投机行为。从代理的角度来看，监控是代理人降低投机风险的主要方法。投资人和创业者只有定期见面，才能参与和监控公司管理，这也解释了为什么大多数天使投资人更愿意在当地投资。[4]与这种预期一致，多数天使投资人在所投

[1]　www.nacocanada.com/naco-academy/research/angel-activity-reports

[2]　Carpentier and Suret（2015）。

[3]　Croce et al.（2017）。

[4]　Harrison et al.（2010）。

公司中扮演了积极的角色，不同程度地参与公司管理。消极的投资者满足于偶尔收到投资公司的信息，以对公司绩效进行监督；而另一个极端的投资者简直是用自己的钱给自己买了个工作。但大多数天使投资人不想每天去公司，他们去公司频率高的一般每周去一天（或差不多的频率），去公司频率低的一般每个月不到一天。[1]尽管如此，一些天使投资人参与程度之深、参与时间之早，使他们与创业者无异，而创业者也把他们看作创业团队的一部分。[2]

天使投资人在所投公司中扮演一系列不同的角色：为公司管理提供建议、亲自协助处理公司事务（例如：提供法律建议、会计方面的建议，提供资源）、提供公司和市场情报、担任董事会或咨询委员会成员、帮助公司做好风险投资融资的准备、提升公司信用、提供确认协助。有研究强调了天使投资人在帮助公司筹集更多资金的过程中发挥的作用。[3]参与的性质和深度也受到公司所处位置的影响。天使投资人与所投公司的接洽频率与他们之间的距离成反比。这个频率也受到公司业绩的影响，在公司发展的特定阶段和危机情况下，天使投资人参与公司的深度会有所增加。

与代理理论相反，天使投资人参与所投公司的经营并不完全是出于监控的考虑。第一，正如上面提到的，参与所投公司的经营能给天使带来精神上的愉悦，参与新创公司的成长让他们体会到了乐趣和满足感。他们相信自己的经验、技能和洞察力会对公司产生深

---

[1] Mason and Harrison（1996）。

[2] Festel and De Cleyn（2013）。

[3] Sørheim（2003）。

远影响。梅和西蒙斯（May and Simmons, 2001: 156）引用一位投资者的话："我的人生从未体验过这样的乐趣。有人听你的意见、付诸实施然后取得成功，这太棒了！"事实上，多数天使投资人都承认他们在投资过程中体验到意料之外的乐趣——当然他们说的是经营中的公司而不是倒闭了的公司。精神上的愉悦与公司的业绩相关，而不是作为经济损失的补偿。第二，天使投资人作为导师，对所投公司提供指导并亲自给予协助，他们将此视作"提供帮助"而非"检查工作"。[1]第三，正如凯莉和海伊（Kelly and Hay, 2003: 309）评论的，"天使投资人和创业者的关系从一开始就不像代理理论所说的一般是对立关系，而是一种积极的、相互信任的关系"。

多数创业者和天使投资人都认为他们之间目标一致，建立了卓有成效的关系。而创业者对他们之间关系的成效性有更为积极的看法。[2]一项研究表明，半数通过天使投资融资的创业者都认为天使投资人对公司有帮助或有很大帮助。[3]另一项研究表明，创业者认为天使投资人对公司最大的贡献在于作为可靠的董事会成员。[4]但关于天使投资人参与公司经营带来的附加值对公司业绩产生的影响，目前还没有研究对此进行评估。

3.4.5 收获

天使投资的本质是通过清算事件获得投资回报，而不是通过收

[1] Mason and Harrison（1996）。

[2] Mason and Harrison（1996）。

[3] Mason and Harrison（1996）。

[4] Harrison and Mason（1992）。

人流获益，他们有退出的需要（第11章详细讨论了退出），但有证据显示，很多天使投资人在投资时对于未来的退出路径考虑不足，没有清晰的退出规划。[1]针对投后参与的研究显示，没有证据表明为公司做好退出准备是天使投资为公司贡献的附加值之一。在波利蒂斯（Politis, 2008）梳理的所有相关研究，以及近期对天使投资的投后活动的研究中，都没有提及退出之事。[2]事实上，天使投资人普遍相信“好的投资总能妥善地退出”。天使投资人对于退出的时机并不焦虑，他们中很多人愿意持股长达七年甚至更久。[3]耐心是天使投资人必备的内在品质。[4]尽管如此，一些天使投资人已经意识到他们需强调以退出为中心的投资方法。下面的案例分析就是基于这种方法的。

实操：案例分析

一位天使投资人——天使团队中的领投天使——讲述团队的一次退出经历

投资

公司广泛应用现有技术研发了一款非常强大的、用户友好型软件工具，让移动通信公司和其他公司只需一张办公桌就能通过打电

[1] Harrison et al.（2016）。

[2] Fill and Grünberg（2016）。

[3] Mason and Harrison（1994）。

[4] Harrison et al.（2016）。

话看到公司资产的高清图像。公司在能源领域也有建树，主要是关于核工业以及苏格兰北部可再生水力发电产业的业务。投资后，公司成功地进入油气市场，改变了经营方向。

天使团队投资的原因是他们认为相比于其他公司，这个公司研发速度更快，拥有竞争优势。风险在于竞争对手还没来得及搞清楚他们在做什么，公司可能就已无法迅速吸引新客户了。

2011年2月天使团队首次对该公司投资20万英镑，当时公司已经运营了10年。2011年3月天使投资追加了15万英镑，2012年下半年又追加了5万英镑作为营运资金。苏格兰共同投资基金在上述轮次的融资中按同等条件进行了投资。

准备退出

在投资前的2个月，我们就已开始考虑退出的问题。你不能完全没考虑退出就进行投资。你不能把钱投向这些公司而不认真考虑未来某一天你得退出。理想的情况下，你退出时应该赚了钱。

创业者也同意这一点。这家公司是夫妻档，拥有公司大多数股份。他们觉得运营一家公司太辛苦了。他们想做的是使公司好好成长，然后卖掉它。

我们有一位投资者帮助他们做好退出的准备。主要有两点考虑：首先，我们担心他们有被竞争者反超的风险；第二，公司内部已经有客户询问他们是否要出售公司。所以是时候处理这个问题了。创业者也很关注退出的问题，但他们忙于运营公司，所以退出的问题就交给我们了。

退出

一个客户买下了公司。此前，还有很多其他潜在客户，但是被我们拒绝了。有两家公司主管，还有几家公司都口头表达过对收购感兴趣，让我们有消息通知他们。最后的买家应该就是这些表达过兴趣的公司中的一家。

公司的一个客户觉得公司所做的产品可以成为他们产品服务的一部分。他们意识到，如果可以获得这个公司的资源，就可以在全球范围内发展业务。所以按照公司提供的服务线来说，这是一个补强型收购，只是收购的公司会在全球范围发展而非局限在当地发展。

退出发生在2013年，在我们首次投资不到3年之后。我们担心的关于竞争威胁的问题影响了我们对退出时机的选择。已经有迹象表明不是只有我们能提供这类服务。

退出的流程进行了大概6个月。

投资者以现金的方式完成交易。公司管理者/创始人按照传统的方式安排交易，涉及预付现金和分期付款方案，且分期付款方案取决于未来18个月公司能否获得预期的收益。苏格兰联合投资基金与天使投资的资金回报倍数和内部收益率（IRR）相同。对于从这家公司的退出，我们很满意，在两年半的时间里，我们获得了不错的内部收益率。

反思

如果能通过更有竞争力的拍卖程序，我们会得到一个更好的价钱。但到头来这家公司还是一个小公司，有限的管理资源限制了他们的日常业务，也限制了他们处理多方企业融资交易的能力，即便有了我们的帮助也很难实现融资交易。延迟退出会有很高的风险。

一开始，有三个潜在买家，我们减到了两家。我们尝试让这两家公司出个更高的标价，但是失败了。最后的价格风险性有所降低，但价格没有提高。我觉得如果我们能在半年或者一年之后再走整个流程，或者，如果我们能有一个更有热情的低价投标者出更好的价钱，我们就能拿到比这次标价高20%—40%的价钱。

两家对收购表现出兴趣的公司看重的是公司油气方面的业务。他们觉得非油气方面的业务价值不大。如果再有6个月的时间，非油气业务的价值就能显现出来。此外，油气业务增长迅速。当我们卖掉公司的时候，实际的销售量验证了增长的态势，我们预期当年会有显著的增长，事实也正如我们所料。买家对此表示满意，因为买家出钱买的实际是预期的回报，而我们当时已经完成了预期增长。

所以你能想象那种情况，以标价来说，价格的增加足以补偿退出前要额外等待的6个月左右的时间，我们也会因此提升内部收益率。但是，额外的等待时间显然会带来执行风险，以我的经验来说，寄希望于更好的价格而拒绝一个还可以接受的价格，一定要非常谨慎，因为未来你并不一定能拿到更好的价格。

问题讨论

1. 天使投资团队为什么想要退出?
2. 创业者为什么也想要退出?

3. 天使投资团队如何执行退出流程？

4. 有意向收购的公司的收购动机是什么？

5. 为什么天使投资团队觉得这次退出不是一次完美的退出？

有证据显示，天使投资人一般在3—6年的投资期内退出并实现了资金收益。在英国，高绩效投资的退出时间中位数是4年，中等绩效投资的退出时间中位数是6年，这可能是退出机会有限造成的。[1]这些投资一般以象征性的价格回售给管理团队。失败的平均时间为两年。[2]在芬兰，获得积极收益的投资一般5年进入收获期，而失败的投资一般持有股份的时间是2.8年。这似乎印证了投资界的陈词滥调“柠檬比李子先成熟”。

尽管时间不同，地理位置不同，为数不多的针对天使投资回报的研究结果却是一致的：大约半数投资没有获得回报，少数投资获得了超过10倍的回报。英国的一项研究表明投资结果呈偏态分布，40%的投资亏损（34%全部亏损），另外13%只达到了收支平衡或只是实现了银行账户级别的收益。投资的一小部分，23%的投资内部收益率超过了50%。在维尔特班科（Wiltbank，2009）的研究中，所有投资样本现金收益的大部分（约80%）是由一小部分投资获得的（9%的投资获得了投资金额10倍的收益）。一项对于英国技术、非技术投资回报的单独分析发现两者收益情况没有显著差别。[3]但

[1] Mason and Harrison（2002）；Wiltbank（2009）。

[2] Mason and Harrison（2002）。

[3] Mason and Harrison（2004）。

这些研究只考察了原始投资的投资收益。很多天使投资人也试图以董事费或贷款利息的形式收回部分资金，可立刻收回部分资金或等未来公司金融方面发展得更强大的时候再予收回。成功的投资与天使投资人的经验、承担尽职调查、参与所投公司经营密切相关。[1]成功投资最常见的退出方式是交易售出（也就是说将公司卖给另一家公司），只有一小部分以首次公开募股的方式退出。对于价值很低甚至没有价值的投资，交易售出和出售给现有股东是退出最常见的形式。天使投资人更愿意通过交易售出而非首次公开募股的方式退出。[2]

将天使投资的收益与风险投资的收益进行比较并不恰当，因为风险投资报告单元是以基金作为单位的，而天使投资是以每宗交易为单位的。但默里（Murray, 1999）报告中有一项英国风险投资也是以交易来计算收益的。将天使投资的收益与该风险投资的收益进行比较，风险投资的亏损率要高得多（64%），获得中等收益的比例较低，只有很少一部分获得了高收益（内部收益率超过50%）。对这些差异的解释是，因为风险投资基金力求资金效益最大化，对表现一般的投资态度更为无情，目的在于使基金主管能更加致力于支持绩效最优的投资，而天使投资却是以交易项目为单位进行投资的。[3]

一项芬兰的研究试图界定最成功的和最失败的投资者之间的差异。最成功的投资者更可能以投资过程中获得的愉悦作为投资动

[1] Wiltbank（2009）。

[2] Carpentier and Suret（2014）。

[3] Mason and Harrison（2002）。

机，有更好的交易项目流，对亲自参与公司经营的价值不太看重。最不成功的投资者更可能是受到利他主义的驱动，交易项目流不理想，交易量不大，主要依靠朋友介绍获得交易项目流。他们一般向朋友的公司投资，以完全不同的方式参与公司的经营，过于强调自身的贡献，而其他研究表明这种贡献在为公司带来附加值的因素中是最不重要的。

尽管人们对发生的退出案例（不论是积极的退出，还是消极的退出）高度关注，但也不该掩盖大多数投资者从未实现退出这一事实。一项针对苏格兰的天使投资团队的调查表明这些团队总共退出37次，只占所有投资的4%。团队中的大多数——提供数据的17个团队中的12个——从未实现过退出。当然某种程度上，这说明了这些团队还很年轻。实现过退出的5个团队中，有4个至少成立了8年，3个成立时间最长的团队实现的退出次数占所有退出的92%。尽管如此，大多数团队也已经成立了5—8年的时间，却还没有过退出的经历。同样值得注意的还有，投资失败的比例很低，只占所有投资的17%。3个成立时间最长的团队投资失败的案例占所有失败案例的82%。这表明这些团队很高比例的投资属于“活死人”投资——公司的收益不错，利润也可支撑公司的运营，但不足以吸引到收购者。三分之二的团队声称他们没有正式的策略以应对投资组合中的“活死人”投资，造成了这些投资占用了更多资金，而且占用的时间段内没有产生收益。[1]

[1] Lumme et al.（1998）。

要点总结

- 天使投资在初创公司种子阶段、初创阶段和早期成长阶段的融资活动中扮演重要角色，为初创公司提供资金和知识技能支持。
- 政府因此引入了一系列法案支持天使投资市场。
- 天使投资人一般是拥有可支配财富的成功创业者。但天使投资人的构成也有多样性。
- 天使投资人越来越倾向于加入有组织的天使投资团队，和其他天使投资人一起投资。这对天使投资的性质产生重大影响。
- 投资过程包括几个阶段。筛选前阶段和筛选阶段进展很快，天使投资人在这个阶段会拒绝大多数投资机会。天使投资的项目一般只占所有他们考虑项目的1%或2%。
- 从筛查阶段到尽职调查，投资的标准发生变化。对创业者的担心——创业者的诚信、能力、务实精神和建立关系的能力——是重要的交易杀手。
- 天使投资是高风险投资。超过半数的投资是不成功的。投资收益极不平衡，只有一小部分（10%—20%）投资成功，却产生了大部分的资金收益。
- 大多数投资没有实现退出。天使投资组合中大多数是“活死人”投资——公司盈利尚可，但不足以吸引收购者，从而天使投资人无法实现退出。

本章提问

1. 为什么天使投资人在创业生态系统中扮演重要角色？

2. 天使投资人是一个构成多样化的团体，可以如何进行分类？

3. 天使团队的出现对天使投资的性质产生了什么影响？

4. 个体天使加入天使团队的利弊各是什么？

5. 天使投资时可能面临哪些类型的投资风险？

6. 在筛选前阶段、筛选阶段和尽职调查阶段进行的投资评估有什么差异？

7. 天使投资人拒绝投资机会的主要原因是什么？

8. 为什么天使投资人在投资后要参与所投公司的运营？

9. 为什么多数天使投资人在评估投资机会的时候没有考虑退出？

10. 天使投资人使用的估值技巧是什么？

11. 你如何看待以退出为中心的投资方法？

12. 为什么天使投资的大部分公司没有产生金融回报？

13. 对于“活死人”投资，天使投资人的应对策略是什么？

14. 为什么天使投资更愿意通过交易售出，而不是首次公开募股实现退出？

15. 假设创业者要给天使投资人或天使投资团队做推介，你有什么建议？

延伸阅读

Landström, H and Mason, C. (eds.) (2016). *Handbook of Research on*

Business Angels. Edward Elgar.

Gregson, G. (2014). *Financing New Ventures: An Entrepreneur's Guide to Business Angel Investment*. Babson Expert Press LLC.

McKaskill, T. (2009). *An Introduction to Angel Investing*. Breakthrough Publications, www.drexit.net.

May, J. and Liu, M. M. (2015). *Angels Without Borders: Trends and Policies Shaping Angel Investment Worldwide*. World Scientific Publishing.

OECD (2011). *Financing High Growth Firms: The Role of Angel Investor*. OECD.

Peters, B. (2009). *Early Exits: Exit Strategies for Entrepreneurs and Angel Investors*. Meteorbytes Data Management Corporation.

White, B. and Dumay, J. (2017). Business angels: a research review and new agenda. *Venture Capital: An International Journal of Entrepreneurial Finance*, 17(3), 183–216.

参考文献

Carpentier, C. and Suret, J-M. (2014). Canadian business angel perspectives on exit: a research note, *International Small Business Journal*, 33(5), 582–593.

Carpentier, C. and Suret, J-M. (2015). Angel group members' decision process and rejection criteria: a longitudinal analysis, *Journal of Business Venturing*, 30(6), 808–821.

Croce, A., Tenca, F. and Ughetto, E. (2017). How business angel groups work: rejection criteria in investment evaluation, *International Small Business Journal*, 35(4), 405–426.

Feeney, L., Haines, G. H. and Riding. A. L. (1999). private investors' investment criteria: insights from qualitative data. *Venture Capital: An International Journal of Entrepreneurial Finance*, 1, 121–145.

Festel, G. W. and De Cleyn, S. H. (2013). Founding angels as an emerging sub-type of the angel investment model in high tech businesses, *Venture Capital: An International Journal of Entrepreneurial Finance*, 15(3), 261–282.

Fili, A. and Grünberg, A. (2016). Business angel post-investment activities: a multilevel review, *Journal of Management and Governance*, 20(1), 89–114.

Fiet, J. O. (1995). Risk avoidance strategies in venture capital markets. *Journal of Management Studies*, 32, 551–574.

Gale, D. (1996). What have we learned from social learning? *European Economic Review*, 40(3), 617–628.

Haines, G. H., jr., Madill, J. J. and Riding, A. L. (2003). Informal investment in Canada: financing small business growth. *Journal of Small Business and Entrepreneurship*, 16(3/4), 13–40.

Harrison, R. T. and Mason, C.M. (1992). International perspectives on the supply of informal venture capital. *Journal of Business Venturing*, 7, 459–475.

Harrison, R. T., Botelho, T. and Mason, C. M. (2016). Patient capital in entrepreneurial finance: a reassessment of the role of business angel investors, *Socio-Economic Review*, 14(4), 669–689.

Harrison, R. T., Mason, C. M. and Robson, P. (2010). Determinants of long-distance investing by business angels in the UK. *Entrepreneurship and Regional Development*, 22, 113–137.

Harrison, R. T., Smith, D. and Mason, C. M. (2015). Heuristics, learning and the business angel investment decision making process, *Entrepreneurship and Regional Development*, 27(9–10), 527–554.

Kelly, P. and Hay, M. (2003). Business angel contracts: the influence of context. *Venture Capital: An International Journal of Entrepreneurial Finance*, 5, 287–312.

Landström, H. (1992). The relationship between private investors and small firms: an agency theory approach. *Entrepreneurship and Regional Development*, 4, 199–223.

Landström, H. (1998). Informal investors as entrepreneurs. *Technovation*, 18, 321–333.

Lengyel, Z. and Gulliford, J. (1997). *The Informal Venture Capital Experience*. Local Investment Networking Company, London.

Lumme, A., Mason, C. and Suomi, M. (1998). *Informal Venture Capital: Investors, Investments and Policy Issues in Finland*. Kluwer Academic Publishers.

Mason, C. and Botelho, T. (2014). *The 2014 Survey of Business Angel*

Investing in the UK: A Changing Market Place. Adam Smith Business School, University of Glasgow.

Mason, C., Botelho, T. and Harrison, R. (2016). The transformation of the business angel market: evidence and research implications. *Venture Capital: An International Journal of Entrepreneurial Finance*, 18(4), 321–344.

Mason, C. M. and Harrison, R. T. (1994). The informal venture capital market in the UK. In A. Hughes and D. J. Storey (eds.), *Financing Small Firms* (pp.64–111). Routledge.

Mason, C. M. and Harrison, R. T. (1996). Informal venture capital: a study of the investment process and post-investment experience. *Entrepreneurship and Regional Development*, 8, 105–126.

Mason, C. M. and Harrison, R. T. (2002). Is it worth it? The rates of return from informal venture capital investments. *Journal of Business Venturing*, 17, 211–236.

Mason, C. M. and Harrison, R. T. (2003). 'Auditioning for money': what do technology investors look for at the initial screening stage? *Journal of Private Equity*, 6(2), 29–42.

Mason, C. M. and Harrison, R. T. (2004). Does investing in technology-based firms involve higher risk? An exploratory study of the performance of technology and non-technology investments by business angels. *Venture Capital: An International Journal of Entrepreneurial Finance*, 6, 313–332.

Mason, C. and Rogers, A. (1997). The business angel's investment decision: An exploratory analysis. In D. Deakins, P. Jennings and C. Mason (eds.), *Entrepreneurship in the 1990s* (pp. 29–46). Paul Chapman Publishing.

Mason, C. and Stark, M. (2004). What do investors look for in a business plan? A comparison of the investment criteria of bankers, venture capitalists and business angels. *International Small Business Journal*, 22, 227–248.

Mason, C., Harrison, R. and Botelho, T. (2015). Business angel exits: strategies and processes. In J. G. Hussain and J. M. Scott (eds.), *Research Handbook on Entrepreneurial Finance* (pp. 102–124). Edward Elgar.

Mason, C., Botelho, T. and Zygmunt, J. (2017) 'Why business angels reject investment opportunities: Is it personal? *International Small Business Journal*, 35, 519–534.

Maxwell, A. L. and Lévesque, M. (2014). Trustworthiness: A critical ingredient for entrepreneurs seeking investors. Entrepreneurship Theory and Practice, 38(5), 1057–1080.

Maxwell, A. L., Jeffrey, S. A. and Lévesque, M. (2011). Business angel early stage decision making. *Journal of Business Venturing*, 26, 212–225.

May, J. and Simmons, C. (2001). *Every Business Needs an Angel: Getting the Money You Need to Make Your Business Grow*. Crown

Business.

Mitteness, C. R., Baucus, M. S. and Sudek, R. (2012). Horse vs. jockey? How stage of funding process and industry experience affect the evaluations of angel investors. *Venture Capital: An International Journal of Entrepreneurial Finance*, 14(4), 241–267.

Murray, G. (1999). Seed capital funds and the effect of scale economies. *Venture Capital: An International Journal of Entrepreneurial Finance*, 1, 351–384.

OECD (2011). *Financing High Growth Firms: The Role of Angel Investors*. OECD Publishing. http://dx.doi.org/10.1797/9789264118782-en

Paul, S. and Whittam, G. (2010). Business angel syndicates: an exploratory study of gatekeepers. *Venture Capital: An International Journal of Entrepreneurial Finance*, 12(4), 241–256.

Politis, D. (2008). Business angels and value added: what do we know and where do we go? *Venture Capital: An International Journal of Entrepreneurial Finance*, 10(2), 127–147.

Politis, D. and Landström, H. (2002). Informal investors as entrepreneurs: the development of an entrepreneurial career. *Venture Capital: An International Journal of Entrepreneurial Finance*, 4, 77–101.

Riding, A. L., Dalcin, P., Duxbury, L., Haines, G. and Safrata, R. (1993). *Informal investors in Canada: the identification of salient charcteristics*. Carleton University, Ottawa.

Riding, A. L., Madill, J. J. and Haines Jr, G. H. (2007). Investment decision making by business angels. In H. Landström (ed.), *Handbook of Research on Venture Capital* pp. (332–346). Edward Elgar Publishing.

Sohl, J. (2017). *A Cautious Restructuring of the Angel Market in 2016 With a Robust Appetite for Seed and Start-Up Investing*, Center for Venture Research, University of New Hampshire.

Sørheim, R. (2003). Business angels as facilitators for further finance: an exploratory study. *Journal of Small Business and Enterprise Development*, 12, 178–191.

Sudek, R., May, A. and Wilbank, R. (2011). *Angel Investing: Catalyst for Innovation.* Angel Resource Institute. www.angelassociation.co.nz/media/2014/04/Super-Angels-Report-ARI-10–18-11.pdf

Sullivan, M. K. (1994). Altruism and entrepreneurship. In *Frontiers of Entrepreneurship Research* 1994 (pp. 373–380). Babson College.

Visser, R. and Williams, R. (2001). Prospecting for gold: how Dutch informal investors appraise small businesses in trouble. *Venture Capital: An International Journal of Entrepreneurial Finance*, 3, 1–24.

Wiltbank, R. E. (2009). *Siding With the Angels. Business angel investing: Promising Outcomes and Effective Strategies*. NESTA.

第4章

风险投资、私募股权和公司风险投资

约瑟夫·迪朗（Josep Duran）

欧洲投资基金（European Investment Fund）

奥斯卡·法雷斯（Oscar Farres）

欧洲投资基金

本章将带你梳理风险投资、私募股权和公司风险投资的概念，帮助你理解它们是如何运行的，谁投资了这些基金，最重要的是，它们如何盈利，以及为什么这对创业者而言很重要。

在过去十年间，风险投资、私募股权和公司风险投资已经成为私有资金和公有资金投资创新企业的理想渠道。1946年由法国移民乔治·多里奥（George Doriot）在波士顿创立的美国研究与开发公司（American Research and Development Corporation）[1]被认为是第一家风险投资公司。自此之后，该行业发展成了以某种模式向创新创业者进行风险投资的机构，投资模式多年来变化不大，并且已经适应了作为潜在资产的初创公司的特性。

风险投资行业一直自带神秘光环，不仅是公众，甚至连创业者也搞不清楚风险投资基金是如何运行以及风投者是如何做出投资决定的。本章的目标是阐明风险投资行业如今如何运行，以便让创新过程中的所有参与者能更高效地协作。

媒体视角

英国《金融时报》

帕泰公司（Partech Ventures）为欧洲和美国的初创公司融资4亿欧元

其中三分之二的投资集中在包括虚拟现实在内的新兴技术领域

阿莉娅·拉姆（Aliya RAM） 2017年7月10日

英国公投决定离开欧盟后，资金冻结有所缓和。在此背景下，总部在法国的投资公司帕泰公司（Partech Ventures）向欧洲和美国

[1] 想要了解更多乔治·多里奥以及风险投资的起源，可以阅读：Ante, S.（2008）*Creative Capital：Georage Doriot and the Birth of Venture Capital*, HBS Press。

的技术初创公司投资了4亿欧元。这是帕泰公司进行的第七次此类投资，获得了公私合营的欧洲投资基金、法国的主权财富基金法国国家投资银行（Bpifrance）的支持。投资的三分之二将被欧洲初创公司用于发展新兴技术，例如虚拟现实、区块链和无人机等。剩余资金将投资给硅谷的公司，帕泰在那里也有办事处。2016年6月英国公投退出欧盟后，欧洲的技术投资速度急剧下降。据道琼斯风险资源报道，第三季度初创公司吸引的早期投资金额已经落后了美国和亚洲的竞争对手三分之一。

但在今年，多个大型风投集团启动了对欧洲的投资，金额已达数百万美元。上个月，lastminute.com共同创始人布伦特·霍伯曼（Brent Hoberman）筹集了6 000万美元资金投资欧洲地区的技术初创公司。2月阿托米可向欧洲技术基金投资7.65亿欧元帮助新创公司进行扩张……

www.ft.com/content/78eb5444-6640b-11e7-8526-7b38dcaef614

学习目标

阅读本章后，你将能够：

- 理解风险投资、私募股权和公司风险投资之间的差异；
- 了解基金的关键特征；
- 理解风险投资的良性循环；
- 理解风险投资的经济学，以及基金投资者和基金经理如何赢利；

- 熟悉欧洲风险投资最新发展和更大范围的行业趋势。

本章导读

本章将帮助你了解风险投资、私募股权和公司风险投资是如何筹集资金的，了解投资公司如何给公司投资并赢利。本章还会描述这三种类型的投资基金的基本特征，然后将风投作为投资创新公司的最重要途径进行论述。

本章将详细解释风险投资基金的完整生命周期，让读者理解这种投资工具创造价值的基本运行方式。我们会分析风险投资基金的底层经济学原理，揭示管理费用、附带权益（carried investment）等对多数创业者而言还很神秘的概念。成功融资的最好方式，就是深入理解钱是如何流向风投基金，又从风投基金流向投资组合公司，然后如果顺利的话，在退出之后如何流进创业者、风投者和基金投资者的口袋里的。

4.1 风险投资、私募股权和公司风险投资是完全一样的吗？

人们常常混淆风险投资（venture capital，简称VC）和私募股权（private equity，简称PE）两个术语。事实上两者虽有相似的地方，却存在着显著差异。我们可以将风险投资看作私募股权的一个分支。然而，随着风险投资的重要性日益显现，数字经济和生命科学对我们生活产生巨大影响，风险投资在金融业理应独立地占有一席之地。

事实上，风险投资和私募股权基金都是临时股权投资者以资金来换取未上市公司的股份。我们根据投资的企业所处发展阶段、板块和风险水平的不同，来区分私募股权者和风投者。

本节将解释风险投资和私募股权两种投资者的差异，图4.1对这些差异进行了总结。

	风险投资	私募股权
阶段	种子/初创/扩张阶段	成长/替换/收购后卖出/重振期
活动板块	技术、电信、媒体、生物技术	传统商业、消费品行业、其他行业
市场增长	两位数	0%或与国民生产总值保持一致
预期收益	每年50%—60%	每年20%—40%

图4.1　风险投资与私募股权

4.1.1　风险投资

风险投资公司的投资目标一般是处于早期发展阶段的公司。这些公司多为技术型公司或科学驱动型公司，开发有创新性或颠覆性的产品或服务。是的，没错，我们讨论的就是所谓的“初创公司”。向这类公司投资的风险要高得多，因为公司创建者力推进入市场的产品或服务尚未得到认可——当然也意味着他们的发展没有天花板。如果一家风投公司慧眼识珠，找到了一家极其成功的初创公司，以几十亿欧元达成交易，也是有可能的。风投者能在多早的阶段找到投资机会向公司投资也对风险水平和基金的策略有重要影响。当亚努斯·弗里斯（Janus Friis）和尼克拉斯·曾斯特姆（Niklas Zennström）在车库中构思斯盖普的理念时，向其投资几十万欧元，与向处于后期发展阶段、即将被大公司收购的制药公司产品投资几千万欧元是完全不同的概念。两者风险都很高，但是预期收益和基金管理的技巧都有很大不同。

风险投资基金表现各异、规模不同、投资方法不同，这些取决于它们投资的公司所处的发展阶段。我们可以根据投资阶段将风险投资基金分为三个类别：

- 种子阶段：一般为小型资金（几千万欧元），投资尚处于早期发展阶段的公司，其产品或服务依然处于研发阶段。大多数情况下，公司尚未开始商业经营。公司票面金额从十万到几十万欧元不等。
- 早期/初创阶段：中等规模基金（如1亿欧元），目标公司的产品或服务已经投放市场，收入和公司吸引力持续增长，这类公司还希望扩大经营、调整商业模式。基金在这轮融资中会投入100万到几百万不等的资金。
- 扩张阶段：基金可向有过硬产品和服务、有统一商业模式的成熟公司投资几亿资金。这些公司希望能拓展它们的商业活动，将市场扩张到全球范围。在多轮投资中票面价值可达几千万欧元。

无论投资哪个阶段的公司，我们都应当注意到风投基金投资初创公司时喜欢联合投资。为了控制风险水平，几个投资人同时参与到一个投资轮是很常见的操作。这意味着他们只参与该轮的部分投资，投资搭档会带来不同的方法和专长，这些都会对投资组合公司有益。根据所处的发展阶段不同，公司在每轮投资中会接洽不同的投资者，公司最后可能会有不同类型的股东。

专家之声：安德烈亚斯·萨里（Andreas Saari，芬兰）

安德烈亚斯·萨里是波浪风投（Wave Ventures）的共同创始人和首席执行官。波浪风投是北欧首个由学生运作的风投公司，旨在支持北欧最大胆的创业者和源自校园社区的创业理念。安德烈亚斯曾在技术超级盛会“雪泥”（Slush）中帮助初创公司和投资者对接。这个活动每年秋天在赫尔辛基举行，现在已经发展成了新的项目概念。安德烈亚斯在阿尔托大学学习工业工程和管理，酷爱下坡骑行等极限运动，对学习任何东西都充满热情。

除了资金，风险投资还能为初创公司提供什么附加值?

我们投资的是最早期阶段的公司，有时甚至是在公司建立伊始就加入。我们对投资组合公司的帮助形式很多，常常按照公司的需求提供帮助，下面举3个例子：

对首次创业者，我们提供的最大附加价值可能就是在整个投资和风险资金领域提供指导，帮助公司寻找融资机会，避开陷阱。

引荐功能是风险投资附加价值的重要部分（有时是非常重要的

一部分）：第一轮外部融资时或融资之后，（如果需要的话）我们会和初创公司一起规划下一轮融资，在此过程中进行必要的引荐。处于非常早期阶段的公司常在很早时就需要更多人才，我们会着力发现有潜力的优秀人才，将其引荐给团队。

在一些案例中，因为我们投资团队中的一些成员就是当地最好的年轻律师，我们也曾帮助投资组合公司处理法律文书，为他们节省了几万欧元的法律费用。

4.1.2　私募股权

私募股权投资者的投资目标是传统行业的成熟公司。这些公司已经拥有了受到肯定的商业模式，希望通过并购、收购、过渡管理或其他交易形式实现公司扩张，加强商业活动。向成功的牙科特许经营者投资，助其实现国际扩张，或购买某工业公司大量股票以使该公司与基金的其他投资组合公司实现合并，都是典型的私募股权交易。交易的规模可能从几百万欧元到几亿欧元不等，结合采用股权和债务融资的方式。这些公司一般在传统行业中十分活跃，风险水平取决于能否兼顾债务承担，公司管理是否有效，是否适应市场变化，而不是取决于产品适配度、科技创新或者新客户的行为。

我们可以把私募股权归类为成长型基金或者杠杆收购，当然我们也可以将很多其他类型的基金包括在内，例如房地产基金、夹层基金（mezzanine funds）、不良债权基金（distressed funds）等。私募股权可能专门投资某个行业，也可能不局限于某个行业；可能以具体的地区为目标，也可能放眼全球。

- 成长型基金：以成熟公司为目标。这些公司正通过逐步拓展经营，或是并购和收购（merger and acquisition，简称M&A）活动进入新市场。这种类型的基金涉猎多个行业，投资目标有时与后期风投或扩张型风投有所重合。有些风投基金有自己的成长事业部。
- 杠杆收购基金（leverage buyout funds，简称LBO）：目标是有稳定现金流的成熟公司。这些基金通过股份和债务完成交易，以获得投资组合公司的控股权。股份和债务之间的平衡与众不同，基金使用少量资金购买股份，通过银行贷款或次级债务，以杠杆的方式获得大部分交易所需资金。杠杆收购基金的投资团队购买一家公司时会深度参与，通过各种重组技巧、合作关系或并购、收购活动，消减人力资源、总成本、附属机构等，换句话说，尽其所能在将资产卖掉之前将其价值最大化。管理层收购（management buyouts，简称MBOs）和管理层换购（management buy-ins，简称MBIs）是指管理层通过收购公司成为所有者和创业者。这是非常典型的私募股权交易，将在本书第三部分第10章中详细分析。

4.1.3 风险投资资金

很多大型公司，主要是技术公司，都有风险投资部门负责向其他年轻的公司投资。风险投资基金在美国已经成熟（谷歌风投、英特尔资本、高通风投、沃尔玛等等），在欧洲近些年也日益重要（贝塔斯曼、西班牙电话公司、法国电信运营商、安联保险集团、西班牙国际银行、西门子等）。他们以不同的方式进行投资，例如：赞助其他独立的风投公司、内部进行风投活动或设立加速项目（通过加速项目投资、指导年轻公司，为它们提供结构资源和知识）。当然，你肯定能明白他们做这一切不是出于慈善目的。所以，当这些公司的核心业务与初创公司的股份交易毫不相干时，我们会疑惑：他们为什么愿意在投资活动上投入时间、资金和资源？好吧，可能每个公司对此有自己的解释，但一般来说，他们从事这些活动是出于战略因素。绝大多数大公司的风投部门都与公司的商业模式、创新[1]或战略版块[2]密切关联。向初创公司投资是紧跟市场最新趋势和技术的好办法。而且，向有创新产品或服务的初创公司投资也不失为一种策略，因为等该公司发展到后期，如果大公司认为将其纳入旗下对自己的未来发展有所裨益，便可将其收购。实际上，有些大公司确实将其创新和发展建立在并购和收购活动上（例如思科、高通）。这在美国很常见，但在欧洲初创公司和大公司之间建立联系还很罕见。这或许是不久的将来要解决的关键问题。

所以，这听起来很棒。不是吗？我的初创公司加入电信加速项目而成功融资，所有现在对我关闭的大门都向我打开，然后他们收购我的项目，让我一夜暴富。好吧，既对也不对。你公司里有一位战略投资者会对你公司的成功起到决定性作用，这没错。谁不希望

[1] Chesbrough（2006）; Chesbrough and Crowther（2006）。

[2] Vanhaverbeke *et al.*（2008）。

得到大公司无限量的资源？如果他们真的支持你，与本领域的巨头合作会极大地推动你的项目。但同时，还有很多你需要考虑的事情。首先，大公司做决策要么非常迅速，要么极其缓慢。你的项目可能一夜之间就不符合战略规划了，你的资源也可能被立刻收回。或者情况可能更糟，在他们真正采取行动之前，你的项目可能月复一月地停滞在他们庞大的决策流程中。对于脆弱的小公司，速度是不能忽略的问题。此外，一些风投公司传统上并不喜欢让战略投资者参与到初创公司的经营中——至少在公司早期发展阶段是这样。主要原因是大公司作为股东可能会阻止他们自己的竞争者接洽、收购你的公司。或者，如果你从未见过的董事会制定的战略不能使公司投资者受益的话，战略决策可能受阻。如何避免这些不利条件？两个关键点：首先，如果你想让大公司做你的投资者，那么请雇用好的律师（这一点对风险投资和私募股权也适用）。其次，确认你有个强有力的维护者，能在你和公司合作的过程中推动促进你的项目。

4.2 风险投资的良性循环

前一节我们对风险投资和私募基金进行了基本描述。本节我们将更深入地讨论，明确两者在“风险投资良性循环”中扮演的角色。风险投资从富裕的投资者、机构、财政部门和其他资产管理人处吸纳资金，然后向有创新、有发展前景的初创公司投资，最后为初始阶段的投资者提供与他们承担风险相符的回报。聪明的读者会将风投基金和初创公司并行看待，因为两者在生命周期中面临相似的挑战。但认为特定行业的风投者就是创业者的看法是不正确的。

现在，让我们解释风投基金的生命周期。第一个阶段涉及从投资者处筹集资金。然后是投资期，可以进一步分为两个阶段：投资、管理和控制投资组合公司。最后是所谓的撤资阶段，在这个阶段，风投者卖掉所持股份、退出初创公司。图4.2所示为风险投资的生命周期。

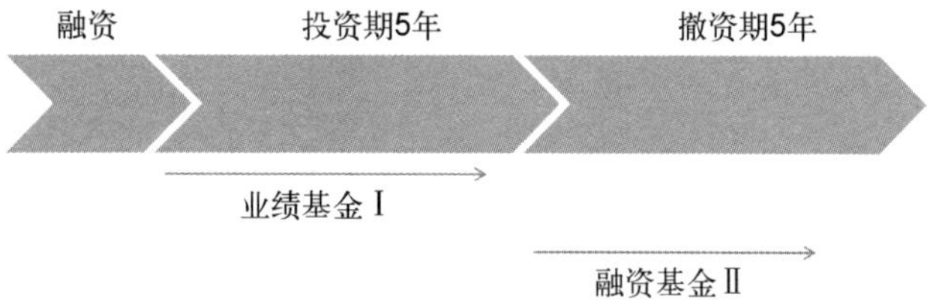

图4.2 风险投资的生命周期

4.2.1 第一阶段：融资

风投基金生命周期的第一步是在建立合法的基金组织（将在4.4节中进行解释）后，找到愿意向基金投入一定资金的投资人，也称有限合伙人（关于“有限合伙人”详见4.3节）。投资人向基金的投入会贯穿基金的整个生命周期。基金经理在需要向初创公司投资、支付管理费用时（更多管理费用的相关内容见4.5节），会要求投资者投入资金。因此，投资者向风险基金投入的钱并不会在第一天就转化成基金的资金，但如果投资者对基金经理的资金召唤置之不理的话，会受到惩罚（他们可能损失掉之前给基金的所有投资），因为这可能会损害基金的战略。

风投基金是非常特殊的投资方式，因为：

- 投资者的资金会被冻结10年。有时需要卖掉所有投资组合公司，基金的生命周期需要延长，资金冻结的时间可能更长。因此，向风投基金投入的资金是不具流动性的。

- 投资者在最开始向风投基金注资的时候并不知道风投基金将要投资的初创公司是哪些。
- 回报的资产类别多种多样，依据基金成立的年份（所谓的“成就年份”）不同有所不同。此外，最好的执行团队和最差的执行团队之间的回报差异也是巨大的。

尽管如此，欧洲每年流向风险投资的资金数以十亿欧元计，是什么吸引了这些投资者向风投基金注资呢?

主要原因有：

- 因为风险投资的长期属性，回报与股票市场并不相关。这对你的资产组合很有益处，正如你从现代资产组合理论中了解到的。[1]实际上，在财政危机期建立的风投基金一般表现都不错，因为他们投资的公司处于发展的低位，付出的成本较低。风投者持有公司股份的时间很长，当危机结束，风投退出时，就能在售出公司后获得丰厚的回报。而在经济周期的巅峰期建立的基金可能结果恰恰相反。图4.3显示了截至2016年6月，大量私募股权基金（包括风险投资）的净内部收益率绩效。
- 表现最好的风投基金在10年周期内收益率可达两位数。这远高于传统资产的回报（如股票市场、房地产市场、债权）。康桥汇世（Cambridge Associates）针对全球除美国外的风投

[1] 可参考Elton et al.（2009）。

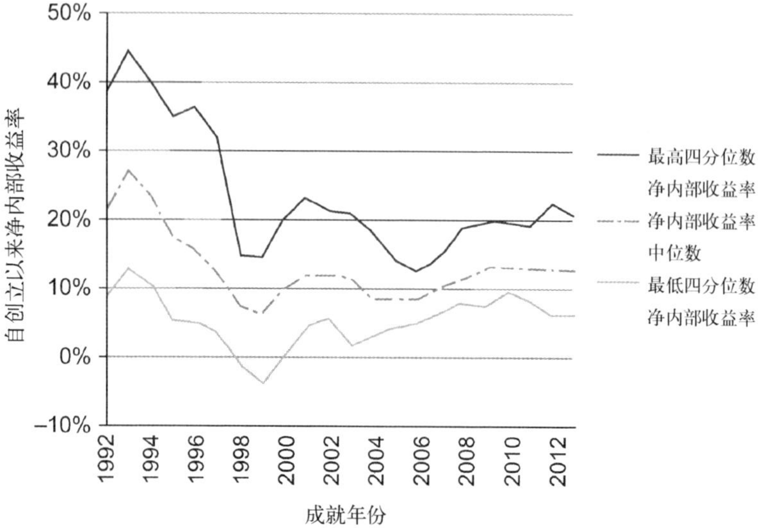

图4.3 截至2016年6月30日成就年份净内部收益率

及私募股权基金发布了2016年第三季度版[1]绩效指标，显示在10年或更长的周期内（风投/私募股权基金的标准年限），风投的表现超过了股票市场。

表4.1 风险投资/私募股权回报与股票市场指数比较

	1年	3年	5年	10年	15年	20年	25年
康桥汇世全球除美国外国家成熟市场（Dev Mkts）私募股权/风险投资（欧元）	12.4%	17.0%	14.5%	10.6%	12.4%	13.6%	13.5%

[1] Cambridge Associates（2017）。

续 表

	1年	3年	5年	10年	15年	20年	25年
欧澳远东指数（MSCI EAFE）（欧元）修正后的公共市场等价物（mPME）	5.9%	7.4%	12.0%	4.7%	5.6%	5.1%	5.2%
标准普尔500指数（美元）修正后的公共市场等价物（mPME）	15.6%	11.8%	17.5%	8.7%	8.7%	8.2%	8.5%

来源：康桥汇世有限责任公司、明晟公司、标准普尔、汤姆森路透社数据流

- 此外，风投基金为我们提供了有价值的视角，让我们了解行业趋势和颠覆性创新。这两者非常重要，特别是对包括大公司在内的战略投资者而言。

风投基金是所有投资者投资组合的很好补充，因为风投基金分散风险的同时在较长的投资周期中带来了额外的回报。尽管有以上数据的支持，但欧洲风投还不算长的历史以及近期盛衰周期（特别是2000年的互联网泡沫[1]）带来的对风投的刻板印象对风投基金造成了一些负面影响，让机构投资者（如养老基金和保险公司等需要管理大量现金的机构）在考虑是否将其他投资基金纳入投资组合中时产生了犹豫。

[1] 了解互联网泡沫时期的资料，请查阅Cassidy（2003）。

根据2018年普瑞奇（Preqin）的报告，亚洲私募股权和风险投资基金的主要投资者构成如图4.4所示。

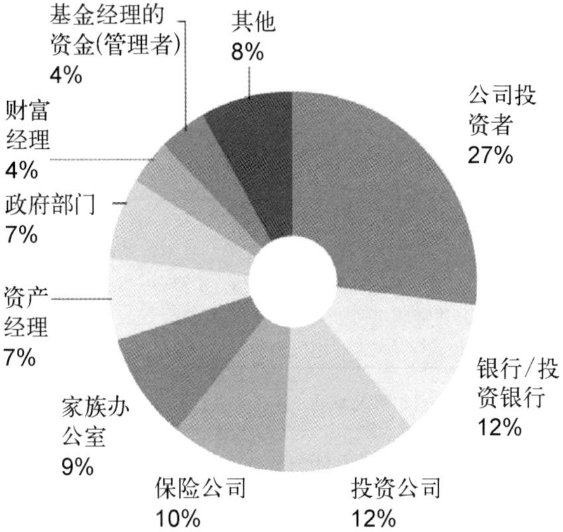

图4.4　2018年亚洲地区私募股权和风险投资基金的投资者构成

来源：普瑞奇（Preqin）

从图4.4显示的数据来看，公司投资者是亚洲风险投资基金中的基石投资者（cornerstone investor），紧随其后的是金融行业（银行、投资公司和保险公司）。这种情况将在4.6节中详细展开讨论。注意未分类投资者不包括在上图中。

不同的投资者对于向风投基金投资持有不同的标准。例如，公共投资者可能看重某个投资策略的政策影响，公司投资者可能看重是否能获得特定的交易流或行业知识。尽管投资者给风投基金注资动机不同，多数情况下资金回报是所有类型投资的关键标准之一。一般来说，风投基金中的投资者（有限合伙人）会参照以下标准决定到底投资哪家风投基金（免责声明：这里没有列出完整的投资标准，所列的标准也不是按照重要性排序的）：

- 业绩记录。团队的既往投资表现如何？现有的投资战略与之前的基金是否具有可比性？市场情况是否已经发生了重大变化，使得之前的业绩记录不再具有参考性？业绩记录是否由现有团队成员贡献？
- 团队。团队已经成立了很长时间，还是刚刚成立？团队的投资组合公司是否具有互补性？团队成员之间如何协作？之前有团队成员离开吗？在基金的生命周期中（10年是很长的时间！）是否预见了继任的问题？团队成员对基金工作是否有积极性？
- 基金战略。基金战略与市场发展是否一致？资金配置计划是否合理，是否与目标市场版块的需求和投资组合公司的发展阶段一致？战略的制定是否基于团队观察到的项目流？基金的地理多样性是否与市场动态和团队的轨迹一致？
- 市场机会。基金是否涉足新兴市场版块？基金的竞争性定位是什么？市场机会是否在基金的整个生命周期中都存在？
- 基金经理和基金投资者的利益是否一致（也称为普通合伙人-有限合伙人的一致性）？这个团队的经济动机是什么？是出于责任还是为了获得管理费（风险投资人的经济动机将在下一节展开讨论）？团队成员的个人投资有多少（也即“风险共担”）？

4.2.2 第二阶段：投资

新风投基金一旦成立，基金经理就需要根据设想的战略配置资金，向有发展潜力的初创公司投资，建立投资组合公司。风投基金平均的固定投资年限为5年。[1]风投基金在这段时间内进行初始投资，建立投资组合公司。这段时间被称为投资期，在这段时间之后，不允许风投基金再向新的公司投资，只能向已经注资的投资组合公司追加投资。

投资组合公司的建立有两个关键因素：个体公司选择和投资组合管理。

个体公司选择

个体初创公司的选择是科学与艺术的融合。初创公司所处发展阶段越早，可供分析的定量数据越少，公司发展的风险也就越高。尽管投资标准可能根据发展的阶段、市场版块和风投公司的类型不同而有细微变化，但是以下核心标准和建议适用于大多数风投者：

- 有创新性的、明确的价值主张。初创公司需要针对目标客户的一个或几个痛点，提供可以经得起竞争考验的解决方案。不，只有一个点子还远远不够。执行才是最重要的。所以即便是种子阶段的投资者也会要求初创公司提供产品和市场适配的证据。如果创业者能提出初始指标，那会很合投资者的心意。至少对信息通信技术的创业者而言，随着基础设施成本的降低，在短期内以布罗波模式启动一个项目从未像现在

[1] 5年是法律文件中规定的标准。近期，风投基金普遍在更早的时间（3到4年）就建立了投资组合公司，但这种趋势是否会使法律文件中的期限发生变化，还有待观察（目前的迅猛发展周期可能导致投资期变短）。

这么容易。

- 高度可扩展的商业模型。风投者的目标就是在短期内（5—10年间）使初创公司的估值翻10倍，这样他们才能获得有限合伙人预期的投资组合层面的回报。可扩展性有两个同样重要的基础：市场规模和商业模式。一定不要陷入自上而下分析方法的陷阱（“如果全球0.1%的人购买了我的产品……”），应当采用自下而上的分析方法（“如果我在销售和市场投入这么多资源，我能影响这么多人……”）。初创公司的商业模式将决定达到这样一个目标是否可行，或者初创公司在这个过程中是否会突然陷入险境（初创公司的扩张就像发射火箭，一个螺丝的小问题也可能在高速运行过程中引发严重破坏）。鉴于初创公司大多因为月底没有现金支付薪资而倒闭，我们建立的商业模式必须保证在高增长率前提下仍能使营运资金得到控制。创业者需要风投者及时提供后续资金，但耐心也有限度。
- 创业者团队比产品更重要。产品可能演变，商业模式可能变化，但团队会主导所有的过程。团队如此重要，股东与初创公司协议中很多条款都针对团队。团队问题中还有一条很重要，那就是团队之间的互补性。投资者不喜欢由没有团队的创业者单枪匹马创建的公司。
- 退出计划。在基金生命周期结束前将公司售出（本章后面的部分会进行解释）是风投基金存在的原因。因此，初创公司的退出策略将是风投者和创业者讨论的关键因素，因为这将决定未来投资收益的上限，也将对很多战略性决定产生影响

（例如：与大公司合作、扩张到国外市场、风投基金在后续融资轮中的位置）。创业者和风投者对退出的预期达成一致很重要，否则这个问题早晚会成为冲突。

风投者决定选择某公司时，都很确信这个公司会取得成功，但现实是——正如下一节中讨论的——取得巨大成功的初创公司在风投基金的投资组合公司中只是个案。

投资组合公司管理

组建投资组合公司必须考虑基础资产的特性。基础资产有很高的风险和很大的不确定性：初创公司顾名思义就是要在已经存在的市场投放新产品（承担产品风险），或者在新市场经营已经过测试的产品（承担市场风险），或者兼具两种风险。经典的金融学文献告诉我们应对不确定性的最好方式就是使你的投资组合公司多样化。[1]因此，多样性是风险投资战略的重要因素。初创公司中的大部分都在创业最初几年就告失败，风投组合公司应该包括足够多的公司，这样才不会发生几个公司的倒闭毁了整个成果的情况。个体初创公司的最终结果数据很难找到，但冈珀斯等（Gompers et al., 2016）进行的调查还是显示了全球400多家风投的退出倍数（退出时投资的价值是投资成本的倍数），如图4.5所示。

数据显示多达70%（57%+13%）的风投基金的投资收益低于投入的资金，只有21%的对早期初创公司的投资的收益超过了投入

[1] 经典文献是：Markowitz（1991）和Sharpe（1964）。

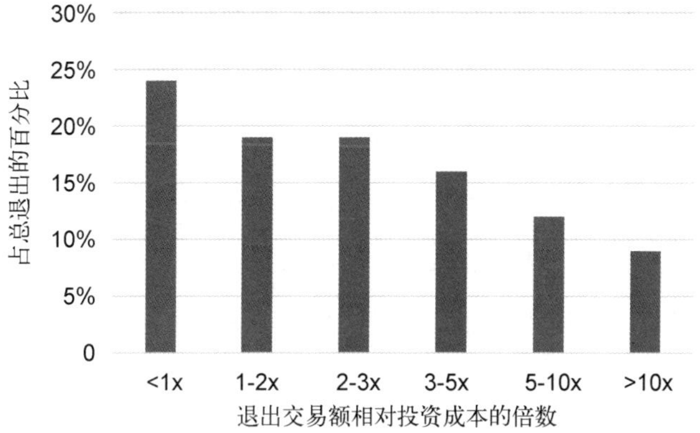

图4.5 风险投资交易的退出倍数（全球调查，2015）

来源：冈珀斯等（2016）

的资金。风投者主要依靠后者在整个基金层面获得金融收益。值得注意的是，这些数据样本取自那些由专业风投者投资的公司，风投者经过全面分析后才决定对其投资，他们当时对这些公司的未来回报是持乐观态度的。

资金配置的理念和投资多样性一样重要。风投经理希望将尽量多的资金投入到投资组合中业绩最好的公司，同时尽量减少对失败公司的投资——尽管这些公司不可避免地时不时冒出来。资金经理会通过这样的资金配置，在整个基金的层面上实现金融收益的最大化。“支持胜者”是风投经理的必杀技。[1]如果风投基金的多数资金能配置给明星公司，获得10倍的收益，基金将获得相当可观的收益。问题是如何在投资阶段就发现“胜者”？期权理论能给我们帮

[1] 一些研究就到底是风险投资基金选出了胜者还是创造了胜者展开了讨论。详见Baum and Silverman（2004）。

助——我们并不需要从一开始就发现所谓的胜者。事实上，经理最开始投资的公司是具备获胜的必备条件的公司，但产品或市场的高度不确定性会使经理在一开始无法对公司的未来完全确定。阶段投资将融资划分为几轮，在实现相应的里程碑目标时再予投资。在后续融资轮中再追加足够的投资，这样风投经理对表现不佳的公司投资的可能性降到最低，而为表现良好的公司配置更多的资金。阶段投资将在第8章中详细讨论。

4.2.3　第三阶段：监管、附加值、发展投资组合公司

风险投资基金中的价值创造有三个主要维度：公司选择、投资组合管理（正如前一节中所讨论的），以及为投资组合公司提供经营支持。最后这一点是决定风投基金能否成功的关键因素，特别是当风投基金投资的是种子期和早期阶段的公司时，因为初创公司存在较大的不确定性。创业者在功能领域（销售、经营、产品研发、融资等）做出重要决策时都会向投资者咨询意见。风投者的背景将影响其为投资组合公司提供支持的类型，为公司带来的附加值（无论是经营性的还是金融性的），以及风投者能接触到的人脉资源。此外，风投基金可以雇用专人为投资组合公司提供附加值。一些风投基金与风险合伙人合作，特别是成功的创业者或在初创公司的经营方面有丰富经验的人。他们在与投资组合公司短期的接触中为其提供专门的支持，依据为投资组合公司创造的附加值获得一定回报。其他风投基金建立了内部的增值平台，雇用有经营背景的全职雇员，以直接或组织投资组合公司和服务供应商（律师事务所、谷

歌提供搜索引擎市场建议、亚马逊提供云储存的建议等）会面的方式为这些公司提供支持。几个风投基金常常围绕最好的初创公司展开竞争，而它们吸引最好的初创公司的杀手锏就是为投资组合公司提供经营支持。

投资组合公司和投资者之间的交流以董事会会议的形式进行。主要投资者在公司会议中占有一席之地，并且拥有投票权。通过非正式的周会，投资者会选出初创公司需紧急决策的事项。投资者在董事会占有一席之地保障了他们在初创公司做出管理相关的重要决定时享有投票权，也因此对他们的投资进行保护。

4.2.4 第四阶段：退出（“爱不是永恒的”）

风投基金的最终目标是为投资者赢得丰厚的回报。因此，对所有风投者而言，关键时刻就是出售投资组合公司的时刻。退出的结果决定了基金的投资者是否满意，是否会在后续基金中继续支持该风投者。不管基金投资的是哪个阶段的公司，或者采用哪种战略，风投公司和投资组合公司的合作关系总有结束的一天。这与他们的商业模式和基金的结束日期密切相关。在最初的时间里，爱似乎是永恒的，但事实是此时投资者已经在考虑“离婚协议”的条款了。他们要的是可以获利的离婚！这一切都是以很有争议的“婚姻协议”，即“投资条款清单”（详见第8章）为支撑的，这与名人的婚前协议类似。好吧，情况也许没有那么糟。这可能是他们唯一可以为自己和投资者赚钱的方式，当然最终也为创业者赚钱。

退出对风险投资而言是非常重要的话题。如果公司成功，未来是否有退出的途径，以及交易规模会有多大已经成为风投者投资一家初创公司的重要衡量标准（关于退出，详见第11章）。为了确保风投基金能找到适当的机会退出，在投资组合公司的股东协议中，有两项条款对所有曾通过风投融资的创业者而言非常熟悉，那就是强制随售权（drag-along）和随售权（tag-along）。强制随售权条款规定，如果公司有被收购的机会，风投基金可以迫使公司其他投资者卖掉所持股份，因为收购者一般会想要收购100%的股权。换句话说，风投基金可以将其他投资者拖进出售流程。强制随售权条款会受到特定情况的影响（估值目标、投资期限等）。而随售权条款的目标是避免某个投资者（特别是公司创立者）将所持股份出售给某个收购者，而将风投基金排除在交易之外。也就是说，如果任何投资者将其持有的公司股份出售，风投基金须拥有将相同比例的股份一同售出的权力。话虽如此，无论股东协议中的法律条款如何规定，将公司售出一般都是在创业者和投资者协定的基础上进行的，因为管理团队的稳定性是出售流程的关键因素。“投资条款清单”的更多信息详见第8章。

现在我们将成功退出的主要方式简要描述如下：

- 首次公开募股。一般认为上市是初创公司的最好结局，因为这能实现退出价格的最大化。首次公开募股要求初创公司准备接受持续审查，提交上市前若干年有吸引力的财务报表。为了给首次公开募股做准备，很多初创公司会启动后期融资轮，以帮助他们改善财务状况，为应对股票市场的挑战调整组织形式。一般来说，风投基金不允许在首次公开募股中出售持有股份，需在6到12个月的等待期结束后才能出售。

- 交易售出。出于技术、团队或市场份额等战略利益的考虑，将一家投资组合公司出售给大公司是另一种使初创公司价值最大化的方式。交易售出流程一般由独立的并购公司主导。主导者会准备所有的文件资料、接洽可能的收购者以获得收益并启动拍卖流程。公司的估值将由收购者的战略利益、潜在的协同效应和收购过程中的竞争水平决定。如果初创公司之前已经和潜在收购者有过接触甚至进行过商业交易，那么成功收购的概率会趋向最大化。
- 二次发股集资（secondary sale）。二次发股集资是将初创公司中的股份出售给另一个金融投资者。以这种方式退出的理由是可以引入不同风险-回报目标、不同技能组合的金融投资者。例如：种子阶段风投基金可能擅于发现新兴技术、帮助创业者制造合适的产品、创建合适的团队，而私募股权基金可能更擅于帮助已有成熟产品的公司优化成本结构。两种基金类型的目标公司所处发展阶段不同。当投资组合公司日益成熟，风投基金将其股份出售给私募股权基金就不难理解了，因为这可以将成熟阶段的公司估值最大化，例如安佰深集团购买了金融投资者持有的西班牙房地产门户网站“理想”（Idealista）的股份。将公司（或公司股份）出售给其他金融投资者的另一个理由是基金即将结束，基金投资者想要清偿投资组合的头寸，那么出售可以为风投基金带来流动性。有专门从事二级交易的投资基金，为风投基金和初创公司创始人提供流动性。这些基金的特点是对投资基金的收益目标预期较低，但得益于持有时间较短，他们依然可以为投资者提供有吸引力的内部收益率数据。

- 股份回购（share buy-back）。创业者或初创公司的管理团队进行股份回购是另一种退出的场景。相比于风险投资，这种操作在私募股权基金中更为常见，因为一般来说创业者没有足够的资金按照市场价购买公司的股份（除非公司经营情况不好，股份低价卖出），他们需要向银行借钱才能完成股份购买。而银行只会把钱借给拥有稳定现金流以保障偿还贷款的创业者或管理团队。也就是说，银行更可能贷款给稳定市场中根基稳固的公司，而不是颠覆性产业中年轻的创新公司。
- 注销（write-off）。投资最可能的结果就是投资在初创公司的全部或大部分资金都血本无归。正如风险源（Venture Source）数据（Gompers et al.，2016）报道，平均46%的投资组合公司以失败告终。导致初创公司失败，以清算、注销收场的原因有很多。清算阶段，初创公司的资产（专利、域名等）可能出售给第三方，或者将整个初创公司以名义价格出售给另一家对团队及其专业知识感兴趣的公司。

4.3 谁站在风投基金和私募股权基金的身后？

众所周知，管理一家投资公司可不是份容易的工作。基金经理某种意义上也是创业者。他们从无到有建立公司，必须走向市场，以有限的经验筹集资金。听起来很耳熟？和初创公司一样，建立投资公司、募集基金可不是看起来那么简单。别以为基金经理（也即风投者或私募股权投资者）[1]没什么经验就建立了基金，基金投资者看重的恰恰是基金经理的经验，或者对风投者而言，投资的业绩记录很重要。很明显，投资经理的业绩记录越有限，建立基金的难度越大。另一方面，他们既往投资越成功，后续建立基金就越容易。我们将在下面的章节中了解业绩记录是如何发挥作用的。

风投者一般来说是经验丰富的投资者（而且很富有，他们必须在基金中投入一定比例的资金以确保自身利益和基金投资者利益一致），具有目标市场版块相关的专业经验，拥有广泛的人脉（以获得可以评估的交易项目流），具备金融、经营两方面的经验。除了管理大量资金、进行投资撤资以外，基金合伙人也希望能在董事会占有一席之地，或者至少履行顾问的功能。他们这样做不仅是为了监管公司在运用资金做些什么（更多关于监管的内容，详见第9章），也为了参与战略制定，帮助公司达成目标，进阶到下一个发展阶段，例如：新一轮融资、国际扩张、招募人才或退出。在私募股权和风险投资公司中，合伙人身边都有一个团队，能通过不同方法帮助投资组合公司增加附加值。不同公司操作的方式有所不同，直接投资者侵入性更强，但对投资组合公司的成功最有帮助。风投基金里，合伙人中有些是已经取得成功的创业者。他们有着从建立公司到退出公司的经验，这对他们投资其他相似创业公司是非常宝

[1] 本节中我们将其称为“风投者”，尽管基金经理也可能是指“私募股权投资者”，因为两者都要创立、管理一个基金。

贵的。创业者也希望其他创业者而不是前银行家和顾问投资他们的公司，不是吗？私募股权基金中，合伙人的构成也很多样化，但更多的还是高级顾问、投资银行家或离开大公司准备在股权行业一展身手的经理们。

4.4　基金是什么样子？法律架构

我们可以将风投基金或私募股权基金看作常规的公司，但其背后的架构更为复杂。因为他们的活动更为专业，要接受严厉的监管，基金架构中包括几个重要的部分以保证基金正常运行。图4.6显示了一般合伙人-有限合伙人的简易架构，这种架构在全球范围已经广泛应用了多年。多数基金按照这种理念运行，其架构可以如下图一样简单，也可更为复杂，这取决于公司管理基金的数量、公司活跃的地区或执行的活动类型。

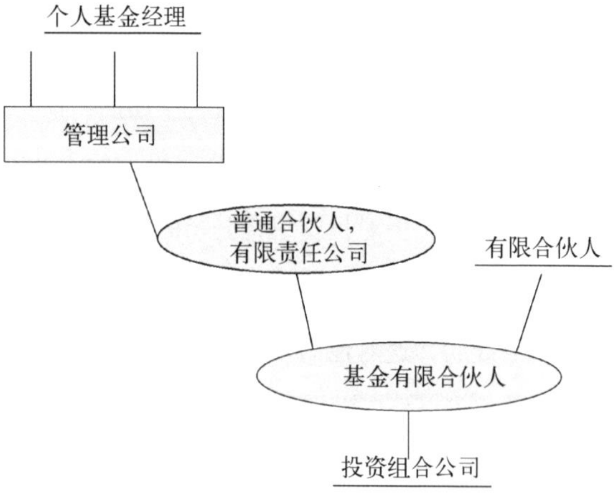

图4.6　风险投资基金架构图

该图有三个主要因素：

- 管理人：这里指管理公司，一般是创立公司的合伙人所拥有的，负责筹建基金。这也是架构中最明显的部分，从商业上讲是基金的招牌。鲍尔德顿资本（Balderton Capital）、索芬诺瓦（Sofinnova）和殷拓集团（EQT）都是知名管理人。
- 普通合伙人，有限责任公司：由管理人控制和管理，有限合伙关系，负责制定基金投资、撤资的决策。
- 基金有限合伙人：以投资为目标构建的有限合伙关系。有限合伙人（基金投资者）投入资金，由基金的团队管理。

多数情况下，基金只有一个管理人，但可以有多名普通合伙人。管理人的目标一般是建立多只基金，持续开展投资活动。基金可以一个接一个建立，或者如果条件允许也可以并行建立。理想的情况是前一个基金结束，后一个基金接上。当然只有当基金投资者对第一个基金的业绩满意时才会继续投资。

正如前面提到的，基金的生命周期长度有限。最标准的时间是10年，其中5年为投资期（来建立投资组合公司），余下5年管理投资组合公司、进行追加投资、退出公司。

4.5 基金经理和基金投资者如何赚钱?

和其他行业一样，理解价值链背后各方的商业模式和经济学是了解行业全貌、做出正确决策的关键因素。风投基金也不例外。

风投者是高素质的专业人才，收入颇丰。但是像风投或私募股权这样高风险的行业，一定有特殊的因素激励着他们与别人分享他们管理基金的成功业绩。例如，如果仅仅是投资了国王数字娱乐（king.com）和火箭网络（Rocket Internet）的风投基金投资者得到了丰厚的回报，而管理风投基金的合伙人却没有从业绩中受益，那显然是不公平的。

风投者（真正的“风投者”）一般有两个收入来源：管理费和附带权益。

管理费是管理人向基金投资者收取的费用，以支付基金投资团队的薪酬和其他相关费用，比如差旅费、房租或其他任何与商业活动相关的费用。一般来说，管理费在投资期内按照总承付款的一定比例计算，在投资期满之后按照净投入资本（向投资组合注入的积极投资的成本）的一定比例计算。这样安排的理由是投资期满之后，基金经理需要支持的投资组合公司数量减少，因此投入基金管理的资源也将减少。让我们来看一个具体的例子：

如果一个风投公司管理1亿欧元的基金，投资期每年收取2%的管理费，撤资期每年收取1.5%的净投入资本（两者都按照总承付款的一定比例简化计算），每年收取的管理费是多少?

管理公司在前5年每年收入200万欧元现金（1亿欧元 × 0.02），后5年每年收入150万欧元。

这意味着投资额不是1亿欧元，而是8 250万欧元，以免投资者不允许基金对退出获得的收益进行再投资。

管理费须按照有限合伙人和基金经理（也即风险投资人）的协议支付，在投资期一般占总承付款的1.5%—2.5%。在撤资期比例下降，理论上说这个时期因为实现了退出，基金中管理的投资组合公司数量减少，相应的工作和成本都有所降低。管理费的多少与专注的市场版块、基金规模和谱系相关。如果基金经理在前面一个基金结束后又发起了后续基金，那么之前的管理费和新基金的管理费会累计起来计算。

基金经理能拿到丰厚的薪资，有足够资金支付团队成员的报酬，可能还能在市中心有间漂亮的办公室。但即便这样，建立基金依然是非常困难的工作（基金投资者是很挑剔的），基金经理本身也在建立的基金中投入了可观的资金（一般占基金的1%—5%），他们一定还有其他的工作动机。事实上，在整个基金生命周期中一直激励投资团队的是附带权益（Carried interest）。这种酬劳按照基金回报的一定比例提取，投资者以此激励基金经理追求回报最大化。一般按照80 ∶ 20的比例分配，也就是说基金经理可以拿到基金回报的20%，有限合伙人拿走余下的80%。这种方式的妙处就在于基金经理只有在收益达到初始承付款加最低回报（即有限合伙人对投资的预期最低收益，一般是每年6%—8%）后才能拿到附带权益。因此如果基金运行良好，经理和投资团队拿到的不仅仅是丰厚的薪资。除了做个精明的投资者，他们需要做的就是等待收益达到承付款加最低回报，这种情况一般会在基金生命周期的最后——大概10年之后——出现。

实操：案例分析

空间返回（Space Returns）（第一部分）

梅里（Mery）、约翰（John）和米克尔（Mikel）是风险投资公司空间返回的创始人和管理合伙人。三人背景不同，梅里和约翰都曾是成功的创业者，卖掉自己的初创公司后进行天使投资，然后创立了基金。米克尔曾在美国最大的技术公司之一任高管，和梅里、约翰在几家公司中任天使投资人。他们合作很默契，决定建立自己的基金。

空间返回创立于2011年，在2012年他们建立了第一只基金，一笔5 000万欧元的资金，按照泛欧模式对早期阶段的技术初创公司投资。5年之后，他们第一笔基金的投资期告一段落，在此期间他们投资了20家公司，对其中一些追加了投资。有限合伙人很满意，投资组合公司前景很好，已经有一家公司被收购，获得了不错的收益。接下来5年，基金将继续对已投公司追加投资，然后退出公司。开始的计划是将初始票面金额的三分之一用于投资，三分之二预留进行追加投资，他们一直坚持执行这个计划。5年后，他们已经投资了65%的基金。

第一只基金的经济情况很标准，投资期每年支付2.5%管理费给基金经理，剩余的时间统一支付1.75%的管理费。基金经理如果能获得正收益且完成了6%的最低回报，将可以拿到20%的附带权益。

因为第一只基金不再投资新公司，空间返回联系了几个在第一只基金中合作过的投资人和几个新的投资人，计划建立第二只基金空间Ⅱ。空间Ⅱ会筹集8 000万欧元，与空间Ⅰ的战略和经济目标一致，但投资的票面价值更高，也将追加更多资源以支持投资组合中的“胜者”，直到退出这些公司。

问题讨论

1. 第一只基金的团队在投资期能收入多少管理费（按欧元计）？

2. 如果空间返回团队在第一只基金的投资期结束后能很快建立起第二只基金，那么2020年管理公司累计能拿到多少管理费？

3. 假设2022年空间 I 完全撤资，总收益为1亿欧元。团队能否获得附带权益？如果能，能拿到多少附带权益？

4.6 欧洲风险投资的趋势

按照投资欧洲（Invest Europe）[1]（即之前的欧洲风险投资协会，EVCA）发布的数据，2015年欧洲风险投资行业在新基金中筹集53亿欧元（与前一年同比增加了8%），在初创公司中投资38亿欧元（与前一年同比增加了6%），撤资后获得21亿欧元回报（与前一年同比增加了10%）。以上三个数据之间的关系是在某一年建立的基金，一般会进行为期5年的投资（基金投资期），投资期后5年，基金将进行撤资。

4.6.1 融资

通过图4.7中2007—2015年的历史融资数据，我们可以看到融资与经济周期有密切关联。2008—2010年，因全球金融危机集资规模有明显下降，但欧洲的融资活动在近几年已经稳步恢复。2015年总融资规模比2010年的历史低点跃升了66%，但仍比2007

[1] Invest Europe（2016）。

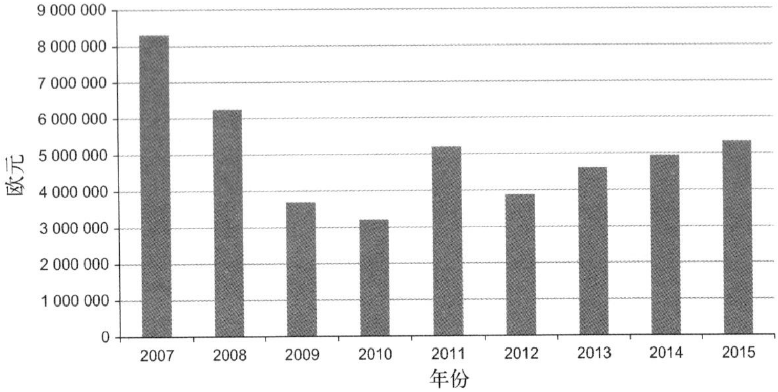

图4.7 欧洲风险投资基金融资规模

来源：投资欧洲（2016）

年的数据低36%。

通过对图4.8中2007—2015年风投基金投资者的详细分析，我们发现两个相关趋势：一方面，私营银行在风投基金中投资的金额在全球金融危机后急剧下降。私营银行2007年向风投基金投资6.79亿欧元，占融资总额的8.3%，但2015年仅投资4 300万欧元，占融资总额的0.8%（尽管三年平均值为1.01亿欧元，占融资总额的2%）。另一方面，风投基金融资的这一缺口很大程度上由政府机构进行填补：2007年公共机构向风投基金投入了6.46亿欧元，占总融资额的7.9%，2015年这一数值跃升到11亿欧元，占比提高到20.7%（三年平均值为13亿欧元，占比26%）。公共基金因此成为风投行业的中流砥柱。泛欧机构如欧洲投资基金和欧洲各国的地方机构（如英国商业银行、西班牙国家信贷局）都在风投行业的发展中起到了举足轻重的作用，并成了资产类别中最大的单一投资者。

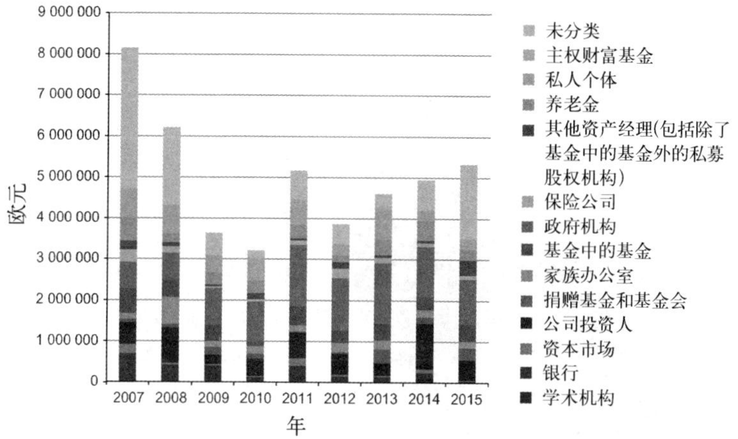

图4.8 欧洲风险投资基金中的投资者

来源：投资欧洲（2016）

4.6.2 投资

图4.9提供的数据清楚地显示了风投者偏爱的市场版块。2015年，风投者向欧洲通信、计算机以及消费类电子产品（都是信息通信技术的子版块）领域的初创公司的投资占总投资的41.1%，紧随其后的版块是生命科学，占总投资的22.4%。这与2007年投资者的版块偏爱并非完全不同，彼时信息通信技术占总投资的36.7%，生命科学占比24.8%。一个有意思的趋势是能源和环境（或清洁技术）的投资相对比重有所下降，从2007年的10%下降到2015年的5.9%。

风险投资根据版块能否达到风投资金模型要求的回报来选择投资目标版块。因此，计划在5到10年时间里从投资组合公司中获得10倍收益的风投基金，最青睐那些市场规模大、增长潜力高、拥有可扩展商业模式和能使资金使用最优化的版块。

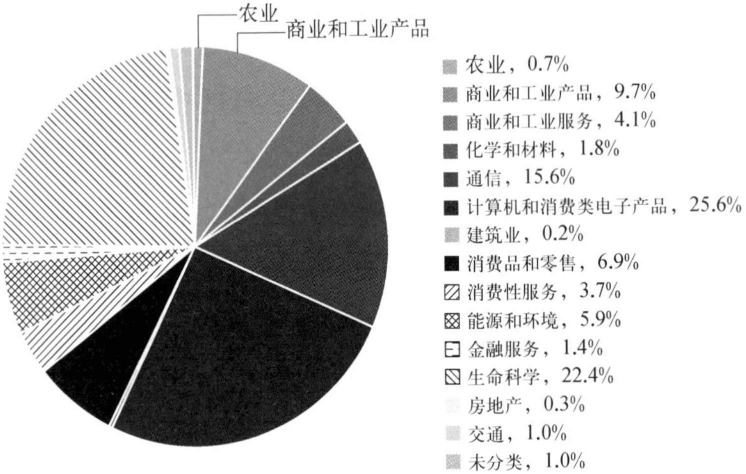

图4.9　风险投资基金市场版块占比（2015）

4.6.3　撤资

退出方式是风投者考量的重要方面，因为退出标志着风投生命周期的结束，决定了投资组合公司的金融回报。据投资欧洲的报道，2015年初创公司最可能实现的退出方式是交易售出（22.4%），紧随其后的是注销（21.9%）。备受追捧的首次公开募股（包括在首次公开募股中出售股份或是出售已经上市公司的股份）仅占总退出数量的7%。自2007年起，这些百分比没有明显的变化，尽管首次公开募股的退出方式可能在牛市中更受欢迎。这些数据说明，风险投资是高风险的生意，投资组合公司最终注销的不在少数。

4.6.4　全球环境中的欧洲风险投资活动

在比较各国或地区的风险投资活动时，一个被普遍认可的度量标准是将投资规模和代表经济体规模的国内生产总值（GDP）相比较。根据经济合作与发展组织（以下简称经合组织，OCED）[1]的报道，欧洲风投基金占国内生产总值的0.025%，各国之间差异巨大，如图4.10所示。

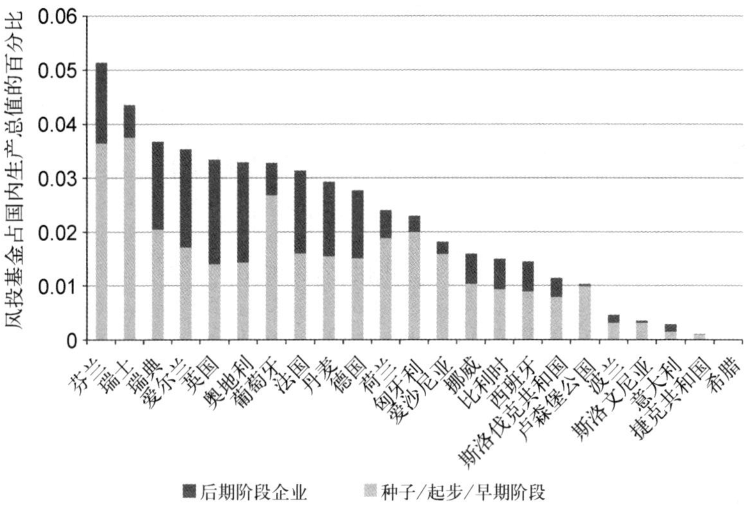

图4.10　风险投资基金占欧洲国家国内生产总值的比例

来源：经合组织（2015）

与风投生态系统最发达的美国和以色列相比，欧洲风险投资生态系统还有很大提升空间。据经合组织报道，美国2015年向初创公司投资597亿美元，占国内生产总值的0.4%，是欧洲占比的十多倍。同年，以色列向初创公司投资12亿美元，相对该国经济规模来说已经是很了不起的数字，占国内生产总值的0.35%。

[1] OCED（2015）。

4.6.5 定性趋势：光明的未来

尽管远远落后于美国和以色列，且近年来宏观经济环境不佳，但随着科技生态系统的发展，欧洲风险投资依然在最近几年取得了重大进展。对风投发展起到巩固作用的几个趋势值得注意。

- 专业投资者的出现。除了投资范围广泛的综合型风投基金，越来越多的风投基金在合伙人经营、创业经验的支持下，开始瞄准特定的产业。这种类型的基金包括芬兰的出海[（OpenOcean）社区驱动软件，软件即服务]和英国的概念资本[（Notion Capital），软件即服务]。
- 新团队的出现。现有风投团队的分拆团队、成功的创业者或经验丰富的天使投资人以新团队的形式出现。这些新鲜血液带来了新的投资理论、丰富的经营和金融经验，对风投的生态系统大有益处。这一波风投新浪潮包括蓝庭院[（Blue Yard）从早鸟风投（EarlyBird Ventures）分拆出来]、法国的达夫尼[（Daphni）从埃利亚风投（Elaia Ventures）分拆出来]和西班牙的萨迈帕塔[（Samaipata）由送餐创业公司红冰箱（La Nevera Roja）的共同创始人建立]。
- 周边枢纽的活动增加。建立初创公司成本降低（特别是在信息通信技术行业），加之欧洲人才聚集，带动了周边国家创新枢纽的蓬勃发展，在这些枢纽地区风投活动也日益增加。例如，里斯本的初创公司生态系统刚刚出现且生机勃勃，与伦敦和葡萄牙几个大有前途的初创公司一地（Uniplaces）、发发奇（Farfetch）、种子（Seedrs）共同创始人保持密切联系，因此登上了专业媒体的头版。

- 欧洲独角兽的崛起。独角兽是指估值达到10亿美元的初创公司。之前人们认为这样的企业只能在硅谷找到，但事实是最近欧洲也出现了越来越多的独角兽企业。根据阿托米可和雪泥[1]联合发布的数据，欧洲独角兽的数量已经从2005年的1个（Skype），增加到2016年的至少37个［户户送（Deliveroo）、团结（Unity）、麦姆卡司（Mimecast）2016年刚刚进入独角兽俱乐部］。这个数据说明只要能将雄心、发展资本和天赋有机结合，欧洲也能培养全球的技术领导者。

风险投资是个令人兴奋又极具挑战的行业。一方面是支持创新公司的美妙感受，另一方面是风投经理与投资组合公司日复一日的沟通，做出困难决定时的忐忑——因为投资组合公司中的大多数将会消失或者发展不及预期。但对投资者而言回报也是相当丰厚的。基金回报的异质性使风投基金对投资者更加挑剔，只有那些能为投资基金的投资者谋得极其丰厚回报的风险投资人才能在这个行业站稳脚跟。

尽管仍然落后于行业发达地区（美国和以色列），欧洲风投行业近年来已经取得了长足的进步。目前已有强烈的迹象表明欧洲的初创公司能够获得行业要求的回报，完成风投的良性循环，将更多的私人资金吸引到这个行业。

---

[1] Atomico and Slush（2016）。

要点总结

- 风险投资和私募股权是来源相似的股份融资，有一些共同的重要特征，区别在于投资的公司类型、行业版块和投资阶段。公司也越来越多地为战略初创公司提供股份融资。创业者需要了解股份融资提供者的不同目标以选择适合的融资方式。
- 股份投资者是短期投资者，他们在一定时间范围内退出所投公司以获得回报，多数情况下会将整家公司售出。依靠风投基金的创业者要做好出售自己公司的准备。
- 在风投和私募股权公司中，不同种类的专业人士具备丰富的经营和投资经验。他们也可被看作是创业者，因为他们需要建立公司，从其他投资者那里募集资金，这与创业者运行初创公司的方式是一样的。
- 风投基金的生命周期是：筹集资金，向投资组合公司投资，支持投资组合公司的发展，最终退出公司、将资金返还给投资者。股份基金的经济情况有两个重要因素：管理费和附带权益。
- 一个成功的风投战略不仅要考虑初创公司的个人选择，还需考虑投资组合公司间资金的分配以及后续追加资金。
- 支持投资组合公司要求风投公司具备经营的专业度——这种专业性可以通过内部团队或是外部的合作者取得。风投基金提供的经营性支持是在竞争交易中吸引最好的创业者的有力卖点。
- 投资组合公司最有可能的结局就是失败——能成功退出的只

是个案。整体来说，风险投资帮助投资组合公司应对困难的情况，总会有实现成功退出的机会。

- 相比于美国和以色列领先的风投生态系统，欧洲风险投资占欧洲国内生产总值的比例要低一个数量级。虽然落后于发达市场，受到较强的公共干预，且2008年全球金融危机后这种干预更为严重，欧洲风险投资依然在稳步前进。

本章提问

1. 风险投资和私募股权的主要差异是什么?

2. 基金存续的时间长度一般是多久?

3. 基金收取的管理费比例范围一般是多大? 附带权益的比例范围是多大?

4. 如果基金经理实现了1亿欧元投资的2.5倍回报，那么他一般能拿到多少附带权益?

5. 如何降低公司中有公司投资者的风险?

6. 在出售你的公司时，股权投资者可寻求的退出类型有哪些?

7. 风投基金的投资组合多样化为何如此重要?

8. 根据欧洲投资基金提供的关于退出的数据，在投资组合公司中，你最少应持有的公司数量是多少?

9. 解释“支持胜者”这一概念。

10. 2008年9月雷曼兄弟宣布破产之后两周，如果给你机会投资风投基金，你会做出什么决定? 为什么?

延伸阅读

Metrick, A. (2007). *Venture Capital and the Finance of Innovation.* Wiley.

Gompers, P. and Lerner, J. (2004). *The Venture Capital Cycle.* The MIT Press.

Meyer, T. and Mathonet, P.-Y. (2005). *Beyond the J Curve: Managing a Portfolio of Venture Capital and Private Equity Funds.* Wiley.

参考文献

Atomico and Slush (2016). The State of European Tech 2016 Edition. www.atomico.com

Baum, J. A. and Silverman, B. S. (2004). Picking winners or building them? Alliance, intellectual, and human capital as selection criteria in venture financing and performance of biotechnology startups. *Journal of Business Venturing*, 19(3), 411–436.

Cambridge Associates (2017). Global ex US PE/VC Benchmark Commentary Q3 2017. www.cambridgeassociates.com

J. Cassidy (2003) *Dot.con: How America Lost its Mind and Money in the Internet Era.* Harper Perennial.

Chesbrough, H. W. (2006). *Open Innovation: The New Imperative for Creating and Profiting from Technology.* Harvard Business Press.

Chesbrough, H. and Crowther, A. K. (2006). Beyond high tech: early adopters of open innovation in other industries. *R&D Management*,

36(3), 229–236.

Elton, E. J., Gruber, M. J., Brown, S. J. and Goetzmann, W. N. (2009). *Modern Portfolio Theory and Investment Analysis*. John Wiley & Sons.

European Investment Fund (2017). *The European venture capital landscape: an EIF perspective.* Volume III: Liquidity events and returns of EIF-backed VC investments. www.eif.org

Invest Europe (2016). 2015 European Private Equity Activity. www.investeurope.eu

Markowitz, H. M. (1991). Foundations of portfolio theory. *Journal of Finance*, 46(2), 469–477.

OECD (2015). Entrepreneurship at a Glance 2015. www.oecd-ilibrary.org

Sharpe, W. F. (1964). Capital asset prices: A theory of market equilibrium under conditions of risk. *Journal of Finance*, 19(3), 425–442.

Vanhaverbeke, W., Van de Vrande, V. and Chesbrough, H. (2008). Understanding the advantages of open innovation practices in corporate venturing in terms of real options. *Creativity and Innovation Management*, 17(4), 251–258.

实操：案例分析

空间返回（第二部分）

梅里、约翰和米克尔创立的风投公司空间返回，正在准备新基金“路演”的幻灯片演示。他们的融资目标是6 000万欧元，略高于第一个基金的规模。融资是个旷日持久的工作，合伙人联系了一个“外部顾问”（也就是正在阅读此书的你）帮助合伙人准备部分演示。合伙人希望你能在两种投资组合模式下模拟未来退出的情况。

1. 第一种投资组合战略是向20家种子期的投资组合公司投资同等数额的资金，以保障投资的多样性。不为追加投资预留资金。

2. 第二种战略在预留追加投资方面较为保守。只有三分之一的基金投资到20家公司的初始种子轮融资中。剩余的三分之二分配给追加投资轮（A轮）。如图4.11所示，不是所有的种子投资都会进展到A轮。

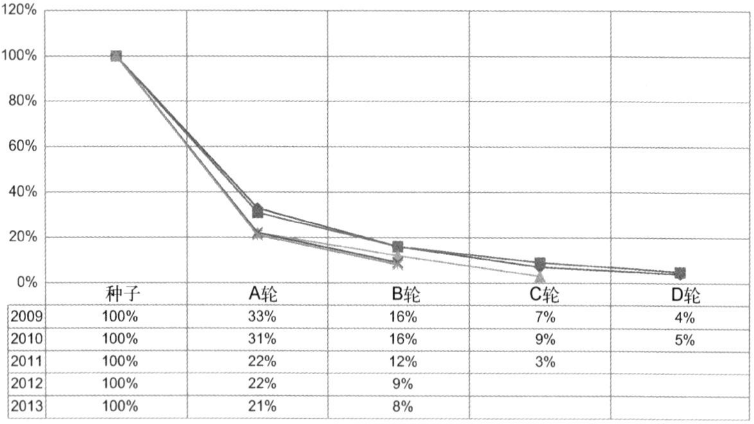

	种子	A轮	B轮	C轮	D轮
2009	100%	33%	16%	7%	4%
2010	100%	31%	16%	9%	5%
2011	100%	22%	12%	3%	
2012	100%	22%	9%		
2013	100%	21%	8%		

—◆— 2009　—■— 2010　—▲— 2011　—✕— 2012　—✳— 2013

图4.11　欧洲初创公司毕业率

来源：Atomico and Slush, The State of European Tech (2016)

问题讨论

对于投资组合模式你有什么建议？你需要一系列假设来简化计算：

1. 所有来自有限合伙人的承诺资本将投入投资组合公司中。

2. 投资组合公司的退出倍数如图4.5所示。

3. 没有进展到A轮融资的种子公司最后获得了较低的退出倍数。

4. 初始投资在投资期中期（第3年）平均配置给投资组合公司。如果有追加投资，在投资期结束（第6年）进行，在第10年实现退出。

请按以下三步组织答案：

- 计算预期基金收益的绝对值，该值是承诺资本的多少倍？
- 计算预期内部收益率。
- 其他资产类别如果应用这两种战略，请比较其预期收益与风险投资的预期收益。

第二部分

融资程序

第5章

项目寻找和筛选

迪特马尔·格里尼克（Dietmar Grichnik）

圣加仑大学（University of St. Gallen）

托本·安特雷特（Torben Antretter）

圣加仑大学

亚历山大·施特克尔（Alexander Stoeckel）

btov 风险投资公司合作伙伴（btov Partners AG）

对想要选择合适机会的投资者来说，他们面临的挑战很多。可以通过尽职调查了解合适的投资金额，看清楚投资条款清单上的注意事项，了解公司价值评估上的细微差别、投资组合谨慎管理的重要性，以及支持新创公司（从建立到出售）的各种方式。然而，绝大多数风投者（VCs）都会认为投资组合最终绩效至少有 70% 由以下两方面决定：

- 投资者是否有找到最佳投资机会的途径（项目寻找）？
- 投资者是否能选择最佳投资对象（项目筛选）？

逻辑很简单——无论你多么认真地去做尽职调查或投资组合策划，但如果一开始程序上有纰漏的话，你付出多少努力也无法获得良好的投资回报。没有把好选择这一关的话，你可能会损失大量资金。如果在尽职调查中发现锁定的对象不是真正理想的对象，你会损失一部分资金；但是，如果在投资后才发现投资组合公司难获成功，那么损失的资金就多了。因此，项目寻找和项目筛选的环节相当重要。现在，开始本章学习吧！

媒体视角

英国《金融时报》

如何让着装助你开启创业第一步

着装应该讲究还是随意？来自投资人和创业者的小提示

雅尼娜·康博耶（Janina Conboye） 2017年8月2日

创业者在为新创企业寻找投资者时，应该如何着装？这看似一个小问题，但是专家和过来人都认为着装很重要，否则一不小心就踩入“雷区”了。创业者们对着装问题不好把握：他们必须给那些愿意给公司提供资金的人一个好印象，但同时还得通过着装反映自己的品位和看法。一般认为，关键是要了解交谈的对象，西装并非总适用于这种场合。几位重要的风投者和一些创业者提出了他们的最佳方案。风投者苏兰加·钱德拉提雷克（Suranga Chandratillake）是伦敦巴尔德顿风险投资公司（Balderton Capital）的普通合伙人，他认为如何呈现自己很重要。“标准不高，但是穿短裤肯定不行，”他说，“每周都有那种场合，我见到的人有穿T恤的，也有穿西装的，但穿西装打领带的比较少见。”会见风投者和参加面试不同。“你被银行面试时，银行的面试官会对你在客户面前的形象作一番评价，”钱德拉提雷克先生说，但是风投者很少考虑这个。“（创业者）在创建一个公司时，他想穿睡衣都可以。”但他认为，如果某人的穿着出乎意料，可能会传递错误信息。

他曾见过一个创建游戏公司的人穿了一件小两号的西服——“他显然不舒服”。但有的人却走另一个极端。有位女士穿的是连帽运动衫，就是脸书创始人马克·扎克伯格穿的那种，而且她还一直扯着帽绳玩。“一开始，我以为她很紧张，但后来发现不是，她只是不习惯穿连帽运动衫”……“如果去见客户你会怎么着装?”他接着说，“如果你创建的是一个虚拟现实游戏公司，或许可穿件有公司标识的正式一点儿的T恤。如果你销售的是软件产品，不想穿西装的话，可以穿休闲外套。”但强迫自己套用风险投资人的着装方式也不对……“一个开发游戏的年轻人穿西装，让人看起来觉得不可信任，”雷谢尔先生（Mr. Reichert）说，“一个老家伙穿T恤衫牛仔裤也让人看起来难受。”……“在我们面前出现的创业者一般都是策划者出身……他们说的话比他们穿的衣服重要得多，”但他也反对穿衣风格过于极端，“不要一上来就让人觉得你是去沙滩度假，或穿得像模特”，“你转身离开后想要我们谈论的应该不是你的穿着，而是你的产品、团队、技术、创业计划。”……

www.ft.com/content/6c14dd88-04ea-11e7-aceo-1ceo2efodef9#o-header-search-primary

学习目标

阅读完本章，你将能够：

- 理解委托–代理问题及其对风险投资决定的影响；
- 理解风投者如何生成交易流程；
- 认识投资策划对整个项目寻找和筛选过程的重要性；
- 认识心理偏见对筛选决策的影响；
- 理解风投者如何了解与项目寻找和筛选过程相关的问题。

本章导读

本章将回顾委托–代理理论，解释该理论如何影响风投者在项目寻找和筛选时所做的决定；接下来讲述投资者如何根据新创公司与投资策划的契合度，根据创业者提供的信息，对新创公司进行评价。由于对新创公司的投资——尤其是早期投资——有许多不确定性，投资者需要找寻缓解风险的途径。因此，当专业投资者探索各种方法以平衡决策过程中的理性与情感因素时，创业者需予以理解。

关于协谈双方的机会主义和超乐观主义行为如何影响创业者和投资者的关系，前文已做铺叙。本章将重点关注的是风投者如何评价投资机会。

5.1 委托–代理问题回顾

不论是在日常生活中还是在商业场合，我们经常见到委托–代理关系。当某人或某实体（代理方）代表或影响他人或其他实体（委托方）做决定时就发生了委托–代理关系。如果两个实体的兴趣不同，获得的信息不对称，关系就会出现问题；委托方会怀疑代理方的行动没有代表自己的利益，或者认为代理方玩弄机会主义。以一位法律客户（委托方）聘请一位律师（代理方）为例，客户可能会猜测为什么律师介绍的程序这么繁琐？这是出于必需，还是因为这样会在合同上增加律师的佣金？

同样的情景也发生在风险投资场合。风投者（委托方）向新创公司投资——就像法律客户支付给律师佣金——希望创业者（代理方）代表委托方的最大利益，产生资金回报。但这种关系中，创业者知道其行动将影响他和投资者双方的利益，因此他的行动往往是权衡一系列方案后选择的结果。

5.1.1 不对称信息

信息不对称指的是一方比另一方拥有更多或更有利的信息。关于信息不对称，常见的例子是二手车市场或“柠檬市场”的例子。[1]卖方比买方知道更多关于二手车质量的信息。如果卖方出售的车质量很好的话——阿克洛夫（Akerlof）称这样的卖方为“桃子”[2]——他会热情地向买方介绍车的质量，但这样做却不一定有效。只是证明这车有多好没用，因为所有卖方一般都是这一套说辞。

在风险投资领域，大多数新创公司都没有跟踪记录，无法提供“质量信息”。[3]因此，创业者可能为了赢得投资而做出乐观估计或隐瞒负面信息。而且，创业者最了解自己的个人能力，此处不妨称为“隐匿性格”。一旦签订合同，双方行为可能违背初衷。这种不确定性常被称为“隐匿行为”。这样的问题也被称为“道德风险”。风险投资中信息不对称的不同要素如图5.1所示。

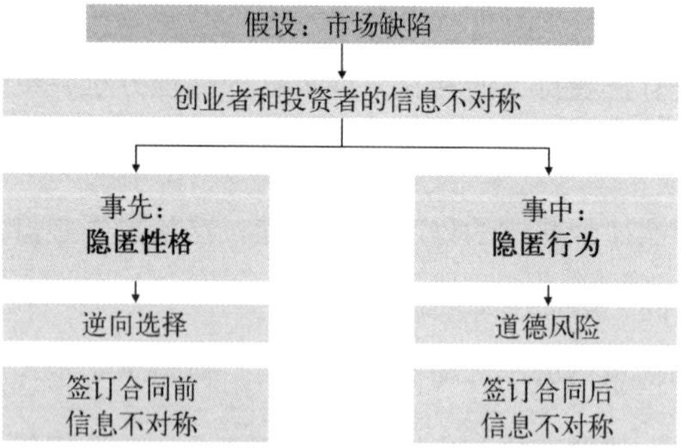

图5.1 投资者-创业者关系中的代理问题

[1] 关于该话题的更多信息请查阅参考文献Akerlof（1970）。

[2] “桃子”在英文中意为“受人喜欢的人”。（译者注）

[3] 相关讨论请见第7章。

这种情况下，风投者很难判断投资机会是否真的具有吸引力。另一方面，缺乏跟踪信息或信息不完善也给创业者提出了挑战。例如，一个初创公司通常不知道为何这些潜在投资者对自己的公司感兴趣。或许他们已经和一个类似公司——甚至是竞争对手——合作了，接近这个初创公司只是来制造干扰，不让它进入市场。这种双方封锁信息的状态使创业者和投资者的关系从代理角度变得更为复杂。

在真实情形下，信息不对称还只反映了问题的一半。如果创业者和投资者双方都有歪曲已知信息的动机，结果双方都担心被对方利用，就会不愿忠实于对方。合同签订前的信息不对称和信息歪曲造成的后果是逆向选择。

5.1.2 逆向选择

逆向选择描述的是信息不对称所导致的市场失灵。这种结果谁也不愿看到。它导致市场效率降低，最终迫使好的目标对象退出市场（Akerlof, 1970）。例如，假设有两组人被健康保险公司视为目标客户。一组全是爱吸烟、不运动的人（保险费200欧元）；另一组的人饮食健康、不吸烟、经常锻炼（保险费100欧元）。很显然，那些生活方式不健康的人平均患病率更高，因而会给保险公司造成经济负担。但是，保险公司却很难辨识这两组人。

通常，保险公司会让客户填问卷表说明这些特点。但吸烟的人知道如实回答会让保险费提高，因此他会撒谎说他不吸烟，而且经常运动。这样的情况经常发生，于是保险公司就把保险价格定在150欧元。结果，健康人群就不愿意以这样的价格购买保险了，他们决定以后自己支付费用。这种市场参与者的不诚实行为导致了逆向选择，即对双方而言都不是“帕累托最优”（pareto-optimal）的结果。

同样，在风险投资的情境下，创业者一方也有可能对自己的能力进行歪曲呈现。换句话说，投资者缺乏足够的信息去有效评价创新团队的特点。例如，创业者可能会乐观地夸大自身优势，夸大自己公司将获得良好价值的可能性。除此之外，他们可能自以为是地认为自己对其领域和技术完全了解，实则未必。从以上例子中我们可以看到，信息不对称本身并不会导致逆向选择。委托方或者代理方的机会主义或超乐观主义行为才会导致这样的问题发生。

5.1.3 机会主义和超乐观主义行为

机会主义描述的是一方掌握的信息强于另一方，且有意不让对方得到信息或积极歪曲事实，从而为自己谋取更大利益。投资活动中，如上所述的机会主义是危及双方的。一方面，创业者可能抬高数字，即我们说的“事实的延伸版”。另一方面，风投者和初创企业合作可能只是为了自己的，或更积极一点，为了投资组合的好处。

机会主义指的是代理能够操作的行为（如：报告指标），而超乐观主义（又称为“过度自信”）描述的是对潜在优良结果可能性的误判，这种结果不在代理的可控范围之内。[1]一个例子是对未来市场的过高估计。机会主义和超乐观主义是两个不同概念，但有时

---

[1] Landier and Thesmar（2009）。

也一起出现。要注意的是，这两种主义最后会导致同样的后果：将委托–代理关系变成委托–代理难题。

既然风险投资中的信息不对称（伴随的是机会主义和超乐观主义）会导致这些后果，我们应该思考的是，创业者和投资者双方如何采取措施以缓解委托–代理问题。

5.2 委托–代理问题的解决方法：签订合同前

通过信号暗示和自我选择的方法，我们甚至可以在做投资决定之前降低委托–代理问题引发的风险。

5.2.1 信号暗示（创业者）

为了引发投资者的兴趣，显示投资机会的潜在优势，创业者经常对自己公司的未来发展大放溢美之词。因此，大多数初创公司对投资者进行推介时，通常至少有一张幻灯片上显示“曲棍球棒式增长表”，这就是公司具有（假定的）卓越发展前景的信号。这些预测通常成本高昂，对投资者而言甚至无法证实，因此很难建立信任。但在有些场合中，创业者可能提供一些有竞争力的敏感信息（如客户合同），让投资者看到后自己做决定。但这种做法有一定风险，万一被风投者利用了呢！但在另一些场合，提供保密信息是不行的。创业者在不提供相关资料的前提下，如何才能让投资者相信用于情感识别的软件技术会以出人意料的速度快速发展？这种场合面临的挑战是，既要让对方相信，又得保护自己的信息价值。

这种情况下，创业者可以采取信号暗示。信号暗示是以让人信任的方式展示信息，但规避了对某些事实进行揭露的要求。有时，创业者提出一个交易结构本身就释放了信号。想象一下，如果有一个风险投资者不相信市场预期的可靠性，那么创业者可以提议签署一个合同，将自己的收益与特定的增长目标挂钩，创业者通过对市场的预期传达了对市场充满信心的积极信号。其他信号可能包括个人投资数目、行业经验或行业教育。[1]例如，如果创业者个人投了大量资金，这就给投资者提供了积极信息：这个创业者是在“玩真的了”！因此，信号暗示是创业者解决逆向选择的一条实用途径，如图5.2所示。

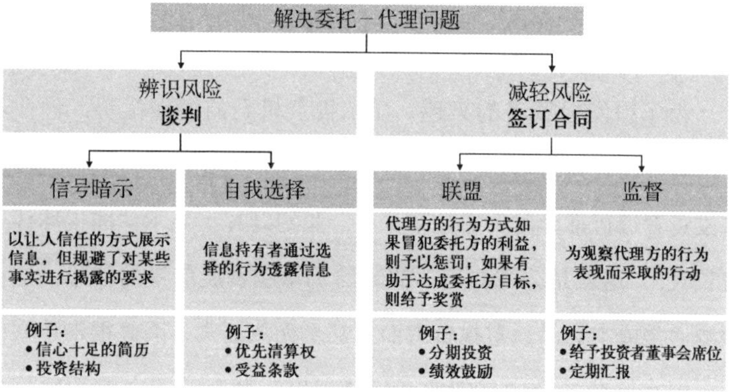

图5.2　委托–代理问题的解决方法

5.2.2　自我选择（投资者）

自我选择类似于信号暗示，但不同于上述以发送信号暗示的方式避免信息暴露的做法。此种情况中，缺乏对方信息的投资者会给

[1] Busenitz *et al.*（2005）。

对方一些方案供其选择。例如，风投者可以给创业者提供几份不同的合同建议书。[1]那些对自身发展没把握的初创公司会倾向于选择降低个人风险暴露的融资方案。期望值低的初创公司也可能青睐于那些将投资者的优先清算权最小化的条款。结果导致选择的模棱两可，这就解释了为何交易结构通常需要创业者冒着（自我选择）成功或失败的双重风险。

因此，信号暗示和自我选择的不同在于行动者的身份。如果创业者提供客户暗示，这可被看作"信号暗示"；但是，如果风投者（信息缺乏的一方）提议交易结构（如：以优先清算权的形式），那么投资者很有可能会根据创业者对初创公司的信心（自我选择）对其进行筛选。第8章将谈到交易结构。

在项目寻找过程中，不论是做决定的过程中还是决定做成后，都要考虑创业者和投资者之间的关系。

专家之声：皮耶特·德容（Pieter de Jong，荷兰）、特雅达·莫勒纳（Tjarda Molenaar，荷兰）

2004年皮耶特·德容加入3i公司，成为公司合伙人、3i公司比荷卢三国总经理。公司总部在阿姆斯特丹。他曾参与以下公司的收购和发展项目投资：雷夫雷斯科饮料瓶装公司（Refresco）、艾科迅公司（Action）、塔其图恩斯公司（TouchTunes）、贝斯克菲特

[1] 详见第8章"投资条款清单"的相关讨论。

公司（Basic-Fit）、维勒（Weener）塑料包装公司和兰普恩维尔特（Lampenwelt）灯具照明公司。

特雅达·莫勒纳自2002年以来担任荷兰私募股权投资与风险投资协会（NVP）总经理。NVP是一个行业机构，在荷兰宣传推广私募股权投资。此前，特雅达曾担任荷兰中端市场私募股权投资公司吉尔德公司（Gilde）的投资顾问，以及A. T. 奇尔尼公司（A. T. Kearney）的顾问经理。

你对寻求股权投资的创业者有何建议?

我们对创业者的建议是：寻找一位能成为真正合作伙伴的投资者。与（潜在）投资者建立良好关系，表明你的抱负和创业动力，坦诚说明你的创业计划中的优势和劣势。不要隐藏或推迟告诉对方你的创业障碍，做好调整计划的准备。投资者不仅提供资金，也会带来大量经验和业务知识。问问你自己，在见投资者之前你是否准备好了自己的观点和说法。

同时，做好（潜在）投资者的尽职调查：他/她是否真的与你、你们的公司、你们的计划契合？可以通过网络调查清楚，也可与他们投资过的公司谈一谈，最好是已经出售的公司。投资者是否具有行业知识？是否在业务伙伴、银行、高层管理中有你想找寻的人际网？

5.3 委托–代理问题的解决方法：签订合同后

做完投资决定后，委托–代理的问题可能依旧无处不在。这时，可采用各种方法协调委托方和代理方的利益，减少机会主义或超乐观主义行为影响下由信息不对称产生的不良后果。本节介绍两个概念：联盟和监督。

5.3.1 联盟（创业者）

联盟指的是，如果代理方行为方式违背委托方的利益（道德风险），则予以处罚；如果其行为方式有助于达成委托方目标，则给予奖励。风险投资时，联盟通常在金融合同里体现。一个例子是投资项目的分期。[1]分期投资指不在首期投资时提供全部投资金额，而只投出一部分商定资金。余款在接下来的时间段，根据双方商定，在投资组合公司设定的重要时间点投入。创业者同意这样的联盟，则表明他们将会为了投资者的利益而行动。

5.3.2 监督（投资者）

为减少信息不对称，委托方采取的一种方法是“监督”。监督（如第9章所解释的）是为观察代理方的行为和表现而采取的行动。风投者采用的传统监督方式包括掌握投票权、董事会席位或广泛听取报告等等，对创业者的行为选择进行限制。

大多数的风投者都按照计划好的项目寻找和筛选程序来处理委托-代理问题。

---

[1] 相关解释详见第8章，表8.1。

5.4 理解风投者生成投资机会的方式

创造高质量的交易项目流对风投公司的成功至关重要。因为投资和监督程序很费时，风投者只能从有待考虑的众多交易中选出小部分进行投资。许多公司让投资者亏损，还有些公司创造的收益并不多。一位投资者在描述风险投资的风险时说道："如果我向20个公司投资，其中19个破产了，我失败了吗？这得看第20个公司怎样。"[1]

如果一只基金能用一次成功替换掉投资组合中的一个亏损公司，那么总体业绩将大为提升。因此，搜寻最好的项目并恰当地评估，对风投者来说至关重要。但投资者怎样才能得到传说中的独角兽？通常，寻找项目的过程始于风投者收到的一封关于某公司寻求投资的简短电子邮件。这些邮件可能来自多个渠道，比如：

- 以前被该风投公司资助过的创业者，他/她正在创建一个新公司或将投资人推荐给其他人；
- 某现有投资组合公司的创始人，他/她知晓了某个令人兴奋的投资机会；
- 风投成员的朋友介绍的创始人；
- 某专业人士，比如曾和风投公司或者和其他新创公司有过业务往来的律师；
- 支持新创公司的机构，比如加速器；
- 在公司早期阶段曾投资过的其他投资者，如天使投资人或前

[1] Hoyt *et al.*（2012：2）。

种子阶段风投者；

- 从未和风投公司打过交道的新创公司或创业者。

并非所有联系到风投者的创业者都是毛遂自荐的。潜在的投资机会也有可能由投资者主动出击取得。风投者不断尝试着与有吸引力的人建立联系。他们与感兴趣领域的主管建立工作关系，会见教授和其他公司领导，参加各种会议或贸易展。他们也参加大学活动，与杰出的毕业生建立联系以拓展与未来创业者的关系。这些关系网可能有助于发掘投资理念，促进交易流的增长。[1]

一旦签订完合同，风投者的任务就是区分高潜力的新创公司（“桃子”）和“柠檬”。

5.5 投资策略

在努力筛选出一个潜在的投资机会之前，风投者应该注意其投资策略。[2]这将决定什么样的投资是基金普遍感兴趣的投资。每种策略都有定性分析和定量分析的成分，如图5.3所示。

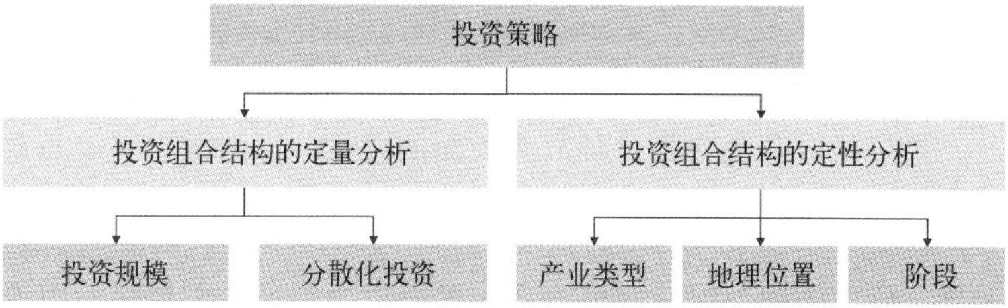

图5.3 投资策略

[1] Hoyt *et al.*（2012）。

[2] 相关解释详见第4章。

5.5.1 定量分析成分

投资规模

大多数风投者都有自己中意的投资规模，这是由基金总量、被期待的投资金额和未来融资前景决定的。单笔平均投资额应当与投入项目筹备和项目监管的精力相匹配，而且应当一定程度上保障获得应得的回报。除了个人的投资规模，风投者也会寻求一定数目的投资组合公司。例如，如果一只基金有5位普通合伙人（GPs），它可能想在4年内给25—30个不同公司投资。5年后，风投者又建立了一笔基金。如果第一笔基金总额是1亿欧元，公司将给每个公司平均投资300万—400万欧元（包括后续投资）。因此，需要150万欧元投资额的初创公司将是个好的投资选择。但是，如果一个公司只需要20万欧元投资额，而且所需的后续资金有限，那么该公司就不符合这个条件。同样地，如果一个公司需要1 000万欧元投资额的话，将给投资者的资金带来太大压力，所以也得被筛除。[1]

分散化

投资组合分散化是一种广为人知的方式，目的在于减少非系统风险——投资某个初创公司带来的风险——以此来控制不定性。但是，研究表明，保持高度专业化可能也会造成控制风险，因为这意味着需要在某个特定领域建立强大的工作网、专业知识和高

[1] 需注意的是，大多数多轮风险投资都是联合投资。换句话说，有多个投资者。

质量的交易流。[1]因此，多大程度上让投资组合分散化，投资者需慎重决定。

5.5.2　定性分析成分

产业

实际上，大多数风投公司会集中关注某些特定产业。他们通常会聘请在各部门领域有经验且有兴趣的专家合伙人。例如，总部在慕尼黑的霍尔兹布林克风投公司（Holtzbrinck）声称，其关注点在于“消费者网络及其业务引擎”产业块。[2]霍尔兹布林克风投公司的大多数普通合伙人在成为投资者之前都曾参与信息通信技术（ICT）公司的创建，或在该类公司工作过，积累了大量经验。

发展阶段

高增长的初创公司在其发展的不同阶段都有资金需求。在发展的每个阶段，不确定性逐步降低——在大多数情况下——需求的资金量增加。一些风投者在公司的种子阶段或初创阶段投资，其投资策略包括：在首轮投资中投入资金相对较少，随着公司发展，投资者在后续多轮投资中仍有机会参与投资。还有些投资者可能会等公司发展到一定程度才进行首次投资。

---

[1]　Bygrave（1988）；Matusik and Fitza（2012）。

[2]　该信息来自霍尔兹布林克风投公司网站，www.holtzbrinck-ventures.com（登录日期：2017年6月23日）。

地理位置

风投者的主要任务之一是给他们的投资组合公司提供管理经验支持。如果是本地公司，这种支持操作起来会比较轻松、高效。因此，大多数欧洲风投公司都把关注点放在欧洲的初创公司上。比如，伦敦就是欧洲风投公司关注的热点之一。[1]伦敦的初创公司更有机会获得广泛的技术知识、人才和资金来源。这种优势让风投者们可以为本地产业技术构建精深专家库。在给伦敦的初创公司投资时，当地的风投者来公司见面很方便，利用他们搭建的人际关系网和各方支持，能为投资组合公司带来好处。因此，在其他条件同等的情况下，伦敦的风投者更倾向于选择英国的公司而不是罗马的公司进行投资。

如果投资机会符合一般投资准则，下一步就是调查初创公司是否具有成为成功企业的能力。大多数风投公司都按照计划好的筛选程序来开展下一步的分析，以做出可靠决定。

实操：案例分析

btov风险投资公司项目筛选过程

btov Partners AG是一家风险投资公司，也是瑞士天使投资网成员。公司成立于2000年，在圣加仑大学、柏林和卢森堡都设有

[1] Florida and King（2016）。

办公点。公司现有员工23人，其中19人是专业投资人士。[1]btov拥有大约3亿欧元资产管理权，以及大约100个活跃的投资组合公司。截至2017年初，公司成功筹集三大权益基金，为三家大公司和家族办公室管理合伙人基金。[2]公司每年审查3 000多家初创公司的投资申请，年均投资15—25家公司，该数字不包括后续对现有投资组合公司的投资。

首先，最重要的是，btov的风险投资是关于人的投资。正如苹果公司和英特尔公司的早期投资者亚瑟·罗克所说："好的点子和好的产品不值钱。好的执行和管理——总之，好的人才——才是无价之宝。"[3]这句名言适用于初创公司，也适用于风投者及其投资团队。既然早期投资者在给没有或少有跟踪记录的公司提供资金时，无法获取可靠的绩效数据，那么，做投资决定时就得考虑到很多"主观因素"。这就意味着智力、分析技巧、人格，有时甚至包括做投资计划筛选的分析师的个人情绪，都会在选择过程中起关键作用。因此，职业从事风投的人需具备以下能力：

- 系统分析公司创业理念的能力，不错过对初创公司任何一个与项目相关的强项或弱项的分析；
- 结合产业领域的专门知识、技术感悟和创业者的天分，理解

[1] 投资专业人士有三大职责：（1）引领btov公司的投资活动，包括组织、筛选、尽职调查、投资条款清单协商，还有对现有投资组合公司进行监管并提供支持；（2）管理btov公司的私人投资网络；（3）管理和控制所有投资活动，包括汇报活动。

[2] 这些权益基金的理念来自btov公司，并由其筹集和管理。合伙人基金的管理需要密切协同各公司或有较高资本净值的个人。

[3] Sahlman *et al.*（1999：351）。

创业理念的可行性和潜力；

- 分析过程中暂不考虑个人性格和品行特点，不因为个人原因接受或拒绝项目申请。

btov风投公司按照图5.4所示的筛选理念，对呈交给公司的、在公司投资策略（大体）范围之内的项目进行筛选。[1]分析师检查每个标题（打勾标记），而且结合其他因素对各个方面进行交叉检查。比方说，如果某产品不能让客户简便使用，而需要经过培训才会使用，这必须在商业模式和财务计划中有所体现，例如，以负责培训客户的销售代表的形式，甚至以改变公司规模为代价。

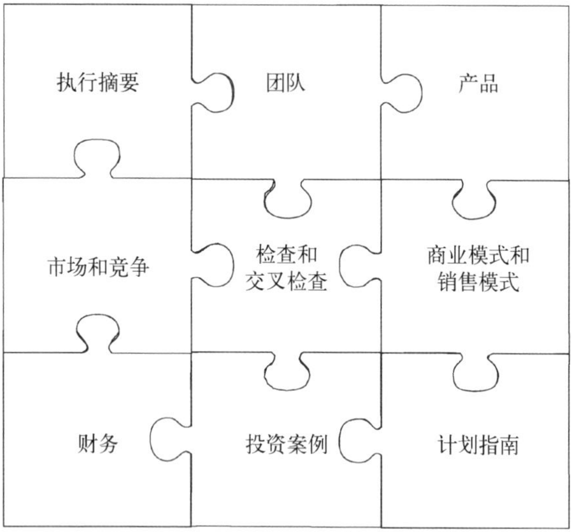

图5.4　btov公司筛选模式

来源：btov（2017）

[1] 关于btov投资策略的详细解释请登录下面网站查看FAQs：http：//btov.vc/faq/（登录日期：2017年6月23日）。

必须注意的一点是，筛选框架不能被当成记分方式。这个框架只用来指导分析师对提交的申请进行系统化检查，以确保不会忽视公司的任何一个特点。在筛查过程中，给每个方面打分的做法是极其有害的，因为这样做会导致风投公司作出选择时不能基于使初创公司从一众申请公司中脱颖而出的强项，而是基于他们有更少的缺点，因而在总体评分模式中遥遥领先。那么，在评价一个投资机会是否具有吸引力时，最需考虑的重要因素是什么？分析师需要考虑的理性的或主观的因素有哪些？他们应当注意哪些认知偏见？

解决方法：btov筛选理念

执行摘要

理性因素

考虑到有大量投资机会，而最终只有少数初创公司获得资金，那么很有必要用一份执行摘要来证实投资申请大体上符合上述投资策略。换句话说，由初创公司提供的这份简短摘要可能是一份投资申请中唯一直观且最有力的评判标准。

以一个关注金融科技（fintech）的早期投资者为例。运用这套标准作为其投资策略的一部分，首先，它会将所有不关注金融科技的初创公司在筛选程序中给淘汰掉，而淘汰所凭借的就是执行摘要。用执行摘要指导筛选流程可能是最不会让人生疑的方式，因为分析师将初创公司的大体特点与投资基金或投资公司提出的投资策略计划直接进行比较。但有一个潜在挑战——有些初创公司无法提炼出他们的创业理念，或许是因为创业者不善于从投资机会中提炼出要点，或许是因为商业模式太过复杂。在这样的情况下，分析师需要深入探索，因为对执行摘要的分析并不能清晰地指明初创公司是否符合投资策略。

主观因素

在评价战略契合度时，分析师很容易流于认知偏见。以从众行为的陷阱为例吧！（Scharfstein and Stein 1990; Banerjee 1992）“从众行为”描述的是投资个体因为许多人都投资某个产业或某种技术就跟风产生同样的投资倾向。假设某人工智能公司（AI）达不到你的“策略清单”上的某一条标准，从客观上来说，你会把它淘汰掉。但事实上，你的判断很可能依据的是某个参考点（Kahneman and Tversky 1979）。因此，如果每个人都在投资人工智能，那么你极有可能想方设法让这个公司进入下一轮评审。

团队

理性因素

大多数投资个体和投资机构都认同：团队是最重要的，也是投资筛选过程中最棘手的。根据风投行业的集体认知模式，宁愿投资给点子平庸的好团队，也不选择点子很好的平庸团队。这是因为好团队似乎怎样都会成功。如果一开始的创业理念不行，好团队会重新设定努力方向，最终取得成功。但是平庸团队的成功需要运气。即使点子不错，但是成功道路上的挑战会纷至沓来，只有那些强大的团队才能够克服重重困难，最终取得成功。实际工作中，分析师会尽力获取关于团队的更多可靠信息。这些信息可能来自公司自荐、专业（社交）工作网络、各种证书或媒体参考文章，等等。借助这些信息可以评价（初创公司的）操作能力及其团队成员（董事会）的行业经验。

主观因素

然而，分析师还会努力获取关于团队社会关系交往的信息。创业者如何和他人交流，如何对待他人？其背后的动机是什么？评估这些因素时，一个主要挑战在于，分析师的一些认知偏见会影响评估结果。对初创公司进行分析的个体可能会对团队某个问题产生过激反应，或对团队印象深刻，被强烈吸引。这些感觉可能导致分析师因其印象而对团队产生主观的正面或负面印象。而且，媒体或同行的一些相关八卦可能不知不觉影响分析师对团队的评价。

有的CEO不擅于介绍公司，或者个性难处，但成功的风投者不会计较这些。[1]有能力的风投者认识到，该创业者尽管有这些缺点，但相比随和的个性或优秀的表现能力而言，他的业务技术能力和现有的工作关系网对公司的整体成功而言更为关键。

如前文所述，创业者的性格在投资者的选择过程中产生很大影响，可能会导致分析师做出错误的判定。例如，分析师可能犯认同偏见（Nickerson 1998）的错误。“认同偏见”指的是搜寻信息时，或对某信息感兴趣且进行阐释时，总试图确认既有的想法或

[1] Rawhouser *et al.*（2017）。

感知。例如，如果某人曾供职于一个顶级咨询公司，那么对他的评价就会基于，或者至少部分基于你对那个公司的既有观点。同样，研究发现，风投者更倾向于资助那些背景与自己有些类似的人（Franke el al., 2006），这就使得信号暗示成为创业者们可利用的重要方法。

产品

理性因素

项目筛选过程中，初创公司所提供的产品或服务的价值主张是极为重要的。考虑到很多成功地被风险投资资助的初创公司在早期改变他们的产品和商业模式，评估其潜在价值主张的整体发展潜力尤为重要。

用理性的选择标准，分析师会尽可能地获取更多关于产品的可验证的信息。例如，他会尽可能去了解产品的设计目的、产品与为消费者解决问题的相关度。其他用来评价新公司是否具有吸引力的标准有：客户对产品的购买愿望、独特的销售主张（USP）、产品的知识产权（IP）保护前景、独特的经济学理念、可扩展性、产品改变或多样化的可能途径，以及新创公司拟采取的自制或外购方式。

主观因素

除了这些“硬事实”，分析师在评价时要留意市场对产品的反应。所谓的专家偏见或专家指导往往会导致错误。例如，当分析师向某位行业专家谈到某产品时，这个专家可能因二十年的行业经验而持有偏见，看不到产品具有破坏性的一面。另一个常见的偏见是，分析师只专注于将自己作为潜在客户，意识不到产品面向的是由许多个体组成的客户群。对于这种误解，行业内有句简单的俗语：“虫饵必须对鱼有吸引力，而不是对渔夫有吸引力。”因此，资金要投给有强大优势的公司而不是零缺点公司，这意味着投资给一个新的产品类别是值得的，即使市场还没意识到其重要性。一个著名的例子是，智能手机的出现（从当时消费者的眼光看是出乎意料的）很快打击了当时的诺基亚或黑莓手机的制造商，他们当时看不到或无能力应对市场上未被满足的需求。

市场和竞争者

理性因素

初创公司讲到的市场增长率是关于公司前景的一个重要暗示。新创公司瞄准的那个充满竞争力的市场也让投资者饶有兴趣，这不仅关乎公司与竞争对手接下来要面临的冲突，也关乎其中一个竞争对手有多大可能会最终购买新创公司。

谈到“硬事实”，分析师会尽可能多地获取关于市场和竞争的数据，为此他们会考察现在和将来公司的地理范围、目标行业的划分，还有服务于相同市场的直接或间接竞争者。为了了解产业的吸引力，分析师会运用一些理论框架，比如波特五力分析模型。[1]分析师也会研究市场数据，以更好理解可应对的潜在市场。如果可行

---

[1] Porter（1979）。

的话，政府或政策制定者的参与，公司管理层的进取和革新，这些应当都有所了解。

主观因素

除了前面章节谈到的那些事实信息，分析师也会试图了解市场进入的时间安排。而且，初创公司往往声称，相对于竞争对手，他们具有竞争优势，但这是需要被证实的（用产品筛选的方式交叉检验）。分析师或投资者会提出的一个问题是，某个竞争对手可能会轻松地抄袭或者利用公司的产品或服务，这是在许多情况下需要被认真调查的问题。

对产品或竞争形势草率误判的例子中，最著名的莫过于国际风投公司领军者贝塞麦风投合伙人（Bessemer Ventures Partners）[1]的“反投资清单”。这份清单里有许多“明星”公司（如：苹果、谷歌、脸书，等等）。贝塞麦风投公司在这些公司发展的早期是有机会投资的，但当时却没认识到这些公司的发展潜力。这份反投资清单传递了一条明确的信息：即使是最成功的投资者也不一定每次都做出正确决定。

就像评价产品时人们常犯的错误一样，市场筛选也往往流于“同感偏见”[2]。“同感偏见”指的是人们往往认为其他人和自己一样——虽然没有任何证据可证实这种感觉。分析师可能会辩驳：“我会买那个产品，因此可能成千上万的人也会买那个产品。”但他却认识不到这个事实：在目标市场可能没有成千上万“像他这样”的人。

---

[1] URL：www.bvp.com/portfolio/anti-portfolio。

[2] Ross *et al.*（1977）。

商业模式和销售模式

理性因素

风投行业许多有经验的投资者都认为，筛选流程中商业模式是除了团队外，最需重点考察的方面。理由是，团队的创业天赋主要体现在其能否了解客户、能否采用符合市场需求的商业模式，这也决定该公司是否具有出类拔萃的能力。

在这方面，分析师会努力了解公司的市场综合情况（地点、广告宣传、价格、产品和人），以及公司的商业模式与客户期待或客户行为之间的契合度。对商业模式的分析往往与对产品和财务的审查交叉进行。

主观因素

与对产品反馈的处理方式一样，分析师会极其小心地避免听取太多早期顾客对公司商业模式和销售模式的反馈意见。通常，作这些反馈的人喜欢产品，但忽视了商业模式。比如，某公司为父母提供认识保姆的市场平台，使用这平台的客户可能没意识到这样的网站只能让用户为一次使用付费，因为通过平台认识后，父母和保姆就可以直接交流，而不需要平台了。另一个例子是产品定价的灵活性。比如，一个软件开发团队设计了一个程序，为公司用户每年节省50万欧元，但是团队却只向每位用户收取250欧元软件安装费。显然，在这个项目上有人错失了投资机会。

从上文看，“资金要投给有强大优势的公司，而不是零缺点的公司”这句格言也适用于声名狼藉的业务团队。在欧洲，给处于创业早期阶段、没有商业模式的公司投资确实让投资者觉得困难重重。这里我们所说的不包括生物科技初创公司，这种公司很少为他们的科技创新作商业模式的推介。但这里我们要说到的很典型的例子是B2C网络平台。B2C注重的不是收益或利润，而是获得客户、留住客户。这里面有些公司从来没有商业模式，却非常成功，比如，照片墙软件（Instagram）以大约10亿美元的价格出售给脸书（Facebook），但是根本没有运行任何商业模式；或者瓦次普（WhatsApp）应用程序以大约190亿美元的价格出售给脸书，其商业模式的金融意义不大。欧洲市场的例子有西班牙的沃勒普（Wallapop）平台，据说2017年春，其价值接近10亿欧元。

知识偏见常常让那些获得更多信息的人觉得，从缺乏信息的人的角度思考问题是件很困难的事。[1]这可能会导致投资者认为“低科技”的或“简单”的商业模式是劣等的。分析师可能会说：“这也太简单了吧！这是行不通的。”至少，那些拒绝斯盖普、瓦次普（WhatsApp）或声田（Spotify）的投资机会的投资者们曾是这么想的。

财务

理性因素

创业者经常抱怨，投资者批评他们的5年财务预测要么太激

[1] Camerer *et al.*（1989）。

进，要么不够进取。[1]可以理解他们的抱怨。没人能给初创公司设计一份最终将与现实完全相符的财务预算。但显然，这里说的是没有经验的投资者。有经验的投资者只看3—5年的预算，大体了解一下初创公司及其团队的预期。而且，他们更关注的是创业者用来设计财务预算的那些商业指标。分析师将深入了解创业者对获客成本（CAC）、客户终生价值（customer lifetime value，简称CLV）、客户流失率、消费者对价格的敏感性和其他经济学指标的预测。分析师也会结合投资案例对公司财务进行检查，以了解未来流动计划如何体现在对未来多轮融资的资金额度和融资时间的安排（即初创公司的财务策略）中。

主观因素

通过查看影响财务筛查的主观因素，风投者会尽可能更多地去了解公司团队对财务的热情，以及公司的关键绩效指标（KPI）。投资者尤其关注的是，公司团队多大程度上受到数字的驱使，比如：他们是每月还是每周定期开会讨论业务绩效？他们会因为与预算数字的明显偏离调整业务行为吗？一开始他们对这些数字和关键绩效指标有多了解？一个普遍的做法是挨个询问这些创业者，了解他们心目中对其公司最重要的关键绩效指标是什么？通常，投资者会从三种不同创始人那儿得到三种不同答案。

投资者细查初创公司的财务情况一般出于以下两个根本原因：其一，这些信息会让投资者对公司本身获得一些了解；其二，这些

[1] 关于财务的更多知识请查阅第6章。

答案会让风投者了解这些企业家如何处理数字并最终安排资金。

我们来看一个例子吧。假设一个初创公司在线出售桌椅等家具。其每个客户平均消费350欧元。公司为每单设置的配送费是30欧元。投资者对这个配送费有疑虑，因为他觉得大多数情况下的配送成本要高于30欧元，因而推测这定价为30欧元的配送费会间接侵蚀公司的总利润率。

面对投资者的这个疑虑，创业者是这么回答的：

"你的推测是对的，在大多数情况下这个配送费都不够我们的配送成本。事实上，我们也曾尝试着设定50欧元配送费，试行了两个月，结果顾客开始抱怨收费太高，订单量下降了5%（虽然我们用的是多种营销渠道）。但有趣的是，那段时间'配送常见问题解答'的点击率是我们收取更低配送费时的三倍。因此，我们决定每单收取30欧元配送费是一个对毛利率比较好的价格。对我们来说，提升订单量、获取更大利润具有重要战略意义。而且我们相信，以后随着物流效率的提高，随着物流市场竞争增强，配送费会下降的。"

投资者对这个回答相当满意，因为从中得到了三条重要信息：

- 创业者了解他的单位经济效益，会利用这些数据进行分析、试验，以认清什么才是他们最具可行性的最佳商业模式。还有，他有相当详细的信息管理系统，以衡量所做决定的影响力；
- 创业者没有在这些数据和细节中迷失。他知道试验的重要性，但也知道不能把所有注意力都放在试验上；
- 创业者有开通的思维模式。他能吸纳更普遍的观点，对自己的公司进行反思，并对未来有合理的推测——例如对物流的猜测；

上述例子解释了为何投资者总喜欢对创业者的数据提出质疑。通过挖掘财务数据的细节，他们往往可以得到比项目筛选或尽职调查更多的信息。

投资案例

理性因素

投资案例评估是一项很费力的工作[1]，因为筛选流程中，相比其他工作环节，投资案例评估存在更多的创业者和投资者之间的信息不对称。对投资者而言，投资案例的筛选和执行摘要的筛选一样重要，因为投资案例筛选后的结果可能是（太过早期的）项目还不符合投资策略要求，或是（太过晚期的）项目不再符合要求。然而它与执行摘要筛选的最大不同在于，大多数情况下，投资案例在申请阶段是可协商的。

从理性层面看，分析师试图深入理解公司此前的财务活动。因此，过去和现在的各种评估、股东构成、流动性状况、本轮融资的实行计划、单笔平均投资额的规模、现有投资者的参与度，以及当前投资者的背景都发挥重要作用。

主观因素

除了以上提到的，分析师还会努力掌握公司的发展前景。（例如：还有多少轮融资？评估级别如何？有何退出途径？投资期限有

[1] 详细解释请见第7章。

多长？）

此项工作中，分析师需要认真考虑可能会让创业者和投资者产生利益冲突的两个问题：

1. 高估值带来大额度的投资

一些初创公司试图在创业早期通过多轮融资获得大笔投资额。这种情况经常发生在一些明星企业家身上，他们憧憬着新创公司能实现顶层退出。这为创始人和投资者带来的好处是，创始人可能会成功，接下来全力以赴专注公司的发展；但是给投资者带来的明显劣势（也会给创业者带来挑战）是他投资的对象就像跑道上一匹从未见过的骏马，跑远了他也见不着。

而且，很有可能相对较高的估值意味着相对较大的投资额，因为创始人能在公司中持有控股权。如果情况是这样的话，投资者就会赌一把，看看直到第一轮投资的资金全用完，创始人是否能够把公司办到高级水准。如果他们达不到高级水准，则辜负了第一轮投资中得到的高估值，那么在接下来的融资活动中就极有可能得不到相对较高的估值了。

2. 低估值带来小额度的投资

一些初创公司试图在创业早期或最早期的融资活动中筹得单笔较小的投资额。这种情况经常发生在首次创业、明显缺乏经验的年轻创业者身上，他们听从咨询师的好心建议。这对创始人和投资者的截然不同的优势是，既然这笔投资额度小，创业者不用太费劲就能拿到这轮融资；而对投资者的诱惑（即：投资者在公司得到的股权）也很具吸引力。但对投资者的明显劣势（也会给创业者带来挑战）是不论公司成功与否，创始人必须在短期内筹集更多资金，因为成长和发展是昂贵的。结果，创始人的精力都更多放在融资上，而较少投入公司发展。而且，很有可能单笔较小额度的投资意味着公司得到的估值较低，这仍会让创始人在公司持有控股权。如果是这样的情况的话，投资者也会赌一把，看接下来的这些年里，创始人能否把公司办到高级别水准，因为只有那样，公司团队才能获得比前轮估值更好的成绩，实现估值成绩的重大飞跃。

无论如何，从众行为会让投资者忽视这些利益冲突。因为，投资公司鼎鼎有名并不意味着单笔投资额大小与公司估值之间的不平衡关系就会得到调整。贝塞麦风投合伙人的“反投资清单”就证明，即便是有名的投资公司也不见得每次都选择正确。

计划指南

理性因素

对计划指南进行筛选是为了了解公司对接下来的12个月（或5年）为达到将来的某个抛出点而做的计划。创始人和投资者都明白，我们只有通过“水晶球”才能看到接下来的几年内会发生什么。但大家也都认识到，所有股东应该对他们即将开启的创业之旅的目标达成共识，因此他们应当就一些重要阶段的问题进行讨论。

查看计划指南上的那些事实信息时，分析师会评估创业者提交的发展计划，里面的信息关乎团队、产品、地理位置和产业分区扩张、新的商业模式，还有未来多轮融资的额度和时间安排。分析师也有可能花些时间认真考虑他的筛选结果（关于团队、产品、市场和竞争、商业模式和投资案例）在接下来的12、24、36、48个月中会如何展现。

主观因素

在查看计划指南时，分析师会留意一些软性因素，试图了解创业者的意图、担心、疑虑，还有团队对公司将来的想法。重要问题包括：创业者如何对待团队新成员以及团队里不同程度的专业水平？他们如何经历从产品雏形（有创造性的、不断尝试和犯错）到系列产品（创造性降低、更稳定、有成本最优化的关注点）的发展过程？他们有多了解将来的市场和行业？他们有多大可能对商业模式进行优化？他们对作为投资计划一分子的重要团队成员采取多强的激励策略，让相关人员继续留在董事会？

有人认为，计划指南不是很重要，尤其对早期投资者，因为经验告诉他们初创公司的很多方面在一开始的两、三年是充满着变数的，有时甚至是巨大的变数。但是，采访创始人、了解他们的计划指南仍然是投资者常用的一种方式，因为从中可以了解到许多关于公司操作层面的信息，还能了解即将要打交道的创业者的性格特点。

筛选流程后的调研结果处理

筛选流程结束后，分析师将调研结果呈交给btov投资团队的其他成员。这个筛选过程也影响尽职调查活动和投资条款清单的协商，如下所述：

- 尽职调查时对筛选流程中发现的公司优势和劣势进行更细致的调查；

- 将筛选流程中发现的重要风险问题引入投资条款清单的协商流程。例如，如果团队缺乏一位具有工程背景的重要管理人员，那么在尽职调查环节就要对这个问题进行详细检查。这最终可能导致在投资条款清单上出现“合同交割条件”（condition to closing），也就是说，投资条款清单将责令创始人为团队招募一名工程师，然后才予以投资。

筛选流程和公司管理

风投者们都知道筛选流程具有争议性，因此关于筛选流程他们会采取不同的管理措施。

看看上述btov公司的案例，我们发现参加筛选流程的人员有：分析师、助理、投资经理、委托人以及公司合伙人。每位投资专家都有对各种各样的初创公司进行筛选的经历。如果这些经历中他们的参与度高的话，在内部讨论会上对初创公司就会产生更多共鸣。团队的每个成员都明白筛选环节的重要性。同时，大家也都明白分析团队的成员从筛选流程中得到的信息不足以让他们反驳（持批判态度的）其他同事。

btov明白，从基金每年3 000多个公司组成的交易流中选15到25个顶级投资机会，投资者无论有多前沿的专业知识或多强的团队进行分析和评估，都无法自诩完美。因此，可以通过以下两个步骤将筛选流程融入公司管理：（1）在投资者内部，分析师采用上述筛选流程对公司的整个交易流进行审查；（2）btov私人投资网络成员与预选的交易流取得联系，也就是大约年均100—130个公司。第二个步骤中通常会邀请创业团队，让他们面对投资者及投资网络对其公司进行现场推介。听完推介后，btov工作网的成员和工作人员会聚在一起对案例进行商讨和分析。这个过程非常有趣，因为工作网的成员包括创业者，他们经常给会议带来一些不同视角和不同程度的专业知识（关于产品、技术、市场、竞争者，等等）。

btov还有一个流程规定就是，一开始负责某投资建议的筛选的分析师不得进入最终环节来决定选择哪个公司进行投资，因为在筛选过程中，分析师可能和某初创公司及其团队走得太近。大多数情况下，那些通过预选得以进入尽职调查和投资条款清单环节的案例背后，都有一位有着较强人格和较高能力的杰出创业者。据观察，时间长了，分析师会潜意识地“改变立场”，为创业者做宣传。用美国特勤局的语言说，这种人可被称为“地下间谍”，即以双重身份同时为两个机构工作，有时甚至不知他们的真心放在哪一方。之所以会出现这种情况，是因为分析师对他们评价的公司心生喜爱。

有时，分析师可能也会意识到自己对某个初创公司怀有特别情愫。他已经对这个公司投入了大量精力，不愿看到它被淘汰。发生这种情况时，他的同事们可能会听到这样的表述“我觉得我们应该这样做……，然后……，否则我们的公司将遭遇风险”。这里的“我们的”让人能辨识他的情感偏向，因为无论他与风投公司的情感多么深厚，他绝不可能用“我们的”来指风投公司。最后，筛选流程永远不会是完美的，尤其当涉及对人和性格的评价时。然而，借助评估准则和管理机制是必要的，正如btov公司所实行的那样，尽量确保筛选流程的严谨性。

要点总结

- 风投资金的投资活动是一个委托–代理的双向关系，可通过信号暗示、自我选择、联盟和监管的方式对投资者和创业者施加影响；
- 机会主义和超乐观主义行为把投资者和创业者之间的委托–代理关系变成了委托–代理问题；
- 风投者需要对其公司的投资策略非常了解以做出正确的项目寻找和项目筛选决定；
- 为了做出能产生预期效果的筛选决定，分析师需清楚理性因素和主观因素及认知偏见之间的相互影响。

本章提问

1. 为何项目寻找和项目筛查流程对风险投资组合的整体工作意义重大?

2. 什么是风险投资中的委托–代理关系?

3. 什么样的因素导致委托–代理关系变成委托–代理问题?

4. 什么是信号暗示?

5. 投资者和创业者之间形成联盟的典型例子有哪些?

6. 请列出风投者接触潜在投资机会的三种常用途径。

7. 如果风投者有1亿投资基金，拟寻找25—30家不同公司进行投资，该如何设定他寻求的投资券的大致时间长短?

8. 分析师在评价一个初创公司团队时应当考虑哪些理性因素？

9. 在做市场或竞争者筛选时，同感偏见会产生何种影响？

10. 从公司管理角度看，风投者可用哪两种方式完成筛选流程？

延伸阅读

Bussgang, J. (2011). *Mastering the VC Game: A Venture Capital Insider Reveals How to Get from Start-up to IPO on Your Terms*. Portfolio.

Cohen, S. (2007). Best practice guidance for angel groups: Deal screening. Retrieved 23 June 2017, from Angel Capital Association.

Draper, W. H. (2011). *The Startup Game: Inside the Partnership between Venture Capitalists and Entrepreneurs*. 2nd edition. Macmillan.

Lerner, J. (2009). *Boulevard of Broken Dreams: Why Public Efforts to Boost Entrepreneurship and Venture Capital Have Failed and What to Do about It.* Princeton University Press.

Mason, C. and Stark, M. (2004). What do investors look for in a business plan? A comparison of the investment criteria of bankers, venture capitalists and business angels. *International Small Business Journal* 22(3), 227–248.

参考文献

Akerlof, G. A. (1970). The market for 'lemons': Quality uncertainty and the market mechanism. *Quarterly Journal of Economics*, 84(3), 488–500.

Banerjee, A. V. (1992). A simple model of herd behavior. *Quarterly Journal of Economics*, 107(3), 797–817.

Busenitz, L. W., Fiet, J. O. and Moesel, D. D. (2004). Reconsidering the venture capitalists' 'value added' proposition: An interorganizational learning perspective. *Journal of Business Venturing*, 19(6), 787–807.

Bygrave, W. D. (1988). The structure of the investment networks of venture capital firms. *Journal of Business Venturing*, 3(2), 137–157.

Camerer, C., Loewenstein, G. and Weber, M. (1989). The curse of knowledge in economic settings: An experimental analysis. *Journal of political Economy*, 97(5), 1232–1254.

Florida, R. and King, K. (2016). *Rise of the global startup city: The geography of venture capital investment in cities and metros across the globe*. Martin Prosperity Institute.

Franke, N., Gruber, M., Harhoff, D. and Henkel, J. (2006). What you are is what you like: Similarity biases in venture capitalists' evaluations of start-up teams. *Journal of Business Venturing*, 21(6), 802–826.

Hoyt, D., Ranzetta, T. G. and Strebulaev, I. (2012). Venture capital deal sourcing and screening. Retrieved 22 April 2017 from Stanford University.

Kahneman, D. and Tversky, A. (1979). Prospect theory: An analysis of decision under risk. *Journal of the Econometric Society*, 47(2), 263–291.

Landier, A. and Thesmar, D. (2009). Financial contracting with optimistic entrepreneurs. *Review of Financial Studies*, 22(1), 117–150.

Lounsbury, M. and Glynn, M. A (2001). Cultural entrepreneurship: Stories, legitimacy, and the acquisition of resources. *Strategic Management Journal*, 22(6), 545–564.

Martens, M. L., Jennings, J. E. and Jennings, P. D. (2007). Do the stories they tell get them the money they need? The role of entrepreneurial narratives in resource acquisition. *Academy of Management Journal*, 50(5), 1107–1132.

Matusik, S. F. and Fitza, M. A. (2012). Diversification in the venture capital industry: Leveraging knowledge under uncertainty. *Strategic Management Journal*, 33(4), 407–426.

Nickerson, R. S. (1998). Confirmation bias: A ubiquitous phenomenon in many guises. *Review of General Psychology*, 2(2), 175–220.

Porter, M. E. (1979). How competitive forces shape strategy. *Harvard Business Review*, 57(1), 137–145.

Rawhouser, H., Villanueva, J. and Newbert, S. L. (2017). Strategies and tools for entrepreneurial resource access: A cross-disciplinary review and typology. *International Journal of Management Reviews*, 19(4), 473–491.

Ross, L., Greene, D. and House, P. (1977). The 'false consensus effect': An egocentric bias in social perception and attribution processes. *Journal of Experimental Social Psychology*, 13(3), 279–301.

Sahlman, W. A., Stevenson, H. H., Roberts, M. J. and Bhidé, A. (1999). *The Entrepreneurial Venture*, 2nd edition. Harvard Business School Press.

Scharfstein, D. S. and Stein, J. C. (1990). Herd behavior and investment. *American Economic Review*, 90(1), 465–479.

创业者获取资金的策略：做好公司推介的重要性

贾米·维兰纽瓦（Jaume Villanueva），艾赛得商学院副教授

对大多数新创公司来说，融资是件令人头痛的事。在每一个备受关注的、拥有高科技的、从顶级风投公司成功融资的新创公司的背后——就像新闻媒体报道的那样——还有成千上万家默默无闻的新创公司无法获得任何外部资金。就是因为缺乏抵押，或无法提供被证实的跟踪记录，或创业理念无法得到认可，大多数新创公司在吸引潜在投资者时感觉相当费力。事实上，大多数新创公司无法获取资金来实现创业者的抱负。但为何有些新创公司就能成功打消投资者的疑虑而获得投资？他们是怎么做到的？

我们的研究显示[1]，创业者并非拥有无穷招数以吸引潜在投资者。事实上，我们可以把创业者的所有策略分成两大类：展望型和人际关系型。人际关系型策略注重的是利用创业者的社交网络，而展望型策略却是旨在劝服投资者接受他们的创业理念，让他们相信

[1] Rawhouser *et al.*（2017）。

这是一个有吸引力的、有价值的投资机会。后者考虑的是如何把公司前景展现得具有能够打动人的无穷魅力，让投资者不知不觉投入其中。对投资者而言，他们看重的是“发展”，当然这也就成为创业者们展望前景时的焦点所在……比如，某公司市场份额现在可能值5万欧元，但5年后可能值100万欧元。就是这种对前景的展望，对极具魅力的未来世界的展望，让投资者为之吸引。

我们谈到展望型时，说的是向对方传达一种愿景，而不是现实的财务预测。虽然财务预测也是必需的，但吸引投资者的可不是财务预测。大多数投资者都有多疑的天性，可能对任何投资机会都心存许多疑虑，想要把他们都征服是不现实的。作为一个创业者，需要努力做的是给他们播下一颗疑虑的种子（“或许这会奏效”）。通俗地说，创业者需要制造一种“错失的恐惧”（fear of miss out，简称FOMO）。投资者可能还没完全打消疑虑，可能对公司的潜力仍然心存疑虑，但是……“假如我这次错过的是下一个斯盖普或声田或脸书，怎么办?”创业者就是利用投资者对绝佳机会的“错失恐惧”来打消他们的疑虑，让他们做风险分析时别那么严苛。

另一种吸引外部资金的方式是利用人际关系。这种策略的前提是在创业者和潜在投资者之间存在关系资本。换句话说，利用的是个人关系。这并不意味着不重视项目质量，或对前景的预期不重要。这种策略的焦点在于创业者与潜在资金提供者之间的关系，而不是新创公司本身的特点。人际关系型策略是基于创业者与投资者的关系的，唤起投资者对创业者的道义感和互利意识。展望型策略和人际关系型策略并不互相排斥，创业者可以同时使用这两种策略。

至于如何实行这些策略，可以选用的方式并不多。一个最常用而且最有效的方式是采用具有说服力的交流方式。换句话说，以一种特定的交流方式，让创业者说话的内容和说话的方式影响投资者对未来新公司的看法（展望型策略），或让投资者好好感知与创业者的关系（人际关系型策略）。所以，即使大部分创业者不知如何影响投资者，他们都可尝试以某种方式与潜在投资者交流。鉴于此，有说服力的交流手段，比如修辞、讲故事，可能是创业者们可以采用的有效方式。至于展望型策略，证据表明，创业者向潜在投资者推介他们新公司的方式会影响投资者的感觉和判断。

修辞技巧的使用有助于创业者向投资者进行公司推介——听到这种观点或许没人会惊奇。但是如果说讲故事的方式也是影响投资者评价的有用工具，可能大家就会觉得奇怪了。讲好一个故事不是那么容易的，但越来越多的证据表明，叙事能影响投资者对新公司许多方面的看法，总的来说，讲故事的方式能让一个原本充满疑虑的投资者更多地感觉到新公司的合理性。[1]

无论如何，可以肯定的是，对于那些想要寻求外部资金的创业者来说，他们的首要任务是采用有效的交流策略将商业机会向潜在投资者清晰地传达。为了能影响潜在投资者，需要让公司推介（或是一系列推介）变得清晰可信、有吸引力。我们并不完全清楚那些成功融资的人是怎么做到的，但我们知道成功的推介所起的作用不可小觑。

[1] Lounsbury and Glynn（2001）；Martens *et al.*（2007）。

实操：案例分析

移优公司（MOVU）向投资者的推介

图5.5是移优公司——一个提供搬家服务的瑞士网络平台——面向早期投资者的公司推介页面。假设你是2015年移优公司的潜在投资者，试回答以下问题：

图5.5　移优公司早期投资推荐页面

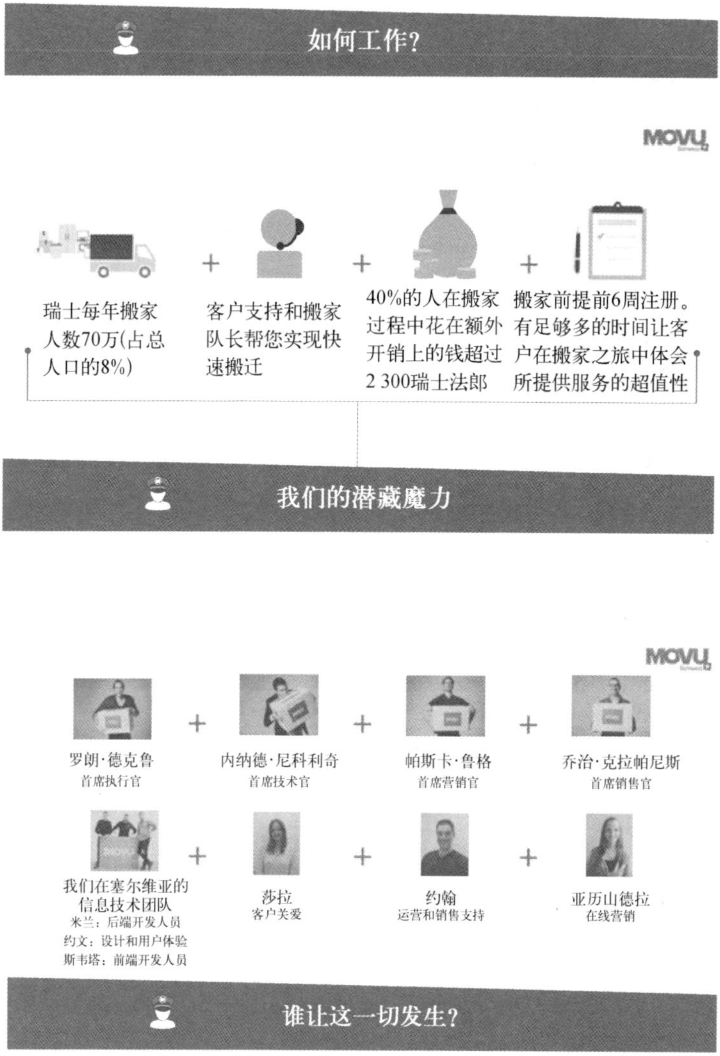

图5.5　移优公司早期投资推荐页面

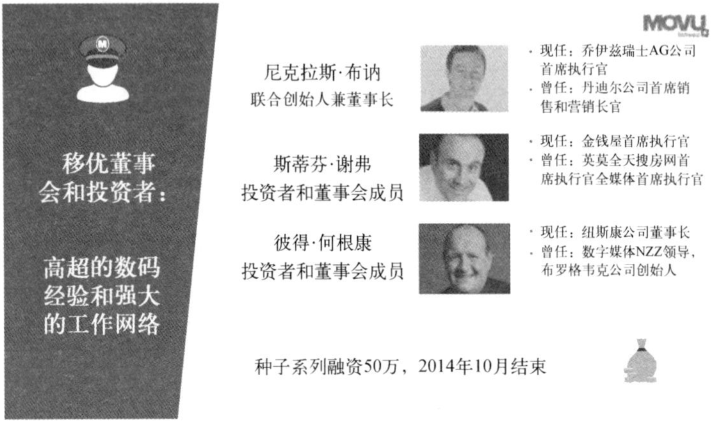

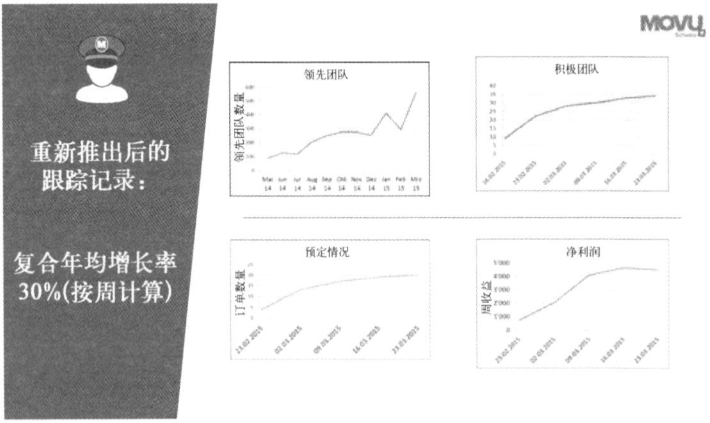

图5.5　移优公司早期投资推荐页面

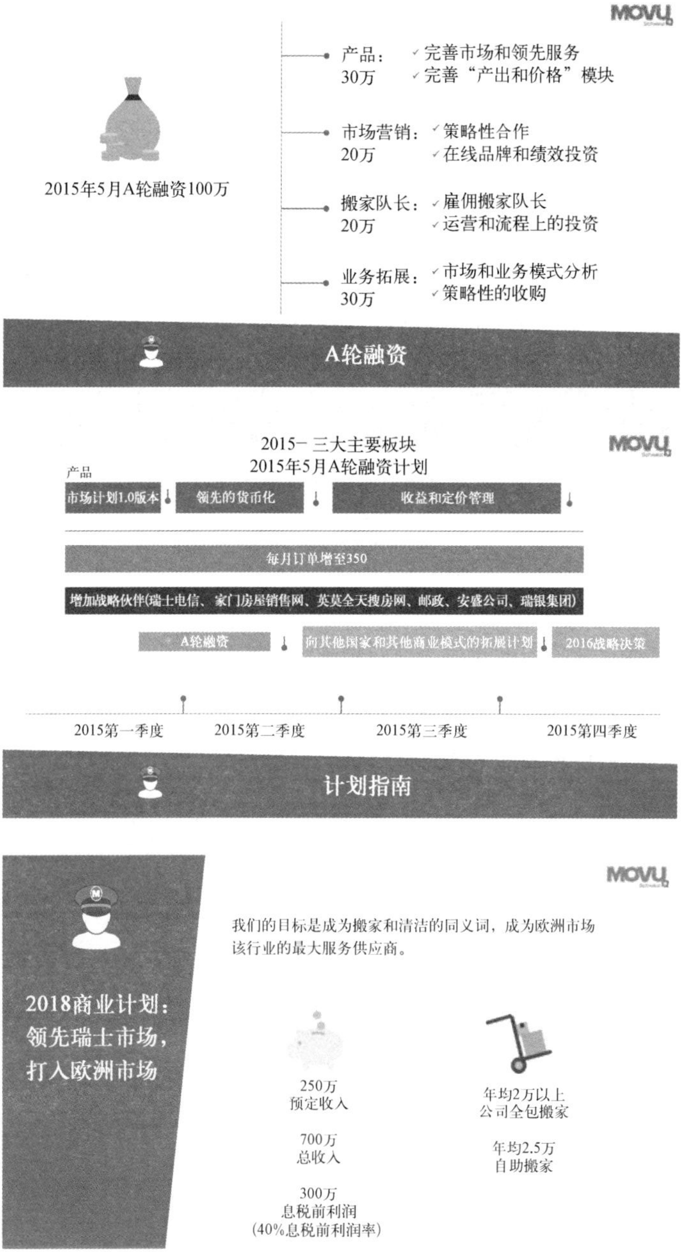

图5.5　移优公司早期投资推荐页面

图5.5　移优公司早期投资推荐页面

问题讨论

1. 观看完公司推介后，你对创业者会提出什么问题?

2. 如果是你，会给这家公司投资吗?

3. 请给出投资或不投资的原因。

第6章

财务计划的制定：预测

索菲·马尼加特（Sophie Manigart）

弗拉瑞克商学院、根特大学（Vlerick Business School and Ghent University）

米格尔·穆尔曼（Miguel Meuleman）

弗拉瑞克商学院、帝国理工学院商学院（Vlerick Business School and Imperial College Business School）

本章我们将深入探讨初创公司财务计划的技术方面。首先，财务计划是所有财务决策的起点，其首要目的是弄清企业是否有外部融资的需求，如果有，什么时候需要、需要多少。其次，财务计划是公司估值的基础。第三，也可能是最重要的，以财务计划为契机，创业者和潜在投资者可以批判性评估并优化公司商业模式。

制定财务计划的第一步是在公司商业模式下理解现金流周期。我们需要解决一些重要的问题，例如，在公司正常运营前需要投入多少资金？第一笔销售何时能够实现？客户何时付款？第二步是将商业模式转换为财务模型，包括收益表和现金报表。一旦制定了完整的财务计划，就可以通过情景分析和敏感性分析模拟初创公司面临的不确定性问题。

媒体视角

英国《金融时报》

“构思投”（Gousto）融资，在“菜谱包”（recipe kit）市场叫板“哈罗生鲜”（HelloFresh）

初创公司与众多对手逐鹿生鲜配送市场

洛朗·费多尔（Lauren Fedor），伦敦 2016年11月3日

不需要去市场采购，只用25分钟就能做一道柠檬蟹意大利面，你相信吗？这就是“构思投”提出的想法！这家由前罗斯柴尔德银行家（Rothschild bankers）创建的公司位于伦敦，想和火箭互联网（Rocket Internet）支持的“哈罗生鲜”在食品配送市场一决高下。构思投周四宣布已经完成融资，成为生鲜预订领域又一个竞争者。他们每周至少准备两餐精准配料，并将烹饪指南一并送到顾客家里。

构思投没有披露其确切收入，但指出在过去3年里，他们的营业额每年增长超过200%，每周为英国客户配送近10万个餐盒。博

尔特（Boldt）先生表示，基本业务可以盈利，但是公司“做出积极决定，打算牺牲部分盈利，以实现公司发展”，其方式是加大获客投资。最近完成的1 000万英镑的融资使构思投自2012年以来的融资额达到了2 800万英镑。而同期“哈罗生鲜”的融资额达到了2.5亿美元。构思投的最新融资主要来自伦敦BGF风投公司以及其他一些英国投资者，包括由英国政府支持的天使共同基金、联合利华和巴克莱银行的风险投资部门。构思投没有透露其估值。

据美国消费者研究公司泰克诺米格（Technomic）估计，构思投准备大显身手的市场在全球范围内的价值达10亿美元，到2020年该市场收入可达100亿美元。参照竞争对手的经验，企业扩张的成本可见一斑。9月，火箭互联网称，在扣除利息、税款、折旧和分期付款之前，“哈罗生鲜”上半年亏损已达4 570万欧元，比一年之前至少翻了一番……北方信托的分析师尼尔·坎普林（Neil Campling）称公司为获得新客户付出大量成本，再加上基础设施耗资巨大，导致公司利润持续走低……坎普林先生对“哈罗生鲜”和其他类似的“菜谱包”创业公司的发展持怀疑态度。“我只看到了高投入带来的规模扩张，却没看到持续性收入”，坎普林先生说。他还补充，消费者一般受到抵用券、折扣券的吸引才愿意尝试这些服务。这种消费行为不具持续性，消费者不大可能长期订购“菜谱包”的服务……但是，博尔特先生不认为构思投会面临“哈罗生鲜”和其他类似公司面临的困境。“我们和竞争对手的差别是我们不会不惜一切代价去争取客户”，他说，“我们关注的是可持续发展的能力”……

www.ft.com/content/97e5eb40-aoof-11e6-86d5-4e3635c3550

学习目标

阅读本章后，你将能够：

- 理解财务计划的重要性；
- 理解现金流周期和现金流的根本驱动因素；
- 确定外部融资的需求；
- 基于历史数据（包括收益表和现金流量表）进行预期分析；
- 理解如何借助情景分析和敏感性分析应对不确定性；
- 熟悉和投资者讨论财务计划时使用的关键概念，包括资金消耗率和资金生命周期等在内的重要的财务指标。

本章导读

本章首先介绍财务计划，解释为什么对所有公司而言财务计划都至关重要，然后简要描述决定财务需求的因素，区分利润和现金流的概念。我们将会解释如何进行预测分析以评估财务需求，包括损益表和现金流量表。通过预测分析，我们可以理解如何利用财务计划为公司确定融资策略，如何与投资者就财务计划进行沟通。最后，本章讨论如何解释不可预测的未来，以及如何开展敏感性检查和情景分析。

6.1 对创业者而言财务计划的重要性

现金为王！资金是运营和发展初创公司的重要资源。大多数公司在卖出第一批产品之前都需要资金以研发产品或服务，支付员工工资和各种杂项。即便是盈利的公司，也可能有过因收益现金不足而无法扩大公司规模的经历。此时就需依靠外部融资来保障公司的未来发展。身处快速变化、充满不可预测因素的环境，多数公司可能面临意料之外的情况，导致现金短缺，这甚至可能威胁到公司未来的发展。因此，需要进行外部融资来保持公司的活力。所有创业者都要避免发生现金枯竭的情况，因为这可能会导致破产。此外，因为资金短缺而进行新的融资会使创业者在谈判中处于弱势地位，任由投资者摆布。合理的财务报告应当指明公司何时需要现金、需要多少资金来帮助公司度过现金短缺的时段。

制定财务报告是初创公司规划过程中的重要部分，原因如下。

首先，在首选商业模式下，财务计划帮助创业者评估何时需要现金、需要多少现金来建立公司并维持公司运营。图6.1显示了典型的初创公司现金流模式。公司早期阶段为发展公司消耗了大量现金。现金消耗的速度称为现金消耗率，这决定了现金生命周期，或者说剩余现金可以维持的时间。在产生正向现金流之前花费的时间——所谓的“死亡之谷”——可能非常长。例如：药物研发公司获得正向现金流之前花费了几亿欧元的现金，且耗费几年或十几年的时间进行产品研发的情况并不少见。因此，从一开始就计算累计的现金缺口以及获得正向现金流所需的时间是很重要的。如果财务计划显示，创业者资金不足以满足投资和公司运营所需，财务计划也可以帮助确定何时进行融资、选择何种渠道进行融资。

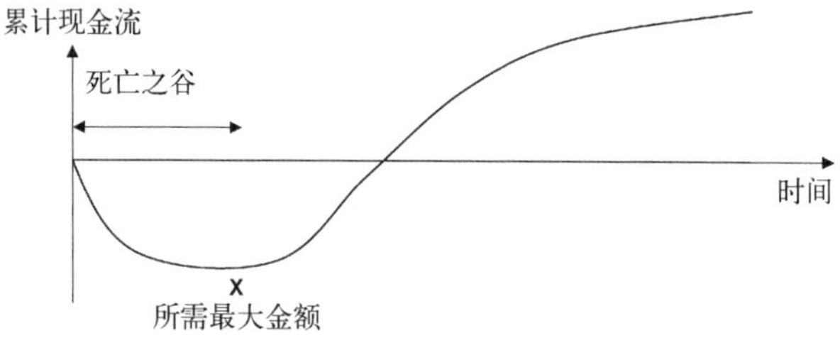

图6.1　典型的初创公司现金流模式

其次，财务计划可以帮助创业团队确定他们是否应该延续公司现有形式，还是彻底改变商业模式，抑或是将资金和时间投入另外的机会。财务计划可以使团队审视现有模式是否可行，或在什么样的情况下公司可以盈利。对创业者而言，财务计划是战略决策的重要工具。此外，财务计划帮助团队对不同的战略选择进行评估，选出可能创造出最高预期价值的战略。

财务计划还可以帮助创业者进行情景分析和敏感性分析，将公司的金融风险转化为财务条款。比较明智的做法是对公司最坏情况、最好情况或超速增长情况下的财务需求分别进行评估。一些创业公司以失败告终并不是因为他们的理念不好，而只是因为他们低估了一家成功的初创企业扩大规模所需的资金规模。若创业者在谈判中处于弱势地位，特别是在经济不景气的情况下，融资是非常困难的。外部投资者可能过度稀释创业者在公司的股份。因此，财务计划就要对变化的、意料之外的情况进行预估。

此外，好的财务计划有助于对潜在情况做出重要假设，从而制定财务指标，如：毛利率、平均获客成本、持续性收入比例和平均流失率。提前理解这些关键指标能指导创业者管理和发展自己的公司。项目或公司一旦开始运营，好的财务计划和合理的指标能作为绩效衡量的基准。

最后，财务计划是向投资者阐明项目优势的重要营销工具。对投资者而言，详细的财务计划对公司估值是很有必要的。认真准备的财务计划能帮助创业者在谈判过程中和投资者协商，增加公司的可信度。现在你应该清楚一份好的财务计划是多么重要了。

实操：案例分析

评估卡迪斯生物（Biocartis）资金消耗率和资金生命周期

卡迪斯生物是一家瑞士-比利时联合公司，成立于2007年，由连续创业者罗迪博士和两位联合创始人共同创立。这是一家创新型分子诊断公司，提供新一代诊断解决方案，旨在改善临床实践，使患者、临床医生、医疗资助机构和相关行业受益。公司的专利产品分子诊断弈景（MDX Idylla™）平台是一个可以在任何环境中基于任何生物样本提供准确、可靠分子信息的全自动实时诊断平台。弈景解决了持续增加的个体化医疗需求，实现了快速有效的治疗选择和治疗过程监控。卡迪斯生物的研发推广测试菜单中的项目在不断增加，解决了一直以来未被满足的肿瘤和传染病临床化验的需求问题。这些研发项目属于美国价值50亿美元（在2018年有望增值到80亿美元）的分子诊断市场中规模最大、发展最快的市场分支。

图6.2显示了公司2015年首次公开募股之前的融资历史，当时公司已经融资1.15亿欧元。在第一阶段，资金用于发展弈景；现阶段需要更多资金进行市场推广，进一步创新诊断平台。在首次公开募股之前，公司从不同类型的投资者那里筹集了2.21亿欧元，包括家人、朋友、天使投资者、传统风投者、家族办公室和公司战略伙伴。

历史融资轮一览

融资轮	时间	金额
基础资金	2007.7	65 500
种子资金	2008.7	1.25百万
A轮融资	2009.10	10.0百万
B轮融资	2010.4	44.0百万
C轮融资	2011.11	58.6百万
D轮融资	2012.12	34.5百万
E轮融资	2013.11	30.0百万
F1*轮融资	2014.11	21.5百万
F2轮融资	2015.1	21.5百万
总额		221.4百万
F3轮融资	上市前承诺	21.5百万

首次公开募股前股东基础（占所有股份百分比）

Johnson & Johnson Development Corporation	20%	Hitachi Chemical Working On Wonders	5%
DEBIOPHARM	14%	AescAp	4%
RMM	12%	korys	4%
Benaruca	8%	PHILIPS	3%
PMV	7%	Padoki	3%
VALIANCE	5%	BIOMERIEUX	3%

图6.2 首次公开募股前卡迪斯生物融资轮数

（来源：卡迪斯生物公司报告）

卡迪斯生物的融资历史说明很多医疗类初创公司“死亡之谷”的时间较其他类公司更长，因此对资金需求的评估就更加重要。如表6.1所示，卡迪斯生物2016年公布的最新财务业绩表明，即便运营了10年，医疗保健类公司仍会面临资金方面的挑战。

表6.1 卡迪斯生物2016年业绩

关键亮点

安装一体机：2016年安装弈景一体机设备224台，规模增长了2倍。到2016年末安装的总数接近390台。

墨盒消耗：商用墨盒消耗量2016年增加到超过2.5万个，是2015年总用量的7.5倍。

化验菜单：肿瘤化验菜单拓展到7项。

收入：2016年营业收入达1 380万欧元。2016年产品收入达680万欧元，比2015年增加88%。

现金头寸：截至2016年12月现金及现金等价物达到8 320万欧元。

财务亮点

产品销售收入：相比于2015年的360万欧元，2016年产品销售总收入增加约88%，达到680万欧元。产品销售收入的增加主要得益于墨盒销量的增加。墨盒销售额在2016年达到400万欧元，是2015年销售额130万欧元的3倍多。系统销售增加了约20%，从2015年的230万欧元增长到2016年的280万欧元。

股权募集：2016年11月17日，卡迪斯生物以私募的方式，加速累计投标（accelerated bookbuild offering）4 058 917股新股（约占发行在外股份的10%），每股发行价8.05欧元，完成总实收金额3 270万欧元的融资。

债务融资：2016年7月20日，卡迪斯生物宣布筹集到5 500万欧元不可稀释的资金，包括通过银行和租赁融资机制筹集的4 000万欧元以及 1 500万的后偿贷款（subordinated loan）。通过银行和租赁融资机制筹集的资金包括1 500万欧元的租赁融资和2 500万欧元的多用途信贷额度（授信额度由弗拉芒政府部分担保）。截至2016年12月31日，卡迪斯生物的未偿债务达到3 140万欧元，2015年12月31日这个数额仅为1 080万欧元。

现金流：2016年卡迪斯生物从营运活动（−5 530万欧元）和投资活动（−930万欧元）中获得的现金流达到了−6 270万欧元。2015年这个数额为−3 280万欧元，主要是营运费用增加以及墨盒生产线扩张造成的。假设2016年财务活动中获得的现金流为4 180万欧元，则本年净现金流总额达到了−2 090万欧元。

现金头寸：截至2016年12月31日，卡迪斯生物的现金头寸为8 320万欧元，2015年12月31日这个数额为1.041亿欧元。

关键数额（千欧元）	2016	2015	变化百分比
总营业收入	**13 772**	**14 951**	**−8%**
销售成本	−5 701	−2 642	116%

续　表

研发费用	−42 091	−36 554	15%
营销和分销费用	−10 324	−8 747	18%
总务及管理费	−5 827	−6 662	−13%
营业费用	**−63 943**	**−54 606**	**17%**
营业业绩	**−50 171**	**−39 655**	**27%**
净财务业绩	−586	−790	26%
所得税	980	648	51%
净业绩	**−49 777**	**−39 797**	**25%**
经营活动所得现金流	−53 312	−27 335	95%
投资活动所得现金流	−9 342	−5 436	72%
融资活动所得现金流	41 804	125 943	−67%
净现金流	**−20 850**	**93 172**	**−122%**
现金及现金等价物[1]	**83 247**	**104 087**	**−20%**
金融债务	31 407	10 815	190%

2016年公司经营性亏损约5 000万欧元，因经营和投资活动导致负现金流6 300万欧元，迫使公司慎重应对现金需求，寻找其他融资渠道。

[1] 包括120万欧元的限制性现金（作为KBC融资租赁的担保）。来源：http：//media.biocartis.com/biocartis/documents/170301-Press-Release-2016FY-Results-EN. pdf。

问题讨论

1. 像卡迪斯生物一样的医疗保健公司，在商业化开始前，财务需求的主要驱动因素是什么？卡迪斯生物的盈利模式是什么？

2. 2016年净经营现金消耗是多少（净消耗=经营消耗现金−经营收益现金）？监控现金总消耗率有多重要？

3. 假设根据2016年净现金消耗能预测未来资金消耗，卡迪斯生物的现金生命周期还有多长时间？初创公司或已扩大规模的公司在各时间点的最短现金生命周期是多久？

6.2 现金流、盈利和资产负债表：汇总

所有公司的最终目标都是将今天的现金转化为未来更多的现金，以此创造价值，达到预期收益。了解现金需求量以及预期收益现金量对任何初创公司而言都很重要，财务计划最重要的部分是现金预测，或预估现金流量表，包括：预期现金收入（主要来自销售、股份和债务投资者）和现金支出（例如工资、供应商和服务商等）。现金收入和现金支出之差就是某一时期收到的或支出的现金净额。

制定财务计划不应从现金流量表开始，而是应先对损益表（profit-and-loss statement，简称P&L）——也称为收益表——进行预测，损益表反映了所有的收入和成本。收入和成本之差就是当期利润（如果是正值）或亏损（如果是负值）。第三个财务报表就是资产负债表，一方面反映公司资产的数量，另一方面反映资金的来源，包括股份和债务。现金流量表和损益表代表某个阶段（一般是一年）的情况，资产负债表显示的是某个时间点的资产和资金来源的情况。因此，资产

负债表是一个静态的财务情况体现，而损益表和现金流量表好像电影一样，是动态的呈现。初创公司的财务计划一般会更侧重动态的损益表和现金流量表，没有将资产负债表放在同等重要的位置，本书对此介绍也不多。本章我们主要讨论损益表和现金流量表。

损益表和现金流量表有重叠的部分，但它们之间存在差异。一家公司可能在盈利的同时出现资金枯竭的问题，或资金耗尽却仍在盈利。表6.2显示了损益表和现金流量表是如何关联的。

表6.2　初创公司财务计划的核心部分

损益表	
	收入
−	经营性成本
=	息税前利润（earnings before interest and tax，简称EBIT）
−	税额
=	税后利润
现金流量表	
	税后利润
+	资产折旧及其他非现金支出
−	营运资金增加
=	经营性活动带来的现金流
−	投资性活动带来的现金流
=	自由现金流（free cash flow，简称FCF）

初创公司的财务计划先对损益表的经营部分进行预测。先预测公司收入，以及维持该收入所需的所有经营性成本。收入减去经营成本得到息税前利润。息税前利润既不包括贷款产生的金融成本——利息，也不包括税款。税款需要现金支付，预估的所得税为一定比例的息税前利润[1]，从息税前利润中减去。

息税前利润也需要考虑不以现金支付的成本，例如：长期投资或资本开支（capital expenditures，简称CAPEX）的折旧。因此，经营性的现金收入（或现金支出）、折旧和其他非现金成本（例如摊销）需要加回到息税前利润。此外，为了维持公司运营，多数公司不得不投入营运资金，把客户和供应商的存货和付款条件计算在内。这确实会对公司的现金状况造成影响。但营运资金没有计算在损益表内。收入没有将客户的付款条件计算在内，成本没有将供应商的付款条件计算在内，也没有计算折旧。应当记录营运资金的变化以了解现金的变化。将非现金支出和营运资金的变化计算在内能得出经营活动的现金流。经营活动的正现金流表示日常的经营活动获得了现金收益；而经营活动的负现金流表示日常的经营活动消耗的现金比收入的现金多。

最后，投资长期资产或资本开支，会对现金造成负面影响，但损益表没有将其包括在内。因此，净投资（即：投资-撤资）或投资活动产生的现金流对现金有消极影响，必须包括在财务报告中。经营活动和投资活动产生的现金流共同决定了公司的自由现金流。

---

[1] 显然，只有在初创公司盈利并支付税款的情况下，讨论税款才有意义。

正自由现金流表明经营活动产生的现金流足以覆盖资本开支，也就是说公司在财务方面可以自给自足。

需要注意的是初创公司的财务计划更侧重损益表和现金流量表的经营性部分，而不太关注资金流。因此，来自和流向包括股东（例如：资金增加、股息支付）和放款方（例如：金融债务、利息支付）等投资人的资金流在第一阶段并没有特别强调。这是因为财务计划的目标是了解经营公司所需资金的数额。因此，在解决未来资金短缺的问题之前，需要对经营获得或消耗的现金流进行估计。

在起草这些报表时，财务计划应该预测到多久之后的情况？如果是为了预估未来的资金需求，你应当至少考虑到下轮融资前的情况。如果是为了对公司进行估值，理想状况下你预估的时间应该以现金流稳定的时间点为截点——或尽量延长预估时段，比如：截止到预期退出的时间。财务预测的另一个重要特点是预测的阶段性。处于早期发展阶段的公司具有不确定性和不稳定性，我们建议将预测时间分解为一个月或一个季度，等公司发展更为稳定再改为年度预测。这为监测公司发展提供了很好的基准。如果将时间间距进一步缩小，则意义不大，因为这些数据会变化得太快，没有什么参考价值。

6.3 初创公司财务计划制定步骤

本节将带你一步步梳理如何制定一份完善的财务计划，针对现金需求的最重要驱动因素进行详细讨论，包括：

- 商业模式的具体特征；
- 获得第一笔收入所需时间和初创公司的创收潜力；

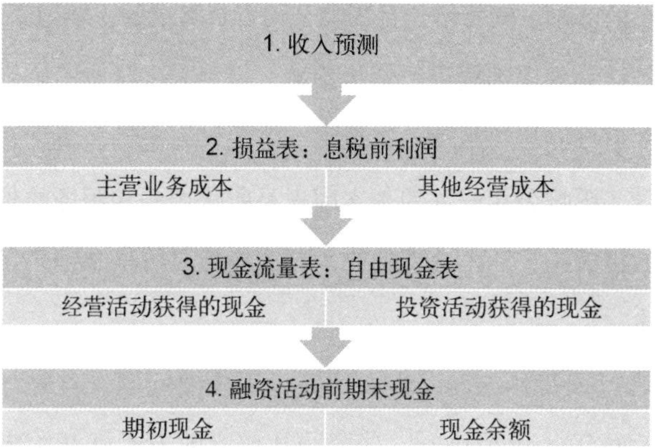

图6.3 初创公司财务计划制定步骤

- 营运资金政策，包括客户付款政策；
- 创收效率，即公司盈利性和发展的前景。

如图6.3所示，通过预测分析制定财务计划要分四步。首先，必须针对收入进行假设。最重要的是，假定市场需求和可用资源一定，根据可实现销售额水平确定销售预期。然后可对受销售水平影响的息税前利润进行预测，包括息税前利润的基本假设（例如：已售产品的成本及销售成本、总务及管理费）。一旦对息税前利润进行了预测，利用损益表数据、营运资金政策的基本假设和资本开支就可制定出现金流量表。现金流量表的结果是某段时间的自由现金流，而自由现金流与该时间段起始时间点的现金金额一起决定了该时间截止点的现金头寸。

第一步：收入预测

对收入和销售额的可靠预测是进行预测分析（pro forma

analysis）的基础。销售增长是影响公司资金需求的主要因素。因此，所有财务计划开篇都要进行销售预测。因为未来具有不确定性，任何预测都不可能尽善尽美，这只是一个关于未来销售最切合实际的开篇计划。影响公司收入的基本因素是所售产品和服务的价格，以及预期的销售量。一个合理的收入预测应当对价格和销售量进行细节性描述。

在进行销售预测时，需要回答以下主要问题。首先，公司何时能够完成第一批销售？一些公司从成立的当天就开始售出产品或服务，而有些公司要几年之后才能完成第一批销售。例如：公司研发新药物，需要经历漫长的研发过程，进行多次试验，才能获得上市许可。一种新药物的研发可能需要超过十年时间。这些公司建立伊始，通过提供咨询服务来获得早期现金流，因此对于外部资金的需求有所降低。但迎来第一位客户的时间也不完全取决于产品研发的时间。如果目标客户非常重要，从与该潜在客户首次接触到签订合同，再到该客户首次支付货款，可能需要几个月甚至几年的时间。新创公司往往低估了这中间延宕的时间。因此，对销售时间进行切合实际的预测是很重要的。一旦公司开始售出货物或服务，就需对销售的增长率有合理的预测，以确定支持这个增长率所需的资源水平。

第二个需考虑的问题是，预期销售和销售增长率水平如何？本章不打算讨论如何对未来销售额和销售增长率进行预测，因为初创公司没有业绩记录（track record），也无先前经验可资借鉴以进行预测。与成熟公司相比，对初创公司进行合理预测要困难得多。收入水平取决于一系列不同的因素：

- 总可用市场（total available market，简称TAM）的规模和发展速度，以及公司可能占有的市场份额；
- 市场营销的速度。例如：公司能培养并运行自己的销售力量吗？还是需要依靠第三方销售产品？
- 初创公司所售产品和服务的吸引力，以及客户在多大程度上对解决方案有所期待并愿意为此付钱；
- 初创公司使用的收入模型和价格战略。例如：像声田和匹克（PEAK）这样采用免费增值模式（freemium model）的公司，在将免费用户转为付费用户前，需要对用户进行补贴；
- 此外，是否有机会获得持续性收入或交叉销售产品和服务？
- 购买流程的复杂性。例如，购买医疗设备（如假体设备），需要获得政府、保险提供方、医患组织等多方同意，这将减缓购买流程和获得预期收入的速度；
- 客户决定购买产品或服务的平均时间。出售新的飞机发动机关键部件比将新款软饮卖给小型零售店要慢得多；
- 平均每个客户的订单规模或收入。你是需要说服100万顾客每人支付1欧元来购买你的应用软件，还是签订两份价值50万欧元的合同来生成100万欧元的销售额？

可通过两种方式对销售额进行预测。很多首次创业者倾向于从总体有效市场开始，使用自上而下的预测方法。这种方法一般这样表述："在价值高达x十亿的XYZ市场，如果我们能占领x%的市场份额，那么我们就能获得x欧元的收入"。尽管自上而下的预测方法能对未来公司的规模进行预测，但却没有考虑到可能遇到的阻碍、需要付出的努力以及所需的资源，因而对于客户的说服力不大。而自下而上的销售预测对确定预期收入至关重要。它解决了以下问题：假设公司可获得资源和可服务市场（serviceable available market，简称SAM）一定，如何求得可实现的预期销售水平？进行自下而上的销售预测需要以下三个步骤：

1. 自下而上的销售分析需要做的第一步是确定可服务市场。需要回答的关键问题是哪个可服务市场分支是公司产品和服务的目标市场。例如，生产狗粮的公司可能决定只专注于发展高端狗粮市场，占整个狗粮市场50%。此外，如果该公司销售干狗粮，它所占有的只是全部高端市场的一个分支，不包括该市场的湿狗粮分支。

2. 第二步，需对可获得市场（serviceable obtainable market，简称SOM）进行预测。关键问题是公司在全面考虑了销售和分销战略、地理位置和竞争激烈程度等问题的情况下可以获得多少市场份额。例如：狗粮公司可能一开始就决定专注于英国市场，通过独立的宠物商店销售产品。这个销售战略没有将超市和宠物超市的销售渠道包括在内。此外，这些独立宠物商店的可用货架空间也将影响未来产品销量。

3. 如果进入到微观层面，对中短期的收入进行合理预测，那么你需要描述你能在多短的时间内说服客户购买你的产品。例如，假设狗粮公司销售人员数量一定，说服每家宠物店购买产品的平均时间一定，你可以在前6个月先对20家宠物商店进行市场测试，然后增加销售力量，在第一年结束时对50家宠物商店进行销售。基于最初的试点，预期收入可由营销预算和每家独立宠物商店的平均销售量计算而得。

基于公司的类型，自下而上的销售预测包括的假设与以下因素相关：

- 销售漏斗的特点。例如：多少销售线索最后能转化为一个潜在客户，在这个过程中要花费多少资源（例如营销预算、销售努力）？将一个潜在客户转化为付费客户需要多长时间，也就是说销售周期是多长？销售周期的不同阶段转化率是多少？提升一个新销售代表的销售能力，使之成为业绩高的销售代表需要多长时间？这些问题对于公司的商业模式尤其重要。
- 直接和间接销售渠道的销售能力。例如：如果一家公司正在研发新型无人机系统，由中间商负责产品分销，那么需要了解分销商的客户群规模，以进行合理的市场预测。如果一家公司经营连锁餐厅，需要对每家餐厅可以服务的客人数量和每单消费金额进行预测。
- 经营规模扩大的速度。一定时段内的销量取决于很多因素，包括：经营限制、招募和培训新员工的速度、后台客户服务的程度，以及公司扩展到新地区的难易度等。

最后，为了对未来收入进行预测，在对市场有所研究的基础上，初始者需具备洞察客户行为的能力，以及了解销售效率和营销引擎的能力。因此，收集、检测平均获客成本的数据，以及通过记录客户消费行为平均值来计算客户终生价值是非常重要的。每个客户的终生价值应当高于获客成本，以构建可量化的商业模式。人们可从收入预测中，了解初创公司团队的抱负和可靠性，因此预测需严谨，这样才能说服投资者。尽管收入预测常常不够准确，但这样的预测还是挺重要的，因为可以观察它在多大程度上偏离目标，在多大程度上威胁到公司的生存。

第二步：损益表——税后利润

收入减去销货成本和其他经营费用得到息税前利润（EBIT）。

销货成本和毛利润

销货成本（cost of goods sold，简称COGS）包括与生产产品或服务相关的直接成本。每售出一个产品或服务，销货成本按比例增加。这些成本可能包括产品的原材料、在云端存储解决方案的成本等。收入和销货成本之间的差值就是销售毛利润。公司毛利润除以收入得到毛利率。毛利率在一定时间内保持稳定。毛利率提升说明规模经济指日可待，届时较低的投入值（投入价格降低或投入量变小）便可获得产出。毛利率应与同类公司或行业标准进行基准比较，若发生偏离基准的情况，应当确定原因。

其他经营费用

初创公司在将产品或服务投放市场前，需投入研发费用。但创新型公司需持续开展研发工作以进一步提升现有产品或引入新的创新理念。此外，投放产品或服务需要销售和营销费用。最后，所有公司都有总务及管理费用（general and administrative，简称G&A）的支出，包括：办公室租金、会计费用、保险和法律服务、交通差旅费用和杂项。所有这些费用都由员工开销和实付开支构成。对于员工开销，需明确每个时间点的员工数量以及每种类型的员工的开销。增加人员编制时需谨慎，不要忘记雇用新员工涉及的费用。

将预期研发、销售和营销费用、总务及管理边际（即这些开销占收入的比例）与竞争对手、同类公司和行业平均值进行基准比较，以判断预估成本是否合理。如果你的公司边际比基准值低，那就该考虑是否忽略了重要的成本项目。如果公司的销售和营销费用边际比竞争对手高，那就该找出原因，让销售团队提高工作效率。

随着公司成长，在一定时间段内记录这些边际值的变化也很重要。第9章将谈及投资者如何参照预测，对这些边际的实际绩效进行监管。很多初创公司的财务计划中存在错误：即便经营规模发生了巨大的变化，预期经营费用也保持不变。这显然是不可行的。成本可能在一段时间内保持不变，但随着经营规模扩大，成本也会随之上升。举个显而易见的例子：只有当公司雇用的销售人员数量增加时，销售增长才可能实现。此外，你的公司可能需要搬到更宽敞的办公地点或者需要更多的行政人员来处理更多的公司事务。

税后利润

毛利润减去其他经营费用得到付息付税前的利润。只要息税前利润是负值、公司处于亏损状态，就不需要支付税款。在多数国家，亏损可对未来若干年计税产生影响，未来的利润可减去过去的亏损再予计税。只有当所有的亏损都被利润抵消完毕后，公司才开始支付税款。

届时，税款将以息税前利润的一定比例进行计算，并从息税前利润中扣除。这种计算方法假定该公司的融资全部来自股权，没有债务融资，不需要支付利息。多数成长型公司以这种假设为前提计算税款。如果债务在一家公司的资金结构中占有重要位置，则需将利息支付计算在内，然后再予计税。

第三步：现金流量表——自由现金流

非现金支出（non-cash expenses）

现金流量表从计算税后利润开始，但有些成本不需（立即）用现金支付，这对息税前利润产生负影响。最重要的非现金成本是固定资产折旧。还有一种（不常见的）非现金成本是摊销（amortization），即无形资产的价值减少。例如，某软件工具由公司内部开发或从第三方处购买，使用年限可达5年。将该软件工具的投资分摊到整个软件的使用寿命作为成本。在该软件使用期间，这将对损益表产生影响。记录在损益表中的折旧、摊销不需要现金支付。因此，折旧、摊销都应加回到税后利润，以便公司了解其对现金情况的真正影响。

营运资金变化

大多数公司会面对不确定的、波动的市场需求，因此为了产生销售额，制造和贸易类公司会留有一定量的库存。库存也意味着一定数额的投资，特别是当产品的单价很高时（例如：集成电路制造行业），或当保持产品经济价值的成本（仓储成本）很高时。当公司开始出售产品或服务时，可以以现金出售或者赊销。如果以赊销的形式销售，公司需要等待资金回笼，承担客户无法支付的风险。但有的客户只愿意在赊销模式下购买产品。另一方面，并非所有的供应商都要求以现金支付。向供应商支付的金额和客户支付给公司金额之间的差额（将库存期的产品也考虑在内）就是一家公司需要的营运资金（见图6.4）。营运资金在现金流量表中很重要，它需要考虑给供应商付款的时间、客户付款的时间以及库存期的长短，但在损益表中却不需考虑这些，因为损益表主要关注收入和成本，而不是支付的时间。公司营运资金随库存和客户赊购的增加而增加，随供应商的赊购和其他经营性债务的增加而减少。下文将会简要讨论这些因素。

库存政策

关于库存，公司需做出一个重要决定——计划将库存保留

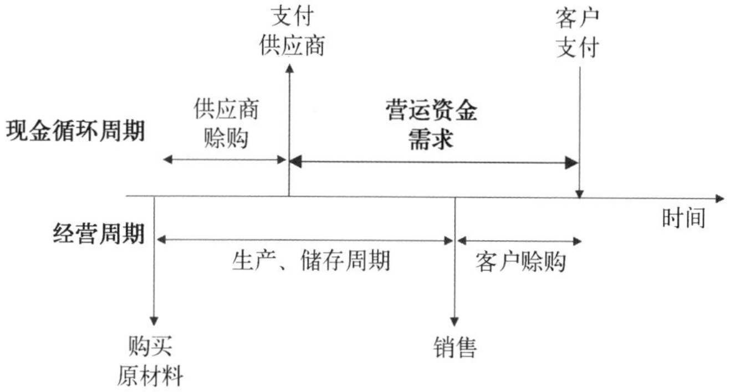

图6.4 营运资金需求

多久。这就要求公司对存储成本和缺货成本进行权衡，这属于两种类型的现金支付成本或机会成本。存储成本实际上是一种资金机会成本，因为投资在存储产品方面的资金无法再作他用。为保持库存产品的经济价值所需支付的成本也属于存储成本，例如冷藏药品发生的费用。缺货成本与因缺货而流失的客户相关，也与生产准备成本相关（production set-up costs）。保持大量库存不仅降低了缺货成本，也使公司可以享受批量折扣（volume discount）。在缺货成本和存储成本之间存在最为高效的平衡点。

赊购政策

多数客户在购买货物或服务时要求赊购。赊购条款经常成为销售谈判的焦点，因此新公司常常不得不同意客户赊购。公司需决定赊购的数量和期限，因为这些决定了投资项目的应收账款。应收账款越高，净营运资金需求越高，其他计算没有变化。产业和地区不同，则赊购期限的时长也有所不同。北欧的平均收账期是30天，而南欧的平均收账期约为80天。公司为了加快收回应收账款，一般会提供现金折扣。在公司等待资金回笼的时间内，不得不自己填补资金的缺口。如果公司同意赊购，就要冒着客户一旦破产则无法支付的风险。因此，延长赊购期限是需要慎重考虑的事情。

支付政策

通过延迟向供应商支付，公司降低了营运资金需求。因此，如果货品的价格和质量保持相同水平，最理想的状况是尽量推后支付的时间。但延迟支付也意味着无法获得现金折扣，比从其他渠道融资的成本要高。因此，多数公司为获得现金折扣会选择立刻支付。最后，我们还应意识到，故意延迟支付会损害客户和供应商之间的关系。

现金流量表记录了营运资金需求的变化。库存增加、客户赊购增加或供应商赊购减少会对公司的现金状况造成不利影响。一个典型的增长型公司需要更多营运资金（更多库存、更多客户赊购、更多的供应商赊购仅能部分抵消客户赊购）。因此，收入增加意味着营运资金增加以及随之而来的现金减少。忽略了营运资金的变化，可能会导致严重低估公司的现金需求。

基本建设费用

有些公司的创立可以一分钱不花——例如只有一个人的咨询公司，而有些公司先期需要投入大量资金——例如需要生产设备的从事制造业的公司。资金密集型产业需要投入大量固定资产，而在人力资源等其他方面的投入相对较低。这类资金密集型企业包括钢铁制造类企业、电信企业、集成电路制造业等。这些企业的经营前期需要投入大量资金，逐步发展不太现实。而对于那些包括大多数服务性行业在内的劳动密集型产业，前期资金投入较低，其经营可以逐步发展。因此，创立一家资金密集型公司所需要的资源要明显多于创立一家劳动密集型公司。

第四步：期末现金

初创公司财务计划的基本目标是了解需要或收入了多少现

金。一段时期内的所有现金收入和现金支付之差就是自由现金流。如果收入高于支出，初创公司有望盈利；反之则意味着初创公司（仍然）处于现金流失的状态，也就是说消耗的资金多于收入的资金。

为预估某时间段截止时初创公司预期拥有的现金数额，需将该时间段开始的可得现金——期初现金——与自由现金流相加，得到期末现金余额。现金余额为负值的话，公司需要外部资金支持才能得以为继。

实操：案例分析

新技公司（第一部分）

新技是一家基于伽利略卫星导航系统、研发创新产品的公司。伽利略卫星导航系统是欧洲的全球导航卫星系统，可通过卫星在全球范围内对移动物体精准定位。表6.3列举了财务预测的基本假设。假设研发时间和销售前准备阶段需要21个月，公司预计在22个月后售出第一批价值1.5万欧元的产品。此后，假设销售部署和市场资源不变，公司预期将在两年的时间内实现10%的月增长率。之后，可获得市场预计达到成熟，公司增长率将和整体经济平均增长率（预计为3%）一致。整个案例我们都假设公司只采取股权融资方式。但这并不是一个很重要的假设，因为初创公司的财务计划首先关注的是来自经营活动的资金。

表6.3 新技公司最可能情景下的假设

1. 公司成立时投资了5万欧元现金，另投资3万欧元于“勘得”机器（kind，一种测试机器）。机器的折旧分摊在5年时间内。这些是初创阶段所有的资金费用。
2. 研发和销售第一批产品需花费21个月的时间。
3. 在第22个月卖出第一批产品，价值1.5万欧元。
4. 销售将在两年时间内达到月增长率10%。此后，假设销售增长与整体经济的增长一致（年增长率3%）。
5. 毛利润为销售收入的50%。
6. 在第20个月，购入一台价值36万欧元的生产设备。该设备折旧分摊年限为30年。
7. 销售成本、总务及管理费预期固定为每年6万欧元加上月销售额的5%。
8. 公司允许客户赊购。每月60%的销售额将在下个月收回资金，30%将在两个月后收回资金，10%将在3个月后收回资金。
9. 应付账款是销售成本的20%。
10. 公司计划以下月预期销售的10%作为库存缓冲。
11. 公司承担的公司税率为33%，若公司亏损，则可无限期向前抵扣计税。

问题讨论

1. 按照以上新技公司的商业计划，预期税后月利润是多少?

2. 新技公司预期月自由现金流是多少?

3. 假设没有额外的融资，公司运营4年后预期现金缺口是多少?

6.4 财务计划的使用

财务计划有多重功能。

6.4.1 评估公司的生存能力

财务计划是对多种情况的评估，以确定在何种情况下，拟实施财务计划的商业模式有望生成可持续性利润。例如，财务计划显示经营要达到一定规模才能达到收支平衡，也使我们了解主要收入、成本动因，以及哪些因素最消耗资金。

一份好的财务计划也为公司提供了进行健全性检查的机会，使公司能够对照相似的公司进行自检。例如，如果与竞争者相比毛利润略高，可能意味着低估了某些项目成本（如研发人员或销售人员的雇佣成本），或高估了客户支付的意愿。此外，将平均员工费用与市场标准进行对比，或将每名员工产生的收入与相似公司进行对比，给公司提供了现实检验的机会。好的财务计划能帮助公司对未来业绩进行跟踪了解，当现实偏离计划时及时给予警示。

6.4.2 评估现金消耗率

财务计划显示了创立公司以及维持公司时，不同时间节点需要的现金金额。从财务计划中可得知一段时期内公司的现金消耗率或消耗的现金量（总的现金消耗=现金支出）或损失的现金（净消耗=现金支出－现金收入）。现金余额除以净月现金消耗率得到公司现有现金可以维持的月数（现金生命周期）。通过净消耗率我们可以了解在现有资金情况下，多久之后公司需要进行融资。在新技公司的案例中，公司的启动资金为5万欧元，开始阶段每月消耗5 000欧元，因此公司的现金生命周期为10个月，此后公司将面临现金耗尽的情况。

控制现金消耗率是很重要的，原因如下：

- 现金消耗率表明一家公司何时需要开始新一轮融资。六个月以上任何时间点随时做好现金消耗殆尽的准备，因为融资需要时间。否则，当潜在投资者知道公司迫切需要现金的时候，创业者将在谈判中面临处于劣势的风险。此外，员工也希望确切知道他们下个月能否领到薪水。

- 在新创公司发展过程中，在盈利前的市场匹配阶段，公司融资是比较困难的，因为产品或服务还不确定能否适应市场。因此，公司希望通过布罗波融资的模式，或在不成熟阶段限制用于公司扩张的投资（例如将资金更多投入到市场和销售上），以此来降低现金消耗率。[1]当产品–市场匹配已经完成且合适的销售和市场模式已经构建时，才是提高现金消耗率来进行公司扩张的良机，因为外部投资者也希望以更低的价钱进行投资。在这个时间节点，投资效率将得到提升。这往往是一种权衡：你是希望通过增加净消耗、稀释股份而获得先发优势，成为市场领导者，获得较高的整体市场估值？还是希望保持较低的现金消耗率，保持公司有机成长的态势、保留高比例的公司所有权股份，但承担被发展迅速的竞争对手打败的风险？市场的逻辑是“赢家通吃”，这迫使公司维持高水平消耗以赢得市场主导地位。例如，截至2016年底，欧洲食品配送公司在欧洲市场扩张方面投入巨资，以获得网络效应、客户忠诚度、规模经济等先发优势以及实现骑手车队的有效运营。这些食品配送公司包括融资5亿欧元的户户

[1] Seth Godin（2017–06–15，www.sethgodin.com/sg/docs/bootstrap.pdf）和Eric Ries著作《精益创业》（*The Lean Startup*, 2011）对创立公司过程中如何做到“现金高效使用”提供了具体的指导。

送和融资10亿欧元的外卖超人（Delivery Hero）。在这种类型的市场中，除非能拼出一条可以盈利的路子，小公司几乎没有选择的余地。

- 需和原有投资者和新投资者就合适的现金消耗率深入沟通，因为现金消耗率会影响他们提供后续资金的能力。考虑到原投资者持有的资金可能不足，如果现金消耗率太高，公司需要寻找新的能适应较高现金消耗率的投资者。

人们常常对于应该跟踪了解总现金消耗率还是净现金消耗率感到困惑。净现金消耗率显示的是多久之后公司需要进行融资。总现金消耗率也很重要，它指示的是公司花费的水平，也就是说如果收入较预期降低，将对公司造成多大损害。如果花销在公司的掌控之中，收入取决于客户购买的意愿，例如，如果公司丢掉了一个对公司的持续性收入有较大贡献的大客户，就需要降低固定支出（如员工成本），否则较高的总现金消耗率可能会使公司面临困难。此外，总现金消耗率高的公司很容易受到经济下行趋势的影响，投资者对亏损公司融资态度的改变也会对公司产生影响。

6.4.3 通过估值确定股票价格

很多初创公司在某个时间节点需要融资，因此需要通过估值确定股票的价格。第7章将详细讨论这个问题。此外，在退出时（如首次公开募股或交易售出），需和潜在购买者就股票价格进行谈判。财务计划能帮助我们了解公司估值过程中需要的一些关键参数，包括：

- 公司获得现金流的能力，常以息税折旧及摊销前利润

（earnings before interest, taxes, depreciation and amortization, EBITDA）表示（计算了折旧和摊销的息税前利润）；

- 维持公司所需的资本开支；
- 公司的预期业绩，体现为公司收入增长水平、总收入水平和净收入水平。了解这些数据是否有增长或减少的趋势；
- 收入的整体稳定性——大多数收入是否属于经常性收入，或是否以项目为基础；
- 公司整体营运资金的需求，以及现金转换（cash conversion）情况；
- 公司能承受的债务量。

6.4.4 制定融资战略

财务计划显示需要多少资金才能维持公司运营。这里涉及一个关键问题：应当预先筹集所有资金，还是在公司发展过程中通过几轮融资筹集资金？一般情况下，常通过几轮融资筹集资金以降低创业者的股份稀释和投资者的整体风险。财务计划可以帮助确定融资规模和融资时间。

公司的融资轮经常与意义深远的里程碑事件关联。达成里程碑事件意味着风险在很大程度上有所降低，公司朝着成功又迈进了一步。一般来说，顾客牵引力是商业模式是否奏效的最重要的指标。但在出现可观的客户需求前还要经历好几个阶段，中间阶段的里程碑也很重要。制造第一个产品原型，签约第一个先导客户，雇用了一位经验丰富的首席技术官，进行了一次成功的 β 测试或是通过了临床测试，都可看作里程碑事件。每次里程碑事件的达成都降低了风险、提高了公司估值，因为新的融资将在更有利的条件下完成，股份稀释也受到限制（见图6.5）。如果因目前的现金生命周期太短，无法实现某个里程碑事件，那么公司需要重新调整战略定位，或向新里程碑目标前进，以降低风险，在下轮融资中得到更高的估值。在现金枯竭之前，也可通过降低现金消耗率达成里程碑。显然，里程碑事件需要公司和投资者协商定义。

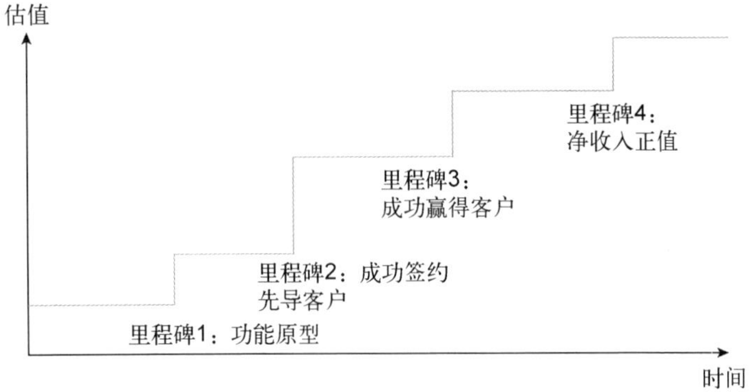

图6.5　围绕里程碑事件的估值上升

实操：案例分析

新技公司（第二部分）

新技公司的里程碑事件

回到新技公司的案例，让我们思考一下在公司发展过程中，当第一个产品模型制造完成的时候，创业者如何确定第一个里程碑事件。这个阶段出现了几个问题：产品能够生产吗？生产的成本是多少？生产的时间有多长？研发产品的必要步骤有哪些？产品的生产能够外包吗？已经完成的可行的产品原型在很大程度上降低了不确定性，也能降低为获得外部融资付出的代价。现在我们假设产品原型在第15个月可以完成。

考虑到股份较为昂贵，公司自然不愿让融资金额超过公司所需。但融资过少可能会严重影响公司发展，因为研发产品或服务所需成本总是超过预期。此外，第一批客户签合同、支付的时间一般也晚于预期。因此，预先设定安全缓冲（safety cushion），使融资金额超过财务计划预测值是很明智的做法。这么做虽然会增加本轮融资的股份稀释，但能帮助你成功获得后续融资。创业者不会希望在公司现金即将枯竭的情况下，承受时间压力，仓促融资。

如果公司前景很好，不应当在一开始就筹集超过公司成长所需的额外资金。因为运行良好的公司吸引新的外部资金当然会容易得多。在这种情况下，因为公司前景光明，为获得外部资金而付出的代价要低得多。如果公司前景糟糕，也不用考虑公司所需的融资金额，因为创业者和外部投资者在这种情况下最好放弃公司以减少损失。

应当何时进行融资？融资是一个旷日持久的过程，需要进行大量的谈判，经历情绪上的起伏。建议如下：

- 融资应当在现金耗尽前至少6—9个月进行；
- 与潜在投资者建立联系是创业者始终需要做好的事情，这些关系会在公司需要资金的时候派上用场。在会面的过程中，创业者和投资者可以就公司取得的进展和面临的挑战展开讨论。在公司确实需要融资的时候，可以依靠这些值得信赖的关系。基于从以往联系中收集到的反馈，公司也能克服一些发展障碍。这些会面还能帮助公司判断这些投资者是否与公司匹配（如在行业背景、可得资金等方面）；

- 当公司需要资金的时候，创业者必须花费相当长的时间和投资者接洽。这是一项无法外包的工作。创业者可能遭到拒绝，可能需要经过艰苦的谈判才能达成公平交易，这些都会使创业者经历情绪起伏，感觉犹如乘坐过山车。作为创业者，你可能需要确认为此预留足够多的时间，确保你的公司不会受损。

专家之声：路易斯·马丁·卡维德斯（Luis Martin Cabiedes，西班牙）

路易斯拥有马德里康普顿斯大学哲学学位，纳瓦拉大学商学院（IESE）工商管理硕士学位，持有注册金融分析师的执照，目前是一位财务分析师。路易斯于1998年加入欧洲新闻社，做了12年的联合董事长。路易斯自1998年开始投资早期发展阶段的技术初创公司。他先是在投资活动中以天使投资人的身份出现，然后建立了自己的风险投资基金（Cabiedes and Partners），现在他的主业是风险投资。他投资过的互联网和技术初创公司超过40家，其中包括欧蕾（Ole）、马来尔特（Myalert）、艾克塞叟（Acceso），以及最近投资的普瑞维拉（Privalia）和稠维奥夫（Trovit and Offerum）

公司。路易斯自2008年起在纳瓦拉大学商学院作为兼职讲师教授“企业家能力”和“创业金融”两门课程。

对创业者而言什么是最好的融资？

天使投资很好，风险投资有的时候很好，但作为创业者永远不要忘记最好的资金来自客户！

6.5 应对不确定性

初创公司或早期阶段公司的主要特征之一就是不确定性。由此看来，进行预测像是在做无用功。毕竟未来完全符合预期的概率很小。尽管如此，相比于在稳定环境中运行的公司，对身处不确定环境的公司业绩进行预测更为重要。在分析中涵盖不确定因素能评估公司遭受预期之外的打击时将承受的损害，或评估一些重要选择对财务产生的影响。如果分析中不包括不确定因素，可能导致严重的财务问题。为保障发展，向外部投资者融资时，公司在谈判中可能处于不利位置。我们可能需要权衡以下问题：是加快公司发展还是放缓公司发展？如加快公司发展，则需承担因投资增加而导致的现金的进一步流失；如放缓公司发展，则需考虑如何尽快实现正现金流和盈利。此外，如果不考虑公司发展和销售放缓，或者不考虑销售或利润低于（或高于）预期的后果，可能会将公司置于意料之外的困难境地。

下面的小节将对模拟不确定性的两种方法展开讨论。首先，若对公司货币头寸进行的假设发生细微改变，则可以通过敏感性分析来评估这种改变会产生何种影响。其次，通过情景分析描述未来的经济和技术环境及其对公司财务需求的影响。

6.5.1　敏感性分析

敏感性分析可用来讨论若财务计划的基本假设中的一项发生变化，而其他假设不变，会产生何种影响。关键假设包括销售增长水平、毛/净利润、平均获客成本、达成销售所需时间、平均支付金额以及定价政策等，由此可以确定所需现金的关键决定因素。敏感性分析是非常有效的决策工具，它考虑的是保障公司的财务状况步入正轨所需要特别关注和持续监管的因素。

实操：案例分析

新技公司（第三部分）

图6.6所示为销售增长对现金的影响。月增长率只适用于实现首笔销售后的头两年。此后，我们假设公司成长速度与整体经济保持一致。因为营运资金需求增加、增长速度高意味着预期现金缺口大。资金需求增加在销售水平较低时并不明显。当销售增长达到25%或更高时，需要的现金呈指数级增加。需要注意的是，对较高水平的销售额而言，现金流达到收支平衡的时间相对较长。大多数高速成长的公司现金流达到收支平衡后，公司成长

速度会回归到整体经济的平均增长速度。很明显，高速增长的战略对公司的财务情况有重大影响。若没有预见到这种影响，则会使公司面临严重的财务困难，特别是在经济衰退、资本市场萎缩的情况下。

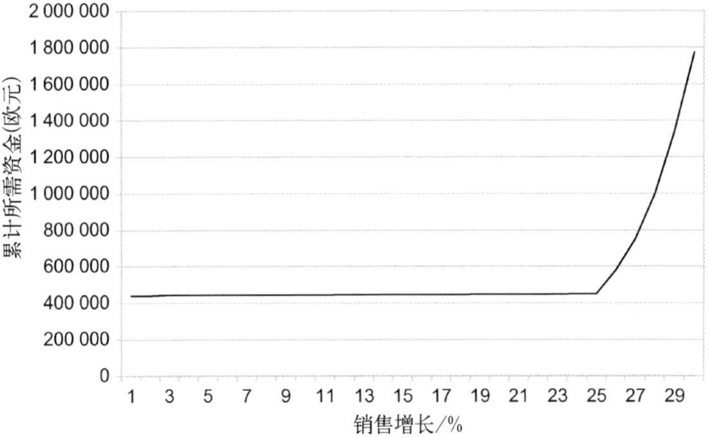

图6.6 不同水平增长所需资金

可比敏感性分析可针对财务计划中所有重要的假设进行，例如：假设以最现实的销售增长率为前提，分析不同水平的毛利润或固定成本，或是假设实现第一笔销售所用时间较长，进而展开分析。通过分析，我们会发现利润率较高时，所需资金只有小幅度减少。而当一家公司高速发展却面临较低水平的利润率时，对外部资金的需求可能较为强烈。采用高速增长战略的创业者应当意识到该战略会引起怎样的财务影响，以免公司面临财务方面的困难。提高定价以增加利润率可能是较好的解决办法——即便这样做会导致成长放缓，公司对外部资金的依赖也会因此降低。

6.5.2 情景分析

情景分析指的是，就公司商业模型设计和未来拓展战略展开分析，以评估公司可能的资金需求。例如：

- 以技术为基础的公司经常面临这种问题——是应用特许经营战略还是内部生产销售产品战略？两种战略都会对公司的资金需求产生影响。
- 不同的收入模式可能对生成现金的数量产生影响，也会影响不同时间的现金流。例如，一家软件公司可能决定免费提供部分软件以吸引客户。提供订阅制（subscription model，SaaS的收费模式），还是采用一次性永久许可的模式，会对不同时间的现金流和规模产生影响。最后，向客户销售硬件还是提供租赁模式也将对运营公司所需的资金规模产生显著影响。
- 一家软件公司可能决定与第三方合作，将其软件产品商业化，而不是在公司内部建立市场和销售部门。
- 参与国际活动的初创公司可以应用不同的国际化模式（如：出口还是建立地方办公室），这会对公司的财务需求产生影响。
- 是在公司内部研发产品或服务（如软件研发、生产），还是将其外包？很多初创公司需要在这两者之间进行权衡。显然这将影响公司固定成本和可变成本的水平、利润以及现金需求。
- 可以通过不同方式使公司获得发展——特许经营模式、许可战略、独家经销协议等。每种模式都会对公司的资金需求产生影响。

为了使将来的资金需求得到满足，需要审慎地思考商业模式以及公司增长策略。很多时候，创业者需要对其商业模式进行调整，因为他们可能没有足够的资金来实施增长战略、进行公司扩展，或者融资可能造成过度的股份稀释。投资者也有可能改变公司的商业模式以帮助公司完成扩张。因此，设计商业模式原型并考虑其相应的资金需求，应当是商业计划流程中必不可少的部分。

要点总结

- 如果想创建一家公司，在什么阶段需要资金以及需要多少资金，是每个创业者必须了解的知识。融资计划会对公司最终能否获得成功以及公司的价值产生影响，因而具有战略重要性；
- 一份好的财务计划不需要太复杂，它应当是含义清晰、为选定的商业模式量身定制的，为公司外部人士提供对公司进行健全性检查的机会；
- 理解财务计划的逻辑、确定财务情况的基本驱动因素是创业者的关键任务，也能为外部投资者提供可靠的可信度测试；
- 计算公司的现金需求需按照程序逐步进行。首先评估收入预期，然后计算经营收益率、确定非现金支出、预估公司包括资本支出和营运资金需求在内的前期投资需求和现行投资需求，最终得出可支配的自由现金流；

- 融资常与里程碑事件发生关联，以减少创业者的股份稀释，并降低外部投资者的风险；
- 进行敏感性检查、分析不同的商业模式情境能帮助创业者更好地理解哪些关键因素决定财务业绩，了解不同发展路径的不同资金需求。

本章提问

1. 为什么所有的初创公司都需要制定财务计划?

2. 你可以从财务计划中了解到什么?

3. 为什么同时需要损益表和现金流量表?

4. 为什么高速发展和快速盈利几乎无法同时实现?

5. 初创公司的支付政策如何影响它的资金需求?

6. 为什么会出现初创公司预期在一年中可以盈利却还要面临现金流失的情况?

7. 为什么初创公司的财务计划主要关注与经营相关的现金流，而不太看重来自和流向投资者的现金流?

8. 为什么要根据一系列里程碑事件安排融资的时间? 对软件公司而言，有哪些里程碑事件的例子?

9. 为什么一些高潜力的初创公司，如多宝箱（Dropbox）、优步、户户送以及大多数生物科技公司，需要融资数百万欧元才能开始盈利? 这说明了什么?

10. 公司应用什么战略可以减少早期发展阶段的资金需求？为什么要减少这个阶段的资金需求？

11. 投资者希望在财务计划中看到什么？什么能让财务计划对投资者更有吸引力？

12. 创业者应当更关注净现金消耗率还是总现金消耗率？两者之间有何差异？

13. 自下而上的销售预测和自上而下的销售预测有什么差异？投资者更倾向于使用哪种预测方法？

14. 作为创业者，如果你面临现金耗尽又没能达成与投资者协议的里程碑事件，你能做些什么？

15. 现金耗尽就好像是心脏病发作！以低利润率水平运营公司就像是身患绝症，会慢慢杀死你的公司。为什么会这样比喻？

延伸阅读

Janz, C., SaaS Financial Plan 2.0. Url: http://christophjanz.blogspot.com/2016/03/saas-financial-plan-20.html (6 June 2017).

Mullins, J. (2013). Use customer cash to finance your startup. *Harvard Business Review*, 91(7–8), 19–21.

Suster, M. (2012). How to develop your fundraising strategy. Url: https://bothsidesofthetable.com/how-to-develop-your-fundraising-strategy-58c2f0b22d6d (6 June2017).

Landström, H. (2017). *Advanced Introduction to Entrepreneurial Finance*. Edward Elgar.

参考文献

Godin, S. (1998). *The Bootstrapper's Bible: How to Start and Build a Business with a Great Idea and (Almost) No Money*. Upstart Publishing.

Ries, E. (2011). *The Lean Startup*. Crown Publishing Group.

实操：案例分析

考利普罗（Qulipro）：为初创公司制定一份财务计划

考利普罗成立于2006年，是由专攻微电子研究的某大学和研究机构派股重组的生命科学仪器公司。该公司研发了一种新型医疗设备“模型16”，可对实验室中的DNA样品进行快速定量分析。在实验室对DNA进行分析前，这是非常重要的步骤。该设备的竞争优势在于享有专利的微流体玻片板，可同时处理16个微量DNA样品，并自动进行定量分析。该设备使用简单，能够极大降低为分析DNA样品，进行准备的时间和成本，对大型DNA实验室会很有吸引力。在初创阶段，考利普罗已经有了“模型16”的实验室原型，正在研发该原型的β版，计划在现实环境中进行测试。最终目标是为样品分析和定量分析研发完整的软件工具箱，使其可以适用于任何DNA实验室的工作流程。

考利普罗创立伊始的资金包括现金34万欧元以及价值20万欧元的隶属大学的知识产权。三名创业者因初期投入获得了公司25%的股份。创业者的股份对应的权利要少于投资者股份对应的权利，也就是说，只有当公司运行良好时，他们才能获得收益。此外，既然他们在公司获得了股份，他们的薪酬将低于市场薪酬水平。

公司初创阶段从专业从事早期公司风投的投资者那里获得了资金。风投者认为这个项目尚不成熟，在投资前要求公司进行进一步的技术研发和市场测试。很明显，公司从一开始就需要更多的资金。公司正式创立前，最初的财务计划预计第一批产品会在2008年下半年上市，2008年收入预计超过50万欧元。考虑到“模型16”具备的竞争优势，收入预期会快速增长。为将产品投入市场，自公司创建到2009年，研发经费和市场支出需求超过200万欧元。尽管如此，公司预期在两年内，即2009年底之前，达到息税折旧及摊销前利润的收支平衡。基本建设费用主要用于实验室设备和工具，预期将达到150万欧元，分摊在公司创立的前3年。公司创立后需要立刻投入的资金达到41.75万欧元，用于支持研发以及2009年组织“模型16”和一次性玻片板的生产。这导致考利普罗前三年的预期自由现金流为负370万欧元。

根据最初的财务计划，公司建立后立刻开始准备目标350万欧元的融资。但创业者很快意识到，鉴于公司早期阶段的发展，不可能筹集到这么多资金。投资者希望他们至少要完成验证产品理念的工作样品，最好能从主要客户那里获得至少一封意向函，才会考虑向公司投资。因此，公司制定了一份新的、详细的月度财务计划，时间跨度为2007年9月至2010年12月，目的在于降低现金消耗率，以减轻派股重组的融资压力，但这样做必然会导致第一批产品暂缓上市。

新计划

收入预算将“模型16”设备自2008年7月起的销售额以及“模

型96”自2009年1月起的销售额包括在内。销售预算基于自上而下和自下而上相结合的分析方法制定。“模型16”定价1万欧元，“模型96”定价2万欧元。除销售设备获得的收入，预计销售一次性玻片板可以带来可观的持续性收入流，因为玻片板只能使用一次，为继续使用“模型”，就必须购买玻片板。实验室每台“模型”设备每个工作日预计使用两个玻片板（“模型16”和“模型96”都为此数量），每个月平均22个工作日。“模型16”的玻片板售价2欧元，“模型96”的玻片板售价8欧元。对设备的维修保养可以为公司带来第三支收入流。预计30%的客户每年每台设备会花费1 000欧元进行维修。所有销售的产品和服务可在30天内支付。

“模型”预期销售，2008—2010年

为进一步开发设备、一次性耗材和“模型96”，需要进行更多的研发工作。在开始阶段，研发人员的成本约为每月1万欧元，但从2010年起预计会增加到每月4万欧元。其他研发相关的成本主要来自购买实验室中使用的耗材，包括：照明、纤维、电子器件和生物技术的消耗品，预计每月7 000欧元。与研发相关的分包费用包括：一次性浇注的成本、打扫房间的人员工资薪酬以及电子器件、机械制造和软件的设计费用。基于一份详细的研发项目计划，研发分包成本预计如下：2007年2.45万欧元、2008年1.8万欧元、2009年3万欧元、2010年3.2万欧元。

设备的生产将会外包。为达成第一批销售，自2007年10月起，每月与固定生产相关的成本预计为5 000欧元，主要用于质量保证。

从2008年8月起，这部分成本会降到每月2 500欧元，但2010年1月又会增加到每月8 333欧元。此外，自2009年1月起，每月还有1 000欧元的固定生产成本，用于供电、取暖、维修等。

根据一份详细的材料清单（包括直接材料、包装、人工和分包），可变生产成本“模型16”约为5 000欧元，“模型96”约为7 000欧元（包括生产商的适当利润）。“玻片板16”的可变成本为每个1欧元，“玻片板96”的可变成本为每个4欧元。最后，服务成本（维修）预计将达到服务收入的50%。

生产商需要成批生产设备和一次性耗材。一次性耗材将每批生产5万个，需要在购买前一个月预订并付款。设备每批生产100台，需要提前三个月预订。考虑到初创企业的前景不明朗、合作有风险，一旦预订，生产商便会要求公司付款。

自2008年1月起，第一年需为每名销售经理每月支付8 333欧元的薪酬，这笔薪酬从2010年1月起将增加到每月1万欧元。用于支付网站研发维护、文件管理、差旅的销售预算每月预计为5 000欧元。这笔费用到2010年会增加到每月8 000欧元。

与行政人员成本相关的总务及管理费（从2008年7月开始预计）预估为每年4.5万欧元，聘请首席财务官（自2010年1月开始）每年成本10万欧元。其他行政成本2007年预计每月1.7万欧元，此后每年增加7%。这些费用包括物资、房租、清洁、订阅刊物、电信费用、会计以及其他专业服务和杂项，也包括首席执行官提供的“管理支持”费用。

最后，投资预算如下：研发实验室设备2007年9月花费1.6万欧元，2008年20万欧元（1月花费一半，9月花费另一半），2009年15万欧元，2010年21万欧元（最后两项分摊到全年）。所有实验室设备折旧线性分摊到5年。此外还有一项数额较大投资与一次性耗材模具相关，“模型16”的一次性耗材预计花费20万欧元，2008年初付款，“模型96”的一次性耗材预计花费60万欧元，2009年初付款。模具折旧分摊在三年的时间里。其他资本开支包括电脑、打印机等，2017年9月预计为1.05万欧元，此后每年1.8万欧元（平均分摊到12个月）。这些投资的折旧均摊到3年的时间里。

因为供应商不愿意为初创公司提升交易贷款额度（trade credit），以上成本和投资都需以现金支付。

问题讨论

基于以上预估，制定一份财务计划。该计划需回答以下问题：

1. 什么是月均现金消耗率（即负的投资前的息税折旧及摊销前利润）？

2. 考利普罗何时能够实现息税折旧及摊销前利润盈亏平衡？何时能实现息税前利润盈亏平衡？

3. 考利普罗共需融资的现金金额是多少？需要投资的最晚时间点为何时？

4. 你建议考利普罗立刻融资多少现金？后续还需融资多少现金？

5. 考利普罗凭借最初筹集的现金可以完成哪些里程碑事件？

6. 财务计划中最重要的假设是什么？

7. 根据财务计划，你建议公司对现行商业模式进行哪些调整？

第7章

初创公司的估值

路易莎·阿莱曼尼

西班牙艾赛德商学院

本章将探索一个充满挑战、让人兴奋的领域——公司估值。估值是金融学的一个重要问题，与高增长公司尤其相关，因为估值结果会对公司融资产生重要影响。发行股票是初创公司融资的主要渠道，这样的初创公司一般有较大潜力，但拥有较少的有形资产。为了评估，公司创始人和投资者需要给公司估值，或者决定资金转换股票的转换率。

公司估值与其说是一门科学，不如说是一种艺术，甚至连成熟的传统公司也概莫能外。对于新创公司而言，有时候估值近似于算命，或是用望远镜找新星——你需要运气，但如果知道往哪个方向看，或许也能得益不少。对创业团队和计划投资的人来说，了解公司估值程序和投资时间，了解促进价值提升的因素，是非常重要的。这样，创业团队和投资者将建立一套能促进双方协商的价值标准，使双方在定价上更趋一致。现在，让我们开始学习之旅吧！

媒体视角

英国《金融时报》

欧洲独角兽依旧成为难题

投资者对私人新创公司估值飙升的担忧

阿特拉克塔·穆尼（Attracta Mooney）　2016年6月16日

“天空搜索”是一家英国航班搜索网站，1月份该公司融资1.28亿英镑，成功变成欧洲独角兽企业一员。此后，又一家欧洲公司也成为“独角兽”。“独角兽”名单由“推介书”（PitchBook，关于企业资本、合并和收购项目信息的数据库）发布，指估值至少在10亿美元以上且还未上市的新创公司。今年相当于每2.5个月新出现一家“独角兽公司”，而去年是每1.7个月新出现一家，这意味着投资者对大规模新创公司的投资越来越谨慎。伴随着这种谨慎的是对全球未上市新创公司估值飙升的担忧。近年来，许多投资者不得不减少投资，包括对“多宝箱”（Dropbox，一家文件储存网站）和“色拉布”（Snapchat，一家将照片“阅后即焚”的社交媒体平台）的投资。但那些投资方兴未艾的科技行业的风投者却认为欧洲这种态度太过保守，他们认为在热火朝天的北美丝毫没有这种保守迹象。西拉杰·哈利基（Siraj Khaliq）是阿托米可风投公司的投资合伙人，该公司的创始人是尼克拉斯·詹斯特罗姆，也是斯盖普的联合创始人之一。西拉杰·哈利基创建了一家农业高科技企业，名为“气候公司”（The Climate Corporation），是全球首批独角兽公司之一。哈利基先生认为，欧洲的公司估值比美国保守得多，他说：“我们看到太多优秀的（欧洲）公司，我们该加快步伐了，机会真的很多。”

蒂姆·黑姆斯（Tim Hames）是英国私人股本和风险投资协会的理事长。他说：“大家普遍认为，欧洲的公司估值就算再高也不至于离谱，相比于美国同行来说，我们冷静多了。”……

根据“推介书”的数据显示，美国公司的中等估价自2010年来已翻两番，达6 060万美元。2010年，那些待运行但还没开始出售产品的早期美国初创公司的中等估值是890万美元，到2016年，这个数字飙升至2 200万美元。在欧洲这些数字要小得多。目前，欧洲的早期公司的中等估值是800万美元，晚期初创公司估值2 100万美元。哈利基先生说，欧洲公司估值较低的部分原因是用于初创公司的资金较少，他还说，美国用于晚期初创公司的风投资金高出欧洲14倍。马尼什·麦德瓦尼（Manish Madhvani）是英国风投银行GP布尔汉德（GP Bullhound）的联合创始人兼管理合伙人，他说在初创公司的投资上，欧洲投资者往往趋于保守。当他们给一个初创公司投资时，总想着丰厚的回报和更大的发展机会……

一些投资者被独角兽企业创业之初的一些负面故事给吓坏了，但现在这些担忧在慢慢减少。麦德瓦尼先生说：“欧洲的独角兽公司不可能和他们的美国同行处于同等压力之下，因为在利润生成方面他们更占优势。我觉得欧洲初创公司存活率较高，而在美国，我觉得初创公司失败率较高。”

有迹象表明，有些投资者是赞成麦德瓦尼先生的观点的。阿托米可风投公司根据行业网站Tech.eu/Dealroom上的数据发现，2016年的前5个月，投资者为125家早期初创公司的A轮融资提供了资金，而2015年上半年这个数字是105家。……安迪·伊文思（Andy Evans）是英国最大的基金公司之一——施罗德公司（Schroders）的股权价值基金经理，他为欧洲的科技初创公司深深担忧。“人们给独角兽公司投资时总指望能碰上下一个谷歌或者脸书。但是，在独角兽公司里你极少能碰上脸书，而更大可能碰上Lastminute.com，[1]这家公司在上市后股价突然暴跌。”伊文思先生说，“很多情况下，独角兽公司估值的结果是‘期望’的胜利而不是‘现实’的胜利。”

https://www.ft.com/content/1oa73408-2e37-11e6-bf8d-26294ad519fc

学习目标

阅读完本章，你将能够：

- 认识到用传统估值方法对高增长新创公司进行估值的局限性；

[1] Lastminute.com是一家来自英国的在线旅游公司（译者注）。

- 了解新创公司的投资者（即天使投资人和风投者）如何给公司估值；
- 运用“风险投资法”给初创公司估值；
- 理解交易前估值和交易后估值；
- 分析可转换债券的运用；
- 考虑在以后多轮融资中股权稀释的影响；
- 对初创公司的估值进行具有开拓意义的重要思考。

本章导读

首先，我们简单回顾一下传统的估值方式，解释为何这些传统方式不适用于初创公司的估值。然后，我们将了解初创企业投资者的思考方式。由于初创公司很少利用债务融资，股权投资者通常是第一个对公司估值感兴趣的人，因此非常有必要了解股权投资者如何评估公司，以及他们一般采用何种方法为新创的高增长公司估值。然后，我们将谈到新创公司估值的最常用方法——风险投资法。这种方法的估值步骤如下：（1）估计投资者想要卖出股份时的预期价格；（2）预估投资者的投资金额所能换取的股份占比；（3）预估股票数量和每股成交的价格；（4）算出初创公司的交易前估值和交易后估值。本章最后一节将谈到多轮融资导致的投资者股权稀释的问题，我们将对这种影响进行评估，会引入一些新的思考和计算方式。最后，我们将讨论价值与价格的区别，将非财务因素纳入对新创公司的估值活动中。

7.1 对传统估值方式的快速回顾

给新公司估值的主要障碍是新公司的历史数据不多（如果有的话），而且新公司没有多少有形资产，前途渺茫。我们认为，传统方法不适用于新公司估值，因为传统方法依靠的是公司历史数据和资产负债表。评价一个成熟公司时，第一步就是根据财务绩效和资产负债表对公司现状进行分析；第二步是考虑公司的发展潜力，以及公司赖以运营的市场的发展状况；[1]最后，根据企业风险计算公司前景的不确定性。

传统估值方式在哪些方面不适用于初创公司的评估？首先，让我们来了解一下常用的传统方法。

- 资产净值法：这种方式下，公司的所有资产都是按照现行的市场价值标准进行估算的。所有债务，不论是可偿还的还是其他债务，都从资产的全部市场价值中扣除，以得到股权价值。但是新创公司没有多少资产，事实上，就算有的话，也主要是无形资产或者“半成品”。例如，如果公司从事的是新知识开发，其资产就是软件、新技术或某种新药品的开发潜力。如何计算那些尚未完成且缺乏市场牵引力的研发成果的市场价值？这种估算方法通常不适用于那些价值主要在于其增长潜力的公司，比如许多初创公司。
- 现金流量贴现法（discounted cash flow，简称DCF）：用这种方法计算公司的价值时，我们需要对公司的预期现金流量进

[1] 关于成熟公司估值的更多知识，请参考Brealey et al.（2013）；Copeland et al.（2010）。

行估算，然后考虑公司资本成本，用合适的方式将预期现金流量折算成现有价值。[1]因此，估值结果由两大因素决定：预期的年自由现金流和公司的资本成本。

关于第一个因素，为了尽量准确估算公司的自由现金流，我们需要以下相关信息：

（a）公司绩效的历史数据，最好是最近5年的；

（b）公司赖以运营的市场的动力和发展情况；

（c）将来的投资计划。

对新公司进行评估时，要获得这些信息相当困难，有时出于各种原因根本不可能获得。首先，新公司没有历史，因此我们不可能根据其历史预测公司未来；其次，许多情况下，新公司没有市场，因为市场有待新公司去创造，或者市场不成熟，无法预测市场动力和发展前景。许多初创公司的发展就是为了扰乱市场，他们的确也将做到这一点。虽然我们见过某种新技术如何扰乱市场，从中也可以得到一些信息暗示，但预测公司前景时，我们还是需要一个“水晶球”。最后，投资计划非常依赖于市场的发展、竞争对手的反应，或者那些被扰乱者的反应。新的入侵者，以及供需市场的任何变化，都迫使初创公司做出快速反应。

第二个因素，公司的资本成本，也被称为“加权平均

[1] 关于现有价值的计算，以及资金的时间价值的计算，请查阅第2章参考文献Brealey et al.（2013）。

资本成本”（WACC）[1]是公司权益资本成本和债务资本成本的结合。我们无法像评价成熟公司那样，估算初创公司的权益资本成本（K_e）。通常，权益资本成本是通过资本资产定价模型来计算的。运用这个模型需要从公开投资市场或相似上市公司获取数据。但是，年轻的初创公司从其定义上看就不同于公开上市的公司，因此，我们不能简单地复制市场数据。另一方面，权益资本成本是公司的股票持有者根据公司风险等级预测的收益。初创公司的股票持有者是天使投资人或风投者。从本书第4章我们得知，这些投资者将根据内部收益率（IRR）计算他们的年度收益，大约以每年30%—60%的内部收益率为他们所承担的风险获得补偿。

- 基于股利的估价：这种方法和现金流量贴现法（DCF）相似。在偿还债务和股权前，我们考虑流向股权持有者的现金，而不是自由现金流量（FCF）。为此，就要从自由现金流量中扣除要支付的利息。要实现现金流量贴现，我们采用的不是公司的加权平均资本成本，而是权益资本成本。从这个角度，我们基本上对公司所有股利的现有价值进行估算，这些都是流向股票持有人的现金流。由于现金流属于股票持有人，那么折现率就是股权持有人所要求的收益（K_e）。这种方法只能用于已经付清股利的成熟公司，对于初创公司来说还是很遥远的事。

[1] 关于加权平均资本成本的计算，详见第7章和第8章参考文献Brealey et al.（2013）。

- 基于多种因素的估值：这种方法是利用财务或非财务变量与公司价值的比率估算公司的价值。这种方法的好处是简单便捷，当你想要快速估算时，可以采用它。如果你第一次听说这种估值方法，你可以将之与房地产估价进行类比，以便理解。比如，你知道毗邻巴塞罗那海滩的巴塞洛内塔小区的房价是每平方米约3 500欧元，如果你想买一套100平方米的公寓，那么公寓的价格就是35万欧元。[1]但这是理论上的平均估价。如果公寓被重新装修了，或者如果是顶楼，或者窗外是地中海的壮丽景色，那么这个价格就要被调整了。而且，价格还受供需关系的影响。如果只有一套公寓出售，市场上的买家很多，那么最后的价格很可能会高出理论上的35万欧元。

把“多种因素”分成两类供大家参考：

（1）相似的公司。我们在上市公司中寻找与待评公司有可比性的公司，它们在诸如行业、规模或发展阶段等因素上具有可比性。一般而言，我们需要找至少4—5家相似公司才能得出一个平均值。了解某上市公司的市场价值，估算这个价值与某些重要变量的比率。比如，我们可以估算一个公司价值是它的销售额的多少倍（公司价值/销售额）或是它的息税折旧及摊销前利润（EBITDA）的多少倍。这些变量甚至可以与财务无关，比如预订客户的数量、零售业的面积

[1] 计算过程如下：3 500欧元/米^2 × 100米^2 = 35万欧元。

或某软件的下载次数等。

（2）相似的交易。如果没有上市公司的信息，我们还可以考虑获取某个领域的历史交易信息，如果可能的话，最好是同一个国家或情况类似的国家。如果能得到这方面的信息，可以估算客户购买该公司产品的次数（最近的销售额/价格），或公司的息税折旧及摊销前利润，或产品的预订人数。相似的交易中运用变量估算出的价值通常偏高，因为客户可能会支付一个“控制权溢价”（control premium）以购买目标公司的大部分产品。[1]

但是，我们不可能用上述类似方法估算一个初创公司的价值。首先，很难给新公司找到具有可比性的公司。一个新公司，从定义上看，就不同于公开上市公司，后者已经成功，而且极有可能在好几个市场运营；其次，新公司的交易数目也微不足道。更难的是，你可能根本无法从公开领域找到相关信息。一个新创公司可能与另一个新创公司谈好了一笔交易，但这种交易经常是在创业者和一些天使投资者或某个种子风投基金之间私底下进行的，很难找到参照点去决定交易的平均价格。

因此，传统估值方法的缺点往往与缺乏历史信息有关，很难对将来的现金流量进行估算，而给新公司估值时找不到具有可比性的公司提供参考。考虑到这些困难，我们需要一种新的估值方法。初

[1] 学术研究的结果将“控制权溢价”的范围定在20%—25%。

创公司的价值究竟体现在哪儿？风投者已经尝试过多种方法去预判。这些投资者更关心的是，如果一切顺利的话，公司将来能发展到多大规模。风投者会问："我们找的是一个近三年估价1 000万欧元的公司，或许这公司会值1亿，甚至5亿？"相比于用计算的方式估算价值，投资者对价值的感受更为重要，因为做计算是将充满不定性的未来置于一个预测模型中。有经验的风投者都明白，风投即冒险。下面一节，我们将探讨投资者对初创公司设定的目标及其约束力。

7.2 了解新创公司的股权投资者的思考方式

风投者在决定投资哪个公司时，具有一定局限性。如本书第4章所述，风投者从财政部门、公司、政府基金、大学基金或有钱人等多个渠道筹得资金。基金里的资金提供者被称为有限合伙人（limited partners，简称LPs）。风险基金经理，或者说普通合伙人（general partners，简称GPs），与有限合伙人以合同的形式就某种类型的投资达成一致。[1]基金合同里记录了双方达成一致的各种条款，确定了要投资的公司类型。这些合同条款规定投资范围，包括以下内容：

- 每个投资（组合）公司投入资金的最大额度和最小额度；
- 商业活动或门类：基金类型可以宽泛，比如投资于"技

[1] 风投者向有限合伙人提交一份《私募备忘录》，里面是详细的投资计划。有限合伙人一旦同意为基金提供资金就会签署《有限合伙协议》。更多内容，详见第4章。

术”类企业；也可以具体，比如投资于“App”或“手机App”；

- 地理区域：某城市、地区、国家或州；
- 公司的发展阶段：产品预样件、产品样件、首批客户（可能会免费试用样件）、一定量的销售额（如100万欧元）、市场位置、国际拓展，或者首次公开募股前的最后一轮融资（pre-IPO）；
- 在公司持有的股权目标（一般会考虑诸如20%—30%）；
- 交易类型：种子轮融资、A轮融资、B轮融资、C轮融资，或更多轮次融资。

例如，风投基金ABC的投资规划可能包括这些条件：“投资给南欧的软件公司；有经过验证的样品且经过首次贝塔测试[1]；期望投资200万—400万欧元；在公司占股20%—35%”。这就意味着ABC只能给符合这些条件的公司投资。即使ABC基金的合伙人发现一个他们更喜欢的、更有趣的机会，但目标公司不符合上述条件，他们也不能投资。

普通合伙人和有限合伙人之间的合同包括以下内容：

- 投资期限：风投资本的投资应当在特定的（相对较短的）时间段内得到收益。这可能很困难，毕竟投资的都是些没上市的、有待成熟的公司。根据不同基金，平均期限是3—7年（最多10年）。有限合伙人得到收益的方式是出售初创公司

[1] 贝塔测试指电脑硬件、软件发行上市前的试用。（译者注）

的股份。“退出策略”一般是必须有的。[1]

- 收益需求：与上市公司或私有的成熟公司相比，投资初创公司意味着较高的风险等级预测。资金提供者赌的是投资会“高风险/高收益”，期待有足够高的内部收益率作为对他们所承担的高风险的补偿。此外，风投者通常给投资组合公司增值，比如在财务问题和策略上、在重要职位的用人上或是其他重要活动中给予支持。[2]这些增值也应当体现在更高的收益上。根据投资的阶段不同，越新的公司，风险越大。投资的门类越有创新性，风险越大。因此，根据风险等级的不同，投资者期待的内部收益率也不同。比如，投资给早期的生物科技公司比投资给晚期的清洁技术公司风险要大得多。一般而言，对早期初创公司和大多数技术类初创公司投资的股权投资者期待的收益率范围是40%—60%，对晚期初创公司或市场干预性较少的公司期待的收益率较低，一般是30%—40%。

期待的收益和变现时间不属于必须固定的合同条款，而是根据基金经理的目标来决定的。但是风投者是以自己在投资界的名声和成功作为赌注的，因此他们会竭尽全力让这些条件符合双方要求。

这些条件对于公司估值也很重要，投资者可以据此计算他们的首期投资要增长多少倍才算成功。我们看看下面的例子：

---

[1] 通常来说，风投者低价买入股票，等公司价值上涨时卖出股票，以此获得利润。第4章对此已有所述。收益来源于资本升值。红利的方式较少采用，因为在大多数国家，获得红利需要缴税，而投资者需要的是最大化的净收益。风投基金股值的增长是免税的，或缴税率很低。更多关于“退出”的信息请见第11章。

[2] 更多信息请见第9章。

如果风投者埃琳娜需要40%的内部收益率，期待从投资日起的5年内出售她持有的布拉沃技术公司（BravoTech）的股票，她5年后的资金需是投资金额的几倍才算成功？假设埃琳娜给布拉沃技术公司的投资金额为100万欧元。（在计算前，请不要看答案。提示：假设你给银行存款投入1 000欧元，5年内的年利率是4%，现在把4%换成40%，把1 000欧元换成100万欧元。）

答案：

C_0= 一开始投入的资金额

C_5= 5年后的最终资金

$C_5 = C_0(1 + IRR)^5$

C_5= 100万欧元 $(1 + 0.4)^5$ = 538万欧元

埃琳娜给该初创公司的投资价值需要变成最初投资额的5.38倍才算成功。也就是说，如果她给布拉沃技术公司投资100万欧元，计划5年后退出，到时埃琳娜把她的股票回购给公司时，得到的金额应该是538万欧元。

给早期新创公司投资的投资者们评价新公司时经常会用到上例中的计算。可能大家觉得奇怪，为何一开始就算最后收益。显然，这种算法不同于传统的估值方法，传统算法是对现在的公司进行估值。

风投者会考虑这样的问题："我得赚到多少钱才退出？"一旦她算出这个数字，她就会思考，如果投资给她目前正在分析的公司，她能否得到那样大的收益。但许多投资者没有必要做那样的计算，因为他们从事的那种投资对内部收益率有特定要求，他们要弄清楚的是要等多长时间才能把股份回购给公司。想了解"投资金额成倍增值所需的时间"，请参看表7.1。

表7.1　获得投资金额增长倍数和预期投资收益（IRR）所需时间（单位：年）

内部收益率	第2年	第3年	第4年	第5年
30%	1.69	2.20	2.86	3.71
40%	1.96	2.74	3.84	5.38
50%	2.25	3.38	5.06	7.59
60%	2.56	4.09	6.55	10.48

计算公式：$(1+IRR)^n$＝投资金额增长的倍数

继续讨论埃琳娜的例子吧！埃琳娜退出时，她在布拉沃技术公司的股票将值540万欧元，因此，初创公司的全部价值应当比这个数字高很多，或许是这个数字的4倍或5倍，毕竟我们的风投者只在公司持有少数股份。要算出她的股票到底价值多少，需要对她将退出时的初创公司进行估值，下一节将会介绍相关计算方法。对将来的公司进行估值后，我们就能估算投资者需要购买的股票数量，以及每股的价格。

7.3 估值：着眼未来

如前面章节所述，初创公司的股权投资者更感兴趣的是公司将来的价值，而不是现在的价值。他们会估算退出时公司的价值，然后计算公司现在的隐含价值。投资者的目标是赚钱，所以从创业者的视角看，这好像有点反常。创业者——大多数创业者——不考虑将他们要建的或新建的公司出售，他们关注的是公司的成长和成功，让这个公司变得更好一些。风险投资法这种估值方式（如图7.1所示）可用于新公司的估值，采用这种方法的人都认为投资者是临时合作伙伴，他们的目标是以金钱和股票增值的形式得到可观的收益。

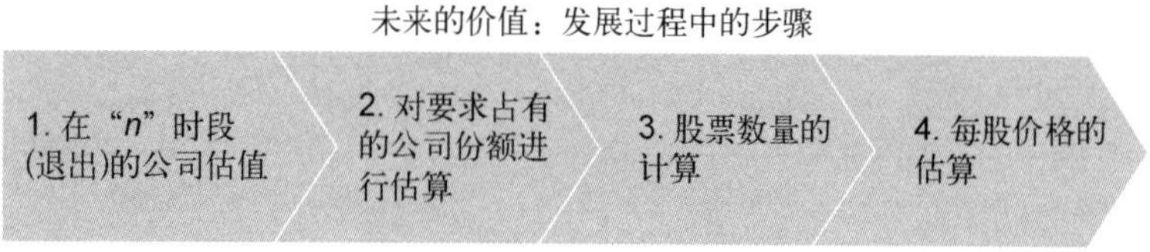

图7.1 用于给初创公司估值的“风险投资法”

7.3.1 “风险投资法”

在传统的公司金融学领域，关于公司估值的学术研究成果不可胜数，其中有的获得了著名的诺贝尔奖[1]，还有许多著作详述了公司估值的过程和“规则”。但是，关于新创公司的估值方法，目前尚无统一定论。如果你问三个风投者这个问题，你可能会得到三种不同答案，因为每人在采取风险投资法估值时都用到了一些不同变量。但主要目的都是算出投资者退出时公司能达到的价值。

[1] 如果你对公司估值的起源感兴趣，可以查阅参考文献中的Miller and Modigliani（1961）。

我们把投资者退出的时间用n表示。每个公司的这个第n年都不同，这取决于许多变量，我们在本章稍后部分会讨论这个问题。

风投者会在第n年把他们在公司的股份卖给另一家公司（比如策略性收购者），或者卖给私募股权公司的投资者，或者在首次公开募股（IPO）时出售。[1]我们可以在公司发展的较晚时期，根据公司在第n年获得的价值来估算初创公司的现值，这就产生了所谓的“交易前估值”或者“交易后估值”。本章稍后部分将介绍这些计算方法。

风险投资法承认初创公司“烧钱”，而且在公司发展的前期阶段会出现负现金流，因此，风险投资法关注的是公司的将来。在将来，初创公司即使仍处于亏损，但它的规模已扩大，对那些愿意出高价收购它的人具有一定吸引力。风投者需要回答的一个重要问题是：

假设在你退出时公司能达到你期待的价值，那么出售股票时你应该在公司持有多少股份才能获得期待的收益（内部收益率）？

这个问题是采用风险投资法估值的潜在动机。要回答这个问题，我们需要了解关于初创公司的更多信息，需要更多地了解风投者的预期，这些信息有助于我们估算退出时公司的价值。投资者在退出时需要保住多少股份，这是由投资者对退出时间的安排、对收益的期待等数据决定的。

需要从公司得到的信息

花时间去获取关于公司的最佳信息或对公司的最中肯评价是件

[1] 第11章将对退出路径进行详细讨论。

很值得做的事情。获得评估数据就是了解公司基本情况。显然，由于风险投资法估值方式在计算上比较简单，如果数据有错的话，评估结果就会有误。在运用传统估值法时，虽然他们可利用公司历史和财务信息进行较为准确的估算，这种情况也有可能发生。

收入/销售额（I_t）：现收入（I_0）和预测增长率（g）可用来预测退出时的预期收入。对许多初创公司来说，尤其是那些还依靠投资天使或种子基金筹款的公司，根本没有销售数据。这样的话，主要有两种方法可用于评估预期收入。

1. 自下而上法：了解销售流程，从最基础开始。比如，如果是一个B2C的网络公司，其关键变量包括：线上广告投资、点击率、潜在客户数量、买家数量、单笔平均消费、回头客数量等等。总的来说，这些都是对销售渠道的跟踪。对一个B2C公司而言，其关注点可能在于：公司销售人员的数量、每天接打电话数量、每周客户访问次数、成功客访率、交易成功时间、每个顾客的平均消费，等等。而且，公司业务各有不同，想要了解销售数据是如何建立起来的，我们需要做大量功课。

2. 自上而下法：换个视角，如果我们了解市场规模，我们可能想预测第n年时公司将占据的市场份额。投资者倾向于把这个方法作为一种对现实进行检验的补充算法。例如，某天使投资人可能会问创始人这样的问题："根据你现在提供的这些数据，5年后贵公司将占据多少市场份额?"投资者问这样的问题是想了解这些数据是否合理。当然，如果你的公司只是"盲目抄袭"，或拟在一个成熟市场进行创新，那么只用这个方法就足够了。

伏林航空公司（Vueling）是西班牙一家领先的低成本航空公司，总部在巴塞罗那。该公司于2004年由卡洛斯·穆诺兹（Carlos Munoz）创建，由安佰深（Apax）风投基金资助。那时，西班牙航空市场已经成熟，而且知名度高，伏林航空将成为首家进入市场的西班牙低成本航空公司。卡洛斯和他的投资者们可以借鉴欧洲其他类似航空公司（如瑞安航空、易捷航空）的数据对伏林航空3或5年后的收益前景进行预估。问题是，随着新玩家的加入，航空市场的发展会如何？举例来说，新的低成本航空公司的出现，会让很多人出行时选择飞机而不是火车，也会让很多人周末不再宅在家中。创业者和投资者在估算新公司未来3到5年的价值以计算公司将来的收益时，同时必须考虑市场规模和市场份额的变化。

值得注意的是一些投资者专做一个或多个垂直领域的投资，比如手机软件、清洁技术或公司软件，因此在那些领域里他们堪称专家，他们了解市场规模大小和增长率、同行业的发展情况，以及未来的一些关键性的挑战。如果你是一个创业者，想接触这些投资者们，那么不论他们是天使投资人，还是种子基金，或风投者，你一定要尽可能充分地做足功课、做好准备。你关注的当然是你的公司，那是你的“孩子”，但对他们而言，你的公司只是他们每周要考虑的几十个公司中的一个。

- **退出时间（“*n*”）**：什么时候投资者将卖掉他在公司的股

票？换句话说，什么时候公司将被出售？这由很多因素决定，比如部门因素、公司采取的策略，等等。以部门因素为例，软件公司或从事手机软件开发的公司一般比生物科技公司或其他一些工业类公司的产品卖得快。

选择的退出路径也会影响时间安排。如果计划把公司卖给战略投资者，不用等公司发展得太大通常就可卖掉。收购者感兴趣的是技术、产品或者初创公司在某个特定市场的领先位置。然而，战略收购者通常是在同一领域里的大公司，他们感兴趣的可能是对收购的公司进行整合。初创公司越小，整合起来越容易。将两个公司合并的目的是为了协同增效。如果计划让公司上市，进入股票交易，那么这个过程可能会比较长。在很多国家，尤其是欧洲，对上市公司有规定的条件，如设置最低收入标准，甚至要求公司盈利。

- **第n年扣税后的净利率（EAT/销售额）：**[1]在这个阶段，我们或许该估算一下，公司在退出时能赚多少钱。虽然我们有详细的财务计划，但投资者在对公司进行首次分析时很少看财务计划。有的人可能就匆匆瞥一眼，很多投资者要到后期阶段才去翻阅财务计划。那么，公司第n年的合理净利率该如何得出呢？有种方法是参考成熟公司类似部

[1] EAT（Earning After Taxes），即税后所得。如果初创公司在退出时仍在亏损状态，也可以用这种方法计算净利率、息税折旧及摊销前利润（EBITDA），或者和价值相关的其他衡量指标。

门现在的净利率，例如软件公司、网络公司、生物技术公司、网络平台、电信公司，等等。

- **股价/收益比率（PER，或称P/E）**[1]：我们需要算出一个乘数，或是得出股票市场相似上市公司的均值。PER很容易找到，在大多数金融网站上都有，在这些网站上，我们还能找到公司股票的历史数据，并了解公司的发展情况。当然，目前的初创公司远不如上市公司成熟，但是既然我们是在为退出时作展望，如果一切按计划进行的话，我们能预期初创公司将类似于那些被参考的公司。

把所有的信息准备好后，我们就可对处于第n年的初创公司进行估值了。计算过程如下。

（1）第n年的预期收入（I_n）：

$I_n = I_0 \times (1+g)^n$，g代表平均增长率。如果现在的销售额是0，我们采取自上而下的方法来计算：

I_n= 市场总规模 × 第n年的市场份额

（2）第n年的税后所得（EAT_n）：

$EAT_n = I_n \times$（EAT/销售额）

（3）利用从相似公司算得的乘数，计算出公司价值（EV_n）：

$EV_n = EAT_n \times PER$

这种算法的计算步骤不多，所以是一种很简单的算法，也体现了这种方法的优势。如果你掌握了必备数据的话，可三分钟内算出一个

---

[1] 如果算的是不同的金融比率，比如毛利率或者息税折旧及摊销前利率，就要用不同的乘数，比如企业价值/毛利率、企业价值/息税折旧及摊销前利率。

初创公司的价值。但必备数据也是这种方法的短板。如果数字有误，估值也会出错。花时间进行调查以获取准确的财务数据是很重要的一步。

7.3.2 风险投资法的几组变量

风险投资法有两种主要评估方法。第一种被称为“第一芝加哥”（First Chicago）或“戈尔德”（Golder）方法。[1]第二种被称为“基本”（Fundamental）方法。

“第一芝加哥”或“戈尔德”方法

这种方法是在风险投资法基础上的修改版，也是一种常用的估值方法。估值步骤始于对三种情况的设想：一种是积极的（最好的情况），一种是合理的（基本的情况），还有一种是消极的（最差的情况）。事实上，风险投资法设想的是“最好的情况”，在一切都进展顺利的情况下，公司发展，然后成功退出。在“基本的情况”下，公司会达到收支平衡的状态，能够得以生存，但是这种情况下的初创公司没有预期那样发展得好，没能成为本国或本行业的市场主导，也没有谁想将其收购。基本上来说，没有退出途径。尽管如此，第二种情形（基本的情况）对于创始人来说已经算不错了，至少公司没有失败。只是投资者、风投者或天使投资人无法卖掉他们在公司的股份，因此得不到收益。也有的初创公司会以低利率退还投资金额。在最后一种情况，即“最差的情况”下，公司走向破

[1] Scherlis and Sahlman（1987）。

产，游戏结束，什么也收不回来。每一种情形下，都可运用风险投资法，为退出时刻做计算。因此，我们得到三种估值结果。

在对所有这些情形下的公司进行价值评估后，每种情形都有实现的可能，问题是你如何为每种情形去构建那种可能。如果你是投资者，或许凭经验就知道多大比例的投资能实现“全胜”（home-runs），获得比期望值更大的收益；也会知道什么样的投资将成为“注销”（write-offs），最后血本无归；还会知道多少投资项目最终处于中间状态。[1]中间状态指的是那些存活下来但无法实现退出的公司，也被称作“行尸走肉”。这个名称不好听，但是能表达投资者的伤感情绪，因为他们仍然坐在公司董事会的席位上查看月度财务报表，尽量让一切仍在掌控之中。投资者知道这样的投资项目的最好结果就是能收回投入的资金，而投入的时间和精力已经付诸东流了。

对创业者而言，发现这些关于可能性的信息其实就是在研究风险投资部门的数据。一般来说，关于公司成败率的数据很容易找，剩下的就是“行尸走肉”了。创业者们一定要注意，你们找寻的必须是和自己的初创公司属于相同门类的部门的相关数据。不同部门有不同的成败比率——从事电脑软件、手机软件、游戏、生物技术和清洁技术（只是随便举几例）的公司不可能有一样的成败比率。最后，公司的价值就是三种情形下的预期价值乘以其可能性。

在下面的例子中（见表7.2），在某初创公司最好的情形下退出时，预期价值是5亿欧元（确实是很不错了）。实现最好情形的可能性是

---

[1] 关于投资者成功率的更多信息可参阅第3章和第4章。

20%，因此我们需要考虑其余80%的可能性——这个公司实现不了这么高的价值目标（基本情形和最差情形）。这三种情形及其预期可能性都被考虑过后，该初创公司的权重值将是1.054亿欧元，而不是5亿欧元。

表7.2 “第一芝加哥”估值方法和案例

情　形	退出时的价值（EV_n）	可能性	退出价值 × 可能性
最好情形	5亿欧元	20%	1亿欧元
基本情形	1 200万欧元	45%	540万欧元
最差情形	0	35%	0
权重价值			**1.054亿欧元**

注：EV_n是在退出时，也就是第n年，初创公司的价值。

基本方法

这种方法是风险投资法和传统的现金流量贴现法的结合。主要用于预测初创公司的收入前景以实现其自由现金流。未来现金流分成两个阶段：高增长阶段和成熟发展阶段。前者指的是公司仍属于初创公司，发展非常迅速；后者指的是公司发展与市场保持一致。公司发展的最初阶段属于高风险期，公司主要通过股权募资，股权成本即投资者们要求得到的收益回报，其范围在年均30%—60%之间。在成熟阶段，将使用加权平均资本成本的方法进行估值。

这种方法的主要问题是比风险投资法费时。总的来说，此方法所获得的数据质量较低，很难进行可靠的预测，得出的结果往往还不如用风险投资法。因此，天使投资人或风投者很少采用这种估值方法。但一些公司风投者会采用这种方法，并在评估进入第二阶段时假设初创公司已并入他们自己的公司。

其他方法

最后要说的是，有些情形下，可利用决策树或其他选择方式进行公司估值，尤其是一些生物技术初创公司，其团队开发的新药已经通过了好几个重要环节，通过了各种检验，获得了各种许可。公司的价值可以在经历过各个重要里程碑事件后评估。

7.3.3 投资者所需收益比例估算

一旦评估完公司的价值，我们就可考虑投资者的内部收益率目标，计算投资者要求获得的收益比例。要注意的一点是，对于新创公司，大多数情况下，公司的价值（enterprise value，简称EV）等于股权价值（EqV），因为绝大多数初创公司没有金融债务。[1]对于成熟公司，如果其资产负债表上有债务，我们需要从公司价值里减去金融债务，以算出股东权益价值，或股票价值（见图7.2）。

具体计算过程如下：

（1）投资者退出时的预期所得，即第n年的投资金额价值（VI_n）。该计算有两个变量：（1）退出时间；（2）预期收益（IRR）。我们用以下公式通过复利计算投资价值，这种情况下我们用IRR替代利率（I）：[2]

---

[1] 公司价值（资产价值）=股权价值+金融负债净额；在极少数情况下出现初创公司负债的情况，那么就要从公司价值里减去债务以得出股东权益价值。

[2] 用复利率计算未来的投资价值，公式如下：$C_n = C_0 \times (1+I)^n$。

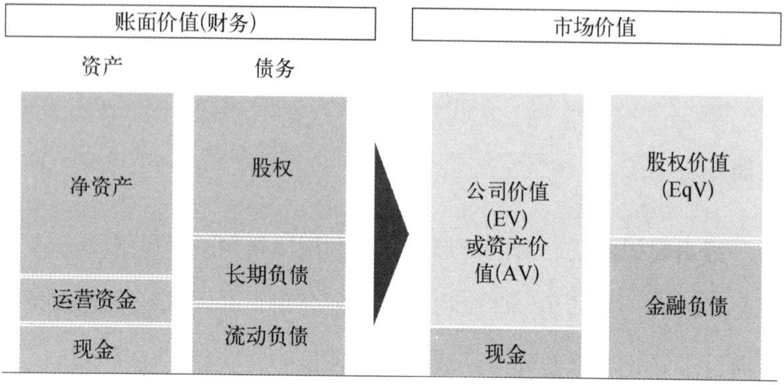

图7.2　公司价值与股权价值的对比：财务和市场视角

$VI_n = VI_0 \times (1+IRR)^n$，这里的$VI_0$代表投入的资金。

（2）已知退出时公司的价值，求投资金额价值所占比例［即占比要求（F_R）］。为此，我们用公司股权价值（大部分情况下即公司价值，EV_n）除投资金额的未来价值（VI_n）：

$F_R = VI_n / EV_n$。

我们再回到风投者埃琳娜的例子。她给布拉沃技术公司投资时，其内部收益率目标是40%，她认为能在5年（n）内卖出她的股票。从前面的计算，我们得知她当初投入的100万欧元（VI_0）投资金额要变成538万欧元（VI_5）。

根据从布拉沃技术公司的软件服务（software-as-a-service）市场收集的数据，埃琳娜估计，退出时该公司的价值是2 000万欧元（EV_n）。那么，她当初投入的100万欧元，在退出时需要占公司价值的多大比例？

答案：

$VI_5 = VI_0 \times (1+IRR)^5$

$VI_5 =$ 100万欧元 $\times (1+0.4)^5 =$ 538万欧元

$F_R = VI_5 / EV_5$

$F_R =$ 538万/2 000万 $= 0.269$（约27%）

埃琳娜投资的100万欧元应当占布拉沃技术公司股份总值的27%。

7.3.4 股票数量和每股最高价格

估算出投资者退出时的预期收益占比后，我们来计算风投者或天使投资人在初创公司将持有多少股票。要提醒大家注意的一点是，在大多数情况下，公司会给股权投资者发行新股。投资者可以购买两种类型的股票：现有股票（旧股）和新股票。风投者给初创公司投资时，他用投资金额换来股票。这种情况下，公司发行的是新股。

但还有一种情况是，风投者从前面的投资者（如亲友或天使投资人）手中购买股票，这样他就获得了旧股。这种情况只发生在后期的融资中。这样，投资者的资金为以前的投资者或公司创始人提供早期资金流动。这种情况下，公司本身得不到资金，或只能得到部分资金。[1]但这种情况不常见，毕竟风投者对别人致富没有多大

[1] 在后续多轮融资中（第3轮或第4轮），有时风投者感兴趣的是改善资产负债表，或者说简化负债表，去除一些小投资。记住每一次都要签订股东合同，有时公司会出现其他情况，所有现有股东必须去公证处签名公证。有些公司创始人有许多亲戚朋友……

兴趣，他只想支持公司发展。[1]

计算投资者需要购买的股票数量需要以下信息：

- 已发行的股票数量。这包括公司创始人的股票和其他早期投资者的股票，比如亲友、众筹股权、天使投资人或以前的风投者所持股票。
- 授予的股票期权数量。在技术类的初创公司里，员工股票期权制很常见。这是一种提高薪水的形式，初创公司以此吸引优秀人才。股票期权让股票持有者以现价购买将来的股票。随着初创公司升值，股票期权购得的股份也升值。关于员工股票期权方案（ESOP）的更多内容请查阅第10章。
- 新增的股票期权数量。为了招募关键人才以支持公司发展，根据需求在将来新增加股票期权数量。

现有的股票加上所有股票期权（已授予的和将要授予的）用 S_{pre} 表示，S 代表股票，下标“*pre*”代表业已存在的股票。股票期权还不是现实的股票，但如果公司发展顺利，股票期权会在将来变成股票。

有了这些信息，我们来计算股票数量和每股价格。

计算过程如下。

（1）求本轮融资的股票数量（S_M）的算法相当于求投资者所需股份占比（F_R）：

[1] 私募股权（PE）投资者一般买的是旧股。这属于一种收购行为，其他收购包括杠杆收购（leveraged buyouts，简称LBOs）或管理层收购（management buyouts，简称MBOs）。事实上，“收购”指的是私募股权投资者买空前股票持有人股票的行为。

$F_R = S_M / (S_M + S_{pre})$,

由此，我们得出

$S_M = (F_R \times S_{pre}) / (1 - F_R)$

这里的S_{pre}= 前轮融资的股票数量（旧股）。

（2）已知投资者将获得的股票数量以及本轮融资的总价值（M），我们可以算出每股股票的最高价格（P_M）：

$P_M = M / S_M$

实操：案例分析

克里普托公司（Crypto）（上篇）

2017年1月，约翰逊–史密斯风投基金（J&S）的合伙人保罗在估算他该不该给克里普托公司投资。该公司从事加密软件的开发和商业化。加密市场发展迅速，运用广泛。公司和政府部门都在从纸质办公转为线上办公，未来5年加密市场预期年增长率是55%。

2016年克里普托公司的收入是300万欧元。该公司联系约翰逊–史密斯风投基金的目标是融资200万欧元以向全欧洲扩展。公司计划2019年销售额的税后净利率约达30%。保罗想，如果投资的话，他们可能在三年内将公司股票出售。相似公司报的股价收益比率（股价/收益的比率）是他们的15倍（或股价/收益的比率为15×）。

克里普托公司创建于2015年初，当时发行股票数量为100万，每股股价为0.01欧元。此外，公司员工的股票期权计划暗示他们将需新增10万股以招募管理团队负责欧洲市场的扩张。

问题讨论

约翰逊–史密斯风投基金的合伙人保罗负责调查分析，他在为周一的电话准备数据材料。J&S退出时，克里普托公司的价值将达到多少？那时，200万欧元的风险投资应该换来在克里普托公司资产中的多大占比？一个与克里普托公司现在风险等级预测相似的项目中，J&S的目标内部收益率是年40%，风投基金将用200万欧元的投资购置多少数量的股票？能接受的每股价格是多少？

7.4 当前估值：交易前估值和交易后估值

一旦用风险投资法给新公司估值完毕，且估算了在退出时你的投资金额在公司价值中的占比，那么给初创公司的估值也就能基本确定了。其实，交易前估值或交易后估值都不是方法，而是推导出的估值结果。这些估值结果很重要，因为都会被摆上谈判桌。风险投资法得出的是将来的价值，但这不是谈判的结果，而只是一条信息。关于公司的价值，投资者和创业者都有自己的观点。谈判的中心将聚焦在如何对公司目前的价值达成一致。

交易前估值或交易后估值让投资者根据现实进行一番检验，看看估值结果是否可信。如果现在的估值结果没有可信度，投资者会返回到风险投资法的估算方式，弄清楚为何估值结果出现了差异。

7.4.1 交易前估值

这是当前初创公司的价值，融资谈判还没结束。要计算交易前价值，现存的所有股票（包括股票期权）应按照新价估值。新价就是投资者在本轮融资中购买股票的价格。

交易前估值＝现存股票数量 × 本轮融资的每股单价。

例如，在克里普托公司的案例中每股的原始单价是0.01欧元。这是公司创始人当初合并公司时定下的价格，是股票的标准单价。但是，投资者认识到克里普托公司从创建到现在已升值了，他们愿意以每股14.83欧元的价格购买股票。因此，克里普托公司的交易前估值就是1 630万欧元（本轮融资的每股单价 × 融资前股票总数）。

7.4.2 交易后估值

这是在本轮融资的金额投入公司后对公司的估值。公司进了新的资金，因此其价值是交易前价值加上新进的资金。

交易后估值＝交易前估值＋本轮融资

注意，交易前估值也可用拟投入资金金额除以投资占比的方式求得。比如，如果投入200万欧元购得25%的公司股份，那么公司的总价值就是800万欧元（200万欧元/0.25 = 800万欧元）。克里普托公司的案例里，其交易后估值是1 830万欧元，计算过程如下：

交易后估值＝1 630万欧元＋200万欧元＝1 830万欧元；

或者，本轮融资的金额/投资占比＝200万欧元 / 0.109 1＝1 830万欧元。

这些估值方法本身不分对错，但最重要的是要有常识和经验。

风投者和天使投资人根据多种因素（如公司创建时间，团队人数、背景和创始人经历，公司发展阶段，公司部门，专利以及市场或部门的“热度”），采用各式各样的评估标准或参考范围对公司进行估值。

例如，在天使轮，初创公司的交易后价值一般在100万欧元以内。在天使轮以前，创始人的计划是交易后估值能达到10万—30万欧元之间。风险投资的A轮融资起步投资金额为300万欧元，有时可高达1 000万欧元。此后公司价值可能陡升，因此很难给公司估值提供一个准确的数字。但是在某个具体时刻，针对每个特定市场或部门，投资者根据类似交易或类似公司的情况已在脑子里给出了某个数字。

最后，很重要的一点需提醒读者注意：谈判时创业者和投资者要澄清他们所说的公司估值是交易前估值还是交易后估值；否则，结果可能会很难办。例如，某合同上写明在融资50万欧元时，公司估值200万欧元。创业者认为这是交易前估值，然而投资者认为这是交易后估值。创业者打算出让20%的股份换取100万欧元，但投资者想要得到的是25%的股权。

创业者：交易前估值 = 200万欧元，交易后估值 = 250万欧元。

风投者：交易后估值 = 200万欧元，交易前估值 = 150万欧元。

7.5 可转换债券

给新公司估值时可能会遇到很多问题。首先，需要花时间了解市场、商业模式、价值驱动的关键因素、销售模式或潜在成本结构。采用风险投资法估值时，这些信息能帮你进行正确估算。其次，由于本活动至少涉及两方，[1]如果双方对初创公司前景，也就是对初创公司的价值持有异议的话，谈判时间会延长。这样延误的同时，创业者把全部精力都放在融资上，必然会影响初创公司的发展。再说，没有资金，初创公司无法实施其创业计划，这对公司价值也会产生影响。再次，谈判进程中可能出现投资者和创业者的意见不一的情况。投资者可能对创业者团队的设想和推测提出质疑，而有些创业者可能凭个人主观情绪应对。当投资者可能问及团队能力，问他们是否知道自己在做什么，这样的问题可能会让创始人觉得不舒服。所有这些问题都和风投者（或天使投资人）在分析投资项目时的代理问题和主观因素有关（更多信息请参阅第5章）。最后，如果投资者购买初创公司的股票，就需签订一份“股东协议”（*shareholders' agreement*），也就意味着对“投资条款清单”（term sheet）进行协商，处理所有与公司估值相关的问题（参见第8章）。

解决这个问题的一种途径是采用可转换债券。[2]可转换债券是一种贷款，这种债券的持有者可以选择在特定时间将债券转换成股票。可转换债券的持有者将债券转换成股票的时刻被称为“成熟日”（maturity）。成熟日由双方协议商定，但它有时是一段固定的时期，[3]有时是直到下一轮融资的时候，看哪个时刻先到。到了成熟日，债

---

[1] 估值活动包含的两方是现在的公司持有人（创业者）和将来的合伙人（投资者）。但有时，和创业者谈判的可能是天使投资人团队，其融资方式是通过众筹平台，甚至同时找了种子风投者。

[2] 关于可转换债券参见Brennan and Schwartz（1988）。

[3] 初创公司的可转换债券成熟期通常是18到24个月，但没有固定标准。

券可以继续保留其债券性质，委托人开始得到债务偿还，同时债券失去了期权的价值；或者将债权按协商的量变成一部分股权，这叫作“转换比率”（conversion ratio）。通常，可转换债券的持有者（投资者，或“债权人”）会等到最后时刻才决定要不要把债券转换成股权，其决定基于那个时刻的股票价值（或预期股票价值）。如果他用这个转换比率获得的预期股票价值高于现在的债券价值，就会决定转换。否则，他会选择收回本金和利息。这个做决定的时间拖延得越长，债券持有人的期权价值就越大。为什么会这样？因为他将有时间观察初创公司的发展势态，公司的不确定性和风险度将会降低。

关于可转换债券的利息，双方可以商定几种选择。第一个选择与利率相关。有时，可转换债券的利率是参考利率基础上补一个差价（例如，利率加3%）；有时，可转换债券的利率由初创公司的发展结果决定，结果越好，支付的利息就越多——这叫作参与利息（或参与债务）。双方会就最低利率和最高利率达成一致，最低利率一般低于基础利率，最高利率发生在初创公司取得巨大收益的时候。

第二个选择是愿意一开始就以现金形式支付利息，还是选择让利息随债务累积，也就是说，到成熟日时债务会越来越高。对所有初创公司来说，由于现金是王，最好的选择方式是利息增长，延长债务偿还期。

传统上，公司金融选择可转换债券有几个原因。[1]从公司的角度看：（1）可转换债券比股票便宜；（2）可转换债券位居高级债券

[1]　关于可转换债券的更多信息参见Lewis et al.（1998）。

之首，可以发挥更多杠杆作用；（3）可转换债券可延期协商，根据估值情况进行发放。从投资者的角度看：（1）债务形式比股权形式更安全（新创公司和它的股票一样处于高风险，如果公司倒了，谁都是血本无归）；（2）可转换债券的利率因其附加风险而稍高于其他高级债务的利率；（3）有更高的回报希望，因为当公司发展形势好时，投资者有权将债务转换成股权。

驱动早期投资者投资一个新公司的另一重要因素是时间。通过使用可转换债券，创始人和投资者能跳过漫长、无聊的公司估值阶段，投资者的现金直接进入初创公司的银行账户，创业者能马上开始创建公司、发展业务。这样跳过估值阶段有助于双方关系的发展，因为彼此无需为公司价值争辩。通过使用可转换债券，代理难题[1]中的委托人–代理人问题（详见第5章）也就解决了，或者至少延缓了。把是否购买股票的问题推至将来，委托方（投资者）将赢得更多的时间来观察代理方（创业者）的行动，然后根据以后得到的更多信息做决定。

可转换债券一般在天使投资人中广泛使用，也被一些加速器或孵化器甚至种子风投者使用。标准程序如下：双方就公司进入下一阶段所需资金量达成一致，这就意味着为创业理念转化为产品原型，或产品从原型通过检测标准到抵达第一批客户手中筹集足够资金。这种做法背后的理念就是初创公司将准备从价值链的下一个投

[1] 如对代理问题的经典论文感兴趣，可以查阅Jensen and Meckling（1976）和Jensen（1986）。

资者那儿融得更多资金。一旦就投资额达成了一致意见，等到下一轮融资开始时，可转换债券的期权就到了成熟日。到那时，投资者（a）可选择以一定的转换比率将债券转换成股票；或（b）在某些特殊条件下必须转换，比如融资量太少，并且（或者）公司估值太低（自动转换）。后者和传统可转换债券的不同之处在于，传统可转换债券持有人有转换决定权，没有转换义务。但是，对于初创公司来说，由于决定是否转换的关键因素是当时股票的价值，新一轮的融资其实就是对价值的极好暗示。当初创公司的价值太低时，为了避免转换，投资者有权对交易前最低估值进行界定，因为交易前最低估值决定是否引发转换。因此，虽说投资者有义务转换，但也只是在他们认为估值是公正的情况下，才承担这项义务。

投资者的转换义务对创业者来说很重要，因为下一轮的投资者（比如A轮融资）可能不愿给公司投资，因为资金要用来偿还前面投资者的债务。还有，如果选择不转换，这最先投资的人其实是在暗示公司发展不好，可能会马上吓退新的投资者。[1]

目前，转化率一般基于下一轮融资的估值减去升贴水。升贴水会考虑下轮融资的时间，还有拟融资的最低额、估值范围等因素。有的情况下，还会采取阶梯式折扣，折扣幅度是未来价值的30%—20%。还有一些转换债券对用于转换的最大价值设了上限。这样，可转换债券持有者利益得到保障，以免在公司占有的股份太低。

看看下面的例子吧！

[1] 关于信号暗示作用的更多信息请参阅第5章5.1“委托–代理问题回顾”。

帕布罗和索菲亚拟为他们的初创公司“月球旅行”（Moontrip）融资30万欧元。他们需要资金完成产品原型并让首批客户测试产品。如果一切按计划进展顺利，他们将在9个月内融资100万欧元。

在参加完马德里的投资者论坛后，一位天使投资人找到他们，提议用可转换债券的形式对“月球旅行”公司投资。创业者喜欢这个提议，因为他们不用现在就讨论公司估值的问题，毕竟如果现在对公司估值的话，估值结果一定很低（他们的产品原型只完成了一半）。

可转换债券的条件是：

（1）如果公司在一年之内完成融资，交易前最低估值为200万欧元，最低融资量为50万欧元，那么，可转换债券以30%的折扣进行自动转换；

（2）如果交易前估值低于200万欧元，或融资量低于50万欧元，投资者有权选择是否转换；

（3）如果创业者在6个月或少于6个月的时间内完成融资，其他条件同上述条件a，将按下轮融资价值的20%的折扣进行自动转换；

（4）转换价值的最高额度是交易前估值500万欧元。

签订合同前，天使投资人研究了一些数据以推测“月球旅行”公司在三种不同发展情形下的获利情况：

（1）“月球旅行”公司交易前估值200万欧元，在9个月内融资50万欧元；

（2）“月球旅行”公司交易前估值150万欧元，在11个月内融资50万欧元；

（3）“月球旅行”公司交易前估值800万欧元，在6个月内融资200万欧元。

你能预测这三种情形下融资后天使投资人、创业者和风投基金的占比分别是多少吗？

答案：

我们先计算第一种情形：

第一种情形下，天使投资人有自动转换义务，可转换债券以融资价值30%的折扣进行自动转换。天使投资人将在融资前进行转换。因此，天使投资人的交易前估值是140万欧元。用交易后估值170万欧元（140万欧元+30万欧元）除他的投资额30万欧元，我们可以得出他在融资前的股份占比是17.65%，创业者的股份占比是剩下的82.35%。

但风投者将在这轮投入50万资金，因此，公司的交易后估值是250万欧元（200万欧元交易前估值 + 50万欧元投资）。风投者将得到公司20%的股份，之前投资者的股权由此稀释了20%，因此，他们在公司占的股权比例分别是：

创业者	65.88%
天使投资人	14.12%
风投基金	20%
全部	100%

对第2种和第3种情形的计算，请见表7.3。此表也包括第3种情形没有突破最高额度500万欧元的算法。

我们从表7.3看到，一旦发行了风投基金的股票，天使投资人的股份占比最高是16.67%，最低是5.58%。你可以认为第3种情形对天使投资人来说是最不利的，因为他在公司股份中的占比很小。但情况真是这样的吗？如果你是天使投资人，你会做何选择？给交易后估值为1 000万欧元的公司投资，还是给交易后估值为250万欧元的公司投资？

帕布罗和索菲亚呢？他们在公司股份中的最终占比是多少？你能否计算出来？当然，如果发生了第3种情形，他们会非常高兴。

总的来说，可转换债券对早期投资者来说是个很好的选择，因为它将公司估值这一环节推到了后面阶段，把商议合理估值和合适条款的事推向了后来的投资者。

7.6 后续多轮融资导致的股权稀释

到目前为止，我们所说的风险投资法的程序如下：

1. 估算公司未来的价值；
2. 估算风投者在退出时按照目标内部收益率获得的未来价值；
3. 估算风投者在退出时所拥有的资金在公司的占比。

上述一切都基于一种假设，就是只有一轮融资。我们为何做此假设？如果首轮投资两年后，初创公司需要更多资金，又开始另一轮融资的话，情况又会如何？假设我们的风投者要求占有20%公司股份，其目标内部收益率是45%。现在，如果公司发行更多股票，

表7.3　把债券转换成股份后“月球旅行”公司的天使投资人的股份占比

	交易前估值（风投者，百万）	融资金额（百万）	转换折扣	天使投资的交易前估值（百万）	天使投资的交易后估值（百万）	天使投资人的股份占比（风投前）	风投者的交易后估值（百万）	风投者的股份占比	天使投资人的股份占比（风投后）
情形1	2	0.5	30%	1.4	1.7	17.65%	2.5	20%	14.12%
情形2	1.5	0.5	30%	1.05	1.35	22.22%	2	25%	16.67%
情形3	8	2	20%	4	4.3	6.98%	10	20%	5.58%
情形3，无上限	8	2	20%	6.4	6.7	4.48%	10	20%	3.58%

比如说2年的时间内，它想募得更多资金，那么风投者手中占比20%的股权就会被稀释。以多大比例稀释取决于以下两个因素：

a. 第二轮融资中，初创公司计划融资多少；

b. 第二轮融资中的公司估值。

当然，如果按照当前风投者持有的股票数量来算，一旦公司发行新股，那么风投者在公司的股份占比就会低于20%，如果那样的话，他将达不到45%的目标内部收益率。

现在的问题是，那样的情形现实吗？需要另一轮融资吗？答案很有可能是肯定的。如果初创公司发展很快，它将需要更多资金来支持其发展。对成功的初创公司来说，一般平均融资2—3轮。不论是从创业者还是从投资者的角度看，我们都设想我们关注的这个公司会成功！

公司在其早期阶段通常融资不止一轮。第一轮融资让创始人获得资金造出产品原型，开始运营，或许获得第一批客户。因此，首轮融资获得的资金都用来证明产品模式。如果一切顺利，投资者将更清楚地看到公司潜力，创始人则会重审他们的商业计划，决定下一步干什么。可能公司需要第二轮融资，这第二轮融资为团队提供资金向国家或国际水平迈进，或让他们进一步改进生产线。

无论是创业者团队还是投资者，通过多轮融资获得资金是很有意义的。风投者或天使投资人都喜欢分期投资，因为这样一来，他们在高风险时可降低投资金额。而且，在大多数情况下，将来其他投资者的加入意味着他们股票的升值（至少在票面上）。分期融资让投资者鞭策创业者努力达成里程碑事件，由此对公司或创始人施加了控制，只有达成了某些里程碑事件才会进行下一轮投资。

从创业者的角度看，分期投资也有好处。在初创公司价值较低时融资较少，创始团队的股权稀释度就会减少。如果首轮就融资50万欧元，创始团队成员在初始阶段就不得不失去他们的控股权。但是，如果只融资5万欧元或10万欧元以完成产品原型或通过样品检测标准，他们可能获得一些客户（有时，没有客户为产品付费，但至少有人使用了产品或服务并给予反馈），可以接下来再为公司下一步发展融资。到那时，公司价值将上升，因为那时的公司不再只是一个创业理念，团队已经用事实证明他们的创业计划的可行性，证明市场对他们的产品感兴趣。在第二轮融资中筹资50万欧元的成本会更低，可能会吸引风险投资。

因此，风险投资法的计算中需考虑到投资者的股权很可能被稀释的问题，要为这个问题做计划调整。如果要计算新股数量，则需考虑到后面还有几轮融资，我们将这些轮次的融资额称为M_1、M_2等等，与之伴随的是股权稀释。每一轮融资将会为公司注入新的资金，每次发行股票的数量用S_{M1}、S_{M2}……表示，每一轮的股价用P_1、P_2等表示。还有，公司在创建时发行了一定数量的股票（S_F），并且有股票期权计划S_{SO}（$S_{pre}=S_F+S_{SO}$）。

计算过程如下（我们假设有两轮融资）：

（1）用风险投资法，或其他方法，我们得出公司价值，由此可以算出投资者在退出时所要求的股份占比。现在，我们要为将来的股份稀释做些调整，因此即使最后的占比结果不变，投资者在这轮融资中得到的股票数量会增多。现在，返回求首轮融资的股票数量：

$F_R = S_{M1}$/股票总数

$F_R = S_{M1}/(S_F + S_{SO} + S_{M1} + S_{M2})$

虽然我们要计算的是S_{M1}，但我们需要知道S_{M2}。

（2）我们计算出在第二轮融资中将发行的股票数量。通常，我们知道第二轮融资的投资规模，也知道第二轮融资中用到的价格倍数，也就是，P_2作为P_1的一个函数：

$S_{M2} = M_2 / P_2 = M_2 / (P_1 \times$ 第二轮价格倍数$)$

（3）我们知道第一轮每股价格将成为首轮融资金额（M_1）和购入股票数量（S_{M1}）的一个函数：

$P_1 = M_1 / S_{M1}$

（4）最后，我们用（3）方程式中的P_1代入（2）方程式，由此而得：

$S_{M2} = M_2 / [(M_1 / S_{M1}) \times$ 第二轮价格倍数$]$

现在，我们知道除S_{M1}外的所有数据，但我们可以把（4）方程代入（1）方程以替换S_{M2}，从而算出S_{M1}，至此计算完成！

按照上面的步骤，我们算出第一轮融资中发行的新股数字高于我们最初的计算，算出第一轮融资的股票新价低于我们第一次的计算结果。现在，我们已经考虑到了股权稀释的问题，对其进行了更正。

实操：案例分析

克里普托公司（下篇）

周一通完电话后，约翰逊–史密斯风投基金（J&S）的合伙人保罗认真考虑了给克里普托公司投资的问题。保罗是项目交易代表，他擅长总结归纳各种关键数据，现在需要一个业务能力强的分析师深入调查这个公司了。

J&S基金如果对一个公司感兴趣，它通常要做的第一件事情是外雇一名市场顾问对公司开展尽职调查。收到顾问提供的信息后，J&S基金的分析师准备好了克里普托公司接下来三年的财务报表。从预测的现金流数据看，要达到55%的年增长率，公司显然需要更多资金，否则两年之内就会出现资金短缺。第二轮融资的金额需要大约300万欧元，以支付公司运营资本和资本性支出。分析师问保罗，第二轮融资的股票价格会是多少。根据保罗的经验，公司会越做越大，但是保守一点，股价两年增长两倍是不可能的。

J&S基金的政策是不参与第二轮融资，因此公司将来的融资活动意味着他们在克里普托公司的股权将会被稀释，这会影响保罗之前给投资委员会提交的数据的准确性。分析师需要再次查看那些数据，以确保在退出时J&S基金在克里普托公司占股10.92%，否则他们就达不到内部收益率40%的目标，这对保罗和他的合伙人来说非常重要。J&S基金在第一轮投资200万欧元应当能购得多少股票？股价将会是多少？

一切看起来很顺利，但在开会前，一个投资经理告诉分析师，他确定合伙人将要求对公司进行交易前估值和交易后估值。

7.7 价格和价值

我们要注意，价值不等同于价格。尽管知道这两个词的意义不同，但我们经常混淆两者的概念。通常来说，当公司业主想把公司出售，而另一方，或是个人或是另一家公司，也对购买这家公司感兴趣，那么就会对公司进行估值。估值结果受以下因素影响：从谁的角度来评估公司（如买方或者卖方）？采用什么样的估值方法（只考虑公司现状，或者考虑公司前景）？评估时间（例如：在经济形势大好时对公司估值，还是在金融危机时估值）？因此，一个公司的估值结果不止一个。但是价格却只有一个，那就是买方和卖方达成一致的那个价格，在这个价格上供需彼此得到满足。所有类型的公司都符合上述情况。理论上，价值和价格应当接近，但这又会受到多种因素影响。例如，某人确实需要将公司出售，而潜在的买家只有一个，这样的情形对买家有利，他可以提出一个较低的价格。这就是人生！

在高增长风险企业案例中，一般是给早期阶段的公司估值，有时公司才创建几个月。如第1章所讨论，公司需要资金，股权募资是唯一的选择。用资金换取股票时，我们需要对公司进行估值。但是，用本章讨论过的风险投资法估值得出的结果，最后可能因为几种因素的影响而需被修正后，双方才能最终达成价格统一。这发生在谈判阶段，谈判时讨论的因素有：

- 对公司感兴趣的投资者数量。对公司的兴趣越大，估值越高。创业者应当多找几家投资者，但不要四处寻找，而且不要误导投资者。这个世界并不大，很多投资者彼此认识，他们经常在一些场合见面，如会议、网络工作会议或庆典晚宴。若创业者对某天使投资人说XYZ风投公司对他的公司感兴趣，想以此给对方施加压力，但对方可能打电话给XYZ风投公司确认此事，向XYZ风投公司的分析师了解分析结果。如果情况不属实，这个创业者就会失去两家投资者。
- 连续创业者和首次创业者。显然，一个有着创业成功史的创业者是具有影响力的。比如，如果斯盖普、缤客（Booking）或e梦想（eDreams）的创始人想创办一家新公司，投资者们会趋之若鹜。
- 市场热点。对热门市场的估值可能会虚高。比如，如果下一个新生事物是机器学习或金融科技，而某公司恰在运营市场赶上这个热点，那么给公司估值时可能会产生估值溢价，因为投资者都想从下一个“独角兽”（详见第5章）那儿分得一杯羹。
- 无法评测（没有销售额）。有些公司无法产生销售额，也不指望在不久的将来产生销售额。这种情况下，投资者或创业者可能会这么劝说自己——公司的价值在于客户的数量、使用时间，或其他衡量标准，有些多国公司会出大价钱把它收购，想想瓦次普软件或巴塞罗那的沃勒普二手货交易平台。

- 工作网络影响力。在有的企业模式里，企业价值在于成为市场引领者，或成为其他企业都想参考和借鉴的范例。或许你的心目中有些这样的范例，尤其当想到工作网络或社会平台时。若你开的是一家小旅馆，你可能会信赖缤客网，也可能会支付不到缤客网一半的费用，跻身一个新的酒店平台的排行榜。但由于大部分客户通过缤客网这样的大平台寻找酒店，商家选择不同的酒店平台效果可能千差万别。
- 一份重要的工作简历。一些创业者曾受聘于某知名的顾问公司，或在投资银行工作过，或从世界前10名的商学院或工程学院获得工商管理硕士学位。但这些都不是企业者成功的保障，而是只能证明这个人一直很努力。但很有可能这也意味着创业者善于向投资者推介自己。简历上有闪闪发光的名字会极大地提高价值感（参见第5章）。

著名的投资者沃伦·巴菲特说过："你付出的是价格，得到的是价值。"[1]

专家之声：弗兰克·梅恩（Frank Maene，比利时）

弗兰克·梅恩与多个软件新创公司合作25年了，既是投资者又是公司指导和执行者。弗兰克现任以下公司的董事会成员：阿

[1] 沃伦·巴菲特2008年"董事长的信"。

文古（Awingu）、比特传感（BitSensor）、芙拉弗（Flavr）、万普（VAMP）、森田思（Sentiance）和思维普布莱特（SweepBright）。和福尔塔公司（Volta）合作之前，他是汉鸣博德公司（Hummingbird）和比格邦公司（Big Bang）的管理合伙人。他经手的成功交易包括：退出安普里数据（Amplidata）转投西方数码（Western Digital），退出英加戈（Engagor）转投卡拉桥（Clarabridge），退出丘莱尔（Qlayer）转投太阳（SUN），退出DTC转投赛门科技（Symantec）。现在弗兰克·梅恩主要和总部在比荷卢的初创公司合作，他在硅谷和土耳其也有业务经历。弗兰克获得比利时鲁汶根特管理学院的应用经济学和会计学硕士学位。

在退出时，关于你的投资额在公司股份的占比如何达成一致意见?

通过谈判。高级的估值方法，比如现金流量贴现法是无法用于这种没有收入的初创公司的，因为他们还没有现金流量，更无从谈起折扣。我们的基金是用于种子期和早期阶段投资的，因此无意在公司占控股权。我们相信，创始人应当能把控整个公司，确保大家干劲十足。但另一方面，如果股权低于15%，那么对风投者来说也就没什么意义了，不值得投入时间和精力。如果股权在15%—30%，而且数量还在一直增加，那么你就可以立刻决定给公司估值了。股权的真正风险因素在于团队的质量、产品或解决方案的价值、市场规模、竞争者，还有一些相关条款，比如清算优先权和其他一些优先条款。

要点总结

- 因为缺乏历史信息、没有预期的高增长，以及运营市场的不确定性，给新创公司估值比较困难；
- 也可以给新创公司估值，投资者估算的不是现在的公司价值，而是他们退出时公司的价值；
- 给高增长初创公司估值时，风险投资法是比较常用的一种估值法。估值结果基于风投者对新投资的思考方式；
- 花时间研究市场、了解公司发展动力和创造价值的途径是很有必要的。风险投资法所需的数据并不多；
- 交易前估值和交易后估值代表的都是现在的价值，是用风险投资法估算出的退出时的公司价值；
- 可转换债券是早期融资的有利方式；
- 价格不等同于价值，价格受到多种因素的影响。

本章提问

1. 为什么给新创公司估值很困难?

2. 给公司估值的方法主要有哪些? 为何它们不适用于初创公司的估值?

3. 投资者要给新创公司投资时会问自己什么样的关键问题?

4. 为了估算风投者或天使投资人给公司未来所投资金的价值，我们需要些什么信息?

5. 什么是内部收益率？

6. 早期投资者要求的内部收益率一般是多少？

7. 如果一个投资者给某公司投资，4年后期待的内部收益率是50%，他需要什么样的投资金额增长倍数？

8. 一个风投者给某初创公司投资150万欧元，她预估5年后该公司价值1亿欧元。如果她期待的内部收益率是60%，她需要在公司股份中占比多少？

9. 在上例中，交易后估值和交易前估值分别是多少？

10. 布拉沃技术公司A轮融资中股票发行量是20万股，每股价格3欧元。如果该公司一年前被兼并，发行了60万股，每股0.05欧元：(a) A轮融资中获得的资金价值多少？(b) 交易前估值多少？(c) A轮融资后创始人的股份占比是多少？

延伸阅读

Damodaran, A. (2006). *Damodaran on Valuation: Security Analysis for Investment and Corporate Finance.* 2nd edition. John Wiley & Sons.

Gompers, P. and J. Lerner, J. (2001). *The Money of Invention: How Venture Capital Creates New Wealth*. Harvard Business School Press.

IPEV (2010). *International Private Equity and Venture Capital Valuation Guidelines*. Edition August 2010, IPEV Board. The European Venture Capital Association, formerly EVCA and now called 'Invest in Europe', is a founding member of the IPEV Board together with AFIC (the French VC Association) and BVCA (the UK VC Association).

Lerner, J. (2000). *Venture Capital and Private Equity: A Casebook*. Wiley.

Timmons, J. A. (2008). *New Venture Creation: Entrepreneurship for the 21st Century*. 8th edition. McGraw Hill.

参考文献

Brealey, R. A., Myers, S. C. and Allen, F. (2013). *Principles of Corporate Finance*. 11th Global edition. McGraw Hill.

Brennan, M. J. and Schwartz, E. S. (1988). The case for convertibles. *Journal of Applied Corporate Finance*, 1, 55–64.

Copeland, T., Koller, T. and Murrin, J. (2010). *Valuation: Measuring and Managing the Value of Companies*. 5th edition. Wiley.

Jensen, M. C. (1986). Agency costs of free cash flow, corporate finance, and takeovers. *American Economic Review*, 76(2), 323–329.

Jensen, M. C. and Meckling, W. H. (1976). Theory of the firm: Managerial behavior, agency costs and ownership structure. *Journal of Financial Economics*, 3(4), 305–360.

Lewis, C. M., Rogalski, R. J. and Seward, J. K. (1998). Understanding the design of convertible debt. *Journal of Applied Corporate Finance*, 11(1), 45–53.

Miller, M. H. and Modigliani, F. (1961). Dividend policy, growth and the valuation of shares. *Journal of Business*, 34(4), 411–433.

Scherlis, D. and Sahlman, W. (1987). *A Method for Valuing High-Risk, Long-Term Investments*. Harvard Business School Note 9–288–006.

实操：案例分析

光纤速达公司（Fibra Optica Express）

玛丽亚·加西亚是领先的风投公司加西亚·马丁内斯公司（G&M）的创始合伙人。今天是周五，她很高兴，这个周末看上去很不错，天气预报这两天都是晴天，最重要的是她收到一份很有趣的商业计划，是一位知名教授推荐的。计划书里的创业团队成员是艾赛德商学院的3名工商管理硕士（MBA），还有来自巴塞罗那理工大学（Barcelona Polytechnic University）的2名工程师。快速浏览这份执行摘要过后，她就意识到光纤速达公司是家很有发展前景的初创公司。而且，也符合G&M公司的投资标准，属于其专业范围。加西亚想在周末加把劲，写一个关于该公司的初步报告，周一上午提交给投资委员会。

机会

玛丽亚仔细阅读了光纤速达公司的创业计划，该公司创始人的简历给她留下了深刻印象，她决定给该公司估值。这是她喜欢分析的案例：早期公司，有产品原型和初期销售，最好的一点是，光纤速达的技术受到国家和国际专利保护。

投资早期公司有高风险，可这却是G&M风投公司想要寻找的投资类型。事实上，高风险意味着高收益。对于这种公司，内部收益率是40%，投资期大约4年。这个内部收益率是有点高，但考虑到其中的风险性和初创公司成活的可能性，这也是合理的。

光纤速达公司的价值评估

对财务计划及其主要预测数据进行认真分析后，玛丽亚对光纤速达的前景有了更好的了解。给公司估值时，她对有些预测数据进行了修改。玛丽亚认为在预期退出的时候，光纤速达的盈利将达到税后400万—600万欧元。而且，她刚读完一些知名投资银行的市场分析报告，得知这种公司的平均市盈率（price-earning ratio）是一般公司的15到20倍。

在这一轮融资中，创业者计划融资300万欧元。玛丽亚知道这笔资金只供支撑接下来的12个月，因此她预测，如果光纤速达根据其商业计划发展顺利，在一年后，创业者需要筹集更多资金用于公司的国际化发展。根据她以往与类似公司合作的经验，光纤速达接下来的一年还需筹资500万欧元，第二轮融资的价格大约是第一轮价格的3倍。G&M风投公司只给种子期和初创期公司投资，他们投资的价值大都来自在第二轮或以后多轮融资中投资的升值。事实上，他们明白，如果达不到现在的商业计划，第二轮的价格最多是这一轮的两倍。

那几名MBA学生已注册了公司。公司股权被分成500万股，每个创始人持100万股，其账面价值是5万欧元。创始人团队还保留了50万股用于员工股票期权计划，计划将这些股票期权留给为公司做出贡献的艾赛德商学院教授。

周一上午的投资委员会

玛丽亚非常满意，虽然光纤速达的商业计划让她这个周末不能如愿享受阳光，但是她将在投资委员会上提交一份让同事们大吃一惊的优秀投资方案。

她设想了一下，提交投资方案后她可能被问到这些问题：G&M和创业者谈判的股价范围是多少？ G&M应持多少股才能确保内部收益率目标？玛丽亚不能错失这个好机会，虽然是周日晚上，她有些疲劳，但她还要准备两份方案：一份假设发展顺利的“积极方案”和一份假设进展糟糕的“消极方案”。

第8章

投资条款清单和谈判

斯蒂法诺·卡塞利（Stefano Caselli）

博科尼大学（University Bocconi）

股权投资意味着一种临时的合作关系。从一开始，投资者和创业者都知道这种关系最后将结束。虽然投资条款清单（下文简称“投资条款”）是谈判的重要内容，但协谈双方首先会就各种信息进行交流和确认，对日常行为和中、长期行动达成统一意见。然后，双方必须通力合作。处理任何代理问题时，双方要保持信息透明。投资者和公司股东的最终目标是一致的，那就是创造价值。这个目标能否实现会决定项目和公司的成败，也就是投资者和初创公司能否获得期待的收益。虽然双方有着相同的目标，但他们在公司的许多问题上也持有不同的观点。在一些问题上他们会产生矛盾，比如投资期长短、公司增值策略、财务和行业联合、引发投资状况变化的新机会。投资者和创业者在决定合作之前都会尽量解决潜在异议。但是，对未来进行准确预测，或为每个问题一劳永逸地制定法规是不可能的。由于存在内部收益率目标、剩余期限、监管资本以及基金组织者之间的合同这些问题，投资者有责任对公司进行管控。这时，双方容易产生矛盾。另一方面，得到风投资金资助的公司和创始人也有自己的策略，有不同于投资者的财务目标和个人目标。

媒体视角

英国《金融时报》

风投者在一个苹果上咬了两口

卡迪米·夏博（Kadhim Shubber）　2017年4月6日

让投资者在公司中“游戏终结”的方式有很多，最简单的一条莫过于以低于他们投资额的价格出售公司。

公司估值1亿英镑，你从投资者那儿募资1 000万英镑——放弃公司10%的股份——然后把钱花在奢侈的酒店、航班及一切你认为是业务花销的地方，然后把公司卖了……售价还是1 000万英镑。

你是获得美好回忆了，还怀揣着900万英镑的销售额，但你的投资者却只得到100万英镑——新公司价值的10%，投资金额大幅贬值。投资者大把的钱就这样散尽了。

风投者在解释为何合适的股份结构很重要时描述了上述场景。

若对投资进行合理安排，他们应该是公司挖到的“第一桶金”的受惠者——在公司被出售时，他们投资多少应该就能收益多少。

如果一切进展顺利，公司应该取得很好的销售业绩，甚至还能上市，然后投资结构就几乎无关紧要了。但在艰难时刻，如果像我们前面讨论的那样进行安排，创业者就会大大受挫。（如果所有的收入，或者大部分收入都被投资者拿走了，那我们何必那么拼命？）

但这还只是财务问题，事情远比这更复杂。这次我们要了解的是风投者如何安排投资结构，他们投资的是英国金融技术市场升起的两颗新星——“融资圈”（Funding Circle）和“转慧”（Transferwise）[1]。

投资者喜欢的投资结构是“最好不参与”结构。也就是，投资者先于其他人从公司收入中拿回他们的钱，或者投资者像普通股东一样从公司的现金总量中拿走他的份额。

那就是转慧公司的控股方式……

相对直接……

融资圈公司的投资结构却显得更复杂，我们称之为“最好参与”结构。这意味着，投资者先于其他人从公司收入中拿回他们的钱，然后在公司剩余的资金中还保留份额。他们基本上两边好处兼得。

……有几位伦敦的风投者告诉我们，风险投资中的“最好不参与”结构比较常见，而“最好参与”结构比较罕见。

何时发生过“最好参与”结构的案例？联合广场风投基金

[1] 融资圈（Funding Circle）是一家英国网络借贷平台。转慧（Transferwise）是一家提供国际汇款转账服务的P2P平台。

（Union Square Ventures）的弗莱德·威尔逊（Fred Wilson）是“融资圈”的长期投资人，他回顾了2010年的两种案例情形：

“首先，这是弥合投资者和创业者估值分歧的好办法。比如，我们感觉公司值1 000万美元，但创业者认为值2 000万美元。为了弥合分歧，我们用‘最好参与’的投资方式投入2 000万美元。如果公司大获成功，我们投1 000万或2 000万都无所谓，但是如果公司以一个相对较低的价格出售，比如5 000万美元，那么‘最好参与’的投资方式带给我们的收益接近于我们对目标估值1 000万美元获得的收益。

如果创始人在你投资后不久就要将公司出售，‘最好参与’的投资方式也能体现出优势。这种情形有一个风险——从投资到退出，公司没创造什么价值。‘最好参与’的投资方式在这种情形中能发挥作用。”

学习目标

学习完本章后，你将能够：

- 了解投资条款的目标和主要特点。投资条款一般发生在谈判阶段；
- 认清投资条款中的关键要点，了解哪些方面与整个谈判过程相关，哪些方面不属于投资条款的范围；
- 对投资条款的内容进行详细分析；
- 根据每个交易的具体情况，了解合同文件的作用，及其正确的生效途径；

- 通过投资条款和谈判，协调与投资相关的事务（包括经营计划、公司估值、尽职调查等）。

本章导读

本章将简单介绍什么是投资条款，以及其他的一些法律文件。然后将围绕谈判，讨论一些主要问题。谈判能为律师拟定投资合同提供资料依据。最后，本章将涉及权利话题，并讨论可采用何种合同或机制来规范投资者和公司创始人的关系。

8.1 投资条款和其他重要文件的定义

投资条款是针对一些关键财务问题的概述性文件，内容涵盖拟购置的股票类型、数目和价格，以及关于投资提议的一系列条款等。投资条款也被称作意向书（Letter of Intent，简称LoI），谅解备忘录（Memorandum of Understanding，简称MoU）或原则性协议。投资者以此向创业者提出投资建议，并据此撰写最终投资文件。除了某些特定条款（一般是关于保密性问题，即公司不得透露条款内容，甚至不得透露签订协议之事；还有专门规定——通常公司在30—60天内不得停止交易；有时对尽职调查等活动的费用也有规定），投资条款通常不具备法律约束力。这意味着，即使你收到了一个著名风投者的投资条款，你也不要急着准备开始融资，因为不到签订最后的文件（一长串条款）的一步，事情就还没落定。投资条款是合法的，这意味着投资者有向公司投资的意向，接下来的谈判和尽职调查都是为了达成满意的投资项目。但请记住，几周后事情也可能有变，有时甚至数月后投资条款被宣告终结。

尽管投资条款不具备法律约束力，但它仍是与投资者谈判的核心，因为它影响最后要签订的文件、尽职调查和其他交割条件，比如法律意见书或审计决算。从实践角度来说，实际项目很少与投资条款有太大差异。因此，在本章的学习中，以及在现实世界里，我们把投资条款等同于“合同”看待，以后整个谈判过程都围绕其内容展开。

一旦投资条款被议定，用精确的法律分类学用语来说，接下来要签订的投资文件有“认购协议”（也被称作“承销认购协议”）和“股东（或投资者）权利协议”。通常，这两个文件被合并成一个“认购和股东协议”或者“投资协议和公司章程”。这些文件将包括投资条款上的所有条款、条件和权利。范例请见附录2。

认购协议通常涵盖本轮投资的细节，包括认购股票的类型和数目、支付条款和关于公司现状的陈述和保证。这些陈述和保证将受到披露函和一些辅助性文件的限制。辅助性文件特别列出创始人认为在投资交割之前投资者必须了解的一些事宜。

“股东权利协议”通常是关于投资者的权利保护，包括经济权利、主控权利（如董事会代表），以及竞业禁止等限定。这种股东协议中的条款将成为接下来融资的依据，因此创业团队务必一开始就要聘请优秀的法律顾问就协商内容进行研讨。

股东协议的一些保护性条款可能被（重复）写入公司章程

（Articles of Association）。之所以以两种文件的形式分别或全部列出这些条款，可能是出于司法的特别考虑，主要是由于公司法的限制（有些欧洲大陆法律对公司章程上的权利条款有限制），还考虑到可实施性的问题（在有些欧洲大陆的司法体系下很难对投资者实施保护），以及出于对保密性的考虑（通常公司章程对相关注册公司来说属于公开文件，而其他投资文件经常可视为保密性文件）。

但创业者首先处理的是投资条款。一旦协议内容经双方同意，就会聘请律师起草最后文件（不同国家的公司对这个文件有不同的称呼）。投资条款越详细，在起草合同时需要再度协商的问题就越少。这个过程可能比较复杂，为了将时间和花销降至最低，建议你聘请熟悉风险投资交易业务的律师。或许你最好的朋友就是很不错的律师，但如果她擅长的是离婚法或劳动法之类的话，那将无济于事，因为你要处理的是融资问题，是如何与早期投资者进行协商的问题。

一轮风投融资一般由一家风投公司引领。我们称这位引领者为“领投者”，他将把投资者们组织起来（在投资条款通过的前后），然后对这个联合组织内部进行协调，直至融资完成。这个投资者联合组织通常由一些现有投资者组成，有时也会加入一些新成员。“领投者”在本轮融资中投资最多。新的投资者可能是由“领投者”带入联合投资组织的，也可能由创业者引入。

8.2 和投资者谈判的主要挑战

投资条款是创业者和投资者双方共同签订的协议。创业者和投资者谈判的目的是为了确定投资者给公司的资金承诺。该文件影响和支持公司创造价值，并对投资者和公司之间的责任和权利进行分配。投资条款（如前文所述，以后会变成合同）有助于投资者管控公司，让双方合理认清风险和收益之间的平衡。

一般来说，签订投资条款的主要难题在于平衡投资者和创业者对公司的管控权，以及他们对投资金额的分配权和管控权。尤其要注意三个问题：（1）股票类型；（2）资金的使用；（3）投资后的规定（即有关监控和附加价值的规定）。

8.2.1 股票类型

投资者在多大程度上参与公司管理，这是与财务相关的重要问题，需要在合同里明确定义。投资者迈出的第一步是选择拟购买的股票类型，在选择买哪种股票时，要确保投资和管理得到充分保障。以后可能还有多轮融资，每一轮融资都被以不同的字母来命名，如第一轮融资是A轮融资（参与的投资者将持有A轮股票），接下来是B轮融资，以此类推。B轮和接下来轮次的投资者通常会甩掉前面轮次签订的协议条款。创业者必须明白他们还得与早期投资者和平共处。从原则上来说，A轮融资后，条款会因将来的股权稀释或管控而被损蚀。在每一轮融资中，都要面临的一个复杂问题是：如何既保持前轮投资者的权利，又为吸引新的投资者制定激励策略。鉴于此，投资者有权从几种不同类型的股票中进行选择，但每种股票类型都附有特定的权利和责任：

- 普通股（Common shares）是证明在公司拥有股权的证券。它赋予股票持有人投票权，并通过股利或资本收益的形式让股票持有人分享公司的成功。每位股东的每份股票拥有一票投票权，对公司董事会成员有选举权，对诸如股票分割、公司目标等公司事务有决定权；

- 优先股（preferred stock）通常不包括投票权，或者只在某些特殊事务上给予有限权利。给优先股的补偿体现在它的股利和清算权优先于普通股。优先股持有者比其他股东优先得到股利。优先股可以转换成普通股；
- 可转换优先股（convertible preferred stock）属于优先股，但只要股东愿意，可将其转换成普通股。这种股票让投资者可以选择是在清算时拿回自己的收益，还是与普通股一同拿到自己的收益；
- 参与型可转换优先股（participating convertible preferred stock）是一种可以转换的优先股，但它有一个特点，在公司出售或清算时，投资者有权获得债券面值并参与股权，就如同股票被转换了一样；
- 嵌入式期权股票（shares with embedded option）让该股票持有者可以按事先定好的价格购买公司股票，因为该股票有期权性质。该类型的股票交易对整个公司股票产生影响；
- 追踪股票（tracking stock）是母公司发行的证券，与子公司或分支公司的业绩相联系。通过追踪股票可跟踪子公司或分支公司的财务结果。发行这种股票通常是为了把高增长的分支部门从母公司分离出来。母公司及其股东仍对子公司或分支公司保留控制权。

还有可转换债务或可转换债券（详见第7章）。但严格来说，它们不代表“股份”，至少从传统意义上来说不代表“股份”。可转换债券一般受到早期风投者和种子投资者的青睐，而且可以得到股份。可转换信用债券意味着股东可以在任何时候（或某个特定的时间窗口）把债券转换成普通股票。转换率一开始就协商好了（1∶1，1∶1.5，1∶2，等等），也可由某些具体条件来决定。使用这些可转换债券的目的是为了在转换日期之前，给投资者提供保护。这些可转换债券的持有者可以选择继续当债主还是变成股东。这个选择由公司的发展状况决定。如果公司发展不好，最好选择当债主，但如果公司发展超过预期，那么把债务转换成股份（以不错的价格，价格由转换率决定）是明智的选择。

8.2.2 基金的使用

衔接期的另一重大挑战与支付政策（基金的使用）相关，包括股票发行的策略以及公司管理层内部的关系。

要确保支付政策产生令人满意的预期效果，需要回答三个简单问题：

（1）资金来源是什么？公司可以发行新股，或者创业者可以把旧股卖给投资者以获得资金。

（2）创业者为何发行股票？有两个主要原因：创业者只想获得一些现金；或者为了促进公司发展并保持活力，创业者需要金融和策略上的支持。

（3）与现有的股东关系怎样？风投者可以给公司投资并完全掌控风险资金，也可以保留全部或部分既有股权，对退出部分进行协商。

回答以上三个问题后，我们可以理解为何创业者需要基金以及基金该如何分配。无论在怎样的情况下，无论做何种选择，创业者要激发投资者的投资兴趣。

8.2.3 投资后监管

一旦交易完成，投资条款及谈判目标将有助于投资者对公司的监督管理，以确保公司创造价值，并制止公司内部机会主义行为的产生。

在投资后，为了促进公司生成价值并对价值进行保护，有两个问题值得关注：一是如何创造和衡量价值，二是如何以团队的形式共存共荣。针对第一个问题需要制定一些严格的契约性法规，其目的是为了促成变现，提高公司绩效。而以团队的形式共存共荣则是为了在一系列的行为、机制和风投者为公司提供的资金安排上达成一致意见。虽然很多问题无法通过合同条款的形式表述出来，但从本质上体现了股权投资的核心价值，我们称之为“软因素”。

这些职责可成为契约型条款，有助于创业者和投资者：

- 建立标准——一旦目标明确，就要设立标准，并使之生效；
- 为融资公司提供激励机制——激发员工动力的主要手段有薪水、升职和对员工的认可。

8.3 投资条款的作用：降低风险

风投者和天使投资人为投资组合公司提供资金，促进公司增值，这也解释了为何他们的投资被称为“聪明的资本”。股权投资者参与融资公司管理也需受到法规的制约，以便减少投资者和创业者之间的矛盾，缓解代理难题。关于此问题的详细讨论请见第5章。投资期也被称作“短暂联姻”，这段时期无论是投资者还是创业者都需要规避某些特定风险。

新公司在不同国家、不同行业纷纷建立，它们有着不同的目标，而且在不同阶段都在寻求新的资金。因此，每个项目在投资者的类别、参与者的数量、交易结构和融资数目等因素上千差万别。其间将出现的风险数量和特点都无法预测，而且不可能同时满足矛盾双方的意愿。这正是投资条款发挥作用的地方。在投资条款谈判过程中，会制定契约性条款（即各种各样的协商点）以降低或缓和预期风险。谈判双方担心的风险是不同的，下面我们从投资者和创业者双方的视角来讨论风险问题。

8.3.1　投资者的视角

投资者将成为公司的合作伙伴，但他们不会时刻出现在公司的运营管理中，以确保一切都朝有利于股东的方向发展。因此，投资者感兴趣的是如何避开以下风险：

- 管理层做出糟糕的运营或市场决策，影响公司绩效，从中期到长期看甚至会减损公司的价值；
- 创业团队和重要人才缺乏奉献精神，以至于降低商业计划的有效性；
- 创造价值的时间安排上出现观点分歧。创始人可能想创造长期价值，但风投者却想在中期退出，使资金变现，让自己得到收益。有些决定会直接影响投资者的内部收益率；

- 新股东的加入，致使不同派别产生矛盾分歧。

8.3.2 创业者的视角

创业者怀揣着一种愿景和使命创建了公司。有些创业者可能计划将公司长期办下去。有些创业者还梦想着把公司传承给下一代。大多数创业者都把公司看成自己的“孩子”。因此，创业者在意的是缓解以下风险：

- 缺少投资者的参与以致资金来源不足，而且缺乏投资者网络带来的专业技术优势；
- 新股东的加入打破创业者和以前投资者的平衡状态（例如导致创业者只拥有少数股权）。而且，如果新加入的投资者很强势的话，可能会影响公司发展的策略；
- 投资者在不合适的时间退出，将会对整个投资项目产生很大影响。其负面影响包括：资金来源减少（如果风投者太快退出），或者金融合作伙伴过度干涉（如果创业者想要出售公司，而风投者却采取晚退出策略）；
- 出其不意的退出打乱了整个投资环节，对管理价值和创业者价值的认可都趋于无效。

专家之声：劳拉·乌尔基苏（Laura Urquizu，西班牙）

有着20多年从业经验的劳拉·乌尔基苏是红点公司（Red

Point）的首席执行官。红点公司是一家新成立的知识产权和品牌保护公司，旨在制止互联网非法内容的传播。劳拉致力于向全世界推广红点技术，现公司业务已遍布全欧洲，并拓展到了美国。劳拉曾经担任洛库网（Lokku）的董事会和公司发展顾问，也曾担任开店网电子商务平台公司（Openshopen）的董事和顾问。劳拉在欧洲多家技术公司担任董事会成员，包括：阿必阔（Abiquo）、斯巴米纳（Spamina）、贾斯汀麦（Just in Mind）、天津四（Deneb）、D2D、必可2（Biko2）、阿迪克（Adecq，最好的电视商）和DAD公司。

资金来源——你的第一资金来源和第二资金来源分别是什么？还考虑其他资金来源吗？

我们向私人投资者发起两轮融资。两轮融资中我们都会认真考虑公司的发展阶段，选择最合适的投资者。第一轮融资是在种子阶段，是天使投资。在A轮融资中我们寻求的是国际风投公司投资，以帮助我们发展全球业务。

投资条款的商定——你们能在多大程度上允许投资者参与投资条款的商定？

让投资者和公司其他资助者的利益协调一致是非常重要的，这样，每个人都会觉得合作愉快。一旦投资交易达成，投资者变成新股东，在公司发展中将起到非常大的作用，因此达成利益联盟非常重要。

8.4 投资条款的作用：关键条款

互相信任且有耐心是应对风险的最好方式。但是，当事态发展不顺或情形恶化时，信任和耐心也消失得很快。因此，在处理类似问题上极富经验的风投者用合同规章的方式让双方在糟糕的情形下也能保持互相信任且有耐心。这些规章（或者说“合同”“条款”）是为交易专门设计的，但也有很多属于标准化的规章，全球范围内的投资者和创业者都使用。

合同分成两大类：积极类和消极类。积极的合同列出的是创业者团队和公司都同意做的事情，比如做审计报告、定期召开股东会议、按时缴税等。消极的合同通常包括优先股权协议，以限制创业者的不利行为。有些行为还被明确禁止，或需要得到投资者的同意才能实施（也称“否决权”）。合同可能还包括“棘轮”，即万一发生特殊情况，可对条款中的责任或权利进行变动。例如，如果创业者按照商业计划达成目标，将得到额外股份。

每份合同实际上都存在一些独立款项，从正反两方面清楚阐释各条款的用法。但是，谈判过程中双方最关心的不是选择签订什么样的合同，而是从各式各样的合同类别中辨识出哪些合同将有利于缓解风险，让股东价值最大化（包括确保按时实现投资变现）。本章接下来将介绍几种最常用的合同。根据这些合同授予权利的不同（经济权利、主控权利、团队承诺权利和其他权利），可分成四种类型。

8.4.1 经济权利

优先股的持有者可享用一些特殊的经济权利。在风险投资和私募股权的交易中，这些权利与投资变现（即投资者的退出）有关。最常用的经济权利有：（1）清算优先权；（2）反稀释条款；（3）股权转让；（4）看涨期权和看跌期权。

清算优先权

根据该条款，优先股在公司清算、获取股利和报酬时享有优先于普通股的权利。对风投资本而言，该权利的最大效用并不体现在股利上（因为决定风投资本价值的是资本收益），而体现在公司出售的时刻（即公司清算事件）。其目的是帮助风投者形成一个与内部收益率目标一致的退出价格。其操作方式是优先股（持有人是风投者）有权先于普通股拿回自己的钱（此即优先权）。有时，投资者不止一次拿回自己的钱。计算投资者获得的金额总数需要使用倍数（投资金额的1倍，2倍，3倍……），有时这些金额暂不支付，只是累积，其中也包括股利，实际上就类似于给优先股增加利率（范围为4%—9%）。

在投资者拿回自己的钱后，剩下的钱（如果还有剩的话）在创业者和投资者之间分配。主要有三种选择方式（按照优先程度递增的顺序）：（1）非参与优先股；（2）设上限参与分配优先股；（3）不设上限参与分配优先股。现在我们看看具体操作情况吧（这适用于所有清算事件）：

- 非参与型：首先按A轮融资优先股每股的原始价格（即风投者的投资总额）支付。然后，收益余数将按比例分配给普通股持有者。这种情况下，风投者只拿回他自己的钱，没有利息（可能分多次拿回）。公司剩余收益在创业者、亲友和天使投资人中进行分配。

- 附上限参与型：首先按A轮融资优先股每股的原始价格（即风投者的投资总额）支付。然后，将A轮融资优先股视为可转换股票，与普通股一起参与分配，但是一旦A轮融资优先股东获得的回报达到x倍于原始购买价格，将停止参与分配。这种类型也叫（设上限的）双重受益。
- 不设上限的参与型：首先按A轮融资优先股每股的原始价格支付。然后，A轮融资优先股东参与普通股的分配。这种情况对股东收益不进行限制，因此是（不设上限的）双重受益。

计算不同种类的清算优先权的最终分配结果

假设有一个500万欧元的A轮投资项目，公司交易前估值2 000万欧元（因此，A轮投资者拥有公司20%的股权）。公司被售出的价格是4 000万欧元，A轮融资后公司没有再发行新股。

A“1×非参与优先股”意味着A轮投资者有得到他们投入的500万欧元的最大优先权，或者能拿转成普通股后他们该得的部分（即4 000万欧元的20%，也就是800万欧元）。结果：800万欧元归A轮投资者（20%）；3 200万欧元归普通股持有者（80%）。

A“1×参与分配优先股附2倍上限”意味着A轮投资者有拿回他们500万欧元的优先权，然后在剩下的3 500万欧元中分得20%，其收益达到原来投资额的2倍（1 000万欧元），则为上限。结果：1 000万欧元归A轮投资者（25%）；3 000万欧元归普通股持有者（75%）。

A“1× 不设上限的参与分配优先股”意味着A轮投资者有拿回500万欧元的优先权，然后在剩下的3 500万欧元中分得20%，即700万欧元（“参与分配”）。结果：1 200万欧元归A轮投资者（30%）；2 800万欧元归普通股持有者（70%）。

反稀释条款（Anti-dilution provision）

反稀释条款出现在优先股协议中，指如果公司在后续融资中的股价低于此前投资者购买股票的价格，则会将（持有优先股的）风投者所持有的股票数目（或在公司价值中占有的比例）往上调整。这是为了在将来轮次的融资中对投资者进行保护。投入新的资金时，如果公司的交易前价值（每股的股价）低于前一轮的交易后价值，就会采取上述保护机制。最好的操作方式一般是通过两种类型的条款：完全棘轮法（full ratchet）和加权平均值（weighted average）（宽基和窄基）。完全棘轮反稀释条款是指因此轮价格比前轮融资价格低，因而根据每轮价格的差异，对前轮投资者进行补偿，以确保原投资者的占有比例不变，就像前轮融资的股价也与这轮新的价格一样低。要注意的是，即使以较低价格发起一轮数目很小的融资也会导致这样一场调整。加权平均反稀释条款指的是此轮融资价格比前轮低，因而根据被持有股票数目加权过的平均价格，对风投者进行补偿。

如果公司发行的新股（如B轮融资新股）价格低于投资者原来购买的价格，即出现了流血融资（down round）的情形，那么投资者的转换价格就会自动往下调整。调整过的转换价格将等同于后续轮股票的最低转换价格（完全棘轮条款）。假设：

PB = B轮投资者支付的价格

$CP2$ = A轮投资者调整过的转换价格

OPP = A轮投资者最初的购买价格

n（A）= A轮投资者认购的股票数目

如果：

$PB < OPP$

那么$CP2 = PB$，n（A）根据以下公式进行调整：

n'（A）= [OPP × n（A）] / $CP2$。

此处的n'（A）是调整过后的A轮投资者的股票数目。如果是雇员参与的项目导致资金增加，则反稀释条款不适用。

下面举个例子以供参考。假设A轮投资者以每股3欧元的价格从公司购买100万股，共计投资300万欧元。创始人股东持有200万股（每股1欧元）。如果公司在B轮融资中以每股1欧元的价格发行300万股，这样，$PB < OPP$，调整后的转换价格就是PB = 1欧元，那么，A轮投资者所持有的股票数目就变成了300万/1欧元 = 300万股。这样一来，B轮融资后的股票总数是800万，A轮投资者和B轮投资者各占37.5%，创始人保持25%。交易后价值是800万欧元，交易前价值是500万欧元（800万欧元－300万欧元）。

股权转让

有些条款与股权转让有关（买卖股票）。以下几种情形最为常见：

- 优先购买权（right of first refusal，简称ROFR）：如果有股东

想要卖掉他们的股份，此条款赋予风投者拒绝新股东加入的权利，但他必须以潜在购买者愿意支付的价格购买这些他不买就会被别人买走的股票。

- 优先报价权（right of first offer，简称ROFO）：该条款规定，股东（可以是创始人、创业者或风投者）向第三方出售股权时有责任与股权持有人就出售价格进行协商。如果股权持有人对购置股权无兴趣，或者与股权出售者无法达成协议，那么股权出售者对股权持有人不再负有责任，可以自行出售其股票。优先报价权类似于优先购买权，但优先报价权条款有利于股票出售者，而优先购买权则倾向于保护买家。优先购买权给股权持有人机会，让后者的报价与愿意出售股权的人所能接受的价格相匹配。
- 跟随权（tag along right）：该条款旨在保护初创公司的少数股东（风投者或天使投资人）。如果多数股东出售其股权，则少数股东有权加入交易，向同样的买家以同等条件出售其在公司持有的少数股权。
- 强制随售权（drag along right）：当风投者想出售其股权时，该条款规定，他有权要求（强制）其他股东一起以同样的条件将其股权卖给同样的买家。这样是为了确保风投者能卖出少数股权，而且通过强制多数股东一同出售股权（甚至是公司100%的股份），可将出售价格最大化。[1]这就让买家可以

[1] 少数股权一般意味着股权人对公司没有控股权。也就是因为这个原因，多数股权价值更大。这就是所谓的“控制权溢价”（control premium）。

一次性买下整个公司。该条款可能更有利于股权投资者，因为通过这种方式，股权投资者（不论其占股多少，甚至包括少数股）能够出售公司100%的股权，实际上促成了公司的清算。但此条款很难得到创业者的同意，因为创业者得准备失去自己的公司——因此，只在以下两种情形下才会同意该条款：其一，出售公司是一个必须接受的结果；其二，由于公司打破了其他协约，比如签订了看跌期权协约，但创业者没有足够偿还能力买回股权，因而只能将公司出售。

- 看涨期权和看跌期权（call and put options）：该条款在股权中嵌入了看涨期权和看跌期权。更确切地说，该条款出现在财务协议中，它让现有股东有权从私募股权投资者手中购得股票（可赎回债券），而私募股权投资者有权把其股票出售给现有的股东（可回售债券）。无论是以上哪种情形，不论有没有规定施行期权的日期，期权条款都生效。两种债券可单独也可同时符合该条款。哪种情况下，成交价都是固定的，但允许随某个固定参数浮动，或者随某固定参数和某个底价浮动。创业者（或广义地说，现有的股东）有赎回权意味着创业者的最佳退出方式是解除某股权投资者。从投资者的角度来看，此条款加速了公司清算，并有利于固定事先定下的内部收益率（如果成交价格是固定价），或者定下内部收益率的最小值（如果成交价是根据某固定参数和底价来定的）。看跌期权条款是最有利于促进清算事件的条款，但是由于看跌期权往往伴随清算风险，股权投资者一般要求得到部分清算保障，在监管账户中插入证券质押。在行使看跌权时，股权投资者可以用质押追回丢失的资产。如果创业者无法支付，则可能发生以下情形：回购价格打折；再度协商看跌权行使日；安排临时贷款生成偿还资产；基于实物支付（payment-in-kind，简称PIK）的概念，进一步协商，让股权投资者从投资公司中免费获得一些股权，由于占股比例增大，在将来有望得到更高的内部收益率，以此来弥补公司目前偿还能力的不足。或者，不采用实物支付的方法，而采用强制随售权的方式，给股权投资者卖掉公司100%股份的选择权，这比出售低于100%股权容易操作多了。

8.4.2 主控权利

风投者可能属于少数股，但是事实上却有主导权。创业者团队或许认为公司控制权在自己手中，但随着风投者加入，并成为公司股东的一员，游戏规则就变了。最常见的权利有：表决权、获取信息权、董事会占席权和投票权。在以下重大事件决策上，需要经过风投者的同意：

- 资产出售协约：当出售资产超过一定价值，或出售资产相当于一定比例的公司账面价值，那么根据此协约，要限制出售行为。此协约旨在阻止创业者增加公司风险，防止公司行为偏离既定目标，也防止创业者和朋友做“甜心交易”（sweetheart deals）。
- 公司合并或出售协约：该协约对未经投资者许可而将公司合并或出售的行为进行制止和限制。控制权的转让是一个很重要的问题，因为风投者投资的是人，管理团队若决定从交易中撤换人力资本，这需要风投者对转让条款进行认可。如果转让条款对早期投资者不利，对方控制转让权可能损害私募股权投资者的地位。

- 资产购置协约：根据此协约，未经风投者的批准，不得购置超过一定规模的大型资产。该限制条件可通过价值条款设定，也可限定其占公司账面价值的百分比。此类协约旨在制止创业者单方面改变发展策略，或制止创业者的花销无度。
- 新证券限制协约：此类协约限制公司不经前面投资者的同意发行高级股票，以防止价值从现任股东手中流入新入股东之手。股票的发行需获得绝大多数股东的同意，否则不得发行。

信息权利

信息权利指的是投资者有权获得一定量的、定期的财务信息及其他高质量信息。在交易早期，可能是每月获得信息。当公司渐趋成熟，可变成每个季度进行信息汇报。通常情况下，所谓“定期”与董事会的会议日期相关。所需的信息用于对投资的管控。关于此话题的更多信息请参阅第9章。

董事会

公司的管理规章制度也会对公司的主要职能结构及其运作产生决定性作用。通常，根据投资金额的大小，风投者在董事会占有一定席位。董事会原则规定，风投者的代表在大多数重要事情上有投票权。为使董事会发挥作用，一般董事会至少有一位代表是独立的，也就是说和董事会其他成员或股东（没有直接或间接参与公司风险资金管理的股东，或没有能力运用自己的经济资源等去影响其他成员的自主性的股东）间不存在诸如家人关系或朋友交情之类的私人交往。董事会成员每月或者至少每个季度开一次会。如果要决定关乎公司存亡的重要事件——例如，股利和留存盈余的分配、公司章程的修改，以及公司兼并收购或首次公开募股等具有特殊意义的事件——董事会的法定人数会增加。使用投票权的场合包括：年度预算审批、首席执行官和首席运营官的聘用和解聘、股票期权计划审批、公司重组或重整计划、董事委任和薪酬决定、财务运营（债务发放）、资本开支和抵押品提供。为确保管理层、创业者和风投者之间的持续沟通，公司应当安排月度交流会，让风投者核查管理团队的工作方式，并让其在股东会议上行使审议权。公司应当就所有关于风险的信息进行交流，因为这些信息可能影响：（1）投资业绩；（2）股东、董事和雇员人选；（3）财务和运营数据（如重新分类资产负债表、月度财务计划、年度预算和资本开支）。

8.4.3 团队承诺

风投交易成功的关键因素是金融投资者对创始人的专业知识和管理技巧充满信任。因此，应当建立一套机制确保财产的稳定性，确保创业者和重要人员始终如一地参与和承诺。此类条款一般包括：股票期权、锁定协议、允许转让条例、盈利能力支付计划和退出棘轮。

股票期权

股票期权可被分配给管理阶层和公司创始人，以激励他们为公司价值最大化而奋斗。若风投者总体占多数股，需要重要人员全力以赴为公司效力，该条款尤为重要。

锁定协议

锁定协议是投资者、现有股东和（或）管理层之间的协议，旨在防止其中有人将他们的股票卖给第三方，从而实现退出。从锁定期结束开始，实施一系列与股权转让相关的协议是明智之举。最重要且最常见的条款是优先认购权条款，该条款规定现有股东有从其他现有股东手中购买股票的权利。为确保该条款的实行，所有股东把他们的股权交付给一个监管机构，通常是一个受托人公司，该公司将根据股东们签订的合同行事，这样就可以避免机会主义行为。

允许转让条例

该条例是投资者和现有股东之间签订的条例，禁止现有股东和私募股权投资者未经对方许可出售股权。该条例能维护双方承诺，因此也可被看作一种灵活巧妙的锁定机制。

满足业绩后的支付计划

满足业绩后的支付计划主要见于私募股权交易。这是一种支付体系，允许按并购交易原价推迟付款，前提是实现了出售方和风投者事先通过合同定下的绩效指标。此行为发生在股份并购后的一至两年内，可降低金融投资者的经济风险。

退出棘轮

退出棘轮条款给创业者（和管理者）以激励。当公司股份在创业者（管理者）和风投者之间重新分配时，该条款允许创业者获得一部分由风投资金或私募股权投资带来的资本收益。实施该棘轮条款的依据是融资公司的增值通过了周期性的评估。这是在杠杆收购（尤其是管理层收购或管理层换购）时，经常采用的、结合了管理目标的方法。

8.4.4 其他条款

分期方式

这种方法允许金融资源以分期的方式进行投资。只有当公司完成特定经营目标时才会得到分期投资（见表8.1）。该条款确保资金不会浪费在无利可图的业务上，也被称为“分笔”投资。该条款常见于一开始不需要注入全部资金（用于购买公司、机器或其他用途）的风投项目中。分期投资最常见于科技类公司，每一笔投资都由双方议定的关键业绩指标来衡量。例如，如公司同意某种或多种新产品的开发，或同意接受上市前或上市试验结果，这些关键业绩指标就会被用来检测这些产品的不同阶段发展情况。在朝这些未达成目标行进的过程中，投资者通常会设计一些重要的里程碑事件或其他的完成条件。

表 8.1 分期付款合同的内容和功能

期数	完成条件	完成方法
首期	投资者将明确规定公司须满足一定条件才能得到首期投资的全部金额。这些条件可能包括以下内容： • 完成对公司的必要的尽职调查； • 呈递满意的经营计划和管理报告； • 收到必要的完税凭单； • 有给投资者发行新股的必备权力机构（董事会和股东），采用新的公司章程。 后者可能需要通过股东决议（或是书面决议，或是召开股东大会），这将影响： • 投资完成的时间，因为这取决于决议被通过的时间； • 给创始人和重要管理人员发行的股票和股票期权； • 创始人或其他人必须拥有的知识产权数量； • 必要的保险落实到位，如：董事会成员和公司重要人物的责任保险。	以下是完成首期投资额支付时须采取的行动： • 通过投资条款，如果可行的话，还有披露函； • 向投资者发行预定股票和相关证书； • 聘请投资者加入公司董事会； • 投资者必须向公司银行账户支付认购款； • 如果创始人将成为公司执行董事，批准并执行服务条约； • 采用或者承诺采用股票期权计划。 投资条款将规定公司只有在事先议定的里程碑事件上达标，而且完成事先议定的经营计划或预算，投资活动才会进行下去（不论是首期投资还是后续各期投资）。
后续各期	后续每一期分期投资一般都必须附上完成条件。这些条件一般包括： • 完成了首期投资或前一期投资； • 没有发生具体的不利事件（如影响经营的负面事件，此类事件的结果可能会让投资者不愿再给公司投资）；	以下是完成后续各期投资时须采取的行动： • 给投资者发行新股和相关证书； • 投资者必须向公司银行账户支付认购款。

续 表

期数	完成条件	完成方法
后续各期	• 完成与分期投资相关的重要节点目标； • 遵守投资合同、公司章程或董事会服务协议，没有具体的违约行为； • 公司连续聘用创始人和某些重要雇员； • 公司没有破产事件。	

专有权和保密性

双方同意在投资条款的时间窗口期内，如要发起一轮新的风投融资，须专门与投资者协商。在此时间段内，公司或普通股持有者不得与其他感兴趣的投资方协商，或就公司融资之事签订任何协议。经投资者同意，新加入的投资者须接受此投资条款。如果在投资条款规定的时间内不能达成协议，那么此投资条款对双方不再生效。除非是股东或专业咨询所需，公司和创始人都必须同意保持投资条款的保密性，未经领投人的许可，不得向公司外泄露或传播协议内容。

天使投资人与初创公司的投资条款

文森佐·卡皮齐（Vincenzo Capizzi），东皮耶蒙得大学教授

本节主要内容是澄清进入天使投资环节后，投资者与公司通常

协商和签订的条款（第3章对这种投资类型有深入阐述）。初创公司或天使投资人准备的投资条款或意向书里通常包括此类条款。除了某些保密条款和专有权条款（见下文），这些条款中的大多数不具备强制约束力。

虽然粗略一看或许发现不了天使投资或种子投资与风险投资的投资条款的区别，但实际上，天使投资人要求签订的投资结构和创始人协约较少受到标准化制约。相比风投者，天使投资人要求签订的投资条款设置的保护条款较少，他们靠的是与创业者的亲密关系。他们签订的投资条款不是特别详细，拟定和协商条款的过程也相对轻松省时。天使投资条款一般很短，甚至被称为“一页纸协议”，其条款便于创始人理解，兼顾双方利益的一致性和公平性（范例请见附录1）。

这种简洁对双方都是好事，这样，创始人和天使投资人可以根据其各自情况专门设定符合双方要求的条款，有的天使协议甚至都没有关于将来管理措施的条例。

天使团队和商务天使网络却不同，他们的投资有更强的专业基础，关于风险、信息对称和代理费用有更多正式的保护方式。因此，他们的投资条款和合同条款更接近于风投者。

天使投资条款的重要条款

初创公司创始人必须熟悉天使投资条款以下5条重要条款：

1. 投资结构

天使投资结构不尽相同，但天使投资人一般会投资以下三种之一：

- 普通股；
- 可转换优先股；
- 可转换债券。

普通股和优先股

普通股是与公司创始人先前订购的同等级别的剩余价值股份。可转换优先股（即A轮融资股票）则有先于普通股的清算优先权（对于天使投资的交易来说，这通常是最初的投资额），而且可以转换成剩余价值普通股。

涉及普通股和可转换优先股交易的双方会在投资之前给初创公司估值（见第7章“投资前估值”），这将决定投资规模。

可转换债券

天使投资者通常通过可转换债券的方式投资，这就意味着投资者贷款给公司的资金可转换成初创公司的股份。

这种方式的最大优点是可以把对初创公司的估值推迟到将来的融资轮。将来的融资轮完成后，债务可按那时的购买价格转成公司股份，有时天使投资人或早期投资者还能享受10%—25%的折扣（关于可转换债券，详见第7章）。

2. 关键的经济条款

关键的经济条款基本上包括以下两条：

- 对优先收益的量化；
- 投资应计收益的量化。

优先收益

优先收益指初创公司在给其他股东发放资金（或报酬）之前，

必须先给天使投资人支付收益。和天使投资人的交易中，这笔收益一般不会超过天使投资人最初投资的金额；要提出不同方案的话，必须和创始人就投资条款进行协商。

应计收益

应计收益是以股份的应计股利的形式，或者以可转换债券的应计利息的方式计算的。在天使交易中，这种收益很少以现金支付。应计收益的量不断累计，然后和贷款本金一样，转换成公司股份。关于应计收益率没有固定的行业标准，但一般来说在5%—12%之间。

对可转换债券结构进行协商时，创始人应当重视将来购买价格的折扣率（如果有折扣的话）。天使投资人一般不会既要折扣率又要应计收益。

3. 董事会结构和报告

虽然没有统一的操作标准，但是天使投资人通常要求在初创公司的董事会中占有一定的正式席位（或作为董事会成员，或作为指定观察员），但他们一般不会要求有控制权。有些天使投资人会对报告程序提出要求（比如报告月度销售情况或产品开发进展）。

一般情况下，创业者会根据投资类型的特点，同意天使投资人提出的听取报告权，前提是该行为不会导致初创公司偏离其创业目标。如果初创公司发现天使投资人真能给公司带来价值，他们自然会乐意和天使投资人打交道。

4. 公司管理和股东协议

天使投资几乎都需要在创始人团队和新的投资者之间签订一份

股东协议。在审查和精心打磨各项条款时，创业者须谨记以下基本要点：

- 大多数天使投资人是全力支持你的。如果你选对了投资者，你们谈判的大多数法律细节最后都派不上用场。只要你清楚表述可能导致失败的原因，以及你拟定的应对措施，就算语言并不流畅，大多数天使投资人会和你共渡难关。（如果他们不信任创业者，一开始就不会想投资。）
- 期待下一笔交易。尽管本着彼此信任的原则，但是创始人应该清楚怎样才能改动投资条款和将来的股份资本结构。认真考虑给股东的优先购买权，或在将来融资过程中的同意权。如果有多个天使投资人，你可在公司管理体制中再另加一些有针对性的条例，以防投资者渎职或产生机会主义行为。
- 定期进行诚恳的交流很重要。交易达成了，但你和天使投资人的对话（甚至被动的对话）却没有结束。不论股东协议签订了哪些条款，你须明白，创始人和投资者的良好个人关系有利于公司管理。想想初创公司创业过程中将面临重重难关，如果再给公司决策环节添不必要的麻烦，那么公司管理将会变得一团糟。

5. 尽职调查

投资条款应当议定在条款签订日至股权交割结束日的时间轴上的一系列进程，以及股权交割的条件，包括尽职调查。大多数天使投资的投资条款包括保密义务（尤其要注意的是，有的投资者没有签订保密合同）。禁止初创公司和任何其他投资方商谈的这种排他性条款不是很常见，但有一些颇有组织规模的天使投资人会联合起来在他们的标准化投资条款版本中加入这些条款。

提供两份投资条款范例，请见本书附录。

要点总结

- 投资条款是公司创业者（或股东）与股权投资者的谈判过程中最关键的要素。其目的是规约他们短暂的合作关系，以实现成功退出；
- 在谈判过程中，选择合适的股票类型是让风投者的目标与创始人或创业者的目标达成平衡的重要因素；
- 主要的协约和管理机制在投资条款中非常重要，有助于规约投资者和公司股东的关系，在投资条款中发挥重要作用；
- 协约可以分成四大类别，分别是经济权利、主控权利、团队承诺权利和其他事务；
- 每一份协约都有其完整的生效环境，都从正、反两方面澄清其生效方式和理由。但是，谈判的主要任务之一是辨明哪些协约一起实施时能减轻矛盾风险，有利于推进资产清算，提高股权投资的绩效。

本章提问

1. 谈一谈股权投资者给融资公司投资的项目中，谈判、投资条款和合同之间的关系。

2. 谈判程序包括哪几个主要部分？它们之间有何联系？

3. 谈判过程中涉及的股票类型有何特点？为何有必要为不同投资者设立不同等级的权利和优先权？

4. 为什么股权投资又被称为“短暂联姻”？在分析投资者和融资公司的风险和潜在矛盾时，可能涉及的敏感问题有哪些？

5. 协约的主要目的是什么？为何签订协约？协约能完全消除股权投资中的风险和交易双方的矛盾吗？

6. 如何对协约进行分类？

7. 何为优先清算权？可用哪些方式对其进行规约？

8. 为何采用反股权稀释机制？反股权稀释对谁有益？谈谈其操作原理。

9. 锁定协议和允许转让协议之间有何区别？它们有多大程度的相似性？

10. 有看跌期权就会有清算事件吗？如果是，请说明原因；如果不是，请说明股权投资者如何才能确保清算事件的发生。

11. 哪种协约将股权投资者向市场出售公司的机会最大化？为何创业者会对这种协约感兴趣？

12. 看跌期权和固定价格相结合有何利弊？从股权投资者的角度看，如何完善这种机制？

13. 提供不同的股票选择权能让创业者加强对公司的控制吗？不同股票选择权目的有何不同？

延伸阅读

BVCA (2014). *Model Documents for Early-stage Investments*. British Private Equity and Venture Capital Association.

Caselli, S., Garcia Appendini, E. and Ippolito, F. (2013). Explaining returns in private equity investment. *Journal of Financial Intermediation*, 22(2).

Caselli, S. and Negri, G. (2018). *Private Equity and Venture Capital in Europe. Markets, Techniques and Deals*, 2nd edition. Elsevier Academic Press.

Constantinides, G. M., Harris, M. and Stulz, R. M. (2013). *Handbook of the Economics of Finance*. Elsevier Academic Press.

Gompers, P. A., Kovner, A. and Lerner, J. (2009). Specialization and success: Evidence from venture capital, *Journal of Economics and Management Strategy*, 18(3), 817–844.

Gompers, P. and Lerner, J. (2000). The Venture Capital Cycle. MIT Academic Press.

Gompers, P. A. and Sahlman, W. (2001). *Entrepreneurial Finance: A Casebook*. John Wiley & Sons.

Invest in Europe (2015): Professional Standards Handbook. Invest in Europe. Kaplan, S. N. and Stromberg, P. (2004). Characteristics, contracts and actions: evidence from venture capitalist analysis. *Journal of Finance*, 59(5).

Lerner, J., Leamon, A. and Hardymon, F. (2012). *Venture Capital, Private Equity, and the Financing of Entrepreneurship*. Wiley & Sons.

Lerner, J., Leamon, A. and Hardymon, F. (2012). *Venture Capital and Private Equity: A Casebook*, 5th edition. Wiley & Sons.

实操：案例分析

蒙特·德尔维诺（Monte Del Vino）

那是2017年10月，人们为金融科技和大数据的美好前景而群情激昂。罗伯特·巴雷尔是个聪明人，他在以生产葡萄酒而久负盛名的托斯卡纳买下一个老品牌——蒙特·德尔维诺，决定开创公司。蒙特·德尔维诺已从市场上消失多年，罗伯特想向世人证明，用全新的理念，利用网络的力量，可以提升产品的可见度，唤醒人们对品牌的记忆，他觉得这么了不起的托斯卡纳传统红酒品牌是能打开销路的。而且，罗伯特还想向自己、向世人证明他是一个成功的创业者。他对这个传统商标满怀崇敬。买下公司后，他想让公司创始人的儿子、兄弟以托斯卡纳葡萄种植专家的身份继续留在董事会。他热爱托斯卡纳，决定留在这个地方，成为一个亲身实践的创业者。

罗伯特有很不错的创业点子，他上一份工作在投资银行，积攒了几百万欧元，但现在创业还需要大笔资金。他决定给工商管理硕士时期的老同学约翰·卡什打个电话，约翰现在是阿尔法投资公司的合作伙伴。约翰的回应很积极，他也喜欢托斯卡纳和红酒，并说几周后给罗伯特答复。

两周后

约翰是个聪明人，他知道这是个绝好机会，而且他相信罗伯特是能做成这事的人。次日，他俩在一家高档餐厅用餐后，在位于米兰的阿尔法公司办公室会面，开始讨论这项交易。他们把事实和数字都摊开来说：公司价值3 000万欧元，罗伯特能投资1 200万欧元——这是他目前能筹集到的所有资金。约翰愿意投资剩下所需的1 800万欧元，前提是投资的这三年，或最多四年，他要成为公司股东。罗伯特了解股权投资者的这些要求，他也知道阿尔法需要的最低内部收益率是18%。罗伯特要创办的不是那种风险系数很大的全新初创公司，这是个现成的公司。双方都知道创业者无法给出关于公司清算的保证。

自2017年起（本年度+1），公司经营计划的重要数据如下：

（单位：欧元）

	2017	2018	2019	2020	2021	2022
销售额	37 000	41 000	45 000	45 000	48 000	52 000
运营成本	31 000	33 000	35 000	35 000	37 000	40 000
息税折旧及摊销前利润	6 000	8 000	10 000	10 000	11 000	12 000
净收入	3 564	4 917	6 917	6 617	7 284	8 117
金融负债净额	5 000	4 500	4 500	4 000	4 000	3 500

投资条款

一周后，约翰将约见罗伯特，商讨投资条款之事。罗伯特想知道，在自己投资1 200万（占公司股份40%）、阿尔法公司投资1 800万（占公司股份60%）的这项交易中，约翰将代表阿尔法公司提出什么样的要求。他发现投资条款上的关键条件有：

- 投资者的股东任期：3年；
- 3年期限的看跌期权、成交价以及达到价值倍数为6；
- 无法实现清算时，采取强制随售机制。

管理方式没有写进投资条款里，约翰要罗伯特就该问题提出建议。罗伯特首先得衡量一下投资条款中的内容，他担心的是3年后的清算事件。回家后，他开始思考如何给约翰提出修正条款，以平衡投资者和他自己的期望目标。（别忘了，他自己曾经在投资银行工作过！）

长夜过后

罗伯特几乎彻夜未眠，经过一个漫漫长夜，他决定再次约见约翰，讨论其他方案，原先的数据不变：分别是1 200万欧元和1 800万欧元。至于修正条款，第一条提议是减少约翰的股份，不知约翰是否能接受。如果第一条提议约翰无法接受，那么接下来的提议是推迟实施强制随售权，采用实物支付方式，让股权投资者增加20%的股份，同时将强制随售权推至第四年实施。另一种提议基本保持原状，只是推迟年限到第四年，那样的话，股权投资者能接受吗?

这个难题很棘手。你能不能帮助罗伯特为每种方案设想一下结果？或者能否找到其他解决方案，以准备与约翰进行再度协商？记住，这场“联姻”应当是对双方都有好处的，能为双方带来效率和便捷。

问题讨论

1. 该案例基于不同的假设，旨在提高私募股权的内部收益率。请评价案例中的想法。

2. 假设看跌期权的期限为3年，请计算内部收益率。

3. 如采取实物支付方式，请计算内部收益率。

第三部分

公司的发展和收获

第9章

监管策略和关键指标

詹·布林克曼（Jan Brinckmann）

艾赛德商学院

米格尔·穆尔曼

弗拉瑞克商学院和帝国理工学院商学院

彼得·威特（Peter Witt）

乌帕塔尔大学（University of Wuppertal）

初创公司的投资者需了解公司的发展情况。他们对公司进行监管以确定投资组合公司是否发展顺利，同时还给公司提供支持，对某些不良行为进行纠正。但是，投资者对公司的监管基于初创公司提供的相关信息。他们需要创业者定期报告公司情况，因为只有创业者才了解公司的具体情况。而对投资者而言，商业报告是他们了解公司发展的窗口。投资者的监管行为是否有效取决于报告的质量。本章将探讨，好的商业报告有何特点，即投资者需要什么样的指标以确保对公司进行高效率的监管，创业者应当提供什么样的高质量信息。

报告不仅对投资者而言很重要，也能帮创业者确认公司是否发展正常，而且有助于创业者加强对公司纪律的管理。它让创始人根据事实做出重大决定。即使没有外部投资者，也建议公司定期做商业报告，因为报告系统就是商业计划的自然延续。商业模式的每一项中心内容都应当受到监管。创始人应当定期将公司发展的实际情况与公司的商业计划进行对比，这样他们会发现当初哪些预期是真实的，哪些假设是虚妄的。我们见过太多的初创公司在成立后多次改变其商业模式，其商业报告显示最初的商业模式无效或太过乐观。

媒体视角

英国《金融时报》

风险投资既要挑选成功者也要避开失败者

卡迪米·舒柏 (Kadhim Shubber) 2017年4月

风险投资是充满着矛盾的。风投市场占优势者总认为自己挑选的初创公司会赢，但他们同时也在打赌，期待这个风投项目大获全胜。那么，我们的问题是究竟有没有风险投资的诀窍？

行业信息一般是不透明的，这对风投者来说是好事，但对公众来说却不利。若风投者的投资项目时间跨度较长，则意味着短时间内看不出来项目是成功还是失败，至于其他风投项目情形如何，也找不到多少公开数据。

但有些机构许多年来都与很多风投基金打交道。欧洲投资基金就是其中之一。周一该基金组织发布了一份报告，对欧洲风投项目近20年的表现进行了分析。他们对1996—2015年间获得355份欧洲投资基金资助的成千上万家初创公司进行调查，很惊奇地发现第一次投资的风投者，虽然是风投界的新手，但基本上和有经验的风投者并无差别——至少碰上好时代时是这样的。

对此，欧洲投资基金给出的解释平淡无奇，他们把这归功于该基金组织善于选择风投者，因此即使是新手也表现出色。但这种解释却不适用于他们得出的另一个结论："在市场低迷时，首次从事投资的团队往往表现不佳，因为这种情况下，经验对于取得好的投资成果来说很关键。"

上述说法打破了风投行业中流行的老套故事。在市场稳定时，新手和老手可能玩得一样好；但是要避免失败，技巧和经验还是很重要的。

https://ftalphaville.ft.com/2017/04/11/2187263/venture-capital-is-about-avoiding-losers-as-much-as-picking-winners/

学习目标

阅读完本章后，你将能够：

- 了解初创公司监管和商业报告的主要目标；
- 认识当前初创公司商业报告实践的优缺点；
- 评价商业模式，并为不同类型的初创公司提炼关键绩效指标；
- 了解关键绩效指标如何衡量新公司的发展动态。

本章导读

本章将首先介绍商业计划，在此基础上对初创公司的所有计划和报告行为进行探讨。只有得到创始人提供的定量或定性报告信息，投资者才能对新创公司进行监管。但目前欧洲新创公司商业报告的实施情况存在不少严重缺陷。虽然有些有经验的投资者在投资合同中对所要求的商业报告进行了分类，但也有很多投资者对他们的投资组合公司知之甚少。我们也发现，许多初创公司把宝贵的时间浪费在董事会上给投资者做报告，而不是利用会议机会对关键绩效指标展开讨论。因此，本章将要系统审视的问题是，为了对初创公司进行有效、高效的监管，我们需要些什么样的关键指标。我们将调查几种不同类型的商业模式，然后为每种模式提出一系列的合适指标。本章也将思考如何衡量一个新创公司的发展动力，即公司成长的可靠指标。

9.1 商业计划：所有监管行为和商业报告的起点

所有计划和报告行为的主要目的就是建立信心。首先，撰写计划并将这些计划与现实成果进行比较，有助于创业者对其商业模式建立信心。其次，这些行为将让投资者、供应商、高级雇员和新公司的其他股东对公司的美好未来产生信心。商业计划是所有其他报告的出发点，它对初创公司未来3—5年的前景做整体的、系统的审察。在商业计划中，创业者形成其综合的发展理念，为公司的发展准备财务计划并设定目标。借助商业计划，可实现两个彼此关联的目的。

其一，它让创业者将其商业理念变成商业模式。“商业模式”指的是新公司赚钱的方式，包括盈利和成本结构。这里需思考几个具有普遍性的问题：哪些人将成为我们的客户？他们会为什么样的产品买单？我们将付出多大成本来提供产品或服务？没有合适的商业计划，创业者很难证明其商业理念的可行性。

其二，可借助商业计划获得股东支持，因为商业计划本身也是关于市场运营的资料。新公司发展早期的最重要股东之一就是投资者，也就是资金的外部提供者。商业计划形式有：面向投资者的幻灯片、销售计划材料、详细的财务计算表等。这些资料是潜在投资者对公司估值的切入点，在接下来的尽职调查中将发挥指导作用，并有助于确定公司的潜在风险。这些资料也将决定投资者对公司的期望值，让投资者与管理团队在接下来的交往中更轻松愉快。初创公司各不相同，但成功的背后总有一系列相同的因素，而商业计划资料应当凸显出这些因素。在商业计划资料中，创始人应当说明自己的设想，这样才能让投资者判断其可行性。最后，商业计划资料中还应直言新公司将遇到的各种风险。投资者对风险做好了准备，但他们想从创业者那儿得到确认，并与之交流，以建立合适的风险管理体系去应对风险。在创业金融界有句名言："投资者能承受坏消息，但他们讨厌出乎意料。"

当公司在市场站稳脚跟时，商业计划资料为接下来要建立的管控系统和报告系统提供依据，创业者和投资者将再次从中受益。管控系统让创始人不断对先前的假设进行检验，检查目标完成情况，并调整计划以适应新的市场环境。它也给投资者提供计划实施过程中的信息，这样可以让投资者清楚公司的商业模式是否行之有效，是否能盈利，如若不然，创业者和投资者就会试着做出改变。

9.2 欧洲初创公司的报告实践

9.2.1 总体监测

在欧洲所有国家，初创公司根据其组织形式，必须对股东进行一定程度的业务汇报，但一般只限于年度报告、年度股东会议，通常汇报一些财务数据。下面我们看个例子。一家德国有限责任公司需要每年给股东递交一次财务报表。这些财务报表包括资产负债表、损益表和现金流量表，要求每年报告一次。然后股东召开会议来审批这些财务报表。从投资者对公司的监管需求看，这种报告做得太晚。而且报告的形式也不对，因为所有的信息都来自财务数据，而这些信息遵循的是国家财务标准。根据公司法规定，正式报告的首要原则是合规。一般认为，管理人员最害怕的是不合规。管理者关注的焦点不在于对将来绩效的预测，而在于对过去绩效的记录，他们关心的对象是作为法律实体的公司，而不是经营单位、某种产品或某个顾客群体。因此，从财务数据中几乎无法获取关于产品、商业模式或商业策略的信息。

奇怪的是，除了法规要求的内容，许多初创公司不会给投资者提供更多的汇报。虽然大多数创业者都相信和投资者进行良好的沟通很重要，他们仍觉得没有必要定期做月度报告那样的正式报告。甚至连一些成功地快速崛起的初创公司，如印度手机公司麦克斯（Micromax），很长时间内都疏于将市场和员工信息进行规范化汇报，也很少通过报告的形式与投资者进行交流（古拉提和迪桑托拉，2016）。出于多种原因，他们不愿定期做报告。一些创业者不知道投资者想每月还是每周看到报告。还有一些创业者觉得正式撰写报告占用太多宝贵时间，还不如和投资者经常进行电话交流，这样同样能达到目的。也有一些创业者躲过定期报告是因为他们不知道采用何种关键指标，而且不知道投资者需要什么样的信息。还有些创业者错误地认为投资者只想听到好消息，因此，当公司发展情形不乐观时，他们就保持沉默，等有了好消息再做报告。

只要是专业的投资者，比如天使投资人或风险投资公司，原则上都有标准化的报告要求（Kaplan and Stromberg 2004: 2186）。一般来说，投资合同会对如何撰写报告提出一些指导性规定，即：报告形式、时间安排以及报告内容的要求。在大多数风投合同中，一般都规定每月以书面形式提交标准化的报告。欧洲天使投资协会给每个成员都提供了关于如何撰写报告的指南［关于英国的情况，参见（毕马威，2014）］。这些指导方针不是强制性的，目的是让创业者向天使投资人提供他们感兴趣的详细报告，并非逼迫创业者做报告。以书面形式提交月度报告也是天使投资合同中的常见条约。但是，给创业者规定做报告的义务并不能保证他们提供的是有效的报告。有意思的是，天使投资协会的报告指南也需要投资者给创业者以反馈。从这个意义上来说，报告制度提供了一种双向交流的渠道，能激发创业者和投资者之间的互动和交流。

报告并不拘泥于书面形式，与我们合作过的许多初创公司中，口头报告也很普遍。创业者一般利用与投资者开会的机会——每1—2个月的董事会议或电话——汇报公司情况。但是，口头报告不能取代书面报告。董事会的时间很宝贵，做报告不能占据董事会太多时间，创业者也不应照着稿子念重点。根据我们在几个初创公司担任董事会成员的经验看，在董事会议之外提供报告更有利于促进创业者和投资者以及董事会成员的交流。理想的情形是，创业者在董事会议召开前就提交书面报告，以便让董事会成员在开会前就能阅读完，这样就可以在会上集中讨论报告中的问题，比如回答报告中提出的问题，或就报告中某些需要澄清的部分进一步讨论。

9.2.2 定量分析的报告

所有报告都应包含定量分析的信息，即用于衡量公司绩效的所谓指标或关键比率。下面我们将通过三种不同商业模式对其进行详细解释：

- 传统的实体零售店；
- 电子商务；
- 软件服务。

有些关键绩效指标是以输入为导向的。投资者想知道的信息可能包括：公司员工人数、公司可用资金数目、不同类型的成本预测（如薪酬、营销支出、商品成本、运费支出等）。其他的定量分析手段则用于衡量公司的输出情况。销售是最重要的输出指标之一，包括客户数量、订单数量和平均订单价值。投资者需要认真审核，以确定公司的衡量结果是否准确。营收运转率（revenue run rate）是衡量销售是否成功的一项延伸性指标，它衡量的是一段时间内销售的进展，这个数据有助于投资者判断公司发展是否符合预期、销售是否有季节性趋势、销售增长率是否稳定。每客户平均收入（average revenue per user，简称为ARPU）也是一个重要的输出指标，用于衡量每个客户对公司收入所做的贡献。ARPU增长意味着公司从每个客户平均获取的销售额增高。为了得到关于每个顾客群体或每个销售渠道的更多销售信息，ARPU的增长率可以按照销售渠道或销售门类等分别计算。投资者关注的是净收入。这项指标不仅排除了对增值税支出的考虑，也排除了对公司收益流无益的折扣或收益。

有些指标数据提供与收益相关的成本支出信息。其中一项关键性指标是获客成本（the customer acquisition cost）。这项指标显示初创公司目前吸引一个新客户需要付出的成本。该数据帮助创业者和投资者对销售进程和销售团队的效率进行监管。一段时间以后，随着品牌意识的提高，销售进程的完善，获客成本可能会下降，这将有利于提升公司的盈利率。还有一个重要指标是客户流失率（churn rate），指的是每月或者每年公司流失客户的比例。有的初创公司在报告中提到保留客户的比例，称之为留存率（retention rates）。既然客户留存率加上客户流失率等于100%，那么分别算出这两个数字就不难了。客户留存率和客户流失率是两个关键指标，据此我们可以判断公司能否保留住它所获得的客户。客户流失率越低越好，低客户流失率意味着顾客对公司产品满意，对品牌忠诚，因此会不断回头购买。流失率的绝对值和流失率变化的势头同等重要。发展顺利的初创公司，一段时间后客户流失率会下降。另一个与客户相关的数字，也是投资者想在公司报告里看到的，那就是客户盈利能力（customer profitability）。虽然从成本财务系统中很难得到这项指标的可靠数据，但其重要性是毋庸置疑的。客户盈利能力表明初创公司不仅能成功吸引并保留客户，而且还能从中盈利。

定量分析报告可包括对财务业绩的衡量，其中有些数据对公司估值很重要。还有些数据关乎对公司存亡概率的估测。大多数财务指标对上述两点都适用。最典型的衡量指标是现金流。对于创业者和投资者而言，现金是王道。为了资助公司成长，现金流可能为负数，现金流赤字表明公司需要外部资金，而且需要创业者及时获得这笔资金。现金流为正数对创业者和投资者来说是个好消息。相关衡量指标是现金消耗率（burn rate of cash）。现金消耗率描述的是现金流的负向流动，意味着在某个月份，公司流出的资金大于收入的资金。这个数据提示投资者，公司还有多久将用完现有资金。每种产品或服务产生的绝对收益和边际利润也同样重要。边际利润低意味着公司的管理成本太高，对公司规划花费的成本太大，或价格太低，总之意味着某行业或某商业类型中出现了难题。我们可将初创公司这个数据和本行业的基准数据相比较，或和相似领域的其他新公司相比较，从而获得更深刻的认识。但同时，投资者也应明白，初创公司有其自身特点，因此其关键指标和公司发展以及对公司数据的解释都不尽相同。

9.2.3 定性描述的报告

报告和监管不仅与数字和比率有关。一般而言，定性信息有助于投资者理解关于质量和性质的陈述，也能更综合地描述公司的情况。在每月发给投资者的电子邮件中就包含定性描述，一般是关于公司的进展、遇到的挑战、目前的关注点以及应急预案，也包含对战略部署、市场竞争、市场营销、技术和产品、人力资源、公司运营、财务金融等不同主题的描述。通常，报告简明扼要地列出各方面的亮点。创业者普遍着眼于公司进步等积极信息，以给投资者留下好印象，传递创业热情。但最好的做法其实是呈现出一幅平衡化的图景，尤其要突出目前面临的挑战，让投资者一起来应对。比如说，创业者可以在定性描述的结尾提到哪些领域将需要帮助和支持。

定性报告很有意义，因为新公司的很多成功因素往往不会马上转化为指标，一个很好的例子就是初创公司的战略问题。有些战略目标，比如市场份额、销售增长率或客户保留率，适合量化监测，但还有些重要方面很难用量化指标监测，如和市场参与者非正式讨论中出现的战略性思考、用关键绩效指标无法描述的总体发展趋势、领导的素质、创新项目的进展或客户的感悟等。同样很难用量化指标监测的还有人力资源管理或公司运营等经营职能。投资者和创业者需要了解初创公司在这些方面的情况，但他们往往没有可靠的监测指标。以员工满意度为例。公司可以直接开展员工满意度调查，一般一年或两年开展一次。其中有监测员工满意度的数字化指标，如：员工离职率或缺勤率，但这些指标的监测结果并不十分准确。定性报告也可用于评估竞争威胁。如果市场出现了新的竞争者，或出现了新技术，可以满足公司客户的需求，或现有的竞争对手成功完成了下一轮融资——这些情况投资者都需要了解。报告不仅要关注公司周围的竞争环境发生了什么，而且要给出应对策略。

9.3 关键指标

9.3.1 终极目标：业绩监测

作为创业者，出于许多原因，需要通过一些关键的监测指标了解公司的发展进程，并对公司所获成功进行动态了解。首先，了解公司业绩才能做出正确的战略决策，才能了解商业模式是否有效。早期的业绩数据可能表明创业者需要围绕商业模式调整公司的发展方向，或者暗示创业者此前构想的发展愿景不切实际。其次，对不同经营职能所取得的成功进行动态了解，有利于监测员工的工作效果和业绩状况。对员工成果的监测让创业者以更客观的方式管理公司。而且，将公司内部的业绩数据透明化，能在股东群体里制造一种紧迫感和投入感。最后，清楚呈现创业者如何带领公司走向成功，将有利于增强和投资者的交流，巩固双方关系，同时有助于下一轮融资活动的开展。展示客观业绩数据可营造一种信息透明感，有利于创业者清晰定义一系列目标，并为实现这些目标设计进程。

然而，可获取的数据众多，可作为监测指标的选项也很多，因此重要的是了解公司发展过程中什么样的发展阶段应当采用什么样的监测指标。指标的选择基于商业模式的盈利逻辑。比如，采用“软件即服务”（SaaS）商业模式的软件公司需要的指标体系就不同于传统的实体零售店。公司所处的发展阶段不同，选择的指标也不同。在早期阶段，创业者还在寻找合适的产品市场，所采用的指标不同于那些已经找到了合适产品市场的公司——这些处于后产品市场期的公司开始在销售和市场营销上加大投资力度，扩大经营规模。在初创公司的早期阶段，很难获取定量的信息。但不管怎样艰难，为了加深对公司发展的了解，创业者应当从一开始就收集定性信息。在公司发展的早期和投资者达成一致，选择一套监测指标以促进公司做出正确的决策，这是至关重要的。这套指标应当具有以下特点（Ries 2011: 143–147）:

1. 可行性。做指标汇报时，一个重要问题是决策者如何调整行动以影响指标。例如，通过两个不同网页的测试点击率可以清楚了解应该采取哪种行动。区分领先指标和滞后指标很重要。滞后指标一般是以输出为导向（如销售、盈利、客户流失），但领先指标大多数以输入为导向，而且便于操作实施（如维里系数、跳出率、客户投诉量、销售合格线索）。滞后指标监测的是过去的行为，因此很难通过行动立即对其产生影响。例如，当客户流失率增大时，也就是放弃订购的客户数量增多时。当你发现这个问题时已经在时间上滞后了。而领先指标则有预示性，能提前暗示业绩表现可能会下降，比如某时间段内处理的客户投诉量可能是对将来客户流失率的一个准确预示。另外，要让指标具有实际可行性，就要尽量缩短从采取行动到获得结果数据的反馈流程。

2. 易操作性。收集数据的过程相对不要太难，要让合适的人在合适的时间得到合适的数据。这就意味着，一个好的指标应当让相关人员都能看懂，在计算方法上不能让人产生疑惑。

3. 可核实性。为了确保指标的可靠性和客观性，指标的计算方式应该透明而且稳定。例如，为了比较某段时间内的指标，大家应当用相同的计算方法。数据来源也需要界定。既然我们采用监测指标对商业行为（包括员工业绩）进行评测，评测数据的生成过程不能有丝毫含糊。

若所有能得到的数据都得到了，接下来的难题是选择一定数量的指标，这些指标对目前公司所处的运营阶段及公司所面临的挑战而言都非常重要。有了一套良好的指标体系，奋斗目标就会更为集中，而且也有利于创业者团队与投资者的协同作战。

专家之声：詹卢卡·德托里（Gianluca Dettori，意大利）

詹卢卡是里米尼SGR风投公司的创始人和董事长，该公司专注于早期公司的风险投资，它发起的首个技术类风险基金是巴康普风险基金（Barcamper Ventures）。2006年詹卢卡成立了迪皮克塞尔公司（dpixel），这是一家技术风投咨询公司，主要为初创公司开发咨询项目，其合作过的伙伴有：ERG、QVC、西斯科和微软。詹卢卡最早是在2003年以天使投资人身份资助或参与资助了几家初创公司。作为投资者，他积极参与了互联网和软件领域的20多项投资项目。一开始，詹卢卡在“意大利在线”（Italian Online）的奥利弗提公司（Olivetti）担任营销和商务总监，然后在意大利的莱科斯·贝塔斯曼集团（Lycos Bertelsmann）担任总经理，推出了意大利首个互联网搜索引擎。1999年，詹卢卡创建了数字音乐公司维他迷尼克（Vitaminic），开发了最大的合法音乐下载平台。作为维他迷尼克公司的首席执行官，他通过风投融资2 000多万欧元，公司在意大利股票交易所首次公开募股。詹卢卡毕业于意大利都灵大学商学院，目前担任欧盟委员会未来互联网加速器项目顾问。

给初创公司投资的过程中，你如何对公司实行控制并了解公司最新动态？

我们采用标准的风投条款：跟随权、强制随售权、优先清算权、反股权稀释，以及风险投资组合的常用管理方式。我们很积极地和其他投资者齐心协力，而且通常获得领投人的位置，因此争得公司董事会席位，在董事会中也总有我们的观察员。一般来说，公司的合作者能获得董事会席位，为创业者和公司提供支持以帮助他们实现创业目标。在所有投资项目中，我们都有一定信息知情权，因此可以对投资组合公司进行监管。

9.3.2 商业模式的逻辑和合适指标的运用

为了选择关键指标对初创公司进行监管，投资者有必要了解商业模式的逻辑，更具体地说，需要了解关键指标能如何描述商业模式的发展、盈利及现金的生成。由戴夫·麦克卢尔（Dave McClure，2007）提出的海盗指标“A-A-R-R-R”就是一套常用来描述经营增长的体系。这是以下5个单词的首字母拼写：客户获得（Acquisition）、客户激活（Customer Activation）、客户留存（Retention）、客户推荐（Referral）和收益（Revenue）。

在数码领域，获客指标有时指的是某网站接待的独立访客数、访客停留数，比如停留超过10秒，或点击超过两次。通常，通过这些数字可区分新访客和老访客。当然，某网站获得一个访客，或某新闻栏目获得一位读者并不一定会生成利润，重要的是对这些首次访客产生影响，让他们做出首次购买或重复购买的决定。因此，客户激活指标包括后续数据的完善和网页的后续使用。第一个“R”代表客户留存，描述的是前文提到过的客户留存或流失的情况。便于对客户留存率进行了解的指标是用户行为，比如经常使用率。这里，要重点了解的是特定领域内某产品的使用模式以决定产品的业绩性能。例如，在发展迅速、竞争激烈的手机软件领域，客户留存率按1天、7天、30天测量；而B2B软件通常是按年度单位购买的，因此其监测指标是年度留存率。还有其他一些留存指标可以监测两次购买之间的间隔、某个时间段的购买次数、留存顾客的订单的价值增长。

第二个“R”描述的是客户推荐，这是获得客户的一条重要渠道，尤其当产品被认为可产生积极效果时。这个指标描述的是为公司进行产品推荐的客户比例、客户推荐的数量或平均每客户推荐所引入的新客户数量。对客户推荐行为进行跟踪的方式有“会员带动会员”制，或采用技术跟踪了解顾客的推荐行为。最后的“R”代表经营产生的利润。此处我们重视的是净收入，需排除折扣、订单取消和退货等情况。分别计算新客户和留存客户产生的收入有利于我们更好地了解是什么促进了公司收入增长。其他有助于我们了解收入增长的指标有订单数量和平均订单价值。总的来说，“A-A-R-R-R”指标结构有助于公司了解其商业模式能否吸引客户，让他们对产品或服务的价值进行深入了解，最终扩大客户规模，增加收入。

产生利润并不是让公司生存发展的唯一因素。创业者都想让公司能盈利并持续发展，和公司盈利相关的关键问题是：(1)公司需要多少客户或用户才可盈利？(2)如何才能以低成本高效率地获得客户？(3)每客户产生的平均收益和客户终生价值分别是多少？(4)公司的毛利率和净利率分别是多少？(5)固定成本和变动成本背后的主要驱动因素是什么？它们如何随着成交量的变化而变化？(6)公司的运营和发展需要多少现金？

为回答以上问题，我们需要了解商业模式下面的金融逻辑。商业模式描述的是一个组织如何创造、发布产品，并从客户那儿获得价值。从盈利特点相似的商业模式中，我们可以找到一些共同点：免费增值[如多宝箱、匹克、声田、定位(Placed)]，市场[如爱彼迎(Airbnb)、博尔电商平台(Bol.com)、全天搜房网(AutoScout24)、巴拉巴拉顺风车软件(BlaBlaCar)、户户送、贷款俱乐部（Placed）]，软件即服务模式［如售力网站（Salesforce.com）、普诺平板电脑（Showpad）、维克斯电商平台（Wix）]，传统的零售模式［如飒拉（Zara）、娘娘腔男孩（Sissy Boy）、西服供应（SuitSupply）、曼乔三明治连锁店（Pret-a-manger）、行动（Action）]，特许商业模式［如必胜客、21世纪店、美体小铺、列奥尼达（Leonidas）]，开源模式［如珠泡（Drupal）、朱穆拉（Joomla）、瓦多普雷斯（Wordpress）]，传统的挑战巨弹药物（pharma blockbuster）模式［如辉瑞制药的立普妥（Lipitor）、默克公司的顺尔宁（Singulair）]。

下面章节我们将介绍几种用商业模型中的单位经济效益来评价盈利性的关键指标。这些指标与所有商业模式都有关，我们还会给出如何在特殊商业模型中使用关键指标的实例。我们介绍的这几种并未涵盖所有商业模式，只代表了众多成长型的商业模型原型中的一部分。

9.3.3 商业模型的单位经济效益

对单位经济效益进行考察首先要求公司至少有一个与利润和变动成本相关联的核心单位。单位经济效益回答的基本问题是：销售或运营的经济单位是否盈利。如果一个经济单位的变动成本低于该单位生成的利润，就意味着获得了可盈利性单位，其生成的边际贡献为正数。该经济单位的销售量越多，增长的边际贡献就能用来支付固定成本，以及在决定单位盈利性时所排除的成本。基本的经济单位由商业模式的类型决定，可以用客户级别、产品级别、交易级别或地理级别来描述。单位经济效益对于分析收支平衡点数据来说非常重要，能帮助企业主判断在何种条件下公司能最终存活下去，何种条件下公司能进一步优化或扩大规模。

实操：案例分析

共享汽车行业的单位经济模型设计

在欧洲的共享汽车市场，许多企业家用不同类型的商业模式来运营公司。这些公司包括坎比奥（Cambio）、快车（Snappcar）、阿凡租车（Avantcar）、土狗租车（Car2Go）、莫必真（Mobizen）、现驾租车（DriveNow）、拉链租车（Zipcar）和蜂鸣租车（Buzzcar）。最常见的共享汽车商业模式是在毗邻用户居住地的地方大量投放共享汽车，这样能方便用户按分钟或小时或以天为单位租用汽车。土狗租车和现驾租车都采用了这种商业模式。使用这种服务的用户通常在支付用车费之外还要支付一小笔会员费。我们按以下步骤，采用虚拟数据来解释，在土狗租车（该公司于2008年在德国以独立公司的形式由戴姆勒创建）采用的这种商业模式下，如何计算单位经济效益。

第一步：计算单位经济效益时，首先要回答，什么是相关单位的分析。分析单位反映商业模式的运行情况，这些单位可以是客户账户、某个用户或顾客、一个运营单位（如一个自动售卖机、一个商店、航班上的一个座位）、一次交易（如出售房地产），一个产品，甚至也可以是基础设施（如风车、充电站）。在土狗租车的商业模式中，分析单位可以是一个用户账户或一个会员，也可以是土狗租车公司的一辆汽车，或在某特定地点该公司的行为。通常我们建议通过计算许多核心单位的单位经济效益来决定它们各自的盈利水平，进而认清提升各单位经济效益的方式。

第二步：确定驱动单位经济效益的驱动力是什么。关键问题包括：（1）一个单位生成多少利润？（2）运营一个单位或提供其产品或服务需要支付多少成本？（3）公司需要为某经济单位支付的获客成本或服务成本是多少？

从收入看，一种商业模式可能有不同种类的收入流（如订购、广告、佣金回扣、按单位收费、服务费、利息）。收入流可能是一次性的（如永久许可权）或重复性的（如服务费、订购费、保险费）。每个单位的总收入根据收费价格、平均交易规模、购买频率和持久度、交叉销售或追加销售情况来决定。在土狗租车的商业模式中，来自每成员的收入流由三个部分组成：（1）为获得服务而支付的小笔订购费；（2）以分钟、小时或天为单位的租赁收费；（3）行程超50公里的长途收费（见图9.1）。服务产品发行之初，有些参数是已经明确知道了的（如每小时收费），但有些参数事先不知，根据用户的实际使用情况而定（如每成员使用的平均小时数）。

从成本来看，一种商业模式有不同的成本驱动，其中有的是变动的，有的是半变动的，有的是固定的。需回答的问题包括商业模式主要成本的驱动因素是变动的（如批量业务）、半变动的（如车队供应商）还是固定的（如半导体制造商）？还有，什么级别的

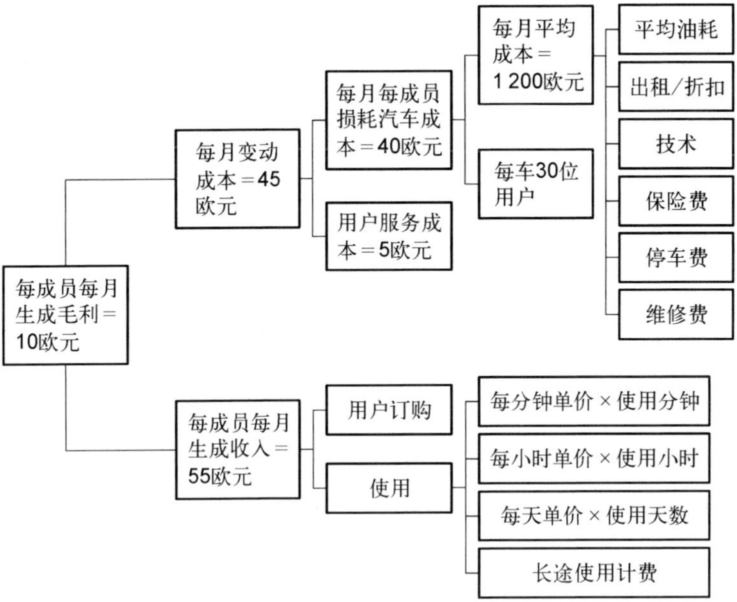

图9.1　土狗租车每成员每月生成毛利

销售能得到固定成本的支持？要计算土狗租车案例中的单位经济效益，需要区分变动成本（如邮费）、半变动成本（如汽车）和土狗租车运营平台的固定成本（如软件、网站、技术平台、管理支持）。在土狗租车的商业模式中，主要的半变动成本和变动成本都和支付给车队的费用相关。以一辆车来算，其成本包括：

- 租赁费或折旧费；
- 保险费；
- 为每成员安装行车软件和记录驾驶数据所支付的技术费；
- 平均油耗；
- 停车场租赁费；

- 汽车清洗和保养费用。

要计算单位经济效益，需要知道用于某单位的平均半变动成本和变动成本。以土狗租车为例，即需要知道公司为每用户成员提供车量所需要支付的成本（见图9.1）。要得出这数字，需要清楚每车平均使用人数，或者，为满足某特定用户群需要的车辆总数。虽然在公司成立之初，我们对这些数字作过预估，但实际用户数据会对这些数字进行修正。这些数字主要取决于土狗租车的运营情况，包括拟提供的服务水平（提供的车辆越多，就越便于用户在任何时间地点预订车辆）以及车辆使用的时间和频率。土狗租车的商业模式需要对这些运营指标进行密切监管，因为它们将影响到每用户成员的平均用车成本，以及每用户成员的边际贡献率。这类似于航空运输的客座率，航空公司密切监管空座率就是为了确保航班的盈利性。总的来说，跟踪了解运营指标是非常重要的，因为它们影响平均成本水平。其他领域的公司运营指标包括：服务一位顾客所需的时间、每机器每小时制造的单位产品数目、每小时货车服务的站点数目等。

除了直接提供产品或服务所需的变动成本，公司为获得和保留客户所产生的变动成本也应该被纳入考虑范围（见图9.2），这些变动成本还包括销售成本、市场营销支出，还有在招徕客户、说服潜在客户或保留既有客户时支出的变动成本。我们把这些指标称作获客成本（cost to acquire a customer，简称CAC）、留客成本或账户管理成本。

对于软件公司来说，其变动成本主要由销售支出和市场营销支

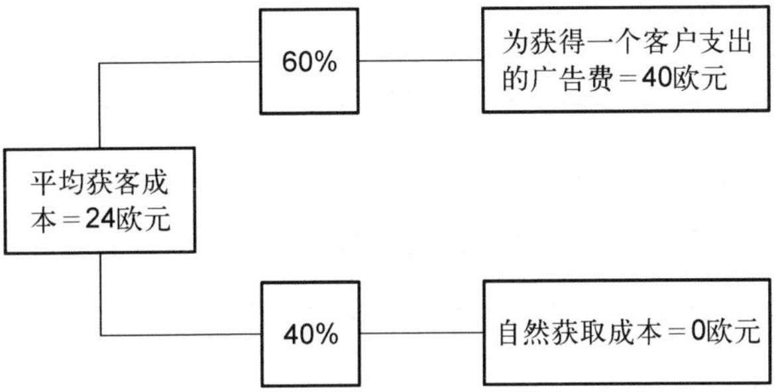

图9.2　土狗租车获客成本

出构成。获客成本越高，每客户生成的毛利率就应当越高，因为这样才能抵消当初市场营销和销售所支付的成本。在土狗租车的案例中，我们很清楚地发现每客户生成的终生毛利应高于平均获客成本和客户留存成本，这样才能产生正的边际贡献率，让公司得以运营下去。如图9.2所示，计算土狗租车公司的平均获客成本需要两部分数据：为获得一个客户而支付的广告费；以自然渠道成为客户和通过成本支出而获得的客户之间的百分率分布。

许多商业模式中，包括土狗租车在内，一个重要的指标是每客户产生的终生利润，即客户终生价值。客户终生价值即客户终生产生的毛利。图9.3对此进行了说明。我们将客户终生价值与获得一位客户所需的获客成本进行比较，客户终生价值与获客成本的比率越高，投资于市场营销的获利就越高，也就暗示了营销方式是否正确。另一个关键指标是需要多长时间才能让每客户生成的现金流收入抵消获客成本的支出。通常，这个时长不到一年。如果要好几年才能收回当初的获客成本，那么这个初创公司的运营就要承担很高的资金支出，若想扩大公司规模，继续为获客成本募集资金将会变得很困难。在我们虚拟的土狗租车商业模型中，用户每月平均生成毛利10欧元。如果一个客户的平均终生时长是24个月，那么他的终生总价值是240欧元，这个数字大大高于当初的获客成本24欧元。客户平均终生时长受客户满意度的影响，也受市场可供选择的同类产品的影响，可以通过跟踪了解客户流失率来监测。

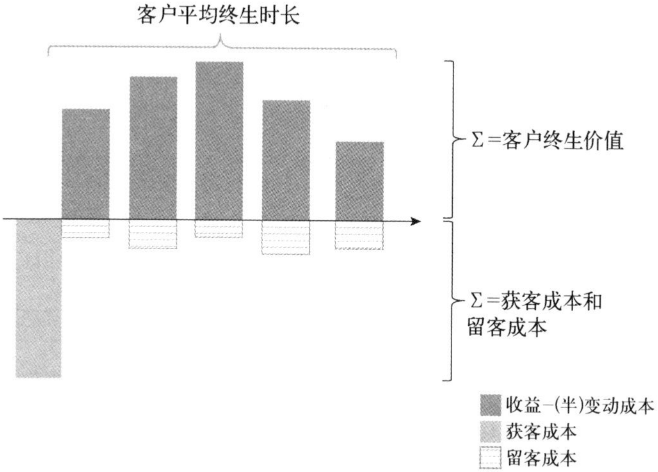

图9.3　客户平均终生时长与获客成本的对比

第三步：根据前面的计算，我们可以得出每一用户成员的边际贡献。边际贡献是收入减去每单元（半）变动成本，包括获客成本。因此，边际贡献即能够用来支付固定成本的那部分销售收入，从这个数字我们能得知公司的盈亏平衡情况。小的边际贡献意味着小业务量的商业模式是行不通的，这种情况一般意味着大规模的融资需求。边际贡献为负数意味着公司为每一个销售单位都承担了亏损。边际贡献通常易与毛利混淆。毛利是减去直接与产品相关的成本（如商品成本）后，公司生成的总利润；边际贡献是以单位销售为基础计算的，也考虑与产品无关的变动成本（如获客成本）。例如，软件公司的毛利可能很容易就会高于80%，但是软件公司在销售和市场营销上的支出占据成本的绝大部分比例，因此边际贡献会大大低于毛利。公司需要突破盈亏平衡点的销售单位才能盈利。我们可以按以下方式计算：

- 销售单位的盈亏平衡点 = 固定成本/每单位的边际贡献
- 总销售额的盈亏平衡点 = 固定成本/边际贡献率

[边际贡献率 =（销售额−变动成本）/销售额]

总的来说，成本方面的重要监测指标包括可变成本、半变成本和固定成本的绝对数值以及它们与销售额的百分比，还包括平均获客成本。在土狗租车的案例中，我们推测每个用户成员每月边际贡献平均为9欧元（10欧元的盈利减去平均1欧元的获客成本），而公司运营每月需支出固定成本8万欧元。那么，在这个案例中，土狗租车公司需要获得8 889位客户才能突破盈亏平衡点，获得盈利。这些当然都只是估算，如果没有运营历史的话，这些都是猜测，但这样的计算仍是很有意义的，因为能告诉我们在预期市场规模下，公司能否运营。

总的来说，要评测某种特定的商业模式是否有效，观察单位经济效益是非常重要的方法，从中你可以洞察到公司运转所需的最小有效规模，也能了解商业模型的利润引擎的巨大魅力。虽然在单位经济效益建模之初，有些参数我们不知道，但是好的模型能让我们了解主要的成本支出、收入驱动，并推测驱动公司整个财务绩效的主要基本假设。因此，这是促成战略性决策的重要途径，对公司和投资者的讨论将起到引导作用。所以，每个创业者都需建立自己的模型，在有经验的创业者的帮助下，使自己的模型能反映出公司理想状态下的商业模式，投资者也能由此监测创业者是否从经营上和财务上了解自己的公司。

9.3.4 传统实体零售店的商业模式

实体店经营是一种传统商业模式，指的是在实物形式的办公室或商店接待顾客。虽然近年来电子商务的飞速发展让实体店纷纷倒闭，但传统的零售店仍在很大程度上吸引顾客消费。对许多消费者来说，实体店是最好的零售模式，尤其当带着一种浓浓的情感联结去购物或享受服务时。电商渠道和实体零售店通常是互补的，因为它们分别满足不同顾客的需求。比如，亚马逊电商也开设了传统的零售店，瑞典时尚服装连锁店H&M也在实体店之外加上了电商渠道。比较受欢迎的实体零售店包括：健康和养生服务、烘焙店、杂货店、电子设备店、汽车零售店、特色服装店、餐馆和快餐服务以及家装公司。

虽然这些指标大多与数字化运行的商业模式相关，传统的实体店也有一系列可用于监测的指标，新的数字技术（如无线电信号）以及积分卡［如：乔银卡（Joyn）］可提供多种监测指标。从获客率角度了解商店客流量及其变化的关键指标有：

- 店外的潜在客流（如商场门前经过的行人数量）；
- 特殊顾客数量；

- 预订数量；
- 新、老顾客对比数据；
- 每位顾客在商城停留的时间；
- 有付费行为的顾客数量；
- 有付费行为顾客量与进店顾客总数的比率。

要跟踪了解客户平均终生价值，可从以下指标中得到一些信息：

- 某段时间内有付费行为的顾客平均消费金额；
- 顾客平均消费金额（即消费者价值）；
- 每次交易的平均购物数量及售出商品的平均价格；
- 愿意加入会员的顾客百分比；
- 顾客满意程度；
- 对某类产品的平均消费金额；
- 打折商品的占比。

要评价某独立零售店的总体盈利性，投资者和创业者可跟踪了解以下指标：

- 每营业员经手的成交量；
- 员工成本占收入的百分比；
- 每次折扣经销产生的边际贡献；
- 产品边际和服务边际；
- 与往年同期相比销售额和利润比率的变化；
- 存货周转期；
- 每平方米销售空间的净收入。

对这些指标进行监测有助于商家了解哪些商业策略能行之有效地吸引顾客并让顾客产生消费。例如，开餐馆的人或许想了解菜单上菜品结构和定价对每位顾客和每桌顾客消费量的影响力。每家实体零售店都各自面临着特殊挑战，因此有必要定下一些监测指标以反映某段时间内其利益引擎的核心情况。

9.3.5 电子商务的商业模式

在电子商务（简称“电商”）的商业模型中，顾客在线购买商品或服务。商业模型种类不一，包括在线购物网站、在线商城、B2B门户网站等。欧洲比较活跃的传统电子商务零售店有亚马逊（Amazon）、扎兰朵（Zalando）、博尔网、亿贝（Ebay）、维斯达印刷（VistaPrint）、魅得网（Made.com）、VP网（Vente-privee.com）、奥拓（Otto）。电商通过电子形式（如声田的流媒体音乐）或物流快递的方式［如通过“哈罗生鲜”（Hello Fresh）进行快餐外卖］销售产品或服务，获得收入。最主要的成本驱动一般包括商品成本和获客成本。既然电商平台本身具有数码性质，了解市场销售的方式和手段种类繁多，那么可供采用的监测指标也不一而足，可跟踪这些指标以了解某电商平台是否经营成功。以下指标可用于了解获客情况：

- 网页访客流量，包括（新）访客数量、跳出率、网页访问时长、网页搜索次数、产品页面点击率、访客频率及流量来源（如自然搜索或通过广告成为访客）；
- 广告和搜索引擎相关的指标，包括搜索量、平均排名情况、展现曝光次数、打开率（如邮件市场）、每次点击成本、点击通过率、优惠券赎回率；

- 与转化相关的数据，包括注册量、购物车转化率、有购买行为的顾客数量、平均每单价值的营销成本、顾客流失率；
- 与客户相关的数据，包括地理情况、人口统计、特定部门和某年龄段人群的特点。

可用于跟踪了解客户终生价值的关键指标有：

- 与收入相关的数据，包括订单数量、平均订单价值、每年购买次数、每次访问价值；
- 客户流失率、客户满意率（如净推荐值）、退货率、购物车放弃率。

此外，还有很多适用于电商平台运营的监测指标。可能影响获客成本和客户终生价值的指标有：

- 平均送货时长；
- 库存情况；
- 退货率；
- 使用的支付方式；
- 网页宕机时长和连接时长；
- 客户支持行为。

跟踪了解这些指标能让商家监测网站的效果，进而决定试验结果。例如，通过两组测试有助于评测在某购物门户网站上不同的搜索引擎如何导致不同程度的转化。

实操：案例分析

箱子（Suitcase）

这个例子中，我们将用箱子公司的案例来解释监测指标在电商模式中的运用。箱子公司于2014年由安东尼·德维特（Anthony De Wit）和乔纳森·万腾（Jonathan Wanten）创立，提供在线男装零售服务。客户首先在网上预订，然后通过电话与个人造型顾问沟通着装风格，接着，公司根据客户喜好和预算为其挑选多套服装，随后通过快递将装有这2—3套服装的箱子免费送至客户地址。客户有7天的试穿期以决定哪些服装需要退货。箱子公司的客户成员不需要支付会费，也不必定期购买这些箱子中的衣物，他们只需为自己愿意购买的商品付费。箱子公司是比利时首家引入“选品”购物理念的商家，截至2017年，其顾客群人数达到4 000人。欧洲市场的同类商家还有：德国的奥特菲特立（Outfittery）、英国的夏帕（Chapar）、荷兰的衣橱（Cloakroom）、德国的扎龙（Zalon）、默多默托（Modomoto）和爱因斯坦之家（House of Einstein）。箱子公司这种商业模式采用的监测指标有：（1）与收入相关的指标；（2）与成本相关的指标。这些指标对预测将来的现金需求来说非常重要，有助于公司与投资者进行协商，也有助于评测公司的整体运营绩效。

箱子公司商业模式中与收入相关的指标源于主要的收入驱动。这些驱动总收入的指标由两大因素决定：（1）售出的箱子数量；

（2）保留客户价值（每个单位或每个箱子产生的平均消费）。这些指标都相应由几大驱动决定，即所谓的领先指标。总收入的第一驱动是总量，领先指标则用于监测投入流——通过广告途径或邮件生成领先商品的数量。（参见图9.4）箱子的预订量由公司市场营销的有效性决定，即提升网页点击流量的能力，以及将访客转化为有消费行为的顾客的能力。顾客流失率反映的是曾是老顾客但后来不再使用该服务的顾客数量。

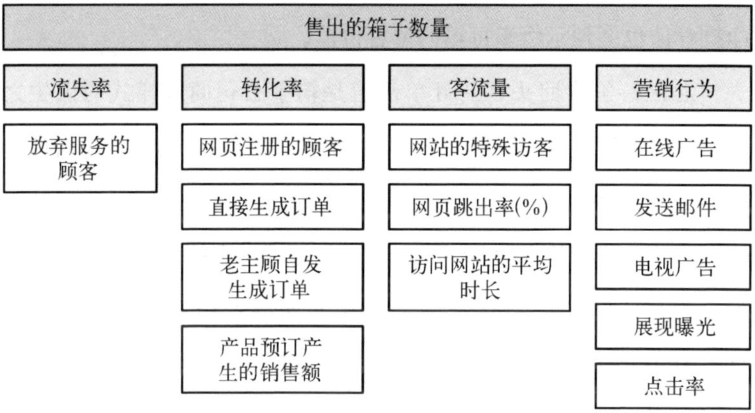

图9.4　箱子公司的市场营销指标

在线广告或发送大量邮件可能会让箱子的销售额激增。这些行为的有效性很快就会影响获客成本。在服装零售业，获客成本一般随顾客实际需求和季节流行款式的变化而变化。例如，淡季的获客成本一般较高，到了旺季获客成本会降低。

总收入的第二个驱动，即保留顾客价值（简称“留客价值”），或每箱的平均消费，这里面有许多因素很难操控。我们知道，有的市场行为在短期内（对新顾客）不见效，而长期看（对老主顾）会更有效。留客价值增加意味着公司能对顾客的消费行为产生影响。在箱子公司的商业模式中，公司通过分析顾客档案资料了解顾客的喜好，这种市场行为在第一次接待顾客时就开始了，是购物之旅的开端。然后根据退货率、反馈意见、重复购买等数据，公司提升顾客喜好的资料的准确性。公司对顾客喜好和其他相关信息了解越多，送出去的箱子销售量可能就越多。销售价格的上涨或下降一定程度上遵循价格弹性原则，也会对平均留客价值产生影响。还有，净推荐值也能预示将来每箱的留客价值。

总之，争取回头客的订单价值是箱子公司商业模式的谋生之道。获得顾客数据，完善顾客资料以增加信息量，随着每个新订单的生成，这些信息都会更趋完善，进而延长顾客的购物生命周期。因此，获取这些信息的最终目标是增加每个顾客的平均消费。

和成本相关的指标指的是影响变动成本和半变动成本的指标，它们影响的是公司的整体盈利性以及边际贡献。像箱子或夏帕这样的时装零售商的商业模式中，变动成本和半变动成本包括：

- 服装商品的成本（售出商品的成本，定义边际）；
- 箱子的包装成本；
- 来回运输费用；
- 在线支付的交易手续费；
- 个人造型顾问的咨询成本；
- 平均获客成本。

例如，库存指标是与成本相关的指标，它影响售出商品的成本。零售店的库存指标可从不同的细节层面展开分析，比如供应商层面（产品品牌）、产品种类层面（服装类）、类型层面（季节性商品或非季节性商品）以及产品风格层面（经典或休闲）。

（通过监测指标）对所有商品的库存等级和总体需求等级进行持续监测，对于掌管零售店的边际贡献和售出商品成本来说非常重要。每个季末需要清仓的商品比例（也叫“死库存”）将降低毛利率。清理库存意味着商品打折出售。例如，非季节性商品的残余库存可以留到下一个季度出售，因为不论是冬季还是夏季都不影响销售。但是，季节性商品就不适合全年销售，因而容易沦为死库存，公司会通过打折的方式进行促销，最终达到清理库存的目的。如上文所述，清理库存将对售出商品成本产生负面影响，从而影响整体收益。

及时处理有可能沦为死库存的商品能降低清理商品的数目，有助于提高边际安全性。处理这些商品时可能会产生换货、退货或打折。前两种行为根据商家与购买条件决定。评价一个品牌组合里的品牌实力时，商品数据分析非常重要。可采用以下指标监测零售业的库存清理绩效：

- 进货量与售出量的对比，也称“售罄率”；
- 滞销商品与畅销商品的比较。根据库存商品和售出商品库存的天数，以及送货多少次才售出，开展比较；
- 退货率，这个指标反映了商品的受欢迎度，也暗示了个人造型顾问提供的服务等级。为了深入了解潜在问题，公司可将此数据与顾客反馈进行比较；

- 总的库存可供量（现有库存）与运输中的商品数目（送往顾客途中的商品或退还至公司途中的商品）的比率；
- 商品自进货之日起在库存中占有的天数也能反映将来哪些商品可能需要清货、打折或换货。

这些指标也可用来评价员工绩效。我们仍以“箱子”为例，通过以下指标来跟踪个人造型顾问的周绩效或月绩效：

- 退货的数量与顾客对价格、颜色、材质、款式、预算和最初需求（定性指标）之间的比较；
- 制造的箱子数目；
- 每个顾客的平均留客价值。

通过商业智能仪表盘，组织内部应当能观察到这些指标数据，这样就能保持关键目标的清晰度，能激发共同问责，以实现公司目标。管理者或整个管理团队应当每周或每月对这些数据进行分析、评价，评估预算和实际目标，这样才能让公司和投资者有效控制整个组织的状态，给管理者以决策权，让他们的管理能对上述的指标数据产生影响。

9.3.6 软件服务商业模式

采用软件服务商业模式运营的公司按客户需求通过云端发送软件产品，这样的公司有：多宝箱、谷歌驱动（Google Drive）、科里布拉（Collibra）、领队者（Teamleader）、亚马逊网络服务（Amazon Web Services）、维克斯（Wix）、阿尔戈利亚（Algolia）、普诺（Showpad）、枢点（HubSpot）、销售力（Salesforce.com）、医托利（Doctolib）。采用的盈利模式不一而足，有预订、使用付费（如下载储存）、免费增值、广告等。许多软件服务商采取分级标价模式，根据用户所需的服务类型来定价。由于增加一个用户所需的边际成本不高（如提供免费下载服务），商家通常通过一定程度的免费服务来吸引用户。在用户使用产品一段时间后，他们可能会对产品的更多特色服务产生需求，或已经习惯了该产品，极有可能转化成付费用户，这时公司就可能撤回免费试用的服务。发现从免费用户到付费用户的最佳临界点，对采用免费策略的软件服务商来说非常关键。

如前文所述，很多软件服务商通过预订或授权的模式获取利润。用户使用时间越长，就越有可能产生更高利润。然而，因为软件服务公司需在获客成本上大量投资，早期可能要承受很大的损失。因此，软件服务公司需要从用户的终生价值中不断获得利润，开发向上销售和交叉销售的机会，以此获得净利润，以平衡获客、留客所支付的成本。

客户终生价值必须大大高于获客成本才能保证财务上的可行性。只有当客户终生价值与获客成本的比率显示获客行为和资金策略有效，公司才可持续盈利，并扩大规模。

表9.1显示的是枢点公司的获客成本和客户终生价值在6个季度中的发展变化，至2012年第二季度，形势已经非常喜人。枢点公司是由布莱恩·哈利根和达玛什·萨哈于2006年在麻省理工学院成立的软件公司，采取的是集客营销方式。其月度经常性收入流失率从2011年第一季度的3.5%降至2012年第二季度的1.5%，是促使

客户终生价值增长的主要因素。将客户终生价值与获客成本的比率细分为不同的成分，更便于我们观察公司绩效的提高。通常，我们可以基于不同的客户群来计算这些数据，因为产品对有些客户群可能有吸引力，但在有些客户群那里可能意味着亏损。

表9.1　枢点软件公司客户终生价值（LTV）与获客成本（CAC）的比率变化

枢点公司	2011年第一季度	2011年第二季度	2011年第三季度	2011年第四季度	2012年第一季度	2012年第二季度
LTV∶CAC	1.7	1.9	1.9	2.6	3.5	4.7
获客成本	6 025美元	7 876美元	8 541美元	7 809美元	6 880美元	6 793美元
月度经常性收入流失率	3.5%	2.7%	2.8%	2.3%	2.0%	1.5%
平均月留存率	429美元	507美元	548美元	560美元	583美元	577美元
软件利润	83%	81%	80%	82%	81%	82%
客户终生价值	10 074美元	14 964美元	15 919美元	20 325美元	23 775美元	31 806美元

来源：《福布斯》（2012）

为跟踪了解软件服务公司基于获客成本的绩效，公司还需跟踪了解与销售渠道相关的一些指标数据：

- 访客数量和网站客流量，包括自然访客与支付成本获客的比率，还有新用户与特殊用户的数量；
- 市场营销成本，包括每次引导成本（通过不同渠道或广告）、引导转化所需的平均时间；

- 维里系数（平均每用户发送邀请次数 × 被邀请者转化成用户的比例）；
- 销售渠道每个阶段的转化率，包括跳出率、注册率、付费客户自由转化率（free to paying customers conversion rate）；
- 合格的销售线索数量；
- 销售生产力。

为了解软件服务商业模式中的客户终生价值，我们需了解以下指标：

- 新客户和既有客户群中产生的（新的）月度经常性收入；
- 从丢失的客户和留存客户中失去的月度经常性收入（即收入流失率）；
- 客户流失率；
- 每账户的平均收入和合同总价值；
- 客户数量；
- 客户参与，包括积极用户数量、使用频率、平均访问时长；
- 终生价值；
- 终生价值与获客成本的比率；
- 收回获客成本所需的时间；
- 净推荐值；
- 客服工单以及解决问题、给出回应的平均时间。

总之，在公司运营的各阶段（如市场营销前或市场营销后）选择相应的、合理的指标以促进公司绩效，是非常重要的。而且，对不同的客户群进行跟踪了解也很重要，如比较不同月份中享用该服务的客户行为，或者一段时间内作为客户群体的行为（即同期群分析）。通过商业智能仪表盘将这些指标数据可视化，让管理者、员工、投资者进行及时沟通，有利于明确商业行动、分清轻重缓急、对进展过程进行跟踪了解。

9.4　对关键绩效指标的动态了解

随着初创公司的发展，创业者的关注点一般会有所变化。根据那些志在创立高增长、高潜力公司的方法论——如精益方法论——关注焦点将从与产品-市场匹配相关的指标，转换到与增长相关的指标，然后聚焦于与公司盈利性相关的指标（Ries, 2011）。对于聚焦发展的公司，在创业早期，整体盈利性和正的现金流通常并不那么重要。处于发展早期的高增长公司更多地看重盈利增长和获取市场份额。对高增长公司估值主要根据公司的营收运转率。还有，从盈利性的角度看，单位经济效益也很重要。通常，公司会牺牲短期的总体盈利，增加对技术和销售的投资，以产生高幅度的利润增长——年增长率通常超过100%——同时确保单位经济效益得到有效控制，或随着公司规模扩大而增长。下面的章节将介绍，随着公司发展，其关注的重心将如何变化。

9.4.1　产品-市场匹配阶段的关键绩效指标

在初创公司的早期阶段，其关注的核心是获得产品-市场匹配。产品-市场匹配描述的是特定目标客户是否有重要的、优先等级的

“痛点”，及哪种价值主张最能解决这些“痛点”。在这个阶段，创业者应当努力让目标客户的需求（即公司提供的价值主张）与根据价值主张而提供的产品或服务有效匹配。虽然尚处于由定性指标占主导地位的模糊阶段，创业者可关注的指标还包括公司发展所需的目标客户数量、与目标客户直接交往的次数、愿意为开发公司产品贡献资源的潜在客户比例，等等。但是，确保高质量的交往和了解比数值增长更重要。这就意味着计算积极参与公司商业活动的客户数量，或统计公司能应对的目标客户时，我们往往取最小值。同时，公司也应意识到还存在大量的目标客户，不能只为了少数客户而设置产品定制方案，否则公司无法为更大的市场提供标准化的产品。

在和越来越多的目标客户合作的过程中，创业者能获取更多信息，并且使以前从其他目标客户处得来的信息变得有效。当创业者发现每个新增的目标客户的边际信息开始减少时，就该明白最初的客户群对公司最初的产品开发和产品-市场匹配来说已经足够大了。这个阶段初创公司打交道的目标客户数量一般比较少。例如，B2B类型的初创公司可能只聚焦于20—30位客户，或许只有5—10位客户密切参与产品开发。B2C模式的初创公司可能与100多位客户打交道。但还是建议初创公司采用一定基准对产品-市场匹配进行定量评测。可以采用净推荐值或10分制客户满意度这样的监测指标来跟踪了解月度绩效变化。观察这些数据时，不能只看等级评测的绝对数值，而要监测一定时间段内的数值变化。这个阶段的创业者要了解客户对哪种初创产品有较高的满意度。他们会非常关注客户需求，关注目标客户对产品的了解，确定什么样的价值主张对客户最具吸引力，这样公司才能知道哪些目标客户是他们关注的重点，并进一步开发和完善产品。

肖恩·埃利斯（Sean Ellis）曾主管多宝箱、罗格明（LogMeIn）等公司的营销业务，他建议采用“早期产品–市场匹配”指标，对使用新公司产品一段时间后的目标客户进行回访，询问他们若以后不能再使用该产品，将产生何种失落感（Ellis，2017）。埃利斯认为如果超过40%的客户的反应是“失望”，那么初创公司即获得满意的产品–市场匹配度。除了这种定量反馈信息，公司还可从客户处获取一些定性信息——比如，对产品整体评价较高的目标客户喜欢产品的哪些特点，在哪种情况下以何种方式使用产品、对产品改进有何建议。随着目标客户对公司产品满意度的提高，他们会重复购买产品或将产品推荐给其他客户。这些都是产品–市场匹配的重要积极信号，暗示着公司在为扩大规模和影响力打下基础。但是，如果初创公司不能保留核心客户群，那就暗示市场–产品匹配出了问题。在这种情况下，需要考虑产品迭代，或者考虑缩小规模，甚至更换核心目标客户群、转变营销市场、改变产品。在产品–市场匹配早期，用电子表格的方式或使用客户关系管理软件，将公司与目标客户的互动记录下来很重要，这样收集的专业数据有助于和投资者保持沟通，让他们及时了解公司的发展情况和遇到的困难。而且，创业者在和潜在投资者进行交流时，也可采用这些数据信息对公司情况进行简要概括。这些关于公司发展的信息和及时更新的数据能帮助投资者了解公司及其创始人，这样将有助于建立彼此之间的信任，大大增加投资机会。

9.4.2 发展阶段的关键绩效指标

随着初创公司进入产品–市场匹配初期，其战略重心发生转移。在产品–市场匹配阶段产生的第一笔销售能让我们更好地了解目标客户的“痛点”以及客户对价值主张的反应，有助于观察将来的重复购买行为。产品–市场匹配阶段的重心在于了解产品与市场的匹配情况，对以前计划的目标客户数量进行缩减，优化产品–市场匹配指标，而不是通过专业的销售渠道驱动大批客户消费。但是随着初创公司向产品–市场匹配目标靠近，情况将发生变化。现在，创业者已经了解特定目标客户的特点，他们也了解客户的主要“痛点”，并制定计划来解决这些“痛点”。因此，他们将把工作重心转移到部署销售过程以及优化销售方式上，这将有效提高销售进程和销售渠道效率，最初非常高昂的获客成本也会降低。而且，有效的标准化销售渠道能在不浪费销售领域资源的前提下使公司规模扩大。因此，在这个阶段，与销售渠道动态变化相关的关键绩效指标相当重要。在B2B领域广泛采用的相关指标数据有：产生的销售线索数量、有效培育引导的线索数量、成交或增加的客户账户数量、在销售过程中这些线索的经济价值、销售周期时间、从一个销售步骤转换到下一个销售步骤的转换率，以及整体成交率。在B2C领域，相关指标数据有：不同获客渠道的广告和营销预算、点击率、不同渠道的访客流量、订单数量和每单成本，这些数据能反映数据网络销售渠道或移动获客渠道的有效性。

以上指标注重的是公司的收入和成长，但初创公司的盈利性也很重要。这里，需要特别强调的是单位经济效益。我们需要保证一定时间段内单位经济效益得到提高。在扩大公司规模之前，单位经济效益一般是盈利状态，这样才能尽量避免在规模调整过程中产生损失的单位销售，也就是说，以免随着初创公司的规模扩大而增加损失。因此，在这个阶段，对单位经济效益相关指标进行密切观察和汇报是极其重要的，这些指标包括每销售渠道的不同获客成本、获客成本的收回时间、不同的边际贡献、客户流失率和按照主要销售渠道和客户细分进行分析的客户终生价值。如果单位经济效益的获利性极高，获客成本的收回时间很短，那么这样的初创公司对投资者来说非常具有吸引力。将这些数据记录下来，并向现有投资者定期汇报能激励他们在接下来的投资轮次中加大投资。而且，这些指标数据能为新的投资者提供具有说服力的证据，以争取到资金，为公司获得好的估值。新增加的投资可用于加大获客成本的投入，进一步开发技术和产品，带来收入的增长，促成公司发展的良性循环，有利于公司的发展。因此，获取、记录和交流单位经济效益，与初创公司的收入增长以及公司的估值有着密切联系。

综上所述，与初创公司收入增长和单位经济效益相关的关键绩效指标数据有助于我们详细描述初创公司正在经历的发展过程，而且能暗示我们这些增长数据是否意味着公司将健康发展、持续盈利。通常，初创公司在生成高收入增长和确保单位经济效益方面会遇到问题。如果遇到这样的困难，建议创业者向投资者及时汇报，双方共同决定如何应对这些困难。而且，在公司创办初期，很难盈利，这时应当就如何提高单位经济效益、获得单位盈利制定清晰的理性原则。这个阶段的创业者和投资者应当密切关注单位经济效益，并在必要时提高单位经济效益。通常，初创公司在扩大规模时很难保持积极的单位经济效益。这种情况也发生在电子商务领域的初创公司。因为随着公司及其竞争者加大投资预算，争夺共同的客户目标（例如脸书或谷歌的广告平台），其获客成本也会增加。所以，收集和记录这些指标数据，并与投资者进行及时沟通是非常重要的，这些指标能对公司扩大规模过程中的增长潜力和风险进行评测。

9.4.3 盈利阶段的关键绩效指标

如上所述，在公司成立初期，为了增加收入、获得市场份额、提升公司价值，创业者和投资者通常优先考虑公司的发展而不是盈利性。因为据观察，影响初创公司估值的最大因素是收入、收入增长和相关市场份额。我们一般认为，通过单位经济效益能知道公司是否盈利。通常令投资者、员工和大众感到吃惊的是，许多初创公司在权衡收入增长和盈利性的矛盾后，有意造成大规模亏损，产生极高的现金消耗率。这样，成功的初创公司经常一面大规模亏损，一面却显示收入的强势增长。但是，如果公司的收入基数和公司规模很大的话，过一段时间你会发现，年收入增长率很难超过100%。一段时间后，相关收入增长率会降低。随着初创公司进入成熟阶段，公司会更加重视盈利性和正的现金流。经过几年的经营，投资者可能想知道公司能否生成利润和正的现金流。此外，创业者可能不想再进行融资，以增强公司盈利性，同时避免造成股权稀释。

随着关注重心转向盈利性，公司通常会减少在市场营销上的投入，更多关注市场营销活动带来的收益，考虑的是单位经济效益。与之呼应，公司会减少人员招募，因为人力资源的增长会加大开支。这时，重要的是既能让公司持续稳步发展——如保证收入年增长超过50%——又能让公司总体盈利、现金流呈正数。此阶段公司的增长速度渐趋平和，更多考虑与将来收入相关的支出，因此公司的盈利性和现金流情况都在此阶段得到改善。

与公司早期情况不同，这个阶段所采用的报告指标以及对业务类型的分析更趋成熟。公司已产生了大量的运营数据，创业者通常已建立了更好的分析系统。例如，公司可能有专门的业务情报组，通过对销售渠道、产品组、地理情况、客户细分等进行独特分析，跟踪了解单位经济效益。通常，公司对每获客渠道的分支情况会有详细的数据记录，也会对某段时间内这些分支部门的业务行为进行详细了解。越来越多的公司采用多变量系统、高级运算法则，或借助机器来测算公司分支部门的盈利性，甚至了解客户个体的利润生成情况。群组分析可显示较长时间内分类客户和细分客户的行为情况；运算法则可对客户流失率和客户终生价值进行预测。从销售和市场营销角度，创业者和投资者将对客户经历进行深入了解，因为这些数据反映的是公司的获客过程。公司管理层一般会更有效地支配市场营销的预算开支，以确保公司盈利性，获得最高投资回报。这些进步会提高公司的盈利性和整体经营绩效。记录这些进步的关键绩效指标有：降低的获客成本、增加的客户终生价值、提高的获客成本与客户终生价值比率，还有主要开支的减少，因为这也在收入中占有一定比例。

9.4.4 针对风险企业和特定市场的考虑

上一节讨论的是以增长为导向、靠外部资金资助的公司。不同因素反映创业者的不同创业目标、不同的商业模式、不同的运营市场，还有整体融资环境等外部条件，这些因素都会导致公司采用不同方式去应对。例如，如果市场有很强的先行者优势，或有网络效应、规模效益、客户锁定效应，那么即便产品-市场匹配没有得到有效证实，早期也可扩大公司规模。与之相反，初创公司的创业者也可选择追求公司整体盈利性，或首先考虑正现金流，用现有资金支持公司发展，而不考虑外部投资问题。甚至，许多创业者还选择让公司保持较小的规模，限制员工人数。不同的公司有其不同的发展方案。创业者和投资者必须决定哪种方案最适合公司的目标和具体情况。然后根据所选择的方案，决定相应的关键绩效指标。在公司发展过程中，创业者和投资者应当定期审视管理方案的效果，调整关键绩效指标，做相应报告。最成功的创业者和投资者通常不是那些一开始就万事俱备的人，而是及时了解信息、适时调整方案的人。

要点总结

- 公司监管是非常重要的，能让投资者对投资组合公司的绩效进行评估，并在必要时采取正确措施；
- 制定商业计划代表着监测的开始。投资者需要从一开始就了解公司的商业模式；
- 投资者对公司进行监管时，应当采用最适合公司商业模式的监测指标；
- 定性报告（关键绩效指标和其他监测指标）应当基于公司发展过程中收集的定性信息；
- 随着公司的发展，关键绩效指标和其他监测指标的重要性会有所改变。

本章提问

1. 为何创业者给投资者提供的信息一般都较少?
2. 创业者的报告依据是什么?
3. 理想的报告形式是什么?
4. 好的监测指标有何特点?
5. 商业模式中的单位经济效益指的是什么?
6. 传统实体零售店创业者向投资者做报告时应采用何种指标?
7. 电子商务初创公司如何评测每位客户的终生价值?
8. 采用软件服务商业模式的初创公司有哪些重要指标?

9. 为何要重视报告中指标的动态变化？

10. 针对初创公司的监管和汇报，能否提出些建议？

延伸阅读

Croll, A. and Yoskovitz, B. (2013). *Lean Analytics: Use Data to Build a Better Start-up Faster*. O'Reilly Media.

Hamermesh, R. G., Marshall, P. W. and Pirmohamed, T. (2002). *Note on Business Model Analysis for the Entrepreneur*. Harvard Business School, 9–802–048.

参考文献

Colao, J. J. (2012). In defense of the lifetime value (LTV) Formula, *Forbes*, www.forbes.com/sites/jjcolao/2012/09/13/a-dangerous-seduction-revisited-in-defense-ofthe-lifetime-value-ltv-formula/#535ee21b4c71 (28 April 2017).

Ellis, S. (2017). Using Survey.io, www.startup-marketing.com/using-survey-io/ (21 April 2017).

Gulati, R. and DeSantola, A. (2016). Start-ups that last. *Harvard Business Review*, 94(3), 54–61.

Kaplan, S. N. and Strömberg, P. (2004). Characteristics, contracts, and actions: Evidence from venture-capitalist analyses. *Journal of Finance*, 59, 2177–2210.

KPMG (2014). *Angel Reporting Guidelines and Principles. A Practical*

Guide for CEOs and Executives of Angel-backed Businesses. KPMG / UK Business Angels Association.

McClure, D. (2007). Startup metrics for pirates: AARRR!!!, www.slideshare.net/dmc500hats/startup-metrics-for-pirates-long-version (21 April 2017).

Ries, E. (2011). *The Lean Startup.* Crown Publishing Group.

第10章

收购创业：管理层收购和管理层换购

米格尔·穆尔曼

弗拉瑞克商学院和帝国理工学院商学院

汉斯·瓦努比克（Hans Vanoorbeek）

弗拉瑞克商学院和帝国理工学院商学院

本章将探讨另一种创业途径——收购创业。不同于白手起家创建一家公司，你可以通过管理层换购（management buy-in，简称MBI）或管理层收购（management buyout，简称MBO）的方式购得一家已经创立的公司，成为这家公司的业主经理（owner-manager），利用这家公司的平台实现创业抱负。考虑到白手起家创建公司存在一定风险，每年发生所有权变更的公司数目不少，因此对很多有志于创业的人来说，收购创业不失为值得考虑的途径。与传统的创建公司的方式不同，收购公司需要专门的技巧和独特的思维模式。本章将解答收购过程中的一些关键问题。[1]

媒体视角

英国《金融时报》

急需关于管理层换购和初创公司的课程

创业教育常常沦为局限于商业计划书写作的学术练习

索菲·马尼加特(Sophie Manigart) 米格尔·穆尔曼(Miguel Meuleman) 2012年8月21日

由享有盛誉的商学院发起的创业教育浪潮中，创业学成为教学的核心领域，许多商学院都想在此领域有所建树。这些项目大多聚焦于如何建立和壮大一家新公司。这些商学院称他们的最终目标是让更多毕业生选择创业、建立新公司。然而这个目标似乎很难实现。成功创建一家新公司困难重重。找到能够创造价值的商业机会并不容易，特别是对没有技术背景、需要寻求技术外援的人来说。众所周知，大多数新公司都没能实现他们在商业计划书中预期的发展。有些公司活了下来，有些公司却因客户没有兴趣、缺少资金或者无法支付成本而运营失败。结果，对很多工商管理硕士而言，创

[1] 感谢索菲·马尼加特教授（弗拉瑞克商学院，根特大学）和马蒂厄·吕派特教授（弗拉瑞克商学院）为本章提供他们的一些教学材料。

业学沦为商业计划写作的学术训练。

越来越多的工商管理硕士毕业后雄心勃勃地想要独立创业，而不是在大公司当个凡事皆需向各级领导报告的经理。有一种实现他们创业潜力的方式——通过管理层换购接管一家已经成立的公司。在接下来的十年中会有大量的公司创始人和公司业主面临退休，对商学院学生和整个经济而言，管理层换购可能会成为让学生将创业技能付诸实践的有效途径。在很多商学院，创业课程只关注公司创业和商业计划大赛，对管理层换购这一取得创业成功的高效路径关注太少。实际上，这种经营方式的风险比从零开始创建一家公司要低得多，因为公司已经有了一个产品或一项服务，具备客户和供应商基础，制定了组织规则。商学院可以教授学生通过接管公司而实现创业理想的方法。教学内容可以包括如何确定接管目标、如何进行尽职调查、如何进行交易融资、如何制定能够创造价值的战略方针，以及如何替代之前的管理层。关注创业管理层换购不仅对学生有益，从更广泛的经济层面来说也有好处。研究显示，成熟公司会从这种管理层的变动中受益颇多。新的公司业主会带来新的愿景。他们常常将已有的经营作为研发新产品、新服务的平台，同时瞄准新市场。接受了良好教育的工商管理硕士可以制定新战略，引领公司获得更高水平的效率和经济价值。在未来几年，欧美将有成千上万的公司业主面临退休。目前，虽然很多公司业主仍希望他们的子女接管公司，但家族内部继承的情况越来越少。越来越多的私募股权投资者放弃了投资高风险的初创公司而选择管理层换购。因此，向工商管理硕士传授如何收购现有公司的技能对学生和公司来说都很有价值。此外，这些教学内容能为工商管理硕士提供更为现实的创业视角，从而使开设这类课程的商学院脱颖而出。

学习目标

阅读本章后，你将能够：

- 比较收购创业与建立初创公司的传统创业方式，理解收购现有公司的优点和缺点；
- 指出收购公司所采取的步骤；
- 了解收购交易中的各种价值创造杠杆；
- 在评估目标公司的强项时，提出重要问题；
- 理解如何对目标进行估值以及如何组织收购交易；
- 理解如何基于有限的个人资金利用杠杆收购公司；
- 对股份购买协议中的关键合同条款有基本了解。

本章导读

本章将介绍收购创业，并将其与建立初创公司的传统创业方式进行对比，然后简要描述收购流程中的各个步骤。接着，我们讨论如何在收购交易中创造价值以及在尽职调查中如何特别关注创造价值的杠杆。后面我们将介绍包括估值和交易融资在内的交易结构流程。本章最后概述了和卖方签署协议时需要考虑的合同条款。

10.1 收购自己公司的逻辑依据

10.1.1 成为创业者：一项关乎创建还是购买的决策

很多人在职业生涯的某个时间点都考虑过创业。在大众媒体的视角下，创业是利用有限的金融资源从无到有创建一家公司。这是明知可能到头来颗粒无收却还执意为之的英雄主义行为。最有代表性的就是从车库白手起家的创业。但你是否考虑过购买一家现有公司，作为公司首席执行官运营这家公司，实现创业抱负？如果你有领导和经营技巧，并且更喜欢和传统跨国公司截然不同的环境，通过收购的方式进入一家中小型公司可能会是一种完全不同的职业路径。这种职业路径我们称为“收购创业”（entrepreneurship through acquisition）。这里的“创业收购”（entrepreneurial buyouts）描述了以日常运营公司为主要目标，个人如何在银行或其他投资者的帮助下收购公司中的大多数股份。管理层换购是指外部管理者或管理团队通过收购目标公司中的股份，取代现在的管理层；而管理层收购是指现有管理团队收购股东所持股份。

我们在下文以弗兰克·维斯丘埃（Frank Verschuere）收购LS卧具的案例来说明，相比于从零开始创建一家公司，购买现有公司的优点如下：

- 购买现有公司的创业成功率更高；

- 你的创业会以现有的产品和服务、雇员和客户为基础，这些都会帮助你立即生成现金流，使你能够支付薪资，在未来获得贷款；
- 鉴于你曾有过当公司领导的经验，你可能更易胜任现有公司的管理工作；
- 你将会获得一些现有现金流，以此对自己进行一些补偿；
- 在某些市场，个人从零开始创业的门槛太高；
- 整体来说，投资现有的、后期阶段的公司可获得的资金回报比投资早期阶段的初创公司要更有吸引力；[1]
- 在大多数发达国家，成熟的市场会对收购、出售公司提供支持，也会提供各种融资途径。

但是，收购现有公司也有缺点：

- 购买的公司历史可能不那么完美；
- 改变一家现有公司的战略和声誉需要付出时间和努力；
- 购买公司的个人需要拥有大笔财政资源，你个人的资金可能需要专业投资者进行补充；
- 动用大量个人财富将使你承受巨大的压力和风险；
- 购买自己的公司也要付出时间和努力；一般来说，购买目标公司要费时12到24个月，你显然需要坚持不懈才能达成目标；

---

[1] EVCA,（2013）Pan-European Private Equity Performance Benchmarks Study, Url：www.investeurope.eu/media/199202/2013-pan-european-private-equity-performance-benchmarks-study-evca-thomson-reuters-final-version.pdf（15-06-2017）。

- 你常常要和其他购买者竞争，包括战略购买者，他们在购买某个具体的目标公司时会采用协同作战方式，因此常常愿意支付更高的费用。

每年仅在欧盟范围内，公司转让就会对45万中小型企业和200万工作机会产生影响。[1]出于各种原因，每年数以千计的公司易手，这为创业收购提供了机会。首先，很多业主经理希望能在一定的年龄退休，却苦于在公司内部找不到继任者；其次，业主经理可能在某个时间点迫于疾病、财务问题或与合伙人的冲突等多种原因卖掉自己的公司；再次，一些创业者当初创建了公司，但后来对公司管理心生厌倦，或因缺乏管理技巧，无法使公司朝专业化方向继续发展；最后，现有公司经常会卖掉不再适应母公司战略的销售部门或业务线。

每年有各种不同类型的公司等待出售，这些公司并非如财经新闻每日鼓吹的一般都是些飞速发展的科技公司。但其中有些公司确有独到之处，在B2B和B2C的商业环境中提供了急需的产品和服务，例如气球印刷公司、专业搬家公司、金属礼盒包装公司、清洁产品制造公司、专业软件公司、烟熏鱼公司、电梯维修公司、电子元件制造公司、鉴定公司、从事飞机复合材料或玻璃变压器生产的特殊工程公司，你是否考虑从上述公司中选择一家购买呢？这些公司看上去不起眼，但年收入可达200万—2 000万欧元，且边际现金流合理。总体来说，它们能够为不同类型的投资者提

[1] Van Teeffelen et al.（2016）。

供丰厚的回报。

实操：案例分析

弗兰克的梦想

弗兰克·维斯丘埃是LS卧具公司的业主和首席执行官，大约20年前他做出决定，买下LS卧具公司。LS卧具公司从1946年运营至今，从事高品质床垫和床架的设计、制造及推广。1999年，弗兰克的哥哥从商业俱乐部得到消息，LS卧具的老板正在考虑退休，他把这个消息告诉了弗兰克。这家公司声誉一直很好，距离弗兰克居住的地方很近。公司的营业额为780万欧元，息税前利润率为2.4%。

弗兰克从比利时的弗拉瑞克商学院获得工商管理硕士学位后就一直在考虑购买一家公司。他曾在国外工作，先后在英国的庄臣公司和英国化工涂料公司（ICI Paints）任职，在后者做到了比荷卢经济联盟的总经理。但到了1999年，弗兰克意识到自己对当时的工作很不满意，已经厌倦了在大型国际公司工作。他希望自己做老板，这样就可以按照他认为合适的方式经营公司。但他并不确定收购公司是否容易操作。在着手寻找目标公司之前，他列出了一系列对潜在收购目标进行评估的标准：

- 领导者的潜力；
- 对客户和产品的理解能力；

- 建立品牌的能力；
- 逐步成长的潜力；
- 便于理解的公司经营模式；
- 产品因高质量享有盛誉，符合一定伦理标准；
- 地理位置或交通便利；
- 行业稳定，收入和开销具有可控性；
- 有稳定现金流的成熟公司。

在英国化工涂料公司工作时，他已开始和潜在卖方、银行家、会计师以及经纪人接洽以寻找目标。整个过程耗时近14个月才有了结果。在最终买下LS卧具公司之前，他考察了100多个收购机会，其中大约15个让他各投入了数小时分析投资机会的细节。最终，他签订了两份意向书，然后选择其中一家，成功实现了收购。经历漫长的过程后，他和一名公司内部人员彼得·德·马耶尔（Peter De Meyer）共同收购了LS卧具公司。马耶尔曾在LS卧具公司担任财务经理和业务经理长达十年。

到2015年，LS卧具公司营业额达到2 150万欧元，息税前利润率12.5%也很合理，雇员达到113名。弗兰克和他的团队成功提升了品牌知名度，建立了比利时市场最有辨识度、最具盛名的床垫床架品牌。此外，他们成功扭转了公司几乎没有盈利的情况，公司现在拥有稳定而合理的盈利和边际现金流。2012年，弗兰克引入了私募股权基金投资进行公司扩张，同时让部分股东的初始投资得以兑现。显然，LS卧具公司实现了弗兰克的创业理想，他在经济方面的收益也比在前公司任职所得要高。弗兰克对自己的成就引以为傲，常受邀和壮志满满的创业者们分享自己的故事。

10.1.2 收购公司流程

收购公司涉及的步骤如图10.1所示。第一步，你需解决作为个体如何寻找公司的问题。有些人辞掉了之前的工作，全力以赴寻找目标公司。这样做的好处是可以浏览很多公司，一旦机会出现即可迅速行动。此外，因你表现得如此投入，潜在的卖方公司和中间人

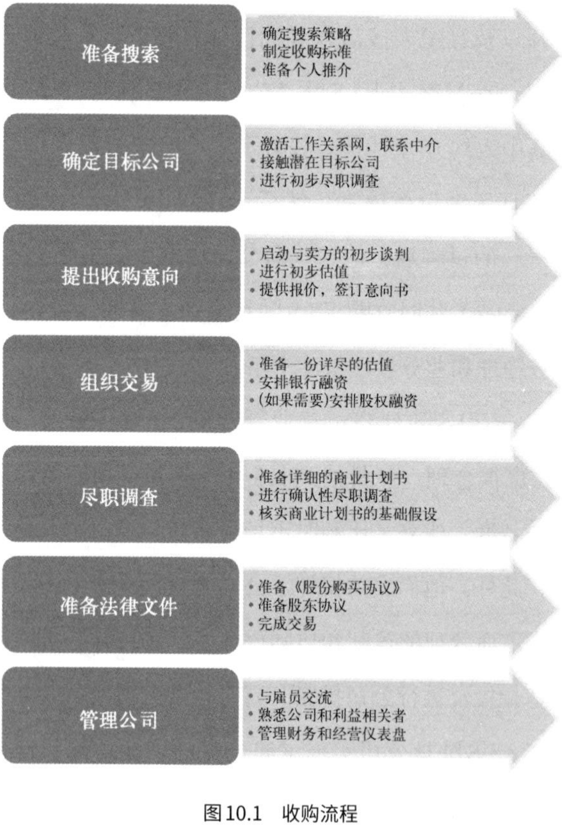

图10.1 收购流程

也会对你更为重视。如果你决定辞职，就不必担心你现在的老板会发现你正在搜索目标公司，你可以开诚布公地谈论你购买公司的想法。但有些人并不想放弃原来的工作，只想成为临时顾问或者一边做现有工作一边寻找目标。显然这样做能保证维持稳定的收入，风险更小。但无法全身心投入收购工作可能会阻碍你对目标公司的搜寻。选择哪种方式取决于你对待风险的态度。

第一步，你需要认真考虑制定什么样的搜索标准来找到目标公司，例如：公司规模、行业、位置、占股比例、积极参与经营还是被动参与、投资期限、公司所处发展阶段、与其他人组成团队的意愿等。显然这些标准能帮你过滤掉一大批候选公司，锁定哪些公司值得进一步关注。制定搜索标准的另一个目的是在和潜在的卖方公司面对面接洽时，能更好地推介自己——因为你要和其他有收购意向的候选人以及市场上的买方进行竞争，你希望获得中介的关注。在中介寻找收购候选人的时候，如果你对收购有一个清晰、明确的概述，你会在候选名单上名列前茅。

第二步是通过接洽市场中的各个参与者，确定收购目标。你要接洽的对象包括经纪人、公司财务顾问、商业网络、会计师、适配平台、银行家等。你也需要动用自己的人脉关系以接触到潜在的收购目标。对大多数收购创业者而言，这个步骤可能是整个收购流程中最有挑战性，也最易让人产生挫败感的部分。作为个体创业者，你常常会发现自己处于收购市场的食物链底端。最有吸引力的公司往往会落入战略买方或资金雄厚、人脉广阔的私募股权投资者手中。你能得到的最好机会可能就是专有交易项目流或者待售却还不为人知的项目。

在确定目标公司、进行积极的初步尽职调查后，第三步是提交意向书，初步拟定指示性要约——在意向书的条款中描述你的收购意向，概括达成最终协议的具体步骤。

这些条款包括：

- 参考价格，通常指一个范围；
- “提出的假设”，列举价格假设的所有依据，例如历史和预期的盈利和损失、最近的资产负债表等；
- 条件描述条款，概述满意的商业和财务尽职调查、获得适当的债务融资、声明和担保等条件；
- “谨慎的好家长”条款，要求现在的公司业主在签署意向书之后正常经营公司，不能有“疯狂的”行为（例如提高主要经理的薪资）；
- 进行尽职调查的计划，陈述你希望查询的数据以及谈话的对象（例如公司雇员、供应商，等等）；
- 如果可能，拟定限期为几周或者几个月的独家协议，在此期间卖方不得再考虑其他买方候选人；
- 一些初期保证（例如与税务相关的保证）；
- 对公司未来意向的描述，与卖方公司的交易后关系；
- 保密协议；
- 时间安排和接下来的步骤；
- 终止条款；或如果未能达成最终协议，终止本协议的方式。

意向书是进一步谈判和起草最终股份购买协议的基础。在多数情况下，你应该能基于模板拟定自己的意向书。但如果对拟定意向书有疑问或者缺乏经验，你还是应该寻求合理的建议，或花钱雇律师审核。从策略上说，意向书就是一种销售工具。太过详细或对卖方过于严苛的意向书可能会把卖方吓跑，所以要保持开放、灵活的状态。签署一份良好的意向书能够提升交易成功的概率。在签署意向书之前，谁也不愿在各种顾问（例如财务尽职调查）那里花很多钱，否则你可能在支付收购款之前就花光了所有资金。

第四步和第五步，你将开始组织交易、进行确认性尽职调查。这两个步骤将会同时、反复进行。在组织交易的时候需要处理的关键问题是准备支付的最终价格以及如何为交易进行融资。即使在草拟意向书的过程中已做了一些初步的工作，创业者如果需要的话，仍需在可接受的条款下，从银行和其他投资者那里获得必要的资金。因此如果个人预算不足以购买必需的股份，这个阶段需要和多家银行进行谈判，如果可能，还要与天使投资人或私募股权投资者等股权投资者进行讨论。这个阶段你可能希望和卖方谈判，试图说服卖方以延迟支付的方式提供赊购。组织阶段的另一个要素是考虑如何在法律框架下收购目标公司，例如建立控股公司以完成收购。

在进行确认性尽职调查时，你将检查与收购目标相关的最初假设是否正确，还需要制订一份详尽的商业计划，据此可以核实对公司的估值是否准确、概述实施后行动方案。这个阶段需要在短时间内完成很多工作，你将有机会查阅具体的文件、合同，和雇员、供应商以及经理进行谈话。你当然希望在这个阶段了解尽量多的信息以核实你所做的基本投资假设。这阶段常发生一些事情，可能改变你对公司的认知，以至于不愿接受意向书中已谈好的价格，有时甚至想终止交易。

第六步，你将雇律师协助你和卖方进行最后的谈判，起草完成交易所必需的法律合同和文件。作为买方，你要保护自己不受隐藏债务所累，确认卖方如果伪造信息、或在交易完成后才曝光部分隐瞒的信息需要负法律责任。

最后，当交易终于完成，你将成为公司的新主人，这个漫长又令人疲惫的收购过程将会有所回报。现在真正的工作开始了，你的责任是管理公司，使之成为未来可持续发展的公司。你希望尽量多了解公司的日常运营，尽快熟悉员工、供应商、客户和其他支持公司持续发展的利益相关者。同时，你要密切监视财务和经营的关键绩效指标，因为你需要现金偿还债务，还要履行其他责任。

10.1.3　理解收购交易中的价值创造

在开始收购流程之前，清楚在收购交易中如何创造价值或如何实现投资回报是很重要的。在收购交易中有不同的价值创造杠杆，在尽职调查中你最好能够确定使用不同的价值创造杠杆以降低收购公司的风险。要弄清收购交易中价值是如何产生的，你需要熟悉以下描述公司价值的公式（如第7章图7.2所示）：

公司总价值 = 股权价值 + 债务 − 现金。　　(1)

作为公司的业主，你会投资股权（也即公司的股票），因此会对股权价值感兴趣。我们可以按以下方式表述等式（1）：

股权价值＝公司总价值－债务＋现金。（2）

公司总价值常以息税折旧及摊销前利润的倍数计算，第7章中有对传统估值方法的描述。因此：

公司总价值＝息税折旧及摊销前利润×倍数

（息税折旧及摊销前利润＝收入×息税折旧及摊销前利润率；净金融债务＝债务－现金）

由此我们可以将等式（2）重写为：

股权价值＝（收入×息税折旧及摊销前利润率）×倍数－净金融债务（3）

等式（3）体现了收购公司过程中不同的价值杠杆：

- 价值倍数；
- 收入；
- 息税折旧及摊销前利润率；
- 净金融债务。

如果你想提高股权价值，需要改变以上杠杆中的一个。图10.2呈现了在收购交易中使用不同杠杆获得的回报。这个例子中股权内部回报率是38%。考虑到风险、买方的参与和投资的非流动性，规模较小的收购交易投资预期年收益率至少要达到25%。当然，回报越高盈余越多。

基于这些收购交易中相对简单的价值创造会计原理，伯格和戈特沙尔格（Berg and Gottschalg，2004）制定了一个框架，基于该框架，从业者能够理解价值创造杠杆的结构。该框架如图10.3所示，解释如下。

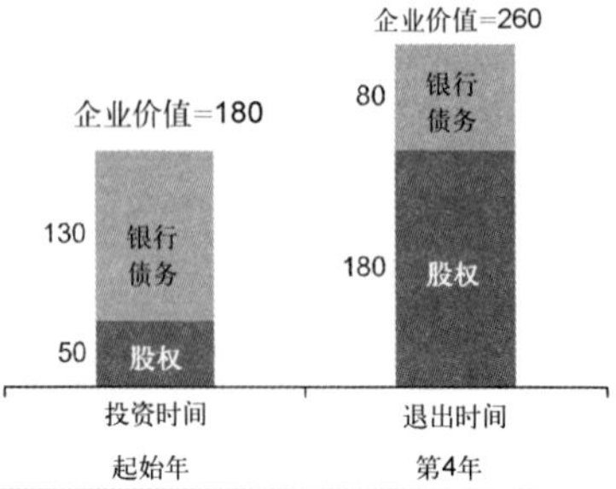

	起始年	第4年	
息税折旧及摊销前利润	30	40	①
倍数	6.0×	6.5×	③
企业价值	180	260	
债务	130	80	②
股权	50	180	

股份回报方式

1. 增加息税折旧及摊销前利润
   ——销售增长、利润提升、先收购再建设
2. 减少净金融负债
   ——关注现金流、金融工程、营运资金管理
3. 多重提升
   ——套利、谈判、行业周期、专业化

- 内部收益率(股权)：38%
- 资金倍数：3.6倍

图 10.2　收购交易中股权的回报

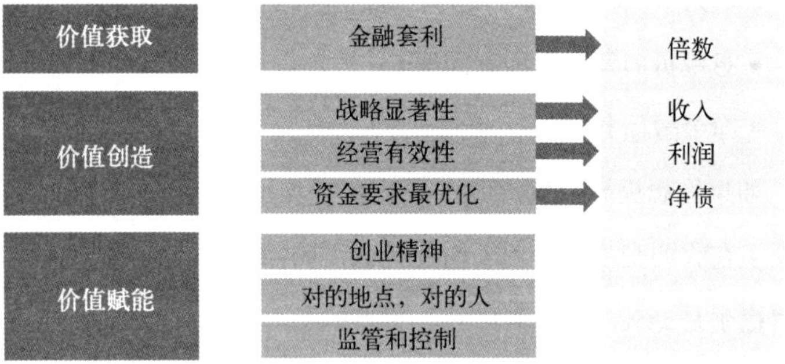

图 10.3　收购中价值创造框架

来源：改编自伯格和戈特沙尔格（Berg and Gottschalg, 2004）

价值获取机制

价值创造的第一种杠杆与估值倍数的变化相关。估值倍数的变化也就是你为收购目标公司支付的倍数与你未来售出目标公司收益的估值倍数之间的差额。多种因素会影响估值倍数的提升（也即低买高卖）：

- 在收购目标公司时，你们将价格谈到了什么程度？可能你在潜在目标公司相关信息方面占有优势，或者你面对的是一个简单、直接的卖方。此外，你可能通过专有项目交易流锁定了目标公司，或者对该目标感兴趣的买方不太多，这都可能导致对这家目标公司的收购竞争并不激烈；
- 通过对公司进行专业化改造或战略性转向、改善公司财务健康情况，未来买方愿意支付的估值倍数可能提升；
- 做一些战略性补充收购，你可能从协同作战中获益，使公司壮大——一般来说，公司越大估值倍数越高；
- 整体经济情况良好或者公司所处行业情况较好，可能导致相似公司的收购价格倍数整体提升而获益。

当然，收购公司时，如果你支付价格过高，会损失惨重。因此在收购时和卖方谈的价格与你在撤资时和买方谈的价格都非常重要。如果你能在基础财务没有根本性改变的前提下增加股权价值，这种价值创造被称为“价值获取”。

价值创造机制

价值的第二个来源是作为经理，通过增加收入和经营利润或降低净财务债务头寸来改变基础财务业绩。

第一，将公司战略最优化、改变公司战略特色可以增加公司收入。仍以LS卧具公司为例。弗兰克·维斯丘埃专注客户体验，打造了独一无二的卧具品牌。此外，他还在零售商的协助下为有兴趣购买LS卧具产品的顾客创造了独特的销售体验。最后，他将公司扩张到法国和德国，瞄准更大的市场。这些战略行动需要具备长远的眼光、付出大量时间和努力才能成功。

逐步成长战略或先收购再建设的战略都能实现收入增加。例如，马克·范德克鲁斯（Mark Vandecruys）是比利时收购创业者，现为弗兰斯国际（Fedrus International NV）的业主经理。他通过先收购再建设的战略将这家专业生产屋顶材料的建筑材料集团打造为营业额约6.5亿欧元、息税折旧及摊销前利润达5 000万欧元的企业。马克在买入该公司时，公司营业额仅为420万欧元，12年间进行了12次外部并购后才达到今天的规模。

第二，提高目标公司的经营效益可以提高利润额，增加公司获得的经营现金流。鉴于之前的业主对公司的管理有时并不专业，弗兰克·维斯丘埃启动了削减成本计划，并迅速获得成效。例如，他将运输在内的一些非核心活动进行外包，放弃了不愿支付更高价格、使公司无利可图的小客户。此外，他还雇用了一名专业的采购经理与主要供应商重新进行谈判。这些干预在较短的时期内提升了LS卧具公司的经营效益。

第三，将公司资金需求最小化、偿还债务可以降低净财务负债头寸，提高股权价值。降低目标公司资金需求的一个关键因素是优化运营资本。例如，弗兰克·维斯丘埃使用专业的库存管理系统，降低了库存需求。他与财务合伙人一起对应收账款实施更为严格的管理。这些干预盘活了公司经营的隐藏现金，降低了净财务负债头寸。此外，通过与银行重新谈判，他们获得了更优惠的利息条款，这也增加了可用现金，降低了金融负债净额。

总之，价值创造机制是经理为提升公司价值而采取的行动。之前的公司业主可能在运营公司方面不是很专业或没有精力和远见，无法将公司推向新的发展阶段。这使得很多小公司反而有很多创造价值的机会。一般来说，在进行尽职调查的时候，你会发现通过简单的管理技巧就能提升小公司的价值。

价值赋能机制

在收购交易中创造价值的第三个价值生成杠杆关乎公司的经理、雇员，以及为了让他们以专业的方式经营公司而制定的激励措施。引入新的所有权意味着新的能量流入公司。收购或换购后，经理的创新能力和所有权激励措施能促进对新机遇的利用。例如，大公司的子公司可能对母公司而言并没有战略重要性，或者没有得到足够的财务资源以维持竞争力。这种情况下，部门收购可将子公司推入新的发展路径。

在很多收购交易中一个重要的价值赋能工具是银行（Jensen，1989）、外部投资者或新的业主（Cumming et al.，2007）对公司实施的监控。银行批贷时一般会附带督促公司高效工作的协议。专业的私募股权公司等外部投资者会定期与公司经理会面，听取详细报告，通过董事会成员进行管控，要求经理们朝着此前协议的目标努力工作（和创业者与风险投资人协定的里程碑事件相似，详见第9章）。最后，收购为公司的新业主提供撤换低效管理层或雇员的机会，修订新的雇佣合同，采取激励措施提高绩效，甚至向重要员工提供在交易中获得股权的机会。例如，弗兰克·维斯丘埃收购LS卧具公司后，雇用了一名新的生产经理，为很多雇员提高了薪资，而此前的老板付给他们的薪资并不高。

10.2 交易结构设计

10.2.1 引言

所有收购交易中的关键问题都是你愿意付多少钱购买目标公司，以及你将如何融资完成交易。在撰写意向书时，你要对准备支付的价格有所暗示。给你想收购的小公司合理定价并不是件容易的事。不同的估值方法会得到不同的结果，基础假设稍作变化就会对估值产生显著影响。很多专家都指出估值既是门科学也是门艺术。说它是门科学，是因为我们可以采用现金流量贴现法和倍数估值等成熟的方法进行计算。说它是门艺术，是因为你需要根据潜在目标（如房地产）的特殊性和当下的经济情况对估值进行调整。总体而言，模拟不同的交易结构以及研究重要的基础假设变化所造成的影响都是很重要的。

下面，我们以“海烟”（SeaSmoke）为例，说明如何组织和安排一家小公司的收购。

实操：案例分析

创业收购：海烟

在银行工作了很久，一直做到法国某知名银行的高层之后，飞利浦·勒普特（Philippe Lepoutre）决定追寻自己的梦想，通过收购进行创业。2012年春末，他居住地的一名经济人提供了收购一家烟熏鱼公司“海烟”的机会。[1]海烟成立于1875年，是法国加来最后的传统烟熏鱼公司之一。公司主要业主即将退休，因此想出售公司。下表包含了经纪人在投资备忘录中对这个投资机会的关键数据的描述。

海烟投资机会

基本信息

- 自1875年以来一直活跃于市场；
- 专注于烟熏海鱼，包括西鲱、西鲱鱼片、青鱼、青鱼鱼片、鲭鱼、鲭鱼鱼片。特色产品包括热熏鲑鱼片、百乐富酒熏鲑鱼、鳟鱼、大比目鱼、狗鲨、熏狗鲨卷条、淡水鳗鱼等；
- 前公司业主于1996年买下公司，2005年公司主要业主的女婿加入管理团队；
- 1997年，建立了新的生产单位。

客户

- 海烟非常关注零售，在其所经营的区域（法国北部）占有90%的市场份额。

[1] 因为其中牵涉机密数据，公司的名称和位置均为虚构。

- 客户类型

零售商	20左右	90%营业额左右
批发商	10左右	10%营业额左右
行业（沙拉生产商……）		

- 客户数量
  - 目前公司为大约50名客户提供服务；
  - 83%的总营业额来自其中10名客户；
  - 2011年，总共发出3 700张发票；
  - 几乎所有的客户都是定期订货的老客户。
- 区域关注
  - 总营业额的+/−90%由法国北部客户贡献，总营业额的+/−10%出口到比利时和德国。

人员

首席执行官负责以下管理工作：

- 日常管理，与公司内部会计制订预算，采购，销售，与客户签订合同，计算成本及价格；
- 四名白领员工：
- 一名全职，负责生产、生产计划、库存管理——6年资历；
- 一名全职，协助生产负责人——4年资历；
- 一名兼职，负责行政、开发票——每周工作30小时，15年资历；
- 一名兼职，负责会计、现金规划、预算和人力资源——每周工作26小时，10年资历；

- 活跃在生产线的22名固定合同工。

经营

- 海烟执行高品质标准；
- 运输外包给专业公司。
- 机器和车队：
    - 持续投资现代生产工艺；
    - 新投资70万欧元用于购买新切片机器和建立包装平台；
    - 新包装机器可以根据客户的需要进行包装；
    - 未来投资有限；
    - 车队：2辆租赁车辆（宝马、雪铁龙），1辆雇佣车辆（福特全顺）。

关键损益账数值

金额（欧元）	2011年3月31日	2012年3月31日	预计到2013年3月31日
营业额	7 035 000	7 475 000	7 900 000
息税前利润	261 000	234 000	450 000
折旧和摊销	192 000	249 000	278 000
息税折旧及摊销前利润	453 000	483 000	728 000

海烟会计年度通常在3月底结束。最近公开的数据显示的是截至2012年3月31日的12个月的情况。2013年息税折旧及摊销前利润大幅增长反映出最近对切片、包装机器的投资，使得预期成本大幅下降。由此可见生产力提升以及薪资成本下降带来的影响。

关键资产负债表数值

金额（欧元）	2011年3月31日	2012年3月31日
股份	1 544 000	1 738 000
财务负债	1 125 000	1 264 000
现金	66 000	218 000

注意：公司仍有税损结转240万欧元。

不动产

- 公司拥有以下不动产：
    - 土地：7 892 m^2；
    - 办公室：394 m^2；
    - 生产大厅：1 666 m^2。
- 财产情况已经更新，以上不动产地处一个现代工业区内，位于加来工业区的战略位置，可与供应商和客户保持良好联系。
    - 有扩张的机会——旁边地产正待出售。
- 评估员估计不动产价值约为1 614 340欧元；
- 环境和经营许可证有效期至2016年8月22日。

SWOT分析

- 优势：
  - 占零售市场90%的份额；
  - 优势产品（鲱鱼片）可获得高额利润；
  - 是法国北部最古老的、享有盛誉的烟熏鱼公司；
  - 执行高质量标准；
  - 烟熏产品丰富；
  - 已配备现代生产设备，未来投资需求有限；
  - 不动产在工业区内，位置具有战略意义。
- 劣势：
  - 鱼类供应价格波动较大——但市场地位的优势使海烟可以将价格增长转嫁给客户。
- 机会：
  - 持续投资提升了效率；
  - 未来可能向比利时、德国、俄罗斯市场扩张，实现国际化；
  - 鲱鱼是地区性产品，欧洲对产品的认可正在提升；
  - 现有产品目录有进一步扩展的可能。

收购报价

- 该家族拥有的主要股份收购报价等于：
  - 220万欧元是基于2011年3月31日到2012年3月31日息税折旧及摊销前利润的加权平均修正值乘以6.9；现金

和债务自2012年3月31日起不再计算；
    - 满足业绩后的支付（earn out）等于2013年3月31日实现的息税折旧及摊销前利润。
- 卖方公司提供的保证：
    - 标准保证。

问题讨论

1. 你个人是否愿意以合理的价格收购这家公司？为什么？

2. 为评估公司的发展潜力你会做什么研究？

3. 你将如何为公司贡献附加值？

4. 假定你对收购这家公司感兴趣，你个人觉得收购股份的报价太高、太低还是合理？

5. 你为收购公司股份愿意支付的最高价格是多少？

6. 你将以何种方式为交易融资？简要描述资金来源以及你将如何使用这些资金。

10.2.2 收购目标估值

有很多估值技巧可用于公司估值，如第7章中对估值的介绍。实际上，从业者在对收购目标进行估值时常常使用倍数法。更具体地说，小公司的价格常常以息税折旧及摊销前利润的倍数呈现——在小型交易中，一般是息税折旧及摊销前利润的3—6倍。因此，一家息税折旧及摊销前利润为50万欧元的公司报价一般为150万—300万欧元。图10.4中你将看到2013—2016年间比利时市场并购中

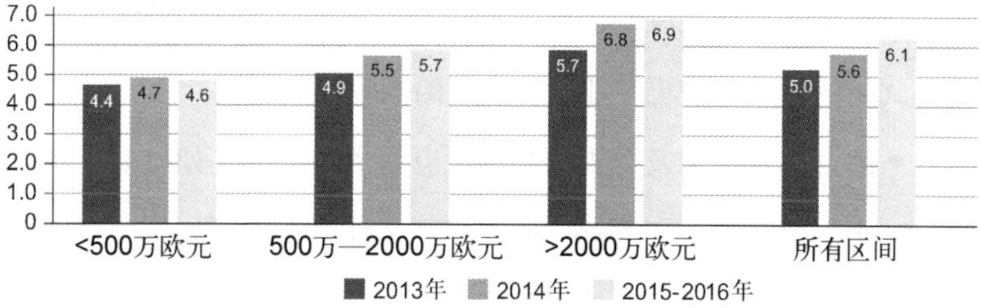

图10.4 公司价值变化/不同交易区间息税折旧及摊销前利润倍数

来源：吕派特（Luypaert，2016）

支付的不同交易额区间中息税折旧及摊销前利润的倍数。

这些数据表明不同年份间倍数的变化由市场情况决定。更具体地说，是否能获得低利率贷款、私募股权的“干火药”（dry powder）[1]水平以及整体的经济前景都对收购公司需支付的价格产生重要影响。

虽然大多数小公司的估值都是息税折旧及摊销前利润的3—6倍，但3倍和6倍之间还是存在差异的。因此，你需要对公司在区间中的位置进行判断。影响估值区间的因素包括以下几点。

- 公司及其所处行业未来发展潜力。公司未来成长空间越大、生成的现金流越多，你愿意出的价格也就越高。
- 公司未来现金流的不确定性。你要购买的公司是否有经常性收入、与客户是否签订了长期合同，或者你要购买的是否是以项目为基础、现金流波动很大的公司。显然，未来现金流可预测性越强，风险就越低，收购者愿意出的价格也就越高。
- 公司运营是否专业，更换公司业主是否困难。在小公司中，公司经营和销售可能依靠几名关键人物，包括之前的业主。

[1] 私募股权行业的“干火药”，即可用于投资的现金总额。（译者注）

这显然会增加收购的风险，影响买方愿意支付的价格。大公司的管理一般更专业，对个人的依赖程度更低。

- 因为息税折旧及摊销前利润没有将资本开支（如机器）和营运资金需求（如库存、应收账款）计算在内，如果公司需要高额资本开支或高水平营运资金才能运行和发展，则其报价一般较低，因为其现金流转换水平会较低。因此，将息税折旧及摊销前利润倍数和“息税折旧及摊销前利润减去预期资本支出”的倍数进行对照检查是很明智的做法。后者将未来资本支出对现金流的影响考虑在内。如果这个倍数比息税折旧及摊销前利润倍数要高得多，你需要注意支付的价格是否过高。

以海烟为例，我们可以参照食品加工和食品批发供应领域活跃的企业交易的价格倍数，据此对倍数的区间进行初步估计。2012年，食品加工公司和食品批发公司平均企业价值倍数分别是9.7和6.11，平均倍数为7.91。但我们还需考虑规模和非流动性的25%的折扣，[1]这样我们得到5.93的价值倍数。

毕威迪（Bureau van Dijk）的并购数据库[2]在“鱼类、甲壳类和软体动物的加工、保存和批发”类别下提供了一系列可对比的交易。虽然可能很难找到相似的交易，因为多数交易都是在其他地区，且规模也更大，但在波兰有一笔类似交易的倍数为5.6。总体

[1] Damodaran，2009。

[2] www.bvdinfo.com/en-gb/home。

来说，价值倍数为6比较合理。表10.1中，使用2012年报告的息税折旧及摊销前利润以及2013年的预期数据，我们看到以企业价值倍数分析的估值结果区间为5.5到6.5之间。尽职调查披露的一些项目使报价在以上基础上有所折扣，收购价格下调53 000欧元。这里的折扣也反映出一些库存产品已经逾期。

表10.1显示，使用的价值倍数以及使用的是2012年的现金流还是2013年的预期现金流都会对股权价值产生显著影响。因此关键问题是你是否相信公司能在2013年产生72.8万欧元的现金流，相比2012年实现50%的增长。

海烟的案例说明公司未来可以生成的现金流依然存在很大的不确定性。风险在于卖方对公司情况的过度粉饰。例如，改变收入数据让公司看上去更有前途，或者窜改营运资金以降低公司净财务负债头寸。此外，非经常性交易（如特殊费用）或公司业主的私人花销等非业务性支出都可能影响收购目标的现金流。因此在进行确认性尽职调查的时候，需要对现金流的质量（息税折旧及摊销前利润规范化）、净营运资金的质量（净营运资金规范化）、未来资本开支的需求水平以及目标公司整体的净财务负债头寸进行评估。

在海烟的案例中，2012—2013年现金流的显著增加可以归功于2012年安装了新的切片机器，建立了包装平台，如投资备忘录中所提到的。这些新的投资降低了人力需求。2012年前几个月的数据也说明息税折旧及摊销前利润在这笔投资后显著增加。因为飞利浦·勒普特（买方）和公司前业主对这些增长的可持续性有异议，他们决定在交易结构中增加满足业绩后再支付的条款。该条款中，

表10.1 海烟价值倍数

金额（欧元）	2012年3月31日			预期到2013年3月31日		
倍数	5.5	6	6.5	5.5	6	6.5
× 息税折旧及摊销前利润	483 000	483 000	483 000	728 000	728 000	728 000
=企业价值	**2 656 500**	**2 898 000**	**3 139 500**	**4 004 000**	**4 368 000**	**4 732 000**
−财务负债	−1 264 000	−1 264 000	−1 264 000	−1 264 000	−1 264 000	−1 264 000
+现金	218 000	218 000	218 000	218 000	218 000	218 000
−尽职调查修正	−53 000	−53 000	−53 000	−53 000	−53 000	−53 000
=股权价值	**1 557 500**	**1 799 000**	**2 040 500**	**2 905 000**	**3 269 000**	**3 633 000**

买方和卖方协商收购价格一定比例取决于未来的业绩。在海烟的案例中，以下的支付条款基于2013年实现的息税折旧及摊销前利润：

- 如果息税折旧及摊销前利润少于483 000欧元（2012年的息税折旧及摊销前利润）不予采取满足业绩后再支付的方式；
- 如果息税折旧及摊销前利润高于483 000欧元，完全支付（最高350 000欧元）；
- 如果息税折旧及摊销前利润高于833 000欧元，高出833 000欧元的部分，支付一半。

在以上条款的基础上，同意支付2 926 000欧元购买股份，其中包括满足业绩后的支付条款和库存过期的折扣53 000欧元。鉴于2013年息税折旧及摊销前利润远远高于预期，达到了997 000欧元，需要支付432 000欧元。计算如下：

- 部分1 = 833 000－483 000 = 350 000（欧元），
- 部分2 =（997 000－833 000）/2 = 82 000（欧元），
- 总额外付款 = 350 000 + 82 000 = 432 000（欧元）。

因此，最终收购股份支付的价格为3 358 000欧元。因为目标公司的净财务负债头寸2012年为1 046 000欧元，企业总价值为4 404 000欧元（=3 358 000欧元 + 1 046 000欧元）。基于这个数字，我们可以计算出这个交易中支付的价值倍数：

- 基于2012年息税折旧及摊销前利润 = 4 404 000欧元/483 000欧元 = 9.1 × 息税折旧及摊销前利润；
- 基于2013年预计息税折旧及摊销前利润 = 4 404 000欧元/728 000欧元 = 6 × 息税折旧及摊销前利润；

- 基于2013年实际息税折旧及摊销前利润 = 4 404 000欧元/997 000欧元 = 4.4 × 息税折旧及摊销前利润。

总体来说，飞利浦·勒普特收购海烟支付的价格较为合理，从2013年的实际数据来看，他为收购这家小公司支付的价格并不高。

10.2.3 交易融资

与卖方商定合适的收购价格只是签订意向书的第一步。卖方还希望了解你将如何获得必要的资金。毕竟卖方也想确认你是否付得起收购价格。签订意向书时，你应当对完成交易所需的资金来源进行确定。图10.5“资金的来源和使用”概述了融资的不同渠道以及交易中如何使用这些资金。

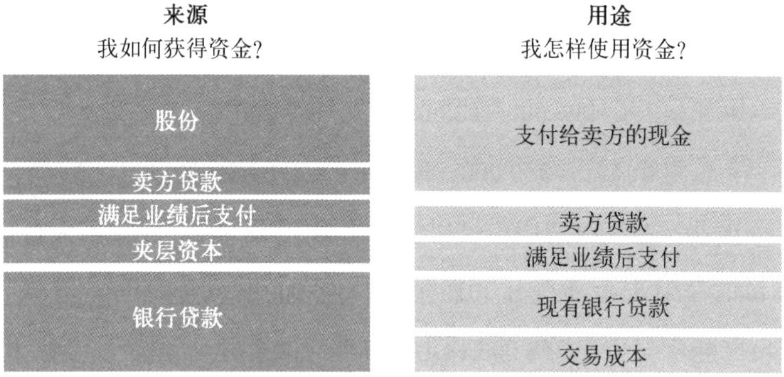

图10.5 资金的来源和使用

股权资本的构成

融资的第一种来源是创业者个人的资金。债务提供者为收购方提供贷款资金之前，需确保公司已被注入了一大笔股权资本。股权资本或半股权资本（如卖方贷款）平均占总交易价值的25%—40%，具体比例由当前市场情况、目标公司的现金流可预测性和抵押品数量决定。

股权资本由创业者和共同投资人（如私募股权投资者或天使投资人）投入的资金数额决定。作为个人收购者，能轻松地拿出第一笔资金，并保持不超出预算是很重要的。个人收购者常犯的错误是他们在支付交易价格时就花完了所有现金，这样的话，如果目标公司业绩低于预期或有任何预期之外的现金需求，他们将没有任何预留现金。根据收购者的具体情况及职业情况，最少预留雇员年薪总额的1倍到2倍的资金才能给人留下“不夸海口”的印象，才会受到私募股权公司等其他投资者的重视。你要做好最糟糕的准备，这笔钱可能会全部损失。根据笔者所做的一项针对潜在收购候选人的调查，个人收购者平均愿意投入15万—30万欧元的资金用于收购目标公司。

如果创业者的个人积蓄不足以构成公司的股权资本，可以邀请其他投资者加入。根据所需资金的数量，可以考虑以下投资者。

- 家人和朋友（很容易召集并提供所需资金）。但是，如果公司经营出现状况，你愿意冒与家人朋友关系恶化的风险吗?
- 现有管理团队的成员或重要雇员，或者你可以邀请的外部团队成员；关键是你是否愿意分享对公司的控制权，以及你们的价值取向和对公司的未来愿景是否一致。此外，小公司中高管人数不宜过多，否则现金流可能不足以给他们提供像样的回报。
- 富有的个人或者天使投资人。在很多国家，富有的个人和天使投资人越来越多地选择收购小公司，因为这种资产类型为他们带来过丰厚的回报。

- 私募股权投资人。在大型交易中，传统私募股权投资人可能是唯一可以募集大额资金的人选。他们给交易带来的不仅仅是资金，还有战略和经营知识、技能。然而，私募股权投资人往往要求在公司中占据主要位置。在很多案例中，如果管理团队表现不佳，私募股权投资人有权对其（也就是你）行使否决权。
- 家族办公室。全球家族办公室的数量都在增加。他们也越来越多地考虑投资收购小公司，使投资组合公司具有多样性。家族办公室的优势之一是他们的目光更长远，而且他们在交易结构方面也更灵活。
- 在一些国家中，由政府出资的投资基金可以协助公司进行所有权转让。

以上不同的投资者都有各自的优势和劣势。作为收购候选人，你肯定希望了解基于你的人脉资源，有哪些可能的杠杆可以用于融资。

卖方贷款

收购小公司的交易中，通常由卖方提供贷款，或以卖方债务的方式提供部分资金。这种融资方式由卖方提供贷款以帮助买方收购或换购他的公司，实际上是一种延迟支付的方式。作为买方，你一定希望尽量多地获得这种贷款。卖方贷款的方式很显然激励了卖方在收购交易完成后继续参与公司事务，帮助公司运营。卖方贷款的组织方式灵活性很强，主要特征如下：

- 数额：总交易价值的15%—30%。
- 相比于银行贷款，利率更高，如每年5%—8%。
- 大部分相对贷款期限较短（卖方认为时间越长，他对于公司的影响越低），也即2—4年。
- 除了股份抵押，不需担保或者所需担保很有限（如果你无法偿还贷款，卖方会收回其股份、公司）。
- 理想情况下，这笔贷款完全从属于银行贷款，因为银行会将其看作是（类）股权资本，因而增加你的杠杆。“完全从属”意味着到期期限会晚于银行贷款（如期终一次性偿还），不需支付或支付很低的利息［如实物支付（payment in kind）[1]或卷利（rolled-up interest）[2]］。
- 有时卖方贷款的偿还是有条件制约的，在实现一定的财务目标时方能生效。

满足业绩后支付

在满足业绩后支付的协议中，卖方和买方协定交易价格中的一

---

[1] 实物支付（PIK）贷款是一种从放款日到到期日或再融资日期间，借方和贷方之间没有现金流往来的贷款形式。这种贷款形式不需要支付利息，因此是一种昂贵的、高风险的融资工具。实物支付可以看作将利息累计到到期日或再融资日。（Wikipedia，15-06-2017，url：https：//en.wikipedia.org/wikiPIK_loan）。

[2] 卷利指贷款人每个月无需支付利息，利息自动计入贷款总额。这种计息方式不会利滚利，即不用为利息再支付利息。（译者注）

部分视未来公司业绩再予支付。和卖方贷款相似，这也是一种延迟支付。在海烟的案例中，满足业绩后支付的条款有助于解决与公司估值预期之间的差异问题。只有当公司业绩达到一定标准时，卖方才能拿到更高的交易价格；而对买方而言，满足业绩后支付有助于管理公司业绩下降的风险。显然，满足业绩后支付使卖方和买方在交易达成过程中利益一致。这种支付方式的主要特征包括：

- 数额：总交易价值的10%—30%。
- 决定满足业绩后支付金额最常用的标准是息税折旧及摊销前利润；在小型交易中收入也是常用标准。
- 满足业绩后支付通常在交易后的1—3年间进行，取决于卖方参与的时间和参与的程度。

夹层资本

夹层贷款是介于优先债务融资和股权融资或半股权融资（如卖方贷款或股东贷款）之间的混合融资方式，如图10.6所示，有不同

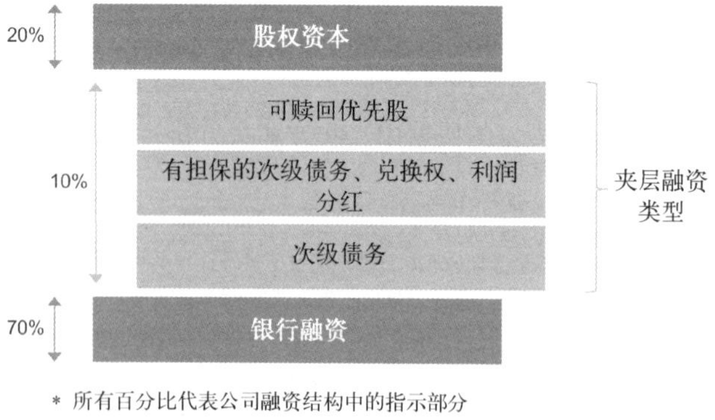

图10.6 夹层融资在资本结构中的位置

的形式。它从属于银行贷款，一般情况下不需要抵押。提供夹层贷款的银行或投资者一般基于目标公司未来现金流的预期做出投资决定。夹层资本弥合了由银行提供的优先级债务和由创业者及其他投资者提供的股权资本之间的差距。其债务偿还的特性决定了可将其作为长期无担保风险的资金，降低了纯股权资本的比例。

夹层贷款的组织灵活性很强，主要特征包括：

- 数额：平均1—1.5倍的息税折旧及摊销前利润，取决于交易的规模、现金流可变性和当前经济情况，最小数额为50万—100万欧元之间。
- 贷款期限：夹层贷款一般在优先贷款期满后到期，也就是7—8年后，贷款本金一次性偿还。
- 以现金或实物或两者兼有的形式支付利息；小型交易中夹层贷款的总体利率一般为8%—12%。
- 通过将股权证兑现或者将贷款转变为普通股份（类似于可转换债权）的方式，夹层贷款可向贷款人提供股权激励。如果发生退出，这些条款只对公司价值产生影响。对夹层投资者，投资的内部回报率可以得到提升。
- 夹层贷款一般包括条款和条件更为灵活的契约包。

最近几年，夹层投资者在收购市场的小型交易版块中愈发活跃，让收购创业者降低股权资本投入，同时提升了收购交易的回报。[1]

---

[1] 在比荷卢经济联盟中，“资本@租金”是夹层投资人在收购市场小型收购交易中活跃的一个例证（www.mezzaninefinancing.be/en）。

银行贷款

传统银行贷款在小公司收购中依然扮演重要角色，50%—60%的总交易价值是通过向银行借贷支付的。传统银行提供不同类型的贷款，包括收购期贷款、直接贷款、商业贷款（用于营运资金），甚至夹层贷款。作为买方，你需要决定你申请哪种类型的贷款、贷款金额是多少。收购所需的贷款，所谓的收购期贷款是分期偿还的贷款。你的财务计划应当说明潜在收购目标能承担的贷款金额是多少。确定银行贷款金额需要考虑的关键因素包括：

- 潜在目标公司的债务能力如何？银行一般将金融（优先）负债净额头寸控制在息税折旧及摊销前利润的2—4倍之间，取决于提供的抵押、公司的规模、现金流特点以及当前市场的负债情况；
- 基于目标公司的经营和财务模型，需要多少贷款可以维持公司运营（如营运资金）、未来必需的投资（如资本支出），并同时分期偿还收购期贷款。

你的经营和财务模型也可能提示你潜在目标公司无法承担银行债务以支付购买价格。这种情况下，你需要增加股权资本或半股权资本（如卖方贷款）的部分，或者把收购价格谈到更低的水平。在你的财务模型中运行不同的场景、评估不同财务结构的适配性，以确认目标公司是否能履行其支付义务，是非常重要的。在收购交易中，杠杆是导致收购失败的主要因素之一，因此在贷款时务必谨慎。

银行贷款的类型包括：

1.（优先）分期偿还银行贷款，一般以公司的资产作为担保，对公司的现金流拥有最优先级别的求偿权。这种债务需要分期付款，先于其他债务融资资金最先偿还其本金和利息。这种债务也称为"收购期贷款"或"定期贷款"（term loan），贷款期一般为5—8年；

2. 循环信用贷款（循环或直接贷款）为满足目标公司的资金需求提供灵活性很强的融资。它为公司提供一系列的贷款，公司为应对增长的营运资金可以提取使用，而不必再进行额外的贷款或进行股权融资。这种贷款不可分期偿还，可以等额分批支取，比如每次支取10万欧元或25万欧元；

3. 商业贷款作为一个通用术语，指一系列以资产为抵押的融资服务。其中最重要的形式是保理（factoring）和发票贴现（invoice discounting）。公司可依据发票的一定比例（一般是70%—90%，视乎公司的类型）的金额，从银行提取现金，银行收取一定费用。这些贷款以公司应收款为担保。商业贷款对正在发展的公司很有吸引力。这些公司需要营运资金扩大规模，但又缺少可以抵押的资产进行传统贷款。银行常用此类贷款替代循环信用贷款，因为这将有利于银行的资本比率。

总体来说，混合使用以上几种贷款工具，同时避免贷款结构过于复杂，颇有益处。确保为可预见的未来选择适合的融资方式，免得再折回头来重新协商贷款组合。

在和银行接洽时，务必准备一个成功的商业案例，争取以优惠的条款获得融资。你只有一次机会给对方留下良好的第一印象。银行希望看到的材料包括：

- 过去3年详细的财务报表，包括本年度截至目前的数据；
- 买方商业计划（和战略）：未来几年的损益账、资产负债表和现金流量表；
- 交易结构计划；
- 近期不动产（以及其他资产）的专家估价；
- 其他材料：订货簿、许可证、资本开支；
- 收购者的简历及其财务状况。

问题讨论

飞利浦·勒普特需要资金收购海烟。他愿意从个人积蓄中拿出最多80万欧元进行投资。如前文所述，他和现在的公司业主协议以287.3万欧元收购已发行股票，其中包括2013年实现一定的息税折旧及摊销前利润后再支付部分收购款的条款。此外，截至目前，目标公司的净金融负债头寸为104.6万欧元。飞利浦·勒普特有信心从银行拿到优先贷款进行收购。现在请回答下列问题：

1. 需要和银行就哪些优先贷款的条款进行谈判？

2. 他与银行的谈判中有哪些优先考虑的事项？哪些是“有则更好”的事项？哪些是必须具备的事项？

3. 优先贷款达到多少数额才能完成海烟的收购？

4. 如果飞利浦·勒普特的个人投资是80万欧元，融资缺口——收购价格和个人资金及银行贷款间的差额——如何解决？

5. 绘制资金来源及其用途表，对计划中的金融交易结构进行描述。

10.2.4 与银行谈判筹集收购资金

贷款条件

从银行贷款筹集收购资金时，你需要就融资法律文件中的条款进行谈判。谈判的条款包括：

1. 贷款金额，或者银行愿意提供的总杠杆；
2. 贷款偿还时间表，包括贷款到期时间、本金偿还频率和预先支付的可能性；
3. 贷款利率和其他费用；
4. 协议（例如最大杠杆率或优先贷款/息税折旧及摊销前利润率）；
5. 个人或其他担保。

贷款条款谈判的优先排序

在和银行进行谈判前，对条款进行优先级排序是很有帮助的。

首先，最重要的条款就是银行愿意提供的本金数额。作为买方，你希望确认贷款数额能够为收购提供足够的资金，以限制交易中的股权组成比例。因此，以目标公司能够按时清还债务为前提，再加上银行对净金融负债/息税折旧及摊销前利润倍数的考虑，买方应该尽可能提高贷款本金的数额。一般来说，银行在小型交易中愿意提供息税折旧及摊销前利润2—4倍的金额作为贷款。你能为越多的贷款提供抵押，就越能获得更高倍数的贷款金额。在海烟的案例中，飞利浦·勒普特拿到了287.2万欧元的贷款，是2012年息税折旧及摊销前利润的5.9倍，2013年预期息税折旧及摊销前利润的3.9倍。从贷款/息税折旧及摊销前利润倍数的角度来看，显然银行在这笔交易中提供的贷款数额略高。但海烟能为交易提供一些担保。担保包括价值220万欧元的固定资产（其中160万欧元为不动产），应收账款140万欧元，以及40万欧元的库存。银行一般会根据担保品类别对其价值打折扣。例如，与容易售出的化学制品相比，易变质食物的价值所打的折扣要高一些。即便是对固定资产，银行的估价也是基于其强制拍卖的价值（一般为市场价值的70%）。在海烟的案例中，银行判断有足够的抵押进行交易。

其次，在组织贷款结构时要有灵活性。这包括贷款协议不要过于严苛，在还款期限方面要有灵活性。

协议是贷款附加的前提条件，要求贷款人必须完成一定的指标，一般会设定一定财务比率作为门槛，公司不得超过这个范围（如净金融负债/息税折旧及摊销前利润＜4，税后现金净额，税款现金、本金偿还金额与净利息之和/总本金偿还金额与净利息支出之和＞1.1）。银行想签订的贷款协议能够反映你预期的财务情况，他们也希望你在一定区间内、在尽可能接近这些预期的情况下运行公司。那么对这个区间进行谈判就很重要了。例如，如果你的优先贷款与息税折旧及摊销前利润比率掉到了预先设定的数额以下，银行会收取额外的费用，甚至要求偿还全部贷款。因此，作为贷款人，你肯定希望对协议条款进行谈判，争取尽量大的宽裕度，以免公司的经营情况低于预期。

此外，进行贷款谈判的时候，银行会提出一个还款时间表或分期还款表，这个时间表对何时偿还本金以及偿还本金的时间跨度做出规定。贷款期限越长，你承受的偿还压力就越小，就会有更多可供自由支配的自由现金流。银行一般会要求贷款人在5—7年的时间内偿还贷款。7年的还款期肯定比5年灵活性更高。有时甚至可能有非线性还款时间表（也即开始阶段还款数额较低）或推迟偿还本金若干年，收购一旦完成，公司将有更大的灵活性。

再次，在和银行签订贷款时，避免提供个人担保或抵押品。但是，在很多国家，银行在为收购小公司提供资金时会对个人担保提出要求。如果你无法承受资金的损失，就要尽可能避免提供个人担保，否则将增加交易风险。如果收购目标违约，甚至可能导致个人破产。准备充分的收购候选人会向银行展示有吸引力的、组织合理的收购机会，银行因此常常放弃担保的要求。这要求收购者有高超的谈判技巧，在多家银行间对比权衡。在一些国家，政府也会为银行提供担保计划，这样贷款人就可以以较低的金额购买抵押品以获得银行贷款。[1]

最后，把利率和收费谈到合理且有竞争力的水平。贷款成本一般为可变基准利率（如欧元利率和伦敦同业拆借利率）和固定边际或以基点（100基点 = 1%）表示的差幅。此外，银行会收取一定

[1] 例如，在比利时，PMV为佛兰德斯地区的银行贷款提供担保。更多信息请访问以下网址：www.pmv.eu/nl/financiering-voor-ondernemers/waarborgen/waarborgen-tot-15-miljpen-euro.欧盟地区也可访问以下空间：http：//ec.europa.eu/growth/access-to-finance/funding-policies/loan-guarantees_en。

费用，包括手续费、承诺费和单证费。在签订最终贷款协议时，你必须已阅读并了解协议中各种不同的收费，并确认这些收费的合理性。总体来说，如果这些收费价格合理，在收购目标公司的过程中，你个人投资的最终收益只会在很小程度上受到这些收费的影响。因此，我们会把这些收费项目放在排序的最后。

海烟最终交易结构

为支付初始收购价格，飞利浦·勒普特需要融资397.2万欧元，其中不包括满足业绩后支付的款项。该企业总价值包括股权价值292.6万欧元和净金融负债头寸104.6万欧元。

银行愿意提供287.2万欧元作为优先贷款，飞利浦有80万欧元个人积蓄可用于投资，那么还有30万欧元的资金缺口。为填补这一缺口，飞利浦与卖方谈判获得了一笔30万欧元的卖方贷款。图10.7所示的是海烟交易中资金的来源和使用。飞利浦·勒普特筹集的投资基金用于向卖方支付现金以及再融资，以偿还现有银行贷款。我

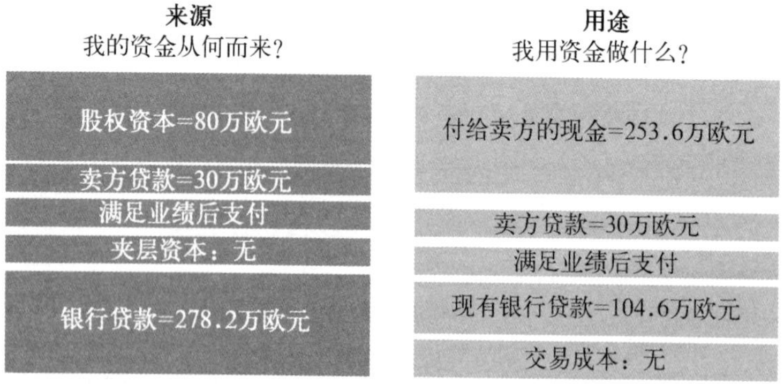

图10.7　海烟交易中资金的来源和使用

们无法得到交易成本的详细信息，但显然还需要向顾问支付费用。基于2013年实现的息税折旧及摊销前利润，最终满足业绩后支付的费用为43.2万欧元。在签署交易前要和银行协议为此提供额外资金，或者财务计划中应指出有足够的内部现金流用以支付这笔费用。

10.3 确认性尽职调查

收购者一旦和卖方达成协议并签订意向书，就要开始进行确认性尽职调查了。确认性尽职调查是在会计师和律师等专家的建议下对公司的内部和外部文件进行的交叉检查，以确保你了解目标公司的基本情况。这使收购者能够决定是否继续收购以及以何价格进行收购。

不同种类的尽职调查如下所述。

10.3.1 商业尽职调查

这是目前尽职调查最重要的部分。如果你在商业尽职调查方面出现失误，你收购一家合适的公司、进行一项高收益投资的机会将大大降低。这类尽职调查的目标是对目标公司的战略位置有一个全面了解。目标市场的环境、市场背后的驱动因素、市场的主要趋势以及竞争者的定位都需进行分析。

在大型交易中，这类工作会由（昂贵的）战略顾问公司承担，如贝恩公司（Bain & Co.）、麦肯锡（McKinsey）、博思艾伦（Booz Allen）、罗兰贝格（Roland Berger）等。而在小型收购交易中，你只能自己完成这项工作。公司各有不同，因而关于尽职调查没有标准程序可以照搬。但一项全面的、战略性商业尽职调查应当关注以下方面。

- 公司：公司概况，包括目标公司的能力和经济情况。务必进行以下工作：
    - 分析价值链，了解目标公司在其中的位置；
    - 分析公司活动和各类产品及其对营业额和利润的历史贡献，关于产品组合的当前和未来战略是什么；
    - 了解客户需求和行为的详细信息，包括与客户的关系能带来哪些优势。对客户的分析应当包括：他们是谁？关系如何发展？他们对公司盈亏有何贡献？他们的关键购买标准（例如价格、质量、服务、私人关系的重要性）是什么？他们是否满意？
    - 分析关键供应商和相关风险；是否有备选供应商？
    - 从劳动力、与客户及供应商位置是否邻近、交通便捷程度、国家和当地的税收和法律政策（包括区划法规和环境影响法规）等方面分析公司地理位置的优势和劣势。
    - 分析公司设施，包括工厂、办公区域、仓库、土地、机器和其他目前用于公司经营的资本设备；未来设备需求有哪些，大概的资本开支有多少？
    - 分析现有管理情况；公司关键管理人员有哪些，他们的优点和缺点是什么？他们的业绩记录如何？未来在公司中扮演何种角色？绘制公司的组织系统图。
- 市场：基于历史和未来的市场体量、价值发展对市场进行全面分析；目标公司可以应对的市场规模是多大？这个市场（体量和价格方面）发展如何？影响市场发展的主要因素（如行业趋势、社会经济学趋势、政府政策、环境影响、人口流动）有哪些？市场对经济周期的适应性如何？被替代的风险有多高？未来市场发展的不同情况有哪些？

- 竞争：分析目标公司的竞争对手，包括当前和潜在的竞争对手，了解其优势和劣势。竞争激烈程度如何？竞争优势从哪里来？目标公司是否有可持续的竞争优势？以客户关键购买标准来看，竞争对手表现如何？是否有新进入市场的公司构成威胁？
- 战略和商业计划：基于外部环境和目标公司自身能力，对现有及未来的战略和商业计划进行评估。计划中的重要基本假设有哪些？商业计划中的关键风险和机遇有哪些？计划的弱点和敏感性是什么？

实际上，你可以从公司信息技术系统中采集公司内部——包括财务和经营方面在内——的任何数据。你需要将原始数据加工成具有可读性、可判断性的数据。你可能需要和会计师花上几个小时来提取这些数据。

关于市场和竞争的数据，如果你已在网上对公司信息进行了全面检索，接下来最好购买市场研究资料（如果有的话），对照竞争对手官方发布的年度账目。更为重要的是和行业中所有相关参与者谈话，最好能和客户、供应商和竞争对手亲自会面，通过简单的谈话（也就是访谈）获得的信息一定出乎你的意料。与目标公司的雇员，甚至卖方公司反复进行深入的谈话是一定要进行的工作，因为没人能比他们更清楚公司是如何运行的。这些谈话可以让你在短时间内了解大量关于未来公司的信息。尽职调查是一个反复进行的过程。

这些分析的成本并不高，因此不推荐外包。此外，请顾问做这类工作价格也较为昂贵。更重要的是，你应当亲自开展这些分析，因为这是目前你能了解目标公司的最佳途径。好的投资者一般不会将商业尽职调查外包给外部机构完成。

以"廉价肉铺"（Budget Butcher）为例，这是一家比利时低成本肉铺连锁店，有40家肉铺分店，位置大多靠近阿尔迪（Aldi）食品连锁折扣店。投资者以极少的成本进行确认性尽职调查后，决定放弃收购。投资者从廉价肉铺购买了销量最好的10样产品（肉馅、小牛肠等），将其与竞争对手（主要食品零售商和其他独立经营的肉铺）出售的相似产品的价格进行对比。结果发现当地市场中除了独立经营的肉铺，廉价肉铺产品价格是最高的，而那些独立经营的肉铺服务于更关注品质而非价格的高端客户。

10.3.2　财务尽职调查

财务尽职调查的目标是加深收购者对目标公司财务情况的了解。通过财务尽职调查，收购者做出是否继续收购、以什么价格进行收购的决定。在收购者和卖方公司就法律合同中的声明、担保和赔偿进行谈判的过程中，财务尽职调查也能提供帮助。关键问题与现金流的质量相关，因为现金流会影响公司的估值，最终的成交价格是收购者愿意支付的价格。

因为这是技术性很强的工作，需要记账、财务报表方面的知识，我们建议该项工作在专业会计师的协助下完成。多数大型会计公司都有专业团队进行这类工作。小公司一般没有经过审计的财务报告或健康的内部财务报告系统。你应当从检查历史会计数据中所有不一致、不稳定或不准确的地方着手检查。官方账目（提交给税务机关的数据）一般都较为保守，没有人会向税务机关上报高于真实收入的数据。

财务尽职调查将使用公司的财务报表和内部管理信息系统，重点关注以下几个方面。

a. 盈利质量（Quality of Earnings，简称QoE）

以息税折旧及摊销前利润表示的历史盈利情况是否在会计报告中得以正确呈现？公司真正独立的息税折旧及摊销前利润水平如何（也即未来公司的业绩将会如何）？这种规范化分析基于对公司收支的详细评估。有些调整比较严厉（如私人支出或一次性支出），必须执行，有些调整可以讨论，执行力度也更温和。

以下例子用来说明，如何以严格的方式对息税折旧及摊销前利润进行规范化调整：

- 假设公司业主雇用了一名园丁维护他的私人花园，需要公司每年以欧元给园丁支付薪酬，那么潜在买方要在息税折旧及摊销前利润上增加一定数额的欧元；
- 假设公司在一场与前雇员的官司中输了，需要一次性支出5万欧元，那么潜在买方应当在公司息税折旧及摊销前利润基础上增加5万欧元；

- 假设现公司业主给自己支付的薪酬为2.5万欧元，而这个职位的正常薪酬应为7.5万欧元，那么潜在买方需要从息税折旧及摊销前利润中减去5万欧元。

以下例子用来说明，如何以温和的方式对息税折旧及摊销前利润进行规范化调整：

- 卖方公司在损益账中将3.5万欧元坏账核销（bad debt write-off）加在息税折旧及摊销前利润上，因为他认为这属于例外情况。这样处理正确吗？前几年的坏账核销平均值是多少？3.5万欧元的数字准确吗？
- 卖方公司将技术质量问题相关的10万欧元加在了息税折旧及摊销前利润上，因为他觉得这属于例外情况，这样处理正确吗？不是所有公司每年都会有技术问题吗？前几年这个问题相关的支出有多少？10万的数字准确吗？
- 收入和相关支出的时间误差常常很难处理，特别是对于一项进行了若干年的项目而言。你能在多大程度上厘清某一年的收入和支出？

b. 净营运资本质量（Quality of Net Working Capital，简称QoNWC）

历史营运资本是正常的平均营运资本吗？净金融负债水平会对收购公司的价格产生直接影响。在你进行报价时，你的投标价格应当基于“平均正常化营运资本水平”。简单地说，如果卖方公司“忘记”给供应商付款，耽误了一段时间，同时又催促客户立即付款，公司的现金头寸就会好看得多，与之相应，金融债务也会低得多。如果用“股权价值 = 公司价值－净金融负债”的公式（见第7章，图7.2）计算，买方公司收购同一家公司要出更高的价格。因为可以在某种程度上（至少暂时地）操纵公司的客户、供应商和股票，很多精明的卖方这样操作来提高公司出售的价格。

平均正常化营运资本如此重要的另一个原因是这个数据具有季节性。举个例子，冰激凌公司10月的现金头寸（公司因为夏季售出了大部分冰激凌，有大量现金）与4月的现金头寸（因为购买了所需原材料又没售出多少冰激凌，只有少量现金）（见图10.8）差值很大。如果收购者只看净金融负债头寸，他应当在4月份收购公司，因为收购价格会更低。为避免数据的失真，报价应该基于平均正常化营运资本。

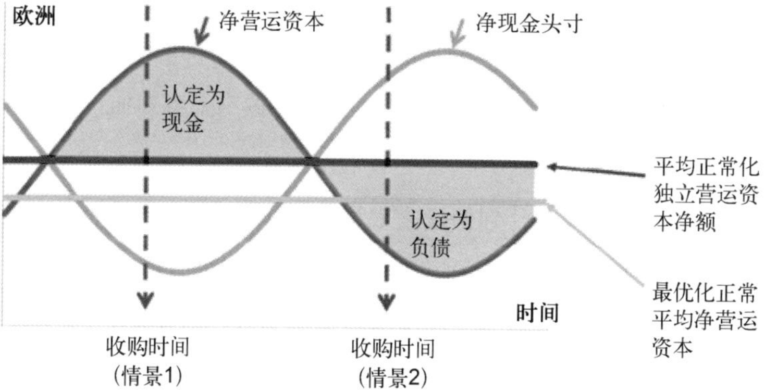

图 10.8　净营运资本演化

c. 净金融负债质量（Quality of Net Financial Debt，简称QoNFD）

净金融负债头寸的计算是否准确？净金融负债对收购支付价格有直接影响，进行准确计算至关重要。

如上所述，净金融负债会受到营运资本控制的影响。在一定程度上，净金融负债质量和净营运资本质量相互联通，净营运资本会在净金融负债正常化中有所反映。

净金融负债正常化的案例包括：

- 决算表中诉讼责任是“债务类项目”，需要加到净金融负债头寸中；
- 应付企业所得税属于负债，应当加到净金融负债中；应收企业所得税属于“现金类项目”，应当从净金融负债中减去；
- 应当支付给供应商的资金不属于正常营运资本，需认定为“债务类项目”。

d. 独立商业计划的可行性

商业尽职调查从市场角度对商业计划进行分析，财务尽职调查则从财务角度对商业计划进行分析，其分析的问题包括：经常性息税折旧及摊销前利润预期是多少？预期营运资本要求如何？预期资本开支基于什么假设？等等。

例如，如果商业计划假设未来增长率能达到5%，商业尽职调查就必须基于市场和竞争环境来评估公司是否可以达到这个增长率。另一方面，如果商业计划假设营运资本会随销售增长而增加，那么财务尽职调查也要对此进行确认。

e. 历史资本开支（Capex）分析和预期周期性资本开支分析

如上所述，财务尽职调查要基于历史资本开支需求和基础商业计划来分析预期资本开支需求，还需对维护资本开支和扩张资本开支进行区分。

f.“声明和担保”涉及的其他潜在风险

财务尽职调查会披露法律合同中涉及的情况，因此卖方可能需要制定相应的声明和担保。大客户索赔、诉讼、退出成本、递延所得税资产（deferred tax asset）和其他情况都会对公司最终估值产生影响，在法律合同中需予以考虑。

10.3.3 法律尽职调查

法律尽职调查对公司合同风险和诉讼风险进行评估，需阅读公司所有主要合同以确认它们与你对公司的发展计划一致。大多数合同条款都是常识性的。如果对合同的法律影响存疑，一定要请律师进行检查。例如：

- 一些合同可能包含所有权变更条款（也就是说只有另一方同意的情况下，合同才会转移给新的公司业主），若想收购该公司，这样的条款非常重要；
- 一些个人担保已经转交给供应商，你是否还需提供相似的担保？

法律尽职调查的另一部分是对还未发生的、正在进行的以及未来的诉讼程序风险的分析。

10.3.4 税务尽职调查

税务尽职调查的目的在于调查目标公司的税务处理是否遵守国家、省或地方的税法，并揭示潜在的税收风险。税务尽职调查不仅针对所得税，还针对增值税（VAT）、工资支出、雇佣税、财产税等。在小公司（例如在国外没有子公司的公司）中，一名得力的会计师就可以执行这项调查。一般来说，税务尽职调查中大多数调查结果都在法律合同中得以体现。

10.3.5　专业尽职调查

开展这类尽职调查，需要聘请专业人士。

- 机器和设备。如果是公司的关键资产，有必要了解它们的情况、剩余使用寿命。
- 环境尽职调查，以确认公司有必要的许可，没有违反任何环境法规。
- 信息技术尽职调查，评估信息技术系统的性能以及是否需要投入更多资金。
- 法规遵从尽职调查；如果公司所运营的领域受到高度规约的话，这一点尤其重要。
- 退休金和保险尽职调查，以检查是否最大限度覆盖了养老金负债或预估了可能的风险。
- 人力资源尽职调查，以了解公司文化和职业道德。

外面的顾问收费都很高（“给多少钱，干多少活”），因此比较明智的做法是尽量亲力亲为开展尽职调查，以免在还没有决定是否收购的早期阶段就支出过多。建议在流程快结束时再求助顾问。

总之，在进行了确认性尽职调查以后，根据尽职调查的结果，可以进行以下操作：

- 如果尽职调查确认的情况符合预期（也就是说符合意向书中

的假设），则可以按照意向书的协议完成交易；

- 如果通过尽职调查，发现意向书对公司情况的预估过于乐观，可以要求下调收购价格，或者要求将收购价格的一部分转为满足一定业绩后再支付；
- 如果通过尽职调查发现公司负债或有相关风险，可以修正合同条款，要求担保；
- 如果通过尽职调查，你对公司完全丧失了信心，觉得商业计划无法实现，或者即便降低标准也无法实现，可以放弃收购。

10.4 完成交易

如果尽职调查进展顺利，而且你对最终完成交易充满信心，那么就需要考虑花钱聘请一位好律师了。只有在签订股份购买协议之后，公司的所有权才会发生变更。

在聘请律师之前，应当和卖方就所有能预见的潜在破坏因素进行讨论，确认双方都对彼此所做的让步感到满意。如果你很焦虑，又不愿和卖方交流你担心的事情，会导致很多无用功。

另外，你选择的律师应当是经验丰富、熟悉并购交易的。虽然这样的律师一般价格比较昂贵，但他们能提供必要的指导，帮助你在收购公司过程中避开法律雷区。

目前关于收购最重要的法律文件是股份购买协议（Share Purchase Agreement，简称SPA），这是具有法律约束力的文件，对被收购公司的所有权变更作出规定。因各公司特点、事项、环境有所不同，制定的股份购买协议也不尽相同，但也有一些相似的条款，可以使用相似的模板。一份股份购买协议包括：

- 定义。每份股份购买协议都包含几页法律定义。尽管这些定义常常以繁琐、无趣的语言书写，但确实值得在律师的帮助下细细研读。细节决定成败。有些定义（如息税折旧及摊销前利润的定义）会对公司估值造成直接影响，或是在出现问题时对你的合法地位造成影响（如税务、最近的账目等定义）。
- 描述股份购买和出售的章节。股份购买协议中的这个部分规定，交易一旦完成，购买者将会成为股份的法律持有人，这部分还会对具体的购买价格进行描述，包括购买股份的数量、支付时间和支付方式等细节。这部分也会描述交易流程，例如是否在完成交易前先签订协议、完成交易的时间和地点、完成交易的流程（如：对卖方董事会的批准、对卖方董事会成员的免职等）。
- 卖方和买方的声明和担保（representations and warranties，简称R&W）。这是股份购买协议中非常重要的部分。买方接管了公司所有的资产、负债，以及所有社会、法律和财务方面的风险，因而风险由买方公司承担。卖方的声明和担保，实际上是为买方提供保证，让买方相信卖方提供的所有相关信息和支撑文件的真实性。虽然公司各有不同，但大多数公司的声明和担保是相同的，可能有些公司因其特性，需要一些具体的声明和担保条款，例如卖方是股份合法持有者的声明、所有账目的真实性声明、所有税款已付清的声明等。卖方也可以向买方披露一些事项，但这种坦白在股份购买协议中很罕见。

- 赔偿条款。如果在交易完成后遇到违反声明和担保条款的情况，买方有权从卖方那里获得损失赔偿。然而，卖方也会希望加入赔偿条款，在时间和金额方面对自身在合同中的责任予以限制（索赔的最低门槛数额以及索赔的最高数额）。买方一般会要求卖方提供银行担保或在第三方账户中存款，以向买方保证如果发生违反声明和担保的情况确有资金进行赔付。如果你在交易中谈妥了卖方贷款，这笔资金也可作为买方向卖方提供的保证金，因为卖方已经“拥有”了这笔资金。
- 针对交割文件、流程、时间安排和杂项的章节。例如交易后合作、买卖双方交接、不竞争条款和不挖角条款等。

重要性排在第二位的法律文件是股东协议（shareholders' agreement，简称SHA，详见第8章）。如果你的股东多于一位，也就是说你没有买下全部股份，那么你需要一份股东协议规范股东之间的关系。尽管具体情况可能有所不同，股东协议中包括一些相似的条款，可以使用类似的模板。

首先，股东协议制定了公司治理准则，解决的问题包括董事会成员数量、由谁指定董事会成员、谁可以进入董事会、谁决定什么（董事会面对面管理）、谁是公司法人代表等。其次，股东协议会对公司内部的股份转让、流程进行规定并赋予股东不同的权利。最常见的赋权包括：

- 优先购买权（现有股东优先购买出售股份的权利）；
- 随售权（如果大股东卖掉了所持股份，小股东有在同等条件下出售所持股份的权利）；

- 强制随售权（如果大股东卖掉了所持股份，小股东必须在同等条件下出售持有股份）。

再次，股东协议也会为股东提供购买彼此的股份的机会，制定解决冲突的机制。股东协议还包括很多杂项。

除了股份购买协议和股东协议这两份与公司出售相关的主要文件，还有一些需要关注的法律文件，包括银行法律文件、董事任免文件、新经理的劳动或管理合同等。再次强调，聘请一位有经验的律师为你提供建议是非常重要的，即使是经验丰富的投资者离开律师也很难完成这些工作。

10.5 管理的第1—100天

在签署了法律文件、喝了香槟庆祝之后，你现在就是合法的公司业主了。尽管之前的尽职调查可能已经非常彻底，你还是会第一次以内部视角审视公司。你肯定会发现公司经营得好的方面，当然也有意料之外的不好的方面。

以下是完成交易后你应当优先关注的6件事情（每家公司的优先排序不同）。

1. 沟通。首先要向所有的经理、雇员介绍自己，向他们保证公司不会即刻发生重大改变。你需要理清（始终如一的）思路，这是和公司分享你的计划和目标的好机会。雇员有机会向你提问，对你建立信任。他们一般会提3个问题：我的工作能保住吗？我的岗位会发生变化吗？我还是向同一个人报告吗？在向他们解释未来计划时不要太过明确，因为你对公司还不是非常了解。千万不要大肆渲染公司将要发生的变化，而要宣传公司的持续性和发展。在和员工沟通之后，你应当向公司其他股东、客户、供应商、竞争对手、外部顾问、（一般或专业的）媒体（如果必要的话）等进行类似的宣传。

2. 与公司的前业主进行交接。你当然想了解，是否公司前业主的知识、技能、人脉网络仍留存在公司中。虽然前业主可能会留在董事会一段时间，但每个人都应当知道，公司出售后，大家须各司其职。与公司前业主保持良好的关系是很重要的，因为他可能是最慷慨的与你分享经验的顾问。

3. 控制现金、确认可以进行仪表盘工作。如果公司有债务负担，随时追踪现金流情况、早期预警指标就位是很重要的。多数小公司的报告系统不够完备，因此有必要尽快安装仪表盘，以追踪公司的现金生成。在收购公司后可以立刻使用的两个简易报告工具是：

a. 净财务负债周报（在一张表中列出所有现有银行债务减去现金）对于了解公司非常重要。特别是从中期来看，它能让你了解公司是否在生成现金，因为银行账户从不会说谎。这是一种非常简单的现金流量表。

b. 销售周报也是反映公司运营情况的有效指标。所有基于信息技术的信息管理系统都可以生成这种报表。

在短期内创建一个流程，所有资金在支付前须经你批准，应收账款余额须由你定期审核，最好能通过账龄分析追踪每名客户到期未付的时间。如果希望进行更精密的追踪，你应当有一个90天的滚动现金流预报系统，对未来三个月的现金收支进行预报。这个系统可以在资金紧缩的早期就发出预警，这样你就可以采取行动——如增加现金筹集、延迟支付应付账款或者从银行借贷等——以避免发生现金危机。

几个月后，一个月度报告文件夹应当准备就绪了，可以为你提供（有必要的话，统一的）损益表、决算表和现金流量报表。人们常常忽视现金流量表，但这对你了解现金的流向是非常重要的。如果你的公司需要监控特别的关键业绩指标，你应当用经营性报告数据来补充财务报告，以追踪公司的关键业绩指标。因此确保公司安装了合适的信息技术系统也很重要。信息技术系统需要经常更新，这可能是你能做的最好投资。

4. 理解和尊重现有公司文化。小型家族公司常常有很强的中小型企业家族文化特征，一家之长做出所有决策。作为新来的人，千万不要横冲直撞，在尊重现有公司文化的前提下进行必要的改革。

5. 了解公司。你可能在收购前就制定了公司的发展战略，从内部深入参与公司经营后，你需要核实之前战略计划中的基础假设，必要时进行修改。当然，最初几个月不要仓促地做出重大决定，大部分事项都没有那么急迫。尽管你进行了全面的尽职调查，对于经营一家新公司，你依然有很多事情需要了解。等到积累了几个月的管理经验后，你可以做出更好的决定。但要谨记你使用了杠杆，偿还现金流是必须完成的任务。

现在你是公司业主了，可以广泛接触到任何人、了解任何事物。从内部对公司进行了解是非常重要的。花点时间和所有公司员工进行一对一交流，让他们畅所欲言。然后，去会见（主要）客户和供应商，了解他们为什么和你的公司做生意。这些沟通会让你对于公司业务、如何提升服务以及怎样卖出或买入其他的或替代的产品生出很多点子。你还要和公司利益相关者会面，包括审计员、银行、会计师、保险经纪人、税务顾问等。这些会面会极大提升你对公司的了解。

6. 了解员工，了解他们的工作动机和能力。与所有员工沟通后，绘制组织图，明确所有人的任务和责任。一名优秀的财务人员会提供准确信息，为公司未来发展及时汇报，这将使你更专注公司的经营。清楚哪些人应该留下，哪些人需要离开也是很重要的。家族企业的董事会中常常会有人不作为。采取财务激励措施或通过其他方式让优秀员工创造更高的绩效十分重要。

总之，通过收购的方式创业毫无疑问会是一段令人兴奋的旅程，就像坐过山车，很有趣，但也跌宕起伏。

要点总结

- 通过收购创业是开展创业的另一种途径。与从无到有创建公司相比，既有优势也有劣势。

- 在收购交易中创造价值有不同的方法，包括提升利润、提高收入、提高价值倍数以及降低净财务负债头寸。当你得到收购机会的时候，应当确定以上这些杠杆的倍数以控制风险。
- 为收购公司而支付的价格会对最终回报产生重要影响。要确保是在充分考虑了多种不同情形后，才得出公司评估结果；通过不同种类的尽职调查，核实估值的基本假设。
- 可以采用不同方法进行收购交易融资，熟悉所有可用的融资方式，包括个人资金、天使投资、家族办公室、私募基金投资、夹层投资、银行，或通过市场中的活跃参与者融资；考虑以不同的方式来组织交易。
- 当心积压债务。建立未来现金流模型时要考虑财务结构，为意料之外的情况留有资金宽裕度。
- 应特定阶段之需，聘请好的顾问提供指导。
- 确认你完全理解将要签署的所有合同中的条款；谨记一定程度的信任是交易成功的必备条件。
- 运营公司之初，不要急于宣传改革；要确保公司经营的持续性，然后了解公司和相关人员。使用仪表盘追踪现金流和绩效，确保可以及时偿还贷款。

本章提问

1. 相比于管理层换购，管理层收购的优点有哪些?
2. 你将如何描述理想的收购目标?

3. 在收购交易中价值创造的关键来源是什么？作为个体收购者，如何最大程度提供附加价值？

4. 在确定价值倍数时，你需要考虑哪些因素？

5. 债务融资的优点有哪些？缺点有哪些？

6. 收购交易的外部股权融资渠道是什么？

7. 传统股权融资的潜在替代方式是什么？

8. 你认为夹层融资是昂贵的还是廉价的债务融资方式？

9. 你是否同意在你的交易结构中将金融杠杆最大化（贷款/股权资本）？

10. 为什么需要对收入、净运营资本和净财务负债进行规范化调整？每一类的规范化调整的例子有哪些？

11. 你可以使用哪些来源的数据进行商业尽职调查？

12. 收购交易中的合同主要有哪些？每个合同需要应对何种类型的风险？

13. 哪些合同条款可以帮助你实现从目标公司的投资中退出？

14. 收购失败的主要原因有哪些？

15. 面向收购公司的员工进行第一次讲话的时候，你会强调什么？

延伸阅读

Gilligan, J. and Wright, M. (2014). *Private Equity Demystified: An Explanatory Guide*, 3rd edition. ICAEW Corporate Finance Faculty, url: www.icaew.com/en/technical/corporate-finance/

financing-change/private-equity-demystified-anexplanatory-guide-160216.

Hunt, R. A. and Fund, B. (2012). Reassessing the practical and theoretical influence of entrepreneurship through acquisition. *Journal of Entrepreneurial Finance*, 16(1), 29–56.

Rickertsen, R. and Gunther, R. E. (2006). *Buyout: The Insider's Guide to Buying Your Own Company*. AMACOM.

Ruback, R. S. and Yudkoff, R. (2017). *HBR Guide to Buying a Small Business*. Harvard Business Review Press.

参考文献

Berg, A. and Gottschalg, A. (2004). *Understanding value generation in buyouts*. European Venture Capital Journal.

Cumming, D., Siegel, D. S. and Wright, M. (2007). Private equity, leveraged buyouts and governance. *Journal of Corporate Finance*, 13(4), 439–460.

Damodaran, A. (2009). *Valuing young, start-up and growth companies: Estimation issues and valuation challenges*. Available at SSRN: https://ssrn.com/abstract=1418687 or http://dx.doi.org/10.2139/ssrn.1418687.

EVCA (2013). *Pan-European private equity performance benchmarks study*, url:https://www.investeurope.eu/media/199202/2013-pan-european-private-equityperformance-benchmarks-study-evca-thomson-reuters-final-version.pdf (15–06–2017).

Jensen, M. C. (1989). The eclipse of the public corporation. *Harvard Business Review*, 67, 61–74.

Luypaert, M. (2016). *M&A monitor: Shedding light on M&A in Belgium.* Vlerick Business School, url: www.vlerick.com/en/research-and-faculty/knowledge-items/knowledge/strong-growth-in-belgian-mergers-and-acquisitions-market (15–06–2017).

Van Teeffelen, L., Weesie, E., Depelssemaker, M., Alba, O., Pirotte, N. (2016). *Quality of SME Business Transfer Matching Platforms: Research Outcomes of 12 European Countries*. EU4BT.

第11章

收获：退出

彼得·罗森布姆（Peter Roosenboom）

伊拉斯姆斯大学鹿特丹管理学院（Rotterdam School of Management, Erasmus University）

投资者——如风投者或天使投资人——从一开始就应当想到退出机制和投资回报。本章主要讨论投资者如何找准退出时机，以及如何选择退出方式。投资者们常用的退出方式有三种：（1）首次公开募股——公司股份在股票市场上市，向公众出售；（2）并购（商业出售）——将所有股份出售给其他公司；（3）收购——新的投资者、雇员或管理层从现投资者手中买下股份。

媒体视角

英国《金融时报》

外卖超人首次上市即股价暴涨

创下两年来欧洲科技公司在上市榜单中的新高

阿利亚·拉姆（Aliya Ram）　2017年6月30日

周五，外卖订餐平台“外卖超人”的首次公开募股让欧洲的投资者们瞩目，其股价飙升2.9%，高至每股26.25欧元，创下两年来欧洲科技公司在上市榜单中的新高，也是自2014年来由外卖订餐集团创下的第4个最高纪录。创造首次公开募股前3个纪录的分别是总部在美国的格鲁布公司（GrubHub）、英国的Takeaway.com网站公司，以及比利时和荷兰的市场领先者。总部在柏林的外卖超人从这次公开募股中获得10亿欧元资金，那些渴望进入活跃的欧洲私募股权市场的投资者们纷纷认购该公司股票，认购量超过股票发行量的10倍。据迪罗基数据（Dealogic）显示，虽然年初融资进展缓慢，但在过去的三个月里，该公司已融资110亿欧元。这次上市，公司将融资4.65亿欧元，据说公司将用这笔资金还清贷款和债务。公司现有的投资者——如总部在柏林的火箭互联网（Rocket Internet），以及对冲基金算力管理平台（Luxor Capital）——虽然担心股权稀释的问题，但还是为公司资金增长而高兴。全球目标（Target Global）风投公司的创始人，亚历山大·弗罗洛夫（Alexander Frolov）在

2013年投资外卖超人，他说："有些科技公司的经营模式有点运营过度了，好像他们可以垄断互联网似的"，"餐饮外卖有一批终生客户，这一点很不错。"那些懒得做饭的人把对外卖订餐软件的需求扩散至全世界，这些外卖订餐公司从公开市场融资，而且一路与新出现的诸如亚马逊、优步这样的竞争者抢夺资源，实现资金增长……周三，外卖超人以每股25.50欧元的价格在法兰克福股票市场上市1 900万只新股和1 500万只旧股，突破了以往发行量的最高纪录。火箭互联网持有的500万只股票也被出售，估价为43.9亿欧元。公司目前处于亏损状态。自2016年缴纳所得税2.02亿欧元至今，公司一直处于亏损状态。尼克拉斯·奥茨伯格（Niklas Ostberg）是该公司的联合创始人兼首席执行官，他说公司有望从明年开始实现收支平衡，甚至实现盈利——"我们还会继续投资，公司会继续发展，直到盈利"。外卖超人的股票上市得益于大家对科技股票和欧洲股权市场普遍的乐观态度，这为公司走向公开股票市场敞开了方便之门……

www.ft.com/content/c57b3c42-5d68-11e7-9bc8-8o55f264aa8b

学习目标

阅读完本章，你将能够：

- 了解投资者如何制定退出策略；
- 准确认识投资者如何选择退出时间；
- 理解投资者在多种不同退出方式中的选择差别；

- 区分不同退出方式的利弊；
- 了解公司的公开决策和首次公开募股的过程。

本章导读

本章一开始将简要介绍退出市场在欧美国家的重要性，然后讲述投资者如何选择退出时间和退出方式。接着我们探讨公司上市的原因以及首次公开募股的过程。本章结尾部分将审视退出市场在欧美国家正在发生哪些变化。

11.1 退出市场的重要性

风投者和天使投资人是有买卖行为的投资者，他们期待从投资活动中退出以实现回报。相对而言，创业者目光更长远，一般在某段时间内不想出售公司股份。但是，投资者的投资活动并没有系统化的方法指导，许多人在投资时就指望出售股权。但如果一开始不做任何退出准备，也不做退出时间的安排，那么很有可能做出很糟糕的退出决定。

投资者常用的退出方式有三种：(1) 首次公开募股——公司在股票市场上市，向公众出售股份；(2) 并购（acquisitions）（商业出售）——将所有股份出售给其他公司；(3) 收购（buyouts）——新的投资者、雇员或管理层从现投资者手中买下股份。良好的退出市场对投资者来说相当重要。本节的主题是风投者如何退出市场。遗憾的是，目前尚无关于天使投资人的可靠数据。

图11.1显示的是2007—2016年（含2016年），美国风投者的退出情况。截至目前，美国拥有世界上最大的风投市场，其风投退出占世界风投退出总量的60%，在这个时间段，美国几乎占世界退出成交总量的70%。[1]图11.1清楚显示，从成交的数量和交易总额来看，并购是最主要的退出方式，其次是首次公开募股和收购。在2008—2009年，受全球金融危机影响，美国退出活动的成交量和交易总额有所回落。但退出市场很快便复苏，近年来已超过2007年的水平。

图11.2显示了2007—2015年，欧洲风投者的退出情况。在美国，并购是最重要的退出方式。但在欧洲，收购是第二重要的退出方式。与美国相比，欧洲采用首次公开募股方式退出的公司较少。[2]2008—2009年，欧洲市场的退出活动也经历了一次低谷，其

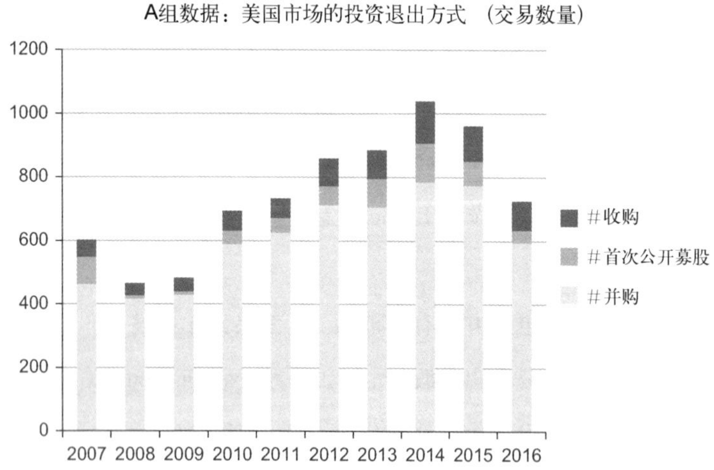

[1] 国家风险投资协会（National Venture Capital Association，2017：13）。

[2] 投资欧洲（Invest Europe，2016）。

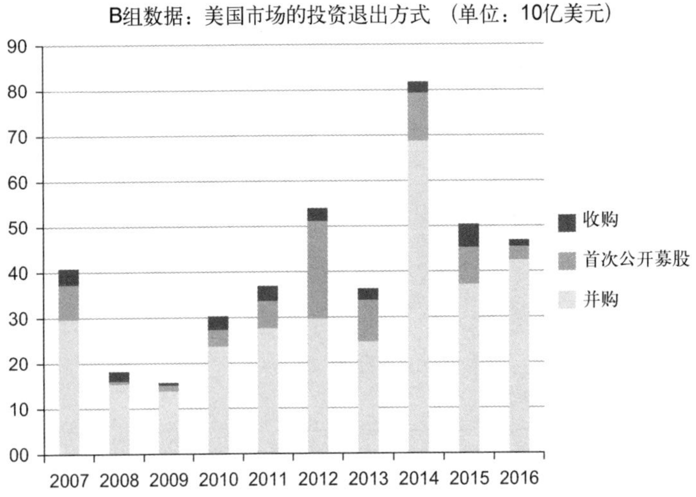

图11.1 美国市场的投资退出方式（2007—2016）

来源：2017年国家风险投资协会数据

复苏比美国缓慢，现在基本回升到2007年的水平。欧洲的退出市场规模比美国小，这反映了欧洲的风投行业规模小于美国。2015年，欧洲共有420家公司实现退出，成交成本（即投资总额）达15亿欧元。[1]同年，美国有961家公司实现退出，成交量（即退出时的支付金额）高达504亿美元。[2]

[1] 据投资欧洲（前“欧洲风险投资和私募股权协会”）的年度数据报道，2015年有1 109家公司实现退出，交易总量为23亿欧元。这些数据包括向现有投资组合公司出售股权的方式实现的退出、隐名合伙人的次级贷款还贷（主要在德国采用）、主要贷款还贷、通过其他方式进行的账面勾销或撤回投资等实现的退出。在图11.2，为了比较欧洲和美国的退出市场的情况，我们忽略了上述这些退出途径，只讨论通过并购、首次公开募股和收购（出售给另一家私人股本公司、管理层或金融机构）的方式进行的退出。撰写本书时，2016年欧洲首次公开募股的数据尚未可得。

[2] 欧洲和美国退出总量不同，部分原因在于计算方法不同。投资欧洲以成本（初始投资的报告）的方式计算，但国家风险投资协会以退出价格（退出时的出售价格）计算。但这并不影响我们的结论：欧洲的退出市场比美国小。

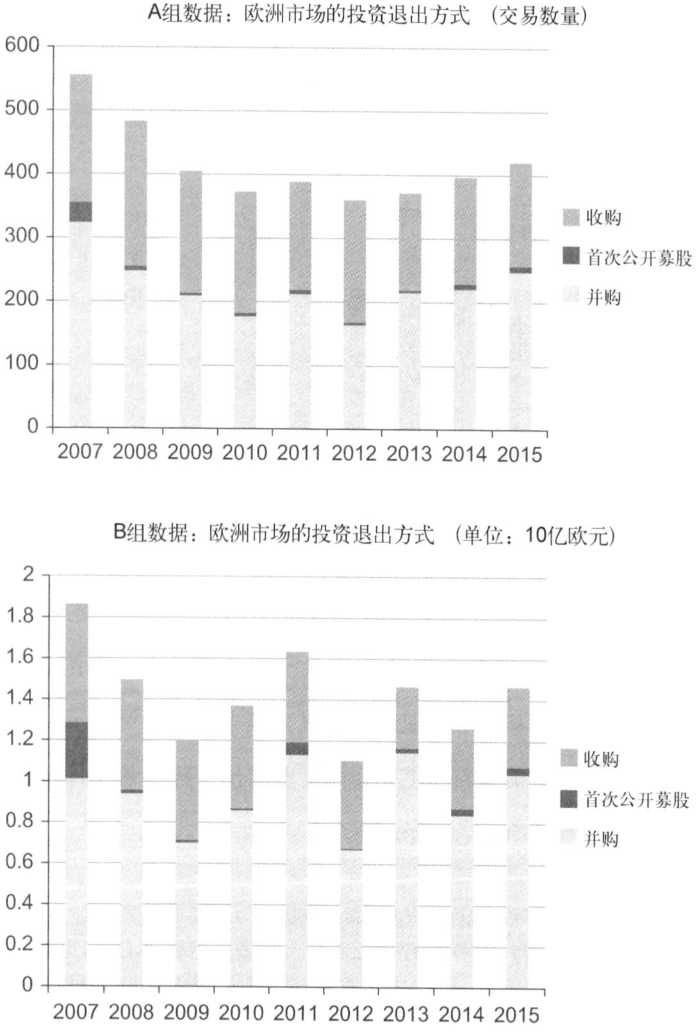

图11.2 欧洲市场的投资退出方式（2007—2015）

来源：2016年《投资欧洲》的数据

下面我们将讨论投资者如何选择退出时间，以及如何选择退出方式的问题。在这种情况下，我们要讨论提前做退出计划、签订私人合同、创业者行为、投资者背景等的重要性。然后，我们将讨论投资组合公司里广受欢迎的退出方式（“银色子弹”[1]）——首次公开募股。我们会发现首次公开募股不仅为投资者提供了退出的机会，而且对公司本身也产生巨大影响。我们的讨论大部分是基于学术资料的。本章结尾将谈及退出市场中发生的变化。

11.2 退出的时间

初创公司的投资者是有买卖行为的投资者。持股数年后，他们期待出售股权。例如：美国风投者在首轮融资中购入一部分股票，现已持股7年，拟通过首次公开募股退出；在首轮融资中购入的另一部分股票已持股4年，拟通过并购的方式退出。[2]投资者要做的重大决定是，选择在哪个时间点出售股权。这个决定比较复杂，要考虑很多因素，如公司的成功、投资者的行为和特点、股票售出价格（市场环境）。

我们通常认为天使投资人不像风投者那样热衷于退出，也不像风投者那样有组织地做退出决定。在退出投资时，天使投资人一般更有耐心，因为他们投资的是自己的资金（参见第3章）。但是风投者却不是这样，风投者投入的资金来自有限合伙人（机构或富有的私人投资者），他们会在投资的时候就提前做退出计划，签订退出策略的合同。风投者的投资有时长限制，一般最长10年，在此期间他们需

[1] 银色子弹（Silver Bullet）在欧洲民间传说中被描绘成具有驱魔功效的武器。后用来比喻解决问题的有效方法，作为“杀手锏”的代称。（译者注）

[2] 国家风险投资协会（2017：30，31）。

要找到退出途径，为有限合伙人生成投资回报（详情请见第4章）。

11.2.1 交易特点如何影响退出时间？

风投者给公司分期投资。这意味着，每一轮投资开始时，他们有机会决定是否继续投资。换句话说，每一轮投资中他们都有退出机会。吉奥特和施维恩巴赫（Giot and Schwienbacher，2007）从受风投资助的6 000家美国公司在1980—2003年的20 000轮融资案例中采样分析后指出，晚期投资、企业联合投资和有后续多轮融资的风险投资有更快的退出路径。这些公司一般都已实现了（技术上的）里程碑事件，由于在企业联合投资中多位风投合作者对公司进行价值增值和补充，公司发展迅速。而且，企业联合投资能扩大社交接触面，有利于寻找愿意并购公司的买方，也有利于在首次公开募股时证明公司价值。

11.2.2 投资者的特点和行为如何影响退出时间

风险企业的投资者的特点和行为也将决定投资退出的时间。一项关于欧洲风险投资退出时间的研究报告指出，风投者如果强化对公司的监管，将导致投资期限缩短，进而实现快速退出。[1]在欧洲，如果风投者在投资时便提前制定退出策略，那么在首次公开募股时能实现快速退出。在美国，如果风投者更多地致力于对公司的现场监管，则会更快速地实现成功退出。[2]年轻的风投者一般更热衷于

---

[1] Felix *et al.*（2014）。

[2] Bernstein *et al.*（2016）。

将其投资组合公司推向公开市场，以提高自己的名气。这种现象也被称为“哗众取宠”。[1]

11.2.3 市场环境如何影响退出时间

还有一个关键因素将影响退出时间，那就是市场环境。市场环境整体良好时，风投者更有希望实现投资退出。例如，美国的风投者就是在股市处于高峰，股权价值高涨之时将生物科技公司推向公开市场的。[2]而且，良好的股市环境能促成投资退出的决定。[3]但是，美国的风投者并不会因为投资者的过度乐观而草率决定上市和退出。相反他们大都喜欢伪择时，也就是说，他们更可能是因为需要大量资金才选择投资退出，或者是因为逆向选择成本比较低，市场条件有利，才选择退出。[4]

11.3 退出方式的选择

另一个重要的决定是关于退出方式的选择。退出方式有很多种，包括首次公开募股，并购（也被称为商业出售），通过收购交易将股份出售给管理层、雇员或投资者。如果公司创业失败，还有一种投资退出的方式，就是注销投资，但作为投资者，谁也不愿遭遇这种情形。如上节所述，投资退出的方式与退出时间有着密切联系。有时，

---

[1] Gompers（1996）。

[2] Lerner（1994）。

[3] Giot and Schwienbacher（2007）。

[4] Ball and Smith（2011）。

由于市场环境的变化，有些退出方式可能比其他方式更具吸引力。比如，在1999—2000年的技术泡沫中，风投者很快就通过首次公开募股成功实现退出，充分利用了当时人们对科技股票的狂热需求。

11.3.1　不同退出方式的特点

不同的退出方式，运行原理各不相同，而且各有利弊。风投者遵循类似“啄食顺序原则”，也就是优先考虑通过首次公开募股实现最具盈利性的投资退出，其次才考虑并购或收购的退出方式。而最糟糕的投资则通过注销投资的方式退出。美国风投者首先考虑首次公开募股，并通过此途径迅速选择买方，这一结论也得到吉奥特和施维恩巴赫（Giot and Schwienbacher，2007）的证实。但是，大多数天使投资人却是通过并购，而非首次公开募股，实现退出（详见第3章）。[1]

表11.1　不同投资退出方式的利弊

	利	弊
首次公开募股	1. 实现从优质公司的退出，因此是具有盈利性的退出方式； 2. 这种退出方式令人瞩目，可以让（年轻的）风投者声名大振，而且有利于在后续轮次的融资活动中从机构投资者处获得投资（“哗众取宠”）。	1. 只能实现部分退出，剩余的股份有时受到出售限制（股份禁售期）； 2. 更受公众监督，有信息披露要求； 3. 交易成本相对较高（承销商费用）； 4. 耗时较长； 5. 间接成本（IPO折价）。

[1] Mason and Harrison（2002）。

续 表

	利	弊
并购	1. 实现完全退出（所有股份在一次交易中完全出售）； 2. 使用范围广，不论是效益好的公司还是效益差的公司，都可采用这种退出方式； 3. 与首次公开募股相比，交易成本更低。	1. 退出时可能与创始人产生矛盾； 2. 非流通股折扣，再加上通过并购方式退出的公司类型较广，导致平均估价较低。
收购	可部分退出，也可全部退出。	退出的最后一个渠道。通过首次公开募股或并购退出无法卖出好价格时，一般采用这种方式退出。

从某种程度上来说，这反映了天使投资人投资的是不大可能通过首次公开募股的方式退出的早期初创公司。关于各种退出方式的利弊，可以参阅表11.1。

首次公开募股

在首次公开募股时，部分股票向公众出售，待售股票都在股票市场上公开列出。一定程度上，受天使投资人或风投者资助的公司相比其他公司更有机会上市，因为这些都是投资者一开始就认真筛选过的公司，而且投资后他们给公司增加了价值。在欧洲，风投者投入大量资金，通过首次公开募股退出的案例有：索引［英文名Yandex，俄罗斯网络搜索引擎公司，于2011年在纳斯达克电子证券交易机构（NASDAQ）公开上市］、扎兰朵（英文名Zalando，德国线上零售店，于2014年在法兰克福股票交易所上市），以及科韬（英文名Criteo，法国线上广告公司，于2013年在纳斯达克电子证券交易机构公开上市）。

首次公开募股的优势是其退出方式清晰可见。很多年轻的风投者想通过与公司一起亮相股市为自己赢得声名，也为接下来公司发展赢得更多机构投资，这种现象被称为“哗众取宠”。[1]首次公开募股一般被认为是最有利的退出方式。查普林克斯基和伽普塔·穆克吉（Chaplinksky and Gupta-Mukherjee）对美国1985—2008年的风投者通过不同退出方式获得的投资回报进行整理和比较，其报告指出，一般通过并购方式退出的收益率是99.5%，但通过首次公开募股方式退出的收益率是211.7%。虽然这两种退出方式在产生投资回报时，都有可能遇到极端的情况（所谓的“出局”和“全胜”），但是通过首次公开募股方式退出产生的收益在收益排行榜前四名（即“全胜”）中占67%，而通过并购方式退出所获收益只占前四名的33%；通过首次公开募股方式退出产生的收益在收益排行榜末四名（即“出局”）中占24%，而通过并购方式退出所获收益占末四名的76%。因此，他们得出结论，首次公开募股的退出方式更有可能产生“全胜”，从而提高资金效益，避免投资亏损。阿克雷特纳等人（Achleitner *et al.*，2012）通过对1982—2008年北美和欧洲投资退出的样本分析，也得出相同结论：首次公开募股的退出方式比并购的退出方式更有利。

---

[1] Gompers（1996）。

目前，对天使投资人的退出收益情况知之甚少，但梅森和哈里森（Mason and Harrison，2002）指出，在为数不多的天使投资人通过首次公开募股退出的案例中，这种退出方式仍占投资收益排行榜的榜首。总之，在退出投资时，运营绩效好的初创公司一般采用首次公开募股的方式。这种方式还带来一个好处——与并购退出方式相比，首次公开募股让投资者仍对公司保持一定控制。

首次公开募股的退出方式也有一些弊病。通过这种方式只能实现部分投资退出。投资者无法在首次公开募股时出售其全部投资。受限于股份禁售条款，投资者必须继续持有首次公开募股时未能出售的股票一段时间，直到禁售期满，才被允许在公开市场上出售股票，或通过公司并购的方式出售剩余股票。因此，与其他退出方式相比，首次公开募股的相关交易费用更高，这种方式更适合被大公司采用。而且，首次公开募股比其他方式耗时更长，需遵循“公开原则”。在下面的11.4章节我们将从公司和创业者的视角，继续讨论首次公开募股退出方式的利弊，并展示首次公开募股程序的细节。

专家之声：贾维尔·匹利兹·滕尼萨（Javier Perez-Tenessa，西班牙）

贾维尔是“e梦想”公司（eDreams）的联合创始人、名誉董事长和前任首席执行官，他曾在麦肯锡公司（McKinsey & Company）

担任顾问，后来在网景通信公司（Netscape Communications）和美国在线（AOL）任高层管理者，负责推销网景浏览器和网景门户。贾维尔从马德里理工大学获得航空工程硕士学位，从斯坦福大学获得工商管理硕士学位。他也曾是地中海海岸帆船冲浪运动教练和苏联的旅游导游。

您对首次公开募股的流程有何看法？创始人可通过多种方式为投资者提供投资变现，您对此有何建议？

e梦想的首次公开募股是我们第三次为股东和公司团队进行收益清算和变现，此前我们已完成了两次杠杆收购，而且两次为公司举债，其程序与首次公开募股很相似。因此，首次公开募股对我来说并不新奇，也不会从经济上对我的生活带来多大改变。相比于之前的杠杆收购、融资或合并、并购交易，我觉得首次公开募股更轻松。在私人交易中，你得费心去做尽职调查、设计问答环节，还要协调目标和动机各异的参与者，这一切很复杂。杠杆收购中的首席执行官是个孤独的人。相比之下，首次公开募股就简单多了，它有一套模式化的程序，你只需照着做就行了，每一次都是重复这些步骤。而且，其问答环节也比和私募股权者或公司并购者打交道要容易得多。还有很多旅行机会，为期2—4周的路演非常有意思，我想没有几个首席执行官会不喜欢这样的活动。因此，当我叩响马德里股票交易所的大门时，心中既有一种成就感（毕竟e梦想那时是而且至今仍是西班牙唯一一家在主要股票交易所上市的网络初创公司），也对接下来要发生的事心怀谨慎。完成一次首次公开募股对我个人来说是一次挑战。我们创立公司至今已17年，也为公司赢得了世界瞩目的地位，给许多投资者带来了丰厚回报，但在我认为我应该为公司做的事情中，并没有包括公开募股这一项。尽管能听到不同建议者的声音（如数十个银行家、律师、顾问等），我想大多数团队还是没有充分意识到成为上市公司将给公司带来多大影响。这里面有积极影响，也有消极影响。上市公司需要做风险报告，有时为了降低风险，不得不从创造价值的核心目标中抽出一部分精力。政府官僚随时都可能介入。上市公司的董事会成员和执行官可能很“专业”，很了不起，但他们也有可能坐在那儿就为等着收取报酬，因为他们要承担风险、因为他们在董事会议上要花费时间，尽管那些谈话毫无意义。因此，如果要我给那些考虑首次公开募股的团队提一条重要建议的话，那就是“忘记首次公开募股这个名称，只需想着成为上市公司意味着什么，从同行那儿了解相关信息，然后再决定值不值得这么做”。

并购

并购的方式能让投资者和创业者实现投资全部退出。他们可以一次性出售全部股份，让买方完全获得对整个公司的控制权。

但是，大多数情况下，买方不会主动找上门，投资者需要引导创业者和公司寻找买方。大多数投资者会求助于商业经纪人和专职顾问，将公司挂牌出售，利用后者的业务网络联系潜在买方。他们将优先考虑的买方列成一个名单，然后与他们联系。所谓优先考虑的买方一般活跃在与待售公司相同或相关的市场，这样才能让公司卖个好价钱。买方想并购公司的原因可能是想借此扩大公司规模、开发新的市场或得到新技术、新知识以实现创新。支付形式可能是现金，也可能是一些股份。从想退出的投资者视角看，现金一般是最好的支付方式。买方和想实现退出的投资者之间可能难以在价格上达成一致。这种情况下，双方协定一个底价，并定下满足业绩后再支付的计划——在公司被并购后，如果完成了一定收入目标，或取得了里程碑的成果，则在底价基础上提升一定百分比，按此价格支付给售卖方。在底价基础上提升的百分比一般在10%—25%之间。[1]买卖双方还需就其他事项达成协议，比如：是否继续留用公司的创始人和重要员工、如何处理优秀员工的股票期权、一定时间内阻止创始人和重要员工为对手公司服务的竞业限制条款、特别债务，以及知识产权的使用。[2]

在价格和条款上达成一致意见后，买方让律师和财务人员对公司展开尽职调查。既然做尽职调查会产生费用支出，买卖双方一般会签订排他性协议，以防在此期间卖方公司和其他潜在买方协谈出售事宜。在此阶段，买方不可能了解到公司的所有情况，因此会成立一个第三方托管账户。买方支付给卖方一部分资金，一定时间内委托第三方代为保管，保管期通常是从出售日期开始的一周年内。如果发生由公司方引发的意外情况，如：不完全诉讼、或有债务，

---

[1] McKaskill（2009）。

[2] McKaskill（2009）。

买方可收回预付款。[1]一旦保管期满，钱款就会转入卖方手中。

并购退出方式除了具有全部退出投资的优势外，其交易成本也比首次公开募股低。欧洲风投者通过并购方式退出的重要案例包括“超级细胞”（Supercell）的出售——这是一个由芬兰电子游戏开发商开发的“部落冲突”（Clash of Clans）游戏，2016年被腾讯以86亿美元的价格并购；以及瑞典电子游戏开发商开发的“我的世界”（Minecraft）的出售——2014年被微软以25亿美元的价格并购。

但是，并购退出也有很多弊端。首先，若采用这种方式退出，创业者须将公司的控制权完全转让给并购者，这让创业者不会像投资者那样喜欢这种退出方式，也就是说，创业者可能不愿意通过并购退出的方式出售公司股份。因此，投资者一般在一开始就和创业者签订关于退出方式的合同。在投资时，创业者须同意跟随权（tag along）或强制随售权（drag along），这些合同规定创业者必须和投资者按同样条件将股份出售给并购者（详情参阅第8章投资协议）。这些退出权利一般是风投者在计划并购退出时使用。[2]天使投资一般较少采用这种通过合同形式定下的退出权利。

并购退出的第二个弊端是，这种退出方式让公司的估值低于首次公开募股中的估值。布劳等人（Brau *et al.*, 2003）的报告指出，在美国，相比于首次公开募股，并购方式退出让投资折现价值折损

[1] McKaskill（2009）。

[2] Cumming and Johan（2008）。

22%。为何并购退出方式让待售公司的平均估值降低？原因之一是很多风险企业，不论是成功企业还是平庸企业，都可采用这种方式退出。有时甚至是受挫的公司也通过并购的方式退出。这就和首次公开募股形成反差，后者只适用于运营绩效优良的风险企业。并购退出的售价较低的第二个原因是并购者事先做了广泛深入的尽职调查，对待售公司的行业技术了如指掌，这就减少了公司价值信息不对称的问题，而首次公开募股的投资者对信息了解相对较少，经常可能支付更高的股价。并购退出售价较低的第三个原因，可能是创业者认识到其公司若独立发展，将无法在产品市场的竞争中生存，因此愿意将公司出售给更大的公司。[1]

收购

投资者通过收购的方式将其股份出售给另外的投资者、管理者（创始人）（参阅第10章）和（或）员工。法国布拉布拉长途拼车公司（BlaBlaCar）就是早期投资者的股份被晚期投资者收购的案例。2016年，俄罗斯风投者巴林·沃斯托科（Baring Vostok）以8 000万欧元的价格从布拉布拉早期投资者手中购得股份。与美国风投者相比，收购退出方式在欧洲风投者中更受欢迎（见图11.1和图11.2）。收购退出方式的一个优点是允许投资者部分或者全部退出，同时创始人保留对公司的控制权，因此它不同于首次公开募股退出，因为后者只能部分退出（至少在最初时）；收购退出也

[1] Bayar and Chemmanur（2011）。

不同于并购退出，因为并购退出的创始人将公司控制权完全转让给了买方。与此相反，收购方式甚至还能让创始人或管理者通过从现有投资者手中购回股份的方式增强对公司的控制权。如果创始人或管理者没有足够资金进行收购，他们还可联合外部投资者、员工，或通过银行贷款（个人贷款）筹措资金。让员工参与收购交易的另一个好处是，员工因此成为公司股东，员工的工作热情能被激发。

收购还能通过杠杆资本重组的方式让公司从现有投资者手中回购股份。公司通过借债的方式筹措资金，从现有投资者手中回购股份，然后将重新购回的股票注销。杠杆资本重组的另一个好处是债务利息可享税收减免。但其弊端在于让公司债务负担太重从而出现财务困难，影响公司的灵活运营。

收购退出并不是对投资者最有吸引力的退出方式。一般而言，投资者是因为在外部市场找不到买方才决定在公司内部出售的。而且，即便投资者能找到外部买方（如天使投资人或风投者），这些外部买方可能不愿接受策略性并购者能支付的价格。原因在于，策略性并购者们得益于协同增效，更倾向于接受价格，但金融买方却不是这样。梅森和哈里森（Mason and Harrison，2002）对此提供了一些证据。其研究报告指出，英国的天使投资人将其股份卖给公司内部的其他投资者或新的第三方投资者，这种情况尤其发生在运营状况不好的投资项目（所谓的“行尸走肉型”）上。[1]这种方式产生

[1] 参见Ruhnka（1992）。

的退出收益远远低于通过并购方式或首次公开募股方式退出的所得收益。阿克雷特纳等人（Achleitner *et al.*，2012）以北美和欧洲风投者所采用的退出方式为研究样本，提供证据表明金融买方（即从现有投资者手中购得股票的风投者或金融机构）所获得的退出收益低于策略性并购者。

注销投资

为完整起见，我们也介绍一下注销投资这种退出方式。绩效不佳甚至糟糕的投资很难通过其他任何一种方式退出。如果投资者无法帮助这些公司走出困境，那么就可将这些公司的投资以“投资完全亏损或者部分亏损”的方式注销。注销投资的退出方式当然是和投资失败联系在一起的。[1]极少数情况下，可能会通过变卖资产挽回一定的投资损失。据欧洲风投数据显示，2007—2015年（含2015年）以注销方式退出的投资约占投资退出总数的20%。[2]一个失败的初创公司案例是背板公司（Backplane），这是一家创立于2011年的名流社交网络公司。该公司从Lady Gaga那儿融资1 200万美元，从丰田红杉（sequoia）、谷歌风投那样的顶级风投者那儿融资约4 000万美元。所有资金都用完后，风投者不愿再投资，背板公司于2016年将整个公司资产出售给打算沿用这个创业理念的新、旧投资者。

---

[1] Achleitner *et al.*（2012）。

[2] 投资欧洲（Invest Europe，2016）。

11.3.2 投资者和成功的退出

投资者对公司质量的感觉也影响其对退出方式的选择。如前文所述，这里好像存在一种“啄食原则”：最好的投资组合公司通过首次公开募股的方式退出，接下来依次是并购、收购，如果这些都失败了，就选择注销投资的方式。但并非所有投资者都能成功做出退出选择。在美国，如果风投者有更好的工作网络，则更有可能通过首次公开募股或并购的方式成功退出。[1]在美国有行业特色的风投项目更容易做出成功退出的决定，[2]而在欧洲积极参与公司运营的风投者更容易做出成功退出的决定。[3]风投基金管理的人力资本也起着重要作用。迪莫夫和谢菲尔德（Dimov and Shepherd，2005）认为，有较好的人力资本的风投基金管理团队（即受过自然科学和人文科学教育的人）更可能通过首次公开募股实现退出（“全胜”）；而那些有较好特殊人力资本的团队（即工商管理硕士、有法学学位者或有咨询经验者）不大会遭遇注销投资（“出局”）的情况。在欧美国家，有经验的投资者和创业者更可能成功退出。[4]欧洲的连续创业者少于美国也是欧洲退出成功率低于美国的原因。

投资者也需要经验以处理退出市场上的信息问题。股票售卖方和潜在购买方之间的信息不对称越严重，就越有可能部分退出，而

---

[1] Hochberg *et al.*（2007）。

[2] Gompers *et al.*（2009）。

[3] Bottazzi *et al.*（2008）。

[4] Axelson and Martinovic（2015）。

非全部退出。在部分退出时，现有投资者持有一定量的股票，向购买方释放积极信号。如果能够成功减少信息不对称，并降低代理成本，那么实现成功退出的概率就会增大。[1]

退出方式的选择也受信息的影响。首次公开募股的方式更适用于容易估值的组合公司。[2]与公开募股相比，并购退出方式可能更适合那些遭遇信息高度不对称的投资组合公司。

总而言之，有经验、有技巧的投资者能给投资公司带来价值，因此成功退出的概率，或通过首次公开募股而获“全胜”的概率也会随之增加。不论是否能够全部退出，退出市场的信息问题会影响退出方式的选择。

11.3.3　不同退出方式的组合

至此，我们都认为投资者需选择一种方式退出投资。其实也存在“双轨退出”的可能，即同时或先后采用两种退出方式。布劳等人（Brau *et al.*，2010）比较了“双轨退出”和“单轨退出”，并区分私人双轨退出和公开双轨退出。私人双轨退出指公司提出上市申请，但还没来得及上市就私下被并购；公开双轨退出指公司上市不久后被并购。投资者可以通过首次公开募股实现部分退出，然后在接下来的并购中实现全部退出。这种情况下，首次公开募股被认为是延迟了的并购退出。首先上市似乎有助于提高公司的价格。与那

[1] Cumming and Johan（2008）。

[2] Bayar and Chemmanur（2011）。

些决定不上市的公司[1]或选择单轨退出的公司[2]相比，并购者支付给上市公司的价格会更高。

布劳等人（Brau *et al.*，2010）注意到，两种形式的双轨退出策略都比单轨退出产生更高的溢价。与单轨退出相比，私人双轨退出的获利性更强，可产生22%—26%的溢价，而公开双轨退出产生18%—21%的溢价。这表明投资者和创业者可通过采用双轨退出策略提高销售收入。风投者更有可能采用这种获利性强的双轨退出策略。[3]

实操：案例分析

并购还是首次公开募股？

双轨退出的方式正越来越受欢迎。在双轨退出方式中，两种退出方式——一般是首次公开募股和并购——同时被采用。布鲁伯格（Bloomberg）报告显示，2016年52家美国公司里有14家（占比27%）撤销首次公开募股计划后半年之内将股票售出。在这14家公司里，有8家受风投资金或私募股权资助。与之相比，2015年79家公司里有11家（占比14%）在撤销首次公开募股计划后的半年内被并购。[4]一般而言，双轨退出策略多被私募股权投资者所采用。但

[1] Mantecon and Thistle（2011）。

[2] Brau *et al.*，2010。

[3] Brau *et al.*，2010。

[4] 参见网页 www.bna.com/sale-ipo-companies-n57982082683/。

近年来，这种退出策略越来越受到有风投资助的公司的青睐。

在欧洲，双轨退出方式也越来越普遍，公司往往同时采用首次公开募股方式和并购方式退出。[1]一个有名的例子是在卢森堡注册的、以音质和视频通话享誉全网的斯盖普公司。该公司最初计划上市，但最终被并购。这个受风投资金资助的公司一开始并不想采用双轨退出方式，但是2009年刚刚宣布其上市计划便吸引了很多潜在买家。据说雅虎、谷歌、脸书、威瑞森、苹果、微软等公司都曾对并购该公司感兴趣。[2]斯盖普公司推迟了首次公开募股计划，最终在2011年赶在上市前被微软公司以85亿美元的标价并购。

问题讨论

1. 什么样的公司适合采用双轨退出方式?
2. 什么样的市场条件下公司可能选择双轨退出方式?
3. 请谈谈双轨退出方式的利弊。

11.4　首次公开募股详解

首次公开募股时，一部分股票面向普通大众出售。这些股票在股市上市，给投资者一个部分退出的机会。但是，上市也是投资组合公司生命中的重大转折点。本节一开始将从投资组合公司或创

[1]　参见网页 www.ft.com/content/c96004f8-2d25-11e4-911b-00144feabdc0。

[2]　参见网页 www.reuters.com/article/us-skype-ipo-idUSTRE6A05N220101101。

业者的角度讨论首次公开募股的利弊。我们对首次公开募股的程序进行细致观察，然后探究与首次公开募股相关的三种反常现象：（1）较高的首日收益（即“抑价”）；（2）长期的新股弱势；（3）许多公司在市场活动高潮期（“热发”市场）上市，但随后进入低潮期（“冷发”市场），参与首次公开募股的公司相对较少。本节末将探讨风投者和天使投资人在首次公开募股中的作用。

11.4.1 上市的利与弊

“上市”是公司的生命周期中的一个重要决定。公开上市给公司带来的好处有（不分先后）：（1）在公募股权市场融资；（2）提高公司知名度；（3）扩大股东基础；（4）为股票建立市场价格；（5）让首次公开募股之前的股东实现套现；（6）允许公司以股票作为并购货币以支付将来的并购项目；（7）当其他资源已被耗尽，或者当其他资源的成本太高时，公司可以继续融资。布劳和福西特（Brau and Fawcett，2006）在336位美国公司的首席财务官中展开调查，让他们谈谈上市的好处。这些公司中有的进行过首次公开募股，有的曾计划首次公开募股但最终撤销计划，有的一直没有上市。这些首席财务官认为上市带来的最重要的三大好处是：允许公司用股票作为将来的并购货币；为公司股票建立市场价格；提高公司知名度。班瑟尔和密托（Bancel and Mittoo）调查了来自欧洲上市公司的78位首席财务官，其调查结果基本与布劳和福西特（2006）在美国的调查结果一致。但欧洲的首席财务官认为上市的三大好处是：让公司提高知名度和信誉度，财务灵活性，增强股东基础。

上市带来好处的同时，也产生成本问题，上市的费用昂贵。首先是上市的直接费用。拟上市的公司需要投资银行为其首次公开募股提供承销服务。这种承销服务一般会从首次公开募股所得的总收益中提取一定比例的佣金。在美国提取比例一般是7%左右，世界上其他国家可能会低一些。其他固定费用包括打印首次公开募股章程的费用、法律咨询费用、审计费、注册费等，这些都是上市过程中必须支付的费用。其次是上市的间接费用。一般而言，上市公司在首次公募首日交易中将其股票低于市场价格出售。这种首日收益为正数被称为“抑价”，却给首次公募的公司增加了成本，因为它原本可以售价更高，却“把钱留在了桌子上”[1]。抑价幅度平均在15%左右。

成为上市公司还有其他弊端。拟上市的公司需发行首次公开募股章程，其中包括对公司以及公司绩效的详细介绍，这样可能向市场的竞争对手泄露公司的商业专有信息。比如，对手们可能会收集关于该公司策略和产品之类的最新信息。上市公司首次公开募股之后还必须遵从“公开原则”（disclosure rules）——公布公司的财务报表、发布新闻稿、与财务分析师进行电话会议，这些活动一方面增加公司费用，另一方面可能不断向竞争者泄露公司的专有信息。上市还有一个弊端是可能失去对公司的控制力。作为一个公开上市的公司，可能成为别人（敌意）并购的目标。

---

[1] “把钱留在了桌子上”是英文谚语，原文是“leave money on the table”，指不能从交易、谈判或销售中得到本来能够得到的那些钱。在金融学中是针对首次公开募股的抑价发行而言，意即承销商对上市公司的首次公开募股定价太低，导致上市公司筹资减少。（译者注）

布劳和福西特（Brau and Fawcett，2006）也调查了首席财务官对上市弊端的看法。他们不愿公司上市的主要原因有：想保留做决策的控制权，避免股权稀释，担心不良的市场环境，担心向对手泄露信息等。欧洲的首席财务官则暗示上市的最大问题在于费用负担。[1]

11.4.2　上市流程

整个上市流程一般由公司的执行董事领导，自始至终平均耗时大约半年。图11.3描述了首次公开募股的流程。一开始是“选美”：公司联系几家投资银行，从中选取一家为首次公开募股提供承销服务。投资银行全力以赴投入公司管理，对公司股价形成初步估价。凡·登·艾森姆等人（Van den Assem *et al.*，2006）研究显示，在荷兰平均4—5家承销商参与竞选。他们一般对公司进行初步估价。在为首次公开募股

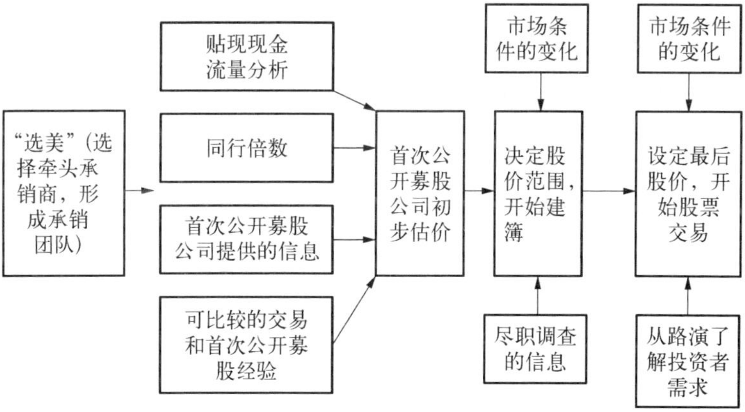

图11.3　上市流程

[1] Bancel and Mittoo（2009）。

选择牵头承销商时须记住，选择依据是承销商的口碑、专业性、经验、投资客户基础，以及公司与承销商是否有现成的业务关系。

牵头承销商负责与其他投资银行组建团队（协同作战），在首次公开募股时向零售投资者和机构投资者推销公司股票、在团队成员中分销股份、为股票定价，如果有必要的话，在首次公开募股后的最初交易阶段稳定股价。牵头承销商当然会因其大量付出而得到最大份额的佣金。在首次公开募股时，承销团队成员可从公司以折扣价买下股份，然后将其出售给零售投资者和机构投资者。这样一来，承销团队向公司信誓旦旦地承诺，将在首次公开募股时买下公司所有股票。折扣价可被视为对承销商所承受风险的一种补偿，因为万一承销团队无法将买下的股票出售，他们就得自己持有这些股票。但是对公司而言，这种承诺能保证公司在首次公开募股时获得净收入。

牵头承销商分析贴现现金流量，了解可比较公司的价值、可比较交易或对首次公开募股进行估值，进而对公司进行估值。估值的依据是发行公司所提供的信息以及投资银行的尽职调查结果。发行公司对银行的输入参数或调查结果进行评论，或提议另外的估值方式。[1]牵头承销商和发行公司根据估值结果和市场条件决定股价范围。例如，2001年在丹麦创建的在线外卖快餐平台“吃吧”（Just Eat）是首家加入伦敦股票交易市场的高增长特色类风投企业，其股价范围为每股210—260便士。

决定股价范围后，首次公开募股的销售活动就正式开始了。牵

---

[1] Van den Assem *et al.*（2016）。

头承销商和公司管理者通过“路演”向大的机构投资者推销股票。这些机构投资者往往会暗示在什么样的股票价位他们会购买多少股票，承销商根据投资者的兴趣和愿意接受的股票价格建立电子订货簿（由此得名“建簿”）。这就使牵头承销商（也被称为“账簿管理人”）能根据对投资者需求的观察最终定下首次公开募股的股价。[1]通常在首日交易的前几天才定下最后的首次公募价格，这个最终价格并非一定要落入最初拟定的价格范围。如果需求过旺，最后价格可以高于最初价格范围的最高值。仍以“吃吧”为例，其股价是最初定价范围的最高值——每股260便士。如果投资者的需求不旺，最终交易价格可低于最初拟定的价格范围的最低值，但这种情况下，公司很有可能会退出首次公开募股。在美国，1980—2016年间最终股价落在最初拟定的价格范围内的案例占51%，22%的公司最终价格高于最初价格范围的最高值，27%的公司低于最初价格范围的最低值。[2]但是，在欧洲这种不符合价格范围的情况很少见，可能是因为欧洲的承销商不如美国同行那么处事灵活，他们担心过高的价格会吓跑投资者，或者担心如果定价高于范围最高值的话，投资者就算想购买股票也会降低购买数量。[3]

绝大多数的首次公开募股都遇到多倍超额认购的情况，这意味

[1] 也存在其他方式为首次公开募股的股票定价。可以用拍卖的方式为首次公募的股票定价（谷歌首次公募就采用过拍卖的方式）。承销商和公司也可以不从投资者那儿收集信息，而直接给出固定价格。但是，建簿方式是全球首次公开募股市场上最常用的方法。

[2] 可登录杰伊·里特（Jay Ritter）教授的网站，网址为https：//site.warrington.ufl.edu/ritter/ipo-data/。

[3] Van den Assem *et al.*（2016）。

着发行的股票对投资者们来说供不应求，导致一些投资者买不到他们想要的股票。首次公开募股市场上一般有两种投资者：机构投资者和零售投资者。绝大多数股票被机构投资者买下。因此，牵头承销商自行斟酌，将手中分配到的优良股出售给首次公开募股的老主顾、开出高价的投资者或那些没找过承销团队其他成员的投资者。[1]。股票上市后，在开始交易的首月，承销团队可能按首次公开募股的价格买下公司股票，这样做是为了稳定股票价格，以免首次公开募股不利的情况下价格过低。首次公开募股前的股东须遵守股票禁售条款，在一定时间内不得售出手中持有的剩余股票。在欧洲，有些禁售期限长至首次公开募股后的数年。在“吃吧”的首次公开募股案例中，公司及其股东受180日禁售期限制，董事股东受首次公开募股后360日禁售期限制，在禁售期间未经牵头承销商戈德曼·沙驰（Goldman Sachs）和J. P. 摩根·卡泽诺夫（J. P. Morgan Cazenove）同意不得出售股票。

11.4.3 首次公开募股的三大反常现象

有三种反常现象与首次公开募股密切相关：首次公开募股抑价，长期新股弱势，“热发”期大量公司决定上市。本节将逐一讨论以上三种反常现象。

抑价

首次公开募股首日市场交易的平均收益为正数。这种现象被

---

[1] Jenkinson and Jones（2003）。

称作“抑价”——首次公开募股的首日交易中，股票价格平均比市场价格低15%，这就意味着股票发行公司“把钱留在了桌子上”，在做上市决定时导致间接成本提高，事后估计，本可以提高价格出售。图11.4显示从1980—2016年（含2016年）美国的年平均抑价。[1]从中看出，抑价现象每年都有发生，但随着时间段发生改变。1984年的平均抑价为3.6%，1999年由于互联网泡沫达到顶峰，平均抑价高达71.1%。1980—1989年间，平均抑价为7.3%，但1990—1998年间平均抑价增至14.8%，在互联网泡沫盛行的1999年达到峰值；2000年为64.5%，接下来的2001—2016年间跌回至14%。1980—2016年间整体的平均抑价为17.9%。

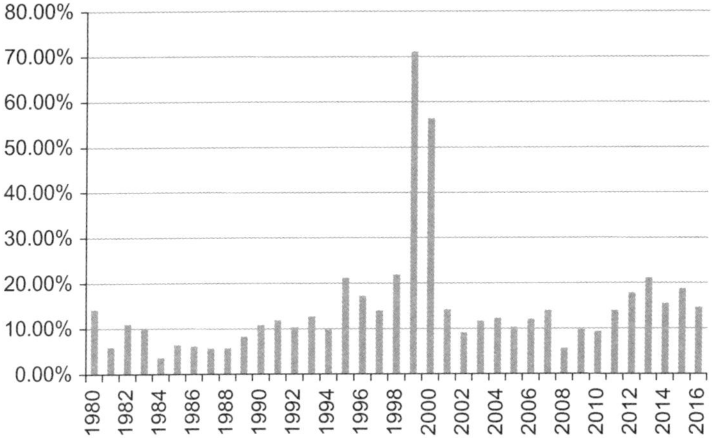

图11.4　1980—2016年美国的年平均抑价

来源：杰伊·里特教授的数据，http://site.warrington.ufl.edu/ritter/ipo-data/

[1] 杰伊·里特教授在其网站提供了首次公开募股数据，网址为https：//site.warrington.ufl.edu/ritter/ipo-data/。

图11.5显示了全球51个国家及地区的平均抑价水平，也就是说抑价现象在世界各地都存在。

抑价是一种普遍现象，那如何解释这种现象呢？在提出的多种解释中，有一种认为既然给首次公开募股公司投资存在风险，抑价

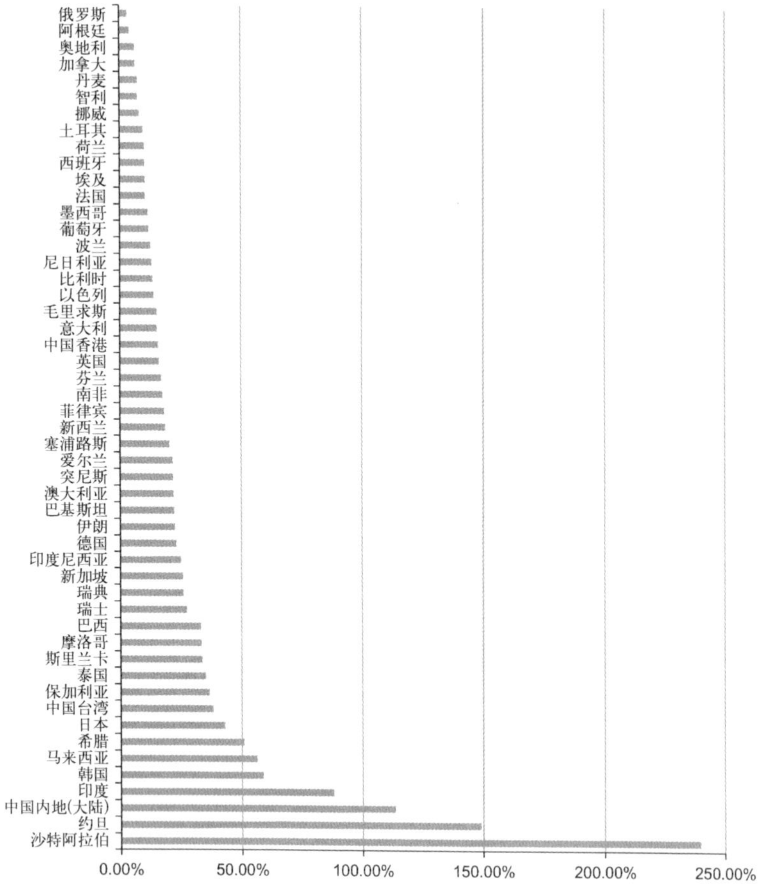

图11.5 全球51个国家及地区的平均抑价水平

来源：http://site.warrington.ufl.edu/ritter/ipo-data/

则是对投资者们承担风险的补偿。那些信息不灵通的投资者，还有可能受到“赢家的诅咒”[1]。下面例子中，信息不灵通的投资者需要购买首次公开募股时出售的股票，我们看看其中的数据吧！某公司决定通过首次公开募股出售100份股票，股价为120欧元（50%的可能性）或80欧元（50%的可能性）。现有两种类型的投资者：（1）信息不灵通的投资者，在价格公道时他们将购买100份，否则购买量为零；（2）信息灵通的投资者，如果他们得知公司股价为120欧元，而他们购买的价格低于120欧元时，他们将购买50份，否则购买量为零。如果这两种类型的投资者都要同时购买该公司股票，那么就会采用“合并按比例分配”的办法。如果投资者求购150份股票（信息不灵通者求购100份，信息灵通者求购50份），而待售股票是100份，那么每个投资者能购买到他们求购股票的2/3（即100/150）。股票定价依据“为信息不灵通者制造公平条件”的原则（信息不灵通者需要参与市场，因为他们购买的100份股票需要出售）。信息不灵通者不愿在首次公开募股上亏损，如果股价是120欧元的话，而且信息灵通者也求购，那么信息不灵通者只能购到他们求购数量的2/3。信息不灵通者的收益是：2/3 ×（120－P），这里的P代表首次公开募股的价格。如果股价为80欧元，信息灵通者不购买，信息不灵通者购买全部股票，即100份。这种情况下，信息不灵通者收益为：1 ×（80－P），这里的P代表首次公开募股的价格。上述两种情形的发生概率各为50%，

[1] 赢家的诅咒（Winner’s curse）指在公共价值的拍卖中，出价过高可能赢了拍卖却亏了钱财，因为商品有一个客观的市场价值，这就是所谓的“赢家的诅咒”。（译者注）

因此信息不灵通者的预期收益为：0.5 × 2 / 3 ×（120－P）+ 0.5 × 1 ×（80－P）。为了让信息不灵通者参与首次公开募股市场，其预期收益至少为零。若使预期收益为零或为正，我们求得P值，即首次公开募股的价格最高为96欧元。因此，为了让信息不灵通的投资者参与首次公开募股，必须对股价进行抑价。股价不是预期的100欧元（= 0.5 × 80欧元 + 0.5 × 120欧元），而是以较低的价格96欧元出售。

对抑价现象的另一种解释是，因为建簿过程中，投资者坦诚表露了他们对股票的需求量，因此抑价是对该行为的报答；还有人解释说，抑价是为了吸引更多投资者，促进首次公开募股后的投资变现；最后，还有人认为抑价是因为折扣价便于投资银行将首次公开募股的股票卖给投资者。布劳和福西特（2006）向美国公司的首席财务官调查抑价存在的原因。他们的回答是，抑价是为了给冒险参加首次公开募股的投资者们以补偿，是为了让承销商拉拢机构投资者，也是为了扩大股东基础，促进上市后的投资变现。调查的另一个问题是，如何降低抑价水平。首席财务官们的回答是：拥有强大的历史收益；雇用信誉良好的投资银行作为首次公开募股的承销商；制定更长的禁售期，禁止首次公开募股前的股东出售股票；雇用有良好信誉的四大会计师事务所对公司财务报表进行审计。[1]

长期新股弱势

首次公开募股的股票较长时间都会处于弱势。里特（1991）显

---

[1] Brau and Fawcett（2006）。

示，美国首次公开募股的股票在上市后的三年内与其他具有可比性的公司相比都明显处于弱势。首次公开募股的股票购买和持有策略是让投资者在新股交易三年后保留当时投资额83%的价值。新股弱势在许多其他国家也有记录，如澳大利亚、奥地利、巴西、加拿大、智利、芬兰、德国、日本、荷兰和英国。

对新股长期弱势也有多种解释。有人将其归因于投资者的过度乐观。他们一开始高估了“找到下一个微软”的可能性，在首次公开募股时支付的价格太高。而公司恰恰利用了这个机会，在投资者过度乐观时上市。一段时间后，人们就会看清真相。里特（1991）发现，在“热发”期上市的公司往往是那些绩效不佳的公司。另一种解释认为，新股弱势与参加首次公开募股的公司规模及其账面市值比相关。布拉夫和冈珀斯（Brav and Gompers，1997）发现新股弱势并非一定是首次公开募股导致的结果，因为有些具有近似规模和账面市值的公司，虽然没有发行股票，其绩效表现也不佳。还有人认为，新股弱势是因为投资者之间意见不一。积极的投资者在首次公开募股市场购买股票，但消极的投资者由于受到卖空约束不参加首次公开募股。股票没有持有权的话很难出售，也别想着从其他投资者那儿借入首次公募的股票再卖出，指望以后能以低价再买入。因为过一段时间，信息就更透明了，卖空约束也逐渐失效，投资者之间不再有那么大的分歧，股价开始下降到比较现实的价位。霍杰等人（Houge *et al.*，2001）发现，代理者们意见分歧与新股长期表现不佳相关。但是，爱德华兹和韦斯–汉利（Edwards and Weiss-Hanley，2010）认为，首次公开募股的卖空约束也不像以前想的那么严格了。

"热发"期

一段时期内上市的公司数量上下波动。图11.6显示1980—2016年（含2016年）美国上市公司的数量。根据数据，首次公开募股公司的数量在1996—2000年间达到顶峰，此后大幅下降（请参阅11.2关于变化中的退出格局的阐述）。劳里（Lowry，2003）试图从首次公开募股的数据中了解这些波动规律。她提出了三种假说。第一，整体经济状况好的时候，更多公司选择上市，因为他们需要资金（资金需求假说）。第二，股票发行的逆向选择成本随着时间变化；在信息不对称的问题很严重时，公司可能推迟上市（信息不对称假说）。第三，公司可能选择在投资者过度乐观而高估股票价值时上市（投资者情绪假说）。劳里（Lowry，2003）发现资金总需求高涨时，更多公司选择上市，投资者也渴望在这时购买股票。

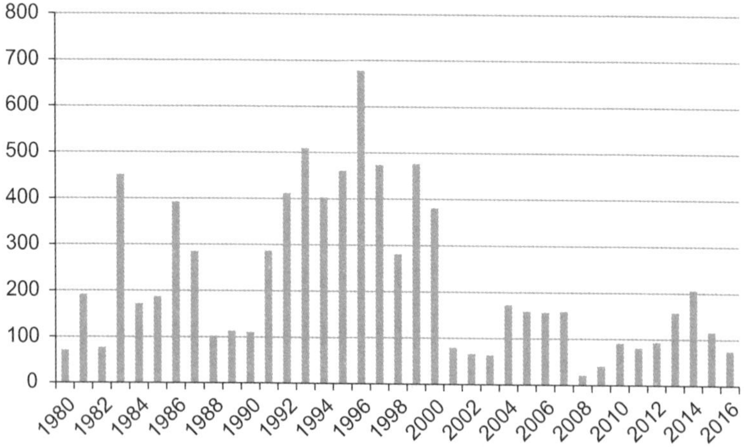

图11.6 1980—2016年美国首次公开募股上市公司的数量

来源：http://site.warrington.ufl.edu/ritter/ipo-data/

11.4.4 首次公开募股中风投者的作用

首次公开募股给风投者和其他上市前的投资者一个出售股票的机会。但是通过这种方式，他们只能出售部分股票。如果他们完全套现，就等于是给打算在首次公开募股市场上购买股票的投资者们释放负面信号，让他们猜测这些信息灵通的前股东们是否在“跳船求生”。因此，这些前股东们锁定一部分股票，承诺留待首次公开募股之后一段时间再出售。在美国，这种禁售期一般是180天（6个月），但在欧洲可能长达数年。所以，首次公开募股最多也只能实现部分退出，现股东们继续持有剩余的股票直至禁售期满，然后在公开市场上自由买卖。如前文所述，这也是风投者通过首次公开募股只退出最有前景的公司的原因。此后，他们手中的股票还得继续持有一段时间，因此，如果首次公开募股成功的话，这些风投者是既得利益者，他们的名声也能证明公司的质量，降低抑价的间接成本。[1]他们还能利用自己的工作网络帮助公司联系顶级承销商。但是与有名的资深风投者相比，年轻的风投者试图通过“哗众取宠”的方式为自己博得名声，因此往往与高抑价紧密联系。[2]近期趋势显示，风投者的投资行为所取得的好名声，与更高的抑价水平相关，而不是更低的抑价水平。[3]

首次公开募股后风投者的名声也是个很重要的问题。克里希南等人（Krishnan *et al.*，2011）认为，美国首次公开募股市场上

[1] Megginson and Weiss（1991）。

[2] Gompers（1996）。

[3] Lee and Wahal（2004）。

获得著名风投者资助的公司往往有更好的长期效益。有名气的风投者在首次公开募股后仍会继续积极投入公司的管理。贝斯勒和塞姆（Bessler and Seim，2012）发现，在欧洲，与未受风投支持的公司相比，受风投支持的首次公开募股公司业绩更好。但在禁售期满后，当风投者决定出售剩余股票，或开始向他们的有限合伙人（能自行决定是否购买股票的合伙人）推销股票时，一般在股票价格上会遇冷。而且，将股票分销给有限合伙人后的数月，股票收益继续为负，这就表明风投者应当利用内部信息选择股票分销时间。[1]但是，如果公司的上市股票由顶级的承销商负责推销，或者如果风投者有名气，这些负面效应就会得以缓解。[2]

11.5 近期发展：变化中的退出市场

近年来，市场发展对欧美的退出市场（最为瞩目的是首次公开募股市场）产生了较大影响。本节我们将谈谈近年来的变化。

11.5.1 变化中的美国退出市场图景

至今，美国仍有着世界上最大的退出市场。但与21世纪早期相比，美国已丧失一些优势，因为此后世界各国纷纷改善他们的创业生态系统，完善退出市场。尤其是得益于金融全球化，这些国家不论在数量上还是在成交量上，都在首次公开募股的活动中取得

[1] Gompers and Lerner（1998）。

[2] Lin and Smith（1998）。

了进步和发展。而美国从金融全球化中得到的好处不如其他国家多，甚至丢失了一些市场份额，尤其在小型公司的首次公开募股上不占优势。[1]2012年出台的《创业企业扶助法》(The Jumpstart our Business Act）在近年较为有效地扭转了局势，尤其小公司的首次公开募股交易量有所回升。[2]但是美国的首次公开募股行为仍远不及1980年代和1990年代，2000年技术泡沫破灭后，美国仍未完全复苏。1995—2000年，美国风投者的退出方式中，一半以上是首次公开募股，但2008—2009年下降了5%。[3]也许正是这个数据引发了人们的担忧，因为至少从传统来看，首次公开募股被视为风险投资的强力驱动。[4]而且，一次良好的首次公开募股能让投资者至少实现部分退出，用这笔退出的资金他们可以再投资于其他风险基金，资助新的企业。

---

[1] 多伊奇等人（Doidge *et al.*，2013）认为，美国首次公开募股能力的衰退主要是由首次公开募股全球化导致的。全球化的市场里既有国内的股票也有国外的股票（国际首次公开募股），或者只有国外股，没有国内股（国外首次公开募股）。他们认为，美国首次公募能力减弱的原因不在于美国经济重要性降低。而且，也不能把小公司的首次公开募股水平下降归因于21世纪早期美国的成交规则太严格［《公平交易法案》(The Fair Disclosure Act of 2000)；《萨班斯-奥克斯利法案》(Sarbanes Oxley Act of 2002)］，因为在这些法案生效之前这些公司的公募水平就已经很低了。

[2] 丹姆布拉等人（Dambra *et al.*，2015）认为，2012年的《创业企业扶助法》增加了美国首次公开募股中小型公司的数量。该法案发布后的两年，即2014年3月底，首次公开募股交易量和小型公司股票发行量创2000年以来的新高，但是仍远低于1980年代和1990年代的首次公开募股交易量。

[3] Ball and Smith（2011）。

[4] Black and Gilson（1998）。

11.5.2 变化中的欧洲退出市场图景

不仅美国的小型公司参与首次公开募股的数量下降，欧洲也面临同样情况。阿克塞尔森和马丁诺维克（Axelson and Martinovic, 2015）指出，欧美国家通过首次公开募股退出投资的可能性在减小，但通过并购方式退出投资的可能性却始终保持稳定。在欧洲，尽管初级股票市场将目标投向小型公司，但自从2000年的技术泡沫破灭后，小型公司的首次公开募股形势始终低迷。2008年的金融危机和2011年的欧元区危机导致市场环境恶化，加剧了欧洲首次公开募股市场的不景气。里特等人（Ritter *et al.* 2013）认为，近年来欧洲越来越少的小型公司参加首次公开募股，而且参加首次公开募股的小型公司长期新股弱势，获利性弱。与欧洲新上市的大公司比，这些首次公开募股后的小公司在上市后有更高的被并购风险。许多以中小型公司为目标的初级股票市场目前处于挣扎状态或闭门歇业。只有不怎么受欧盟限制的伦敦股票交易所另类投资市场（Alternative Investment Market）还算成功。从1995年成立至2017年4月，在另类投资市场上市的有3 052家英国公司和665家国际公司，融资超420亿英镑。但是，在另类投资市场上市的小型公司只向机构投资者出售股票，参加首次公开募股后的小型公司的股票很少在股票交易市场交易。这就使它更近似于私募市场。[1]

---

[1] Vismara *et al.*（2012）。

11.5.3 近年退出市场图景变化的原因

可从以下几方面解释参与首次公开募股的小型公司数量减少的原因。首先，包括谷歌、脸书和苹果在内的大型科技公司在并购小型科技公司。因此，这些小型科技公司就不再上市，而宁愿被大公司并购，这样有助于加速发行新产品，实现规模经济。[1]出于同样原因，天使投资人也更倾向于并购退出。[2]第二个原因是，如今通过“私人的首次公开募股”，公司可以私下进行巨额融资，有时可高达10亿美元，或通过后续多轮融资让公司达到更高价值（所谓的“独角兽”公司）。这些私有的独角兽公司包括优步、小米、声田和爱彼迎。只要私募股权投资者愿意投资，这些公司就可以推迟上市。2016年获风投基金资助的上市公司的中位退出时间为8.3年（从最初的风投基金投资时间开始计算），最长投资时长纪录是13年。[3]但是，独角兽公司的投资者也迟早会退出投资。欧美首次公开募股市场的结构性衰退让并购成为投资者退出的主要方式。[4]

---

[1] 高等人（Gao *et al.* 2013）的观点与流行的观点相反，他们认为导致参加首次公开募股的小型公司数量下降的原因不是监管过度（如2002年的《萨班斯-奥克斯利法案》），而是小型公司需要借助结构变化成为较大组织机构的一部分以便让其产品更快上市，并扩大产品规模，实现规模经济。更多信息请登录www.sec.gov/info/smallbus/acsec/hutchinson-goodwin-presentation-acsec-021517.pdf。

[2] Carpentier and Suret（2015）。

[3] 美国国家风险投资协会（National Venture Capital Association，2017：30）。

[4] Felix *et al.*(2013）；Chaplinsky and Gupta-Mukherjee（2013）。

要点总结

- 初创公司的投资者是有买卖行为的投资者。给公司投资数年后，他们期盼投资收获（退出）。
- 常见的退出方式有三种：（1）首次公开募股——公司的部分股份向大众公开出售，股票上市；（2）并购（商业出售）——将所有股份出售给其他公司；（3）收购——新的投资者、雇员或管理层从现投资者手中买下股份。
- 从数量和规模来看，并购是最主要的退出方式。近年来上市公司数量的减少更让投资退出图景的天平向并购倾斜。
- 退出时间的选择是件复杂的事，由公司的成功与否以及市场条件决定。如果投资者积极参与投资公司的监管，或提前制定退出策略，则有望实现快速退出。
- 投资者选择退出方式遵循类似"啄食原则"，一般通过首次公开募股退出最具盈利性的投资，其次分别是并购方式或收购方式，最差的投资可采取注销投资的方式退出。
- 每种退出方式都有其利弊。
- 退出市场的信息不对称影响退出方式的选择，也决定是否能实现全部退出。可以同时或先后采用两种退出方式，即所谓的"双轨退出"。
- 首次公开募股为投资者提供部分退出的机会。上市也是投资组合公司发展历程中的里程碑式事件，让公司进入公开资本市场，增加公司的可见度。但上市也会产生首次公开募股的直接或间接成本，而且公开上市的公司需遵循“公开原则”。

本章提问

1. 进入21世纪以来，在欧美国家上市的小型公司数量减少。请对此进行解释。

2. 什么因素影响退出时间的决定?

3. 首次公开募股经常被称为“银色子弹”。效益最好的投资为何通过首次公开募股的方式退出?

4. 年轻的风投者试图通过“哗众取宠”的方式为自己博取好名声。谈谈这种“哗众取宠”的现象将牵涉哪些其他方面?

5. 为何有的投资者相比于其他投资者更善于做投资退出的决定?

6. 从创业者的角度看，相比于并购，首次公开募股有何利弊?

7. 双轨退出策略的优点是什么?

8. 请描述上市程序的步骤。

9. 什么是抑价? 对抑价这一现象，请给出你的解释。

10. 请描述首次公开募股如何成为投资者部分退出的方式。首次公开募股后的股票怎么处理?

延伸阅读

Axelson, U. and Martinovic, M. (2015). *European venture capital: Myths and facts.* Working paper, London School of Economics.

Giudici, G. and Roosenboom, P. (eds.) (2004). *The Rise and Fall of*

Europe's New Stock Markets. Elsevier.

McKaskill, T. (2009). *Invest to Exit: A Pragmatic Strategy for Angel and Venture Capital Investors*. Breakthrough Publications.

Ritter, J. R. (2003). Differences between European and American IPO markets. *European Financial Management*, 9, 421–434.

参考文献

Achleitner, A-K., Braun, R., Lutz, E. and Reiner, U. (2012). *Venture capital firm returns from acquisition exits*. Working paper, Technische Universität München and Heinrich-Heine Universität Düsseldorf.

Axelson, U. and Martinovic, M. (2015). *European venture capital: Myths and facts*. Working paper, London School of Economics.

Ball, E. R. and Smith, R. L. (2011). Can VCs time the market? An analysis of exit choice for venture-backed firms. *Review of Financial Studies*, 24, 3105–3138.

Bancel, F. and Mittoo, U. R. (2009). Why do European firms go public? *European Financial Management*, 15, 844–884.

Bayar, O. and Chemmanur, T. J. (2011). IPOs versus acquisitions and the valuation premium puzzle: A theory of exit choice by entrepreneurs and venture capitalists. *Journal of Financial and Quantitative Analysis*, 46, 1755–1793.

Bernstein, S., Giroud, X. and Townsend, R.R. (2016). The impact of venture capital monitoring. *Journal of Finance*, 71, 1591–1622.

Bessler, W. and Seim, M. (2012). The performance of venture-backed IPOs in Europe. *Venture Capital*, 14, 215–239.

Black, B. S. and Gilson, R. J. (1998). Venture capital and the structure of capital markets: Banks versus stock markets. *Journal of Financial Economics*, 47, 243–277.

Bottazzi, L., Da Rin, M. and Hellmann, T. (2008).Who are the active investors? Evidence from venture capital. *Journal of Financial Economics*, 89, 488–512.

Brau, J. C. and Fawcett, S. E. (2006). Initial Public Offerings: An analysis of theory and practice. *Journal of Finance*, 61, 399–436.

Brau, J. C., Francis, B. and Kohers, N. (2003). The choice of IPO versus takeover: Empirical evidence. *Journal of Business*, 76, 583–612.

Brau, J. C., Sutton, N. K. and Hatch, N. W. (2010). Dual-track versus single-track sell-outs: An empirical analysis of competing harvest strategies. *Journal of Business Venturing*, 25, 389–402.

Brav, A. and Gompers, P. A. (1997). Myth or reality? The long-run underperformance of Initial Public Offerings: Evidence from venture and non venture capital-backed companies. *Journal of Finance*, 52, 1791–1821.

Carpentier, C. and Suret, J-M. (2015). Canadian business angel perspectives on exit: A research note. *International Small Business Journal*, 33, 582–593.

Chaplinksy, S. and Gupta-Mukherjee, S. (2010). *Exit returns and venture capital investment opportunities*. Working paper, University of Virginia and Loyola University Chicago.

Chaplinksy, S. and Gupta-Mukherjee, S. (2013). The decline in venture-backed IPOs: Implications for capital recovery. In M. Levis and S. Vismara (eds.), *Handbook of Research on IPOs* (pp. 35–56). Edward Elgar Publishing.

Cumming, D. J. and Johan, S. A. (2008). Preplanned exit strategies in venture capital. *European Economic Review*, 52, 1209–1241.

Dambra, M., Field, L. C. and Gustafson, M.T. (2015). The JOBS Act and IPO volume: Evidence that disclosure costs affect the IPO decision. *Journal of Financial Economics*, 116, 121–143.

Dimov, D. P. and Shepherd, D. A. (2005). Human capital theory and venture capital firms: Exploring 'home runs' and 'strikeouts'. *Journal of Business Venturing*, 20, 1–21.

Doidge, C., Karolyi, G. A. and Stulz, R. M. (2013). The U.S. left behind? Financial globalization and the rise of IPOs outside the U.S. *Journal of Financial Economics*,110, 546–573.

Edwards, A. K. and Weiss-Hanley, K. (2010). Short selling in Initial Public Offerings. *Journal of Financial Economics*, 98, 21–39.

Félix, E. G. S., Pires, C. P. and Gulamhussen, M. A. (2013). The determinants of venture capital in Europe: Evidence across countries. *Journal of Financial Services Research*, 44, 259–279.

Félix, E. G. S., Pires, C. P. and Gulamhussen, M. A. (2014). The exit decision in the European venture capital market. *Quantitative Finance*, 14, 1115–1130.

Gao, X., Ritter, J. R. and Zhu, Z. (2013). Where have all the IPOs gone? *Journal of Financial and Quantitative Analysis*, 48, 1663–1692.

Giot, P. and Schwienbacher, A. (2007). IPOs, trade sales and liquidations: Modelling venture capital exits using survival analysis. *Journal of Banking & Finance*, 31, 679–702.

Gompers, P. A. (1996). Grandstanding in the venture capital industry. *Journal of Financial Economics*, 42, 133–156.

Gompers, P. A., Kovner, A. and Lerner, J. (2009). Specialization and success: Evidence from venture capital. *Journal of Economics and Management Strategy*, 18, 817–844.

Gompers, P. A. and Lerner, J. (1998). Venture capital distributions: Short-run and long-run reactions. *Journal of Finance*, 53, 2161–2183.

Hochberg, Y.V., Ljungqvist,A. and Lu, Y. (2007). Whom you know matters: Venture capital networks and investment performance. *Journal of Finance*, 62, 251–301.

Houge, T., Loughran, T., Suchanek, G. and Yan, X. (2001). Divergence of opinion, uncertainty, and the quality of Initial Public Offerings. *Financial Management*, 30, 5–23.

Invest Europe. (2016). 2015 European Private Equity Activity: Statistics on Fundraising, Investments & Divestments. Invest Europe.

Jenkinson, T. and Jones, H. (2003). Bids and allocations in European IPO bookbuilding. *Journal of Finance*, 59, 2309–2338.

Krishnan, C. N. V., Ivanov, V. I., Masulis, R. W. and Singh, A. K. (2011). Venture capital reputation, post-IPO performance, and corporate governance. *Journal of Financial and Quantitative Analysis*, 46, 1295–1333.

Lee, P. M. and Wahal, S. (2004). Grandstanding, certification, and the underpricing of venture capital backed IPOs. *Journal of Financial Economics*, 73, 375–407.

Lerner, J. (1994). Venture capitalists and the decision to go public. *Journal of Financial Economics*, 35, 293–316.

Lin, T. H. and Smith, R. L. (1998). Insider reputation and selling decisions: The unwinding of venture capital investments during equity IPOs. *Journal of Corporate Finance*, 4, 241–263.

Lowry, M. (2003). Why does IPO volume fluctuate so much? *Journal of Financial Economics*, 67, 3–40.

Mason, C. M. and Harrison, R. T. (2002). Is it worth it? The rates of return from informal venture capital investments. *Journal of Business Venturing*, 17, 211–236.

Mantecon, T. and Thistle, P. D. (2011). The IPO market as a screening device and the going public decision: Evidence from acquisitions of privately and publicly held firms. *Review of Quantitative*

Finance and Accounting, 37, 325–361.

McKaskill, T. (2009). *Invest to Exit: A Pragmatic Strategy for Angel and Venture Capital Investors*. Breakthrough Publications.

Megginson, W. L. and Weiss, K. A. (1991). Venture capitalist certification in Initial Public Offerings. *Journal of Finance*, 46, 879–903.

National Venture Capital Association(2017). NVCA 2017 Yearbook. National Venture Capital Association.

Ritter, J. R. (1991). The long-run performance of Initial Public Offerings. *Journal of Finance*, 46, 3–27.

Ritter, J. R., Signori, A. and Vismara, S. (2013). Economics of scope and IPO activity in Europe. In M. Levis and S. Vismara (eds.), *Handbook of Research on IPOs* (pp. 11–34). Edward Elgar Publishing.

Ruhnka, J. C. (1992). The 'living dead' phenomenon in venture capital investments. *Journal of Business Venturing*, 7, 137–155.

Van den Assem, M. J., van der Sar, N. L. and Versijp, P. J. P. M. (2016). *CEOs and CFOs on IPOs: The process and success of going public*. Working paper, VU University Amsterdam, Erasmus University Rotterdam and University of Amsterdam.

Vismara, S., Paleari, S. and Ritter, J. R. (2012). Europe's second markets for small companies. *European Financial Management*, 18, 352–388.

实操：案例分析

挑战首次公开募股：糖果传奇

2014年3月26日，金数码娱乐（King Digital Entertainment）在纽约证券交易所（New York Stock Exchange）上市。该公司于2003年在瑞典成立，是著名的手机游戏“糖果世家”（Candy Crush Saga）的开发商。

像安佰深私募股权公司（Apax Partners）一样，金数码及其早期投资者原打算以每股22.5美元的价格出售2 220万股，融资近5亿美元，公司估价70亿美元。聘请J. P. 摩根证券（J. P. Morgan Securities）、瑞信方正证券（Credit Suisse Securities）、美国美林银行（Bank of America Merrill Lynch）担任其牵头“账簿管理人”。

定价后几个小时，投资者们就失去了兴趣。其股价在纽约证券所跌至每股20.5美元，最终首日成交价是每股19美元，比原价跌落16%。金数码首次公开募股的经历几乎成了恐怖故事，是2014年股市最糟糕的首次公开募股。[1]就在同一天，金数码的竞争者辛加（Zynga）——数码游戏“乡村度假”（Farmville）的开发商——股价也跌落4%。

[1] 详情登录网站www.cnbc.com/2014/03/26/candy-crush-maker-king-digital-ipo-opens-2050-below-pricing.html。

问题讨论

1. 金数码娱乐公司股市首秀失败的原因是什么?

2. 金数码娱乐是2003年在瑞典成立，在爱尔兰注册的公司。作为一家欧洲科技公司，它为何选择在纽约证券交易所上市?

3. 金数码娱乐的股市首秀是个例外。一般而言，首次公开募股都有抑价，首日交易的开价会低于市场价格，这造成了上市间接成本的提高。例如，色拉布公司（Snap Inc.）是色拉布即时聊天软件的开发商，2017年该公司的股市首秀大获成功——公司开价为每股17美元，首日交易价格最终为每股24.48美元（首日收益率为44%）。因此，大多数上市公司也能在首次公开募股时以高价出售。为何像色拉布这样的公司没有考虑“把钱留在桌上”？

附录1 |

天使投资条款清单典型条款[1]

条　款	样 例 详 情
抵押品类别：	普通或可转换优先股[（Convertible Preferred Stock）A轮]
股息：	6%非累积
转换：	任何时候优先股都可以转换成普通股，转换比例1∶1。也可将优先股在首次公开募股中转换为至少X百万欧元。
稀释保护：	加权平均法。这种方法能使投资者因未来融资轮中其他投资者的加入而损失的公司所有权比例最小化。
投票权：	如果优先股转换为普通股票，每股一票。修订公司章程、发售新股、借贷债务、出售公司或关闭公司等重大决定投票需超过三分之二。
赎回权：	股东在6年后有权迫使公司回购股票。

[1] 由斯蒂法诺·卡塞利（Stefano Caselli）提供。

续 表

条 款	样 例 详 情
登记权：	如果公司完成首次公开募股，股东可以在法律允许的前提下登记出售他们的股票。
保证同比例跟投权：（pro rata share offers）	投资者可在未来融资轮中投资以确保依然持有公司相同比例的份额。
董事会席位：	投资者将在董事会拥有一个席位。
先决条件：	只有在完成尽职调查、签署所有法律文件且公司满足投资者所有特殊条件后才能开始融资。
承诺：	公司管理层同意每月提供情况报告，承诺随时提供所有财务记录用于审查。公司同意遵守法律，保持适当的投保水平。
开支：	公司承担本轮融资产生的法律和尽职调查的费用。
收入使用：	聘请首席财务官和销售经理、收购库存、支付应付账款、满足其他营运资本需要。

附录2 |
一般投资条款清单

[公司]

系列种子普通股出售条款概要[1]

公司	[*公司*]
创始人	[*创始人1*][*创始人2*][*创始人3*]
投资者	[领投人]（“**领投人**”）与其他投资者[*附加投资者*]（“投资者”）一致同意的领投人和公司。
融资结构	包括[__]%的未分配员工股票期权方案（ESOP）在内，当完全稀释投资前估值达到[__]时，融资总额将达到[__]。领投人投资将达[__]，将持有公司至少[__]%完全稀释的股份。
完成交割的条件	（i）完成确认性尽职调查和反洗钱检查 （ii）所有雇员签订包括知识产权任务条款在内的劳务协议 （iii）达成必要的意见统一。
预期交割日期	[*完成日期*]

[1] 种子峰会方案（www.seedsummit.org）是一个由欧洲的种子基金“种子营”（Seedcamp）主导的组织，成员包括30多个机构和天使投资人。很多欧洲其他国家的投资条款清单也可以在种子峰会网站上找到。英国种子峰会的文件由杰格所贝克尔的蒂娜·贝克尔起草。

担保类型	新发系列种子可转换优先股（种子股，“Seed Share”），在所有方面都优先于公司其他股票 [与下一系列优先股权利相同（反稀释权除外）]。
清算优先受偿权	如发生清算、解散、破产、并购、收购、出售、独家许可或其他对公司所有资产或大多数股票进行处置（“**控制权变更**”），公司有如下选择： *方案1*：[按以下两种方式计算，种子股份持有者将获得其中较高数额的赔偿：（a）1倍种子股份原始购买价，或（b）如果所有股东按比例获得这些资产或收益的一定份额，种子股份持有者也将获得相应份额。] *方案2*：[（a）种子股份持有者将获得1倍种子股份原始购买价；以及（b）所有股东按比例获得剩余资产或收益的部分。]
[反稀释条款]	[若公司以低于现系列种子优先股转换价格发行新股，转换价格将在 [__] 基础上进行调整。以下发行将不会触发反稀释调整：（i）可发行证券基于系列种子优先股或系列种子优先股股息或分红；（ii）可发行证券基于任何信用债券、认股权证、期权或其他可转换证券发行；（iii）可发行普通股基于股票分割、配股或任何普通股的细分而发行；（iv）基于公司董事会批准的任何股权计划而产生的发行或可发行给公司员工、董事、顾问的普通股（或认购该类普通股的期权）。]
重要决策	*方案1*：[公司的重要行动需要征得多数种子股东（“**种子多数**”）或种子经理的同意，须征得同意的行动包括：（i）种子股票的权利和优先权改变；（ii）投资预期之外的任何新股派发；（iii）派发任何新类别和系列的股票，享有与种子股票同等或优先于种子股票的权利；（iv）基于未分配员工股票期权方案或其他计划，增加预留或派发给雇员和顾问的股票数量；（v）赎回或出售任何股份；（vi）向股东支付或通报股息；（vii）变更董事会成员数量；（viii）导致控制权变更的任何行动；（ix）修订章程文件；（x）使公司或公司已通过的计划发生实质性的变更；（xi）使用其他公司资金认购、收购或处置公司的任何股份。] *方案2*：[持有种子股份的投资者多数同意（公司重要决定需获得“**投资者多数**”同意，具体形式参照附录 [__])]

转换	所有种子股份持有人都有权在任何时候按照1∶1的比例将种子股份转换成公司普通股票，服从股票分割、派息或资本重组按比例调整的规定［以及任何反稀释调整］。如果（a）大多数种子股份持有者同意进行转换，或（b）公司股票非书面公开发行完成，那么，种子股份将自动转换为普通股票。
优先认购权	所有股东出资共同获得公司所有权，因而获得同比例跟投的权利（但这不是义务），进而参与公司的后续融资（遵循惯例除外情况）。因为可能要在其他股东之间重新分配，所有股票不予认购。投资者可以将这一权利转让给资金团队的其他成员。
优先购买权和共同出售权	基于其对种子股票的所有权，种子股票的持有者有按比例跟投的权利（但这不是义务），依据份额一致的条款，可以参与公司任何股票的转让，在这些转让中享有优先购买权（遵循惯例许可转让，包括投资者转让给其附属基金）。种子股份持有人没有认购的股份将提供给普通股票持有人认购。
强制随售权	如果种子股东和普通股东中的大多数都同意将其持有股票出售给第三方，或者公司控制权发生变更，那么在董事会同意的情况下，遵循优先清算权的规定，所有其他股东须在同样条款和条件下转让持有股份。
限制性协议和创始人承诺	每个创始人将签署竞业禁止协议和不挖角条款，签署投资者可以接受的雇佣协议，承诺将贡献所有的商务时间专注于公司经营，未经投资者允许不从事其他活动。一旦违反前述限制协议和承诺，创始人将被免职。
创始人股份	创始人持有的股份在3年的时间内需服从如下反向兑现条款：［交割后一年兑现25%，剩余的75%在接下来2年中分期兑现，每个月兑现相同数额（“**兑现期限**”）。］兑现期限期间，如果创始人成为“不良离职者”，所有未经兑换的股份都将自动转换为递延股份［所有该创始人所持股份将转化为递延股份］。 ［兑现期限后，创始人如要退出，则向公司出售持有的（种子股东享有二次购买权）［*x*%］的股份。（i）若非不良离职者，以市场价收购，（ii）对不良离职者以低于票面价值或认购价值收购。要退出的创始人将在退出日获得与股权价值相当的补偿。］ ［双重触发条款将加速兑现，所以如果创始人在控制权变更后离职，将兑现未兑现的股份。］

董事会条款	[公司董事会须包括至多3名成员：普通股东可委派2名董事，种子股东可委派1名董事。领投人可委派1名非投票观察员，参加董事会会议。]
知情权和管理权	领投人将接收[周/月/季]报告和月度财务信息[以及管理权授权信以满足风险投资运营公司的要求。]
文件归档和保证	顾问应面向领投者起草最终协议，协议中的公司惯例协议、陈述和保证（对投资额最大值负有法律责任）须反映此文件中提出的条款及其他风投交易的典型条款。创始人将完成一份个人问卷。
支出	*方案1*[交割时公司须支付领投人费用，预期不超过（×××××英镑）]。 *方案2*[各方在交易中须支付各自的法律和其他方面的费用。如果60天内没有完成融资或因为公司从谈判中退出（除非由于领投者对条款进行了实质性修改），公司将承担截至当日领投人的法律成本。]
排他条款	考虑到领投人付出的时间和在融资中支出的费用，公司和创始人同意从下面签署日期开始45天内，不讨论、协商或接受对股权证券和债权证券出售或处置的提议或出售公司有形资产。
保密条款	公司和创始人同意对此条款清单保密，不经领投人同意不将清单的存在和内容传到公司外部，除非股东和专业顾问建议这样做。
无约束力	这份条款概不会产生法律约束力，但是本段、支出条款、排他条款和保密条款除外。这些条款对涉及方具有约束力，依据英格兰威尔士的法律进行解读。

知情并同意：

[领投人]	[公司名]
	[创始人 1]
签名： 打印名称： 职务： 日期：	签名： 打印名称： 职务： 日期：
[追加投资人]	[创始人 2]
签名： 打印名称： 职务： 日期：	签名： 打印名称： 日期
	[创始人 3]
	签名： 打印名称： 日期：

附录 A　股权结构表

股东	股份类别	股份数	所有权
[创始人 1]	[普通股份]	·	·%
[创始人 2]	[普通股份]	·	·%
[创始人 3]	[普通股份]	·	·%
领投人	[普通股份]	·	·%
追加投资人	[普通股份]	·	·%
期权池	[普通股份]	·	·%
总值		·	100%